·经／济／科／学／译／丛·

Elements of Dynamic Optimization

动态最优化基础

[美] 蒋中一 （Alpha C. Chiang） 著

曹 乾 译

中国人民大学出版社

·北京·

《经济科学译丛》编辑委员会

《经济科学译丛》总序

中国是一个文明古国，有着几千年的辉煌历史。近百年来，中国由盛而衰，一度成为世界上最贫穷、落后的国家之一。1949 年中国共产党领导的革命，把中国从饥饿、贫困、被欺侮、被奴役的境地中解放出来。1978 年以来的改革开放，使中国真正走上了通向繁荣富强的道路。

中国改革开放的目标是建立一个有效的社会主义市场经济体制，加速发展经济，提高人民生活水平。但是，要完成这一历史使命绝非易事，我们不仅需要从自己的实践中总结教训，也要从别人的实践中获取经验，还要用理论来指导我们的改革。市场经济虽然对我们这个共和国来说是全新的，但市场经济的运行在发达国家已有几百年的历史，市场经济的理论亦在不断发展完善，并形成了一个现代经济学理论体系。虽然许多经济学名著出自西方学者之手，研究的是西方国家的经济问题，但他们归纳出来的许多经济学理论反映的是人类社会的普遍行为，这些理论是全人类的共同财富。要想迅速稳定地改革和发展我国的经济，我们必须学习和借鉴世界各国包括西方国家在内的先进经济学的理论与知识。

本着这一目的，我们组织翻译了这套经济学教科书系列。这套译丛的特点是：第一，全面系统。除了经济学、宏观经济学、微观经济学等基本原理之外，这套译丛还包括了产业组织理论、国际经济学、发展经济学、货币金融学、公共财政、劳动经济学、计量经济学等重要领域。第二，简明通俗。与经济学的经典名著不同，这套丛书都是国外大学通用的经济学教科书，大部分都已发行了几版或十几版。作者尽可能地用简明通俗的语言来阐述深奥的经济学原理，并附有案例与习题，对于初学者来说，更容易理解与掌握。

经济学是一门社会科学，许多基本原理的应用受各种不同的社会、政治

前　言

近些年来，很多人请求我扩展《数理经济学基础方法》以包含动态最优化内容。由于那本书的篇幅已够大，我决定将动态最优化的内容单独出书。尽管我将这两部分内容分开了，但本书仍可视为《数理经济学基础方法》的续篇。

这本书叫《动态最优化基础》。顾名思义，这是一本动态最优化的基础教程而不是百科全书。本书详细解释了古典变分法基础以及它的现代近亲——最优控制理论，但未包含微分博弈与随机控制。我没有纳入连续时间情形，因为它需要偏微分方程知识。如果将这些内容纳入，那么我们的阵线将拉得太长。

尽管最优控制理论的出现使得变分法黯然失色，然而我认为不介绍变分法主题的做法并不明智。一方面，很多经典论文是用变分法写成的，即使一些近期论文也使用了这种方法，因此，只有掌握变分法才能更深入地理解这些论文。另一方面，变分法的背景知识有助于更好更全面地理解最优控制理论。对于只对最优控制理论感兴趣的读者来说，他们可以跳过本书第 2 部分。但我仍强烈建议这样的读者至少阅读以下章节：第 2 章（欧拉方程），4.2 节（凹性与凸性的检验），以及 5.1 节（无限水平的方法论议题，这些内容也与最优控制理论有关）。

本书的一些特征值得指出。在发展欧拉方程时，我提供的细节比大多数书籍多，因为我想让读者更好地欣赏其中的逻辑之美（2.1 节）。对于无限水平问题，我试图澄清一些关于广义积分收敛性条件的常见误解（5.1 节）。另外，对于最优控制理论中的无限水平横截条件，一些经济学家宣称自己构造出了能驳斥这种横截条件的反例，我试图指出这些反例不是真正的反例，因为这些作者没有认识到在他们的反例中存在着隐含的固定终止状态（9.2 节）。

为了与《数理经济学基础方法》的风格一致，在写此书时我非常耐心，希望此书清晰易读。在行文安排上，在介绍和讨论了数学方法之后，我总是用数值例子、经济学实例以及习题加以强化。在数值例子中，我故意引入了最短距离问题，这个例子简单且有

或经济体制的影响，许多经济学理论是建立在一定的假设条件上的，假设条件不同，结论也就不一定成立。因此，正确理解掌握经济分析的方法而不是生搬硬套某些不同条件下产生的结论，才是我们学习当代经济学的正确方法。

本套译丛于 1995 年春由中国人民大学出版社发起筹备并成立了由许多经济学专家学者组织的编辑委员会。中国留美经济学会的许多学者参与了原著的推荐工作。中国人民大学出版社向所有原著的出版社购买了翻译版权。北京大学、中国人民大学、复旦大学以及中国社会科学院的许多专家教授参与了翻译工作。前任策划编辑梁晶女士为本套译丛的出版做出了重要贡献，在此表示衷心的感谢。在中国经济体制转轨的历史时期，我们把这套译丛献给读者，希望为中国经济的深入改革与发展做出贡献。

《经济科学译丛》编辑委员会

动态最优化基础

着众所周知的解。我用不同方法构造最短距离问题，并使其贯穿本书。

在选择经济学例子时，我的主要准则是"应景"，即所选的经济模型能够说明特定数学方法。尽管经济学例子主要来自近期论文，但我也没有忽略经典文献。一些经典文献不仅本身值得阅读，它们也有助于说明我们的数学方法，因为它们的模型结构未与亚层面更复杂的假设纠缠在一起。另外，新旧经济学模型交相辉映，这也能让读者初步感受经济思想的发展。例如，从拉姆齐（Ramsey）的古典增长模型（5.3节）到盖斯（Cass）的新古典增长模型（9.3节），再到罗默（Romer）的伴随内生技术进步的增长模型（9.4节），读者能看到分析架构的逐步凝练。类似地，从霍特林（Hotelling）的可耗竭资源古典模型（6.3节）到福斯特（Forster）的能源使用与污染模型（7.7节和8.5节），读者可以看到社会关注焦点从资源耗尽转移到环境质量。埃文斯（Evans）的古典动态垄断模型（2.4节）与更近期的里兰德（Leland）的收入最大化企业的动态模型（10.2节）之间的比较，也能说明经济学家在重塑微观经济方面的探讨。

按照我的教学理念，对于每个经济模型，我都采取了逐步推进的方法——从模型的最初构造到复杂的数学分析，再到最终解。尽管这种处理拉长了篇幅，从而限制了我们能够提供的经济模型个数，但我认为这种详细指引的做法是值得的，因为这会减少读者学习数学时的恐惧和挫折。

在此书写作的过程中，怀俄明大学的 Bruce A. Forster 教授提供了很多评论和建议，他敏锐地指出了原稿中的很多错误和遗漏，使我受益匪浅。然而，由于我没有接受他的所有建议，因此我应该自己对剩下的不完善地方负责。多年以来，我的很多学生使用过这本书的早期书稿，他们的问题和反馈对我也有帮助。本书编辑 Scott D. Stratford 总能在适当的时候鼓励和督促我，让我继续写下去。Joseph Murphy，Sarah Roesser，Cheryl Kranz 的通力合作使得出版过程顺利而愉快。感谢 Edward T. Dowling 以及 George A. Mangiero，他们指出了我原始打印稿中的一些打印错误。最后，我的妻子 Emily 在我准备书稿的过程中一直鼎力支持我。对于他们，我深表谢意！

蒋中一

译者序

很多经济学子都学习或阅读过蒋中一所著的《数理经济学基本方法》一书，并因此更加喜欢经济学，或者至少对经济学文献使用的数学不再那么畏惧。蒋中一在那本书的前言开门见山地写道：本书是为那些致力于学习基本数学方法的经济学专业的学生而写的。

这句话也同样适用于《动态最优化基础》（本书），事实上，本书正是《数理经济学基本方法》的姊妹篇或续篇，它详细而友好地介绍了变分法和最优控制理论的基础知识。变分法版块的主要内容包括欧拉方程及其推广、横截条件、二阶条件、无限计划水平以及约束问题。最优控制理论版块包括最大值原理、无限水平问题以及含有约束的最优化问题。本书具有典型的友好教科书风格：在介绍和讨论了数学方法之后，总有数值例子、经济学实例以及习题帮助读者进一步强化。

为译著写个简单的序言，也成了译者本人的风格。每一本译著都像个代养的孩子，作为译者，唯恐辜负了他（她）的生身父母的苦心。特别感谢中国人民大学出版社的策划编辑高晓斐，高老师和我一样比较腼腆，但他对工作比我更具热情、更负责。也感谢高老师的同事们，每一本译著的出版过程都见证着很多人的辛勤工作。

最后，需要指出，尽管我在翻译时非常用心和谨慎，将错误压低到最低可能，但这不代表错误为零。读者若发现有误译之处，请及时指正，我的联系邮箱为 caoqianseu@163.com。

曹乾

东南大学，南京，江苏

2015 年 6 月

作者简介

蒋中一，哥伦比亚大学博士，康涅狄格大学（University of Connecticut）荣誉退休教授，著名华裔数理经济学家。著有《数理经济学的基本方法》、《动态最优化基础》等教材。

本书作为动态最优化的基础教程，非常详细和友好地介绍了变分法和最优控制理论。

目　　录

动态最优化基础

第 1 部分

导 论

第 1 章

动态最优化的性质

　　最优化是经济分析中的主要议题之一。因此，在经济学家的常备工具箱中，用来寻找无约束和有约束极值的古典微积分方法以及后来的数学规划技术占有重要地位。尽管这些工具有用，但它们只能对付静态最优化问题。静态最优化问题的解通常是由每个选择变量的**单个**最优值组成的，也就是说，在解中，每个选择变量（例如，每周最优产量、产品最优定价）的值只有一个。这种静态问题不涉及最优序列行动。

　　相反，**动态**（dynamic）最优化涉及的问题通常为在计划期间的每个时段（离散时间情形）上或给定时间区间比如 [0，T] 中的每个时点上，选择变量的最优值是多少。我们甚至需要考虑无限计划水平，从而时间区间变为 [0，∞)，即"从当前到永远"。因此，动态最优化问题的解通常表现为选择变量的**最优时间路径**（optimal time path）形式，也就是说对于每个选择变量，你要给出它在今天的最优值、明天的最优值……直至计划期结束时的最优值。在本书中，我们使用星号表示最优。特别地，我们把（连续时间）变量 y 的最优时间路径表示为 $y^*(t)$。

1.1 动态最优化问题的显著特征

　　尽管我们通常用**时间**序列形式表达动态最优化，但我们也可以把计划水平看成经济决策过程中的**阶段**（stage）序列。在这种情形下，我们可以将动态最优化表达为多阶段的决策问题。然而，动态最优化的显著特征仍然是：在最优解中，每个选择变量的值不止一个。

□ 多阶段决策

我们用一个离散情形的例子说明动态优化的多阶段特征。假设某个企业打算将一些物质从**初始状态**（initial state）A（原材料状态）开始，经过五个阶段的生产过程转化为**终止状态**（terminal state）Z（成品状态）。在每个阶段，企业面临着在若干可能子过程中进行选择的问题，每个子过程伴随着一个既定成本。我们的问题是：为使总成本最小，企业如何选择子过程序列？也就是说，它在每个阶段应该如何选择才能使总成本最小？

在图 1—1 中，为了描述这个问题，我们用水平方向表示**阶段**，用垂直方向表示**状态**。初始状态 A 为最左侧的点（在阶段 1 开始处）；终止状态 Z 为最右侧的点（在阶段 5 终点处）。B，C，…，K 这些点表示各种中间状态，这些中间状态表示原材料的各种可能的转化过程。这些点（A，B，…，Z）称为**顶点**（vertices）。为了说明物质从状态 A 到状态 B 转化的可能性，我们用一条弧连接 A 点和 B 点。其他的弧，例如 AC，表示物质也可转化为状态 C 而不是状态 B。每条弧伴随着既定的**值**，在当前的例子中，这样的值表示成本，参见图 1—1 圆圈中的数字。阶段 1 的决策为将原材料转化为状态 B（成本为 2 美元）还是转化为状态 C（成本为 4 美元），也就是说，应该选择弧 AB 还是弧 AC。一旦做出了这个决策，阶段 2 的选择问题就出现了，依此类推，直到状态 Z。我们的问题是选择一系列的弧（从左到右选），从 A 点开始到 Z 点结束，使得各个弧上的值的和最小。这个弧序列将构成**最优路径**。

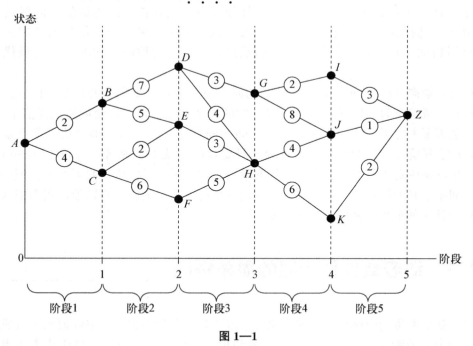

图 1—1

这个例子非常简单，因此它的求解方法也比较简单：我们只要把所有从 A 到 Z 的可能路径都列举出来，然后找到那个伴随最小弧值的路径即可。然而，对于更复杂的问题，我们需要系统性的求解方法。我们将在 1.4 节介绍动态规划时讨论这个问题。在这里，我们只要注意到下列结论就够了：这个例子的最优解为路径 $ACEHJZ$，它对应的成本最小（14 美元）。这个解说明了一个非常重要的事实：一个追求每个阶段都最优的路径一般**不是**最优路径！例如，一个目光短浅的决策者可能在阶段 1 选择弧 AB 而不是弧 AC，因为前者的成本仅是后者的一半；然而，从整体（全部五个阶段）看，我们应该在阶段 1 选择成本更大的弧 AC。当然，正因为这个原因，我们需要发展能考虑整个计划期的方法。

□ 连续变量情形

图 1—1 中例子的特征是，它涉及一个离散型阶段变量，这个变量仅取整数值。而且，我们假设状态变量仅在 $\{A, B, \cdots, Z\}$ 这个小有限集中取值。如果这些变量是连续的，那么情形将如图 1—2 所示，在此图中，为方便说明，我们仅画出了五条从 A 到 Z 的路径。每条可能的路径都穿过区间 $[0, T]$ 中无限多个阶段。每条路径上也有无限多个状态，每个状态都是既定阶段中的特定选择结果。

为具体起见，我们把图 1—2 看成一开阔地带的地图，其中阶段变量代表经度，状态变量代表维度。我们的任务是把一车货物从 A 地运到 Z 地，求使得成本最小的运输路径。一般来说，与每条可能路径相伴的成本不仅取决于该路径的长度，还取决于该路径上的地形。然而，我们假设这里地形完全相同，从而每公里的运输成本是个常数。因此，这个成本最小化问题就变成了距离最短化问题。这个例子的解是条直线路径，因为这个路径伴随的成本最小（有最低的路径值）。当然，直线解非常有名——"两点之间，直线最短"，这已是众所周知。在下一章（2.2 节，例 4），我们将使用**变分法**（calculus of variations）证明这个结果，变分法是求连续型动态最优化问题的古典方法。

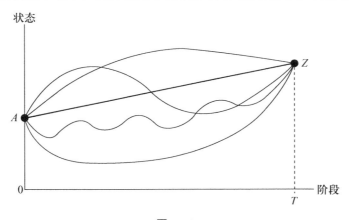

图 1—2

对于我们下面讨论的大多数问题，阶段变量将代表**时间**；在这种情形下，图 1—2 中的曲线描述的是**时间路径**。举个具体的例子，假设某个企业在时间 0 上的初始资本存量为 A，它事前预定的目标资本存量是在时间 T 达到 Z。在时间区间 $[0, T]$ 上存在着很多能实现这一目标的投资计划。每个投资计划意味着一条既定的资本路径，并为企业带来既定的潜在利润。在这种情形下，我们可以将图 1—2 中的曲线视为可能的资本路径，并且将它们的路径值视为相应的利润。企业的问题是找到能使得利润最大化的投资方案（资本路径）。当然，这个问题的解主要取决于利润与资本路径的位形的关系以及利润如何依赖于这个位形。

从上面的讨论可知，不管变量是离散型还是连续型，简单类型的动态最优化问题应该包含下列基本要素：

1. 一个给定的**初始点**（initial point）和一个给定的**终止点**（terminal point）；

2. 从初始点到终止点的一组**可行路径**（admissible paths）；

3. 一组**路径值**（path values），这些值与相应路径相伴，起着业绩指标（成本、利润等）的作用；

4. 一个既定的目标——通过选择**最优路径**（optimal path）使得路径值或业绩指标最大或最小。

□ 泛函的概念

路径与路径值之间的关系值得我们关注，因为它代表着一种特殊类型的映射，这种映射不是常见的从实数到实数的映射（即，不是**函数**），而是从**路径**（曲线）到实数（业绩指标）的映射。我们将上面所说的路径想象为时间路径，并用 $y_{\mathrm{I}}(t)$，$y_{\mathrm{II}}(t)$，…表示它们。于是，我们的映射可用图 1—3 表示，其中 V_{I}，V_{II} 表示相应的路径值。因此，映射的一般符号应该为 $V[y(t)]$。但需要注意，这个符号与复合函数符号 $g[f(x)]$ 存在着本质区别。在复合函数符号 $g[f(x)]$ 中，g 是 f 的函数，而 f 又是 x 的函数，因此，在最后的分析中，g 是 x 的函数。然而，在符号 $V[y(t)]$ 中，表示时间路径的 $y(t)$ 是个整体单位，因此我们不能将 V 视为 t 的函数。相反，V 应该视为"$y(t)$"的函数。

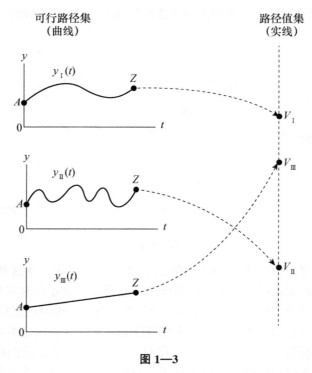

图 1—3

为了加以区分，人们把 $V[y(t)]$ 这种映射称为**泛函**（functional）。另外，为了避免混淆，很多作者将泛函 $V[y(t)]$ 写为 $V[y]$ 或 $V\{y\}$，即省略掉了"(t)"这部分符号。这种做法强调了下列事实：路径值 V 的变化是由整个路径 y 的位置变化（即，路径 y 的**变分**）导致的，而不是由 t 的变化导致的。我们使用符号 $V[y]$。注意，符号 y 被用来表示某个状态时，它后面跟着具体数值，例如 $y(0)$ 表示初始状态，$y(T)$ 表示终止状态。相反，在路径符号中，$y(t)$ 中的 t 没有被指定具体值。在下面，当我们想强调某个路径或路径片段涉及的特定时间区间时，我们将使用符号 $y[0, T]$ 或 $y[0, \tau)$。然而，我们通常将其简化为符号 $y(t)$，或者简单说成"路径 y"。于是，最优路径以 $y^*(t)$ 或路径 y^* 表示。

顺便指出，尽管泛函的概念主要出现在动态最优化中，但即使经济学原理中也含有这样的例子。在企业理论中，利润最大化产量是根据 MC＝MR（边际成本＝边际收入）这个决策规则找到的。在完全竞争条件下，由于 MR 曲线是水平线，每条 MR 曲线都可用一个既定外生价格 P_0 表示，参见图 1—4a。因此，给定 MC 曲线，我们可以将最优产量表示为 $Q^*=Q^*(P_0)$，这是个函数，它将一个实数（价格）映入另一个实数（最优产量）。

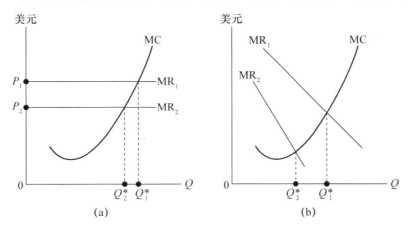

图 1—4

然而，在非完全竞争情形下，MR 曲线是向下倾斜的，因此，给定企业的 MC 曲线，该企业的最优产量将取决于 MR 曲线的具体位置。在这种情形下，由于产量决策涉及从**曲线**到实数的一个映射，我们实际得到的是个**泛函**：$Q^*=Q^*[MR]$。当然，正是由于我们无法将最优产量表示为价格的**函数**，才无法画出非完全竞争企业的供给曲线，而在完全竞争条件下，我们能画出。

1.2　可变端点与横截条件

在我们前面列举的动态最优化问题中，为了简单起见，我们假设初始点是**给定的**（给定的有序对 $(0, A)$），终止点也是**给定的**（给定的有序对 (T, Z)）。初始点是给定的这个假设比较合理，因为在常见的问题中，最优计划必须从某个既定的初始位置比如当前位置开始。因此，在本书绝大部分内容中，我们将保留这个假设。然而，终止点的位置是个比较灵活的问题，没有任何理由要求它是事先确定好的。例如，我们可能仅面对固定的终止时间，但有充分自由选择终止状态（比如，最终资本存量）。另一方面，我们可能面对的是严格预定的终止状态（比如，目标通货膨胀率），但有充分自由选择终止时间（即实现目标的时间）。在这种情形下，终止点变成了最优选择的一部分。在本节，我们将简要讨论可变（variable）终止点的一些基本类型。

我们将把阶段变量取为连续时间。我们仍用符号 0 和 T 分别表示初始和终止**时间**，用符号 A 和 Z 分别表示初始和终止**状态**。在不至于混淆的情形下，我们也用 A 和 Z 表示初始和终止**点**（有序对），尤其是在图形中。

□ 可变终止点的类型

第一类可变终止点涉及的情形是，给定固定的终止时间 T，但终止状态是自由的。在图 1—5 (a) 中，尽管计划水平固定在时间 T，但垂直线 $t=T$ 上的任何点，例如 Z_1，Z_2 和 Z_3，都可以作为终止点。在这样的问题中，对于最优路径的选择，计划者显然希望自己有更大的自由程度，这样一来，与终止点被严格规定好的情形相比，计划者能实现更好（或，至少一样好）的最优路径值 V^*。

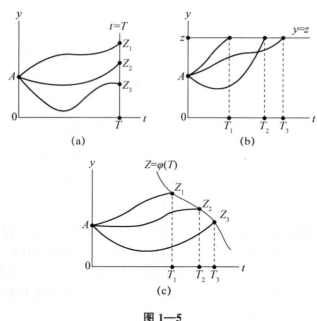

图 1—5

文献通常将这类问题称为**固定时间水平问题**（fixed-time-horizon problem）或**固定时间问题**，它的意思是说，在这类问题中，终止时间是固定不变的而不是自由可变的。这个名字说明了时间水平，但它不足以描述问题本身，因为这里还未涉及终止状态的描述。但我们可根据这类问题的性质，知道终止状态是自由可变的。图 1—5 (a) 给出了这类问题的特征。根据此图给出的视觉特征，我们有时将固定时间问题称为**垂直终止线问题**（vertical-terminal-line problem）。

为了给出这类问题的经济学例子，假设某个垄断企业为了实现利润最大化，在给定的计划期（比如 12 个月）内寻求一条（平滑的）最优价格路径。在这个问题中，当前价格为初始状态。如果不存在价格管制，那么最终价格完全取决于企业的决定。然而，由于价格不能为负，我们必须删除所有 $P<0$ 的情形。这个结果是条**截断垂直终止线**（truncated vertical terminal line），这正是图 1—5（a）所示的情形。当然，如果在终止时间 $t=T$ 时存在着法定价格上限，那么我们将需要进一步截断垂直终止线。

与第一类问题情形相比，在第二类可变终止点问题中，终止时间和终止状态的角色互换了；也就是说，在第二类问题中，终止状态 Z 被规定好，但终止状态是自由可变的。在图 1—5（b）中，水平线 $y=Z$ 构成了可行终止点集。终止点取决于我们选择的路径，这些终止点可能伴随着不同的终止时间，如图 1—5（b）中的 T_1，T_2 和 T_3 所示。再一次地，与固定终止点情形相比，终止时间的选择有很大的自由程度。例如，计划者的任务可能是以最小成本生产具有一定质量特征的产品（比如，一定抗拉强度的钢），但它对生产期的长度有自行决定的自由。与限定生产期相比，这种情形使得企业可能找到生产期更长但成本更低的生产方法。

这类问题通常称为**固定端点问题**（fixed-endpoint problem）。这个名字可能引起混淆，因为此处的"端点"仅被用来表示终止状态 Z，而不是用来表示有序对 $(T，Z)$ 意义上的整个端点。为了利用图 1—5（b）中的视觉特征，我们也将固定端点问题称为**水平终止线问题**（horizontal-terminal-line problem）。

另外，在这类问题中，计划者的目标可能是最短生产时间（而不是最小成本）。在这种情形下，以 T_1 作为终止时间的路径比以 T_2 作为终止时间的路径好，不管各自的成本如何。后面这种问题称为**最优时间问题**（time-optimal problem）。

在第三类可变终止点问题中，终止时间 T 不是事先给定的，终止状态 Z 也不是事先给定的，但二者通过形如 $Z=\phi(T)$ 的约束方程联系在一起。如图 1—5（c）所示，这样的方程给出了**终止曲线**（terminal curve）（或，在更高维的情形下，**终止曲面**（terminal curve）），它将特定的终止时间（比如，T_1）与相应的终止状态（比如，Z_1）联系在一起。尽管在这类问题中，T 和 Z 都是可变的，但实际上计划者在选择终止点时只有一个自由度。然而，与终止点被事先规定好相比，这里的选择自由明显更大。我们把这类问题称为**终止曲线**（或**终止曲面**）问题。

为了举出终止曲线的经济学例子，考虑顾客对某产品的订单。顾客可能关注：（1）较早的完工日期；（2）一定的质量特征（例如，破损率）。顾客知道这二者很难兼顾，因此他能接受二者之间的权衡（tradeoff）。这种权衡以图 1—5（c）中的曲线 $Z=\phi(T)$ 描述，其中 y 表示破损率。

上面的讨论涉及的是计划水平为有限时期的情形，即终止时间 T 是个有限数。稍后我们将遇到计划水平为无限的情形（$T \rightarrow \infty$）。

□ **横截条件**

可变终止点问题的一个共同特征是计划者拥有的自由度比固定终止点情形多一个。但这个事实自动意味着，在推导最优解时，我们需要一个额外条件来确定所选择的准确路径。为了看清这一点，我们比较固定终止点和可变终止点情形的最优路径的边界条件。在固定终止点情形下，最优路径必须满足（初始和终止）边界条件：

$$y(0)=A \quad \text{与} \quad y(T)=Z \quad (T, A \text{和} Z \text{都是给定的})$$

在可变终止点情形下，根据假设，初始条件仍为 $y(0)=A$。然而，由于 T 与（或）Z 现在可变，终止条件 $y(T)=Z$ 不能再为我们确定最优路径。正如图 1—5 所示，所有可行路径，即以 Z_1，Z_2 或其他可能终止位置结束的路径，都能满足条件 $y(T)=Z$。因此，我们需要一个能肯定将最优路径与其他可行路径区分开的终止条件。这个条件称为**横截条件**（transversality condition），因为它通常是以描述最优路径穿过终止线的身份出现的（"横截"的意思是"穿过"）。

□ 可变初始点

尽管我们假设只有终止点可变，然而本节的讨论经过稍微改编，也适用于可变**初始点**情形。因此，可能存在着描述初始时间和初始状态可行组合的初始曲线。或可能存在着一条垂直初始线 $t=0$，它表示初始时间 0 是给定的，但初始状态是可变的。作为练习，我们要求读者模仿图 1—5 画出可变初始点情形。

如果初始点是可变的，那么最优路径的特征也包括取代 $y(0)=A$ 的另外一个横截条件，以描述最优路径如何穿过初始线或初始曲线。

习题 1.2

1. 模仿图 1—5 画出可变**初始**点情形。

2. 在图 1—5(a) 中，假设 y 表示价格变量。若法定价格上限将在时期 $t=T$ 生效，这对图形有何影响？

3. 在图 1—5 (c) 中，令 y 表示产品的抗热性。抗热性是个需要花费更长生产时间来改进的质量特征。为了描述较早完工日期与较强热抗性之间的权衡，你应该如何画终止曲线？

1.3 目标泛函

□ 泛函的积分形式

根据定义，最优路径是使得路径值 $V[y]$ 最大或最小的路径。由于任何路径 y 必定经历某个时间区间，因此它的总值自然是个加和。在图 1—1 所示的离散阶段情形下，路径值是它的成分（component）弧的值的和。在连续时间情形下，这种和是个定积分 $\int_0^T (\text{弧值}) dt$。但是我们如何表达连续情形下的"弧值"？

为了回答这个问题，我们必须首先在连续路径上找到"弧"。图 1—1 意味着如果我们想找到弧，那么需要三部分信息：(1) 开始阶段（时间）；(2) 开始状态；(3) 弧展开的方向。在连续时间情形下，由于每条弧的长度都是无限小的，因此上述三部分信息分别可由 (1) t，(2) $y(t)$，(3) $y'(t) \equiv dy/dt$ 表示。例如，在给定的路径 y_{I} 上，与一定时点 t_0 相伴的弧可由唯一的值 $y_{\mathrm{I}}(t_0)$ 和唯一的斜率 $y'_{\mathrm{I}}(t_0)$ 描述。如果存在着某个将弧值指定给弧的函数 F，那么上述弧的值可以写为 $F[t_0, y_{\mathrm{I}}(t_0), y'_{\mathrm{I}}(t_0)]$。类似地，在另外一条路径 y_{II} 上，曲线在 $t=t_0$ 时的高度和斜率分别为 $y_{\mathrm{II}}(t_0)$ 和 $y'_{\mathrm{II}}(t_0)$，弧值为 $F[t_0, y_{\mathrm{II}}(t_0), y'_{\mathrm{II}}(t_0)]$。由此可推知，弧值的一般表达式为 $F[t, y(t), y'(t)]$，路径值泛函（即弧值的和）一般可以写成定积分

$$V[y] = \int_0^T F[t, y(t), y'(t)]dt \qquad (1.1)$$

需要再次指出，正如符号 $V[y]$ 强调的，正是**路径** y 的变分 [y_{I} 对（versus）y_{II}] 使得 V 的大小改变了。每个不同的路径 y 由时间区间 [0，T] 上的不同的弧集组成，这些弧集被弧值指派函数 F 指定了不同的弧值集。定积分将每条路径 y 上的弧值转化（即，加总）为路径值。

如果状态变量不是一个而是两个，比如状态变量为 y 和 z，那么路径 y 和路径 z 上的弧值都必须被考虑。在这种情形下，目标泛函为

$$V[y, z] = \int_0^T F[t, y(t), z(t), y'(t), z'(t)]dt \qquad (1.2)$$

目标泛函为式（1.1）或式（1.2）形式的动态最优化问题是我们常见的问题。为简单起见，我们通常去掉状态变量的时间自变量（t），从而将被积函数写成 $F(t, y, y')$ 或 $F(t, y, z, y', z')$ 这样更紧凑的形式。

□ 微观经济学例子

举个例子。假设某个垄断企业追求长期利润最大化，它的动态需求函数为 $Q_d = D(P, P')$，其中 $P' \equiv dP/dt$。这种情形的泛函可能就是式（1.1）形式的。令 $Q_s = Q_d$（不允许出现存货），企业的产量应该为 $Q = D(P, P')$，因此，它的总收入函数为

$R \equiv PQ = R(P, P')$

假设总成本函数仅取决于产量水平，我们可以写出复合函数

$C = C(Q) = C[D(P, P')]$

由此可知总利润也取决于 P 和 P'：

$\pi \equiv R - C = R(P, P') - C[D(P, P')] = \pi(P, P')$

将一定时间区间（比如 5 年）的利润 π 加起来，我们就得到了目标泛函

$\int_0^5 \pi(P, P')dt$

这符合式（1.1）的一般形式，只不过函数 F 中碰巧没有自变量 t 而已。然而，如果收入函数或成本函数会在时间轴上移动，那么这个函数应该含有自变量 t（此情形下 t 是单独的自变量），在这种情形下，函数 π 应该也含有自变量 t。在这种情形下，相应的目标泛函

$\int_0^5 \pi(t, P, P')dt$

正好完全符合式（1.1）的形式。作为另外一种可能，变量 t 可能以贴现因子 $e^{-\rho t}$ 的形式进入被积函数。

时间区间 [0，5] 中的每条价格路径都对应着特定的五年利润值，企业的目标是找到能使得五年利润最大的最优价格路径 $P^*[0，5]$。

□ 宏观经济学例子

令某个经济在任何时点的社会福利都可用消费产生的效用衡量 $U=U(C)$。此处，消费的定义是未被用作储蓄（也未被用作投资）的那部分产出。如果生产函数为 $Q=Q(K，L)$，并假设不存在折旧，那么我们可以将消费写为

$$C=Q(K,L)-I=Q(K,L)-K'$$

其中 $K'\equiv I$ 表示净投资。这意味着效用函数可以写为

$$U(C)=U[Q(K,L)-K']$$

如果社会目标是使得时期 [0，T] 上的效用和最大，那么它的目标函数的形式为

$$\int_0^T U[Q(K,L)-K']dt$$

这符合式 (1.2) 中的泛函形式，只不过现在我们用 K 和 L 分别表示式 (1.2) 中的状态变量 y 和 z。

注意，尽管在这个例子的被积函数中，K 和 K' 是自变量，L 也是自变量，但 L' 未出现。另外，F 函数中也未出现自变量 t。根据式 (1.2) 可知，这个例子的 F 函数仅包含三个自变量：$F[y(t)，z(t)，y'(t)]$，或 $F[K，L，K']$。

□ 其他形式的泛函

在一些问题中，最优化标准可能不取决于路径经历的任何中间位置，而仅取决于终止点的位置。在这种情形下，我们不需要定积分，这是因为我们不需要将弧值在区间上加总。这类目标函数的形式为

$$V[y]=G[T,y(T)] \tag{1.3}$$

其中函数 G 仅取决于终止时间 T 时所发生的事件。

在另外一些情形下，式 (1.1) 中的定积分与式 (1.3) 中的终止标准在目标泛函中同时出现。于是，我们有

$$V[y]=\int_0^T F[t,y(t),y'(t)]dt+G[T,y(T)] \tag{1.4}$$

其中函数 G 可能表示（比如）某些资本设备的残余价值。另外，我们也可以再次扩展式 (1.3) 与式 (1.4) 中的泛函，使得它们包含两个及以上的状态变量。例如，在两个状态变量（y 和 z）的情形下，式 (1.3) 将变为

$$V[y,z]=G[T,y(T),z(T)] \tag{1.5}$$

带有式 (1.3) 形式的目标泛函的问题称为**迈耶**（Mayer）**问题**。由于 V 仅取决于终止位置，它也称为**终止控制问题**（terminal-control problem）。带有式 (1.4) 形式的目标泛函的问题称为**波尔扎**（Bolza）**问题**。

尽管波尔扎问题看上去更符合一般表达式形式，然而真相是这三类问题——标准、

迈耶、波尔扎——能很容易地相互转换。例如，通过定义一个新变量

$$z(T) \equiv G[t, y(t)] \text{ 且初始条件为 } z(0) = 0 \tag{1.6}$$

那么泛函式（1.3）可以转化为式（1.1）的形式。需要注意的是，在式（1.6）的函数 G 中，出现的是"t"而不是"T"。由于

$$\int_0^T z'(t)dt = z(t)\big|_0^T = z(T) - z(0) = z(T) \quad \text{（根据初始条件）}$$
$$= G[T, y(T)] \quad \text{（根据式(1.6)）} \tag{1.7}$$

在定义了新变量 $z(t)$ 之后，式（1.3）中的泛函 $G[T, y(T)]$ 可用式（1.7）中的积分替换。容易看出，式（1.7）中的被积函数 $z'(t) \equiv dG[t, y(t)]/dt$ 是函数 $F[t, z(t), z'(t)]$ 的一种特殊形式，因为它不含有自变量 t 和 $z(t)$；也就是说，式（1.7）中的积分仍然属于式（1.1）中目标泛函的一般形式。因此，我们可以将迈耶问题转化成标准问题。一旦我们发现了最优路径 z，那么最优路径 y 可通过式（1.6）中的关系推导出来。

类似地，我们可以将波尔扎问题转化成标准问题；我们将这个任务留给读者完成。这类问题的经济学例子出现在 3.4 节。由于迈耶问题和波尔扎问题都能转化成标准问题，因此我们主要讨论标准问题，在这种情形下，我们的目标泛函为积分形式。

习题 1.3

1. 在所谓的"最优时间问题"中，我们的目标是用最短的时间把状态变量从给定初始值 $y(0)$ 移动到给定的终止值 $y(T)$。换句话说，我们希望使得泛函 $V[Y] = T - 0$ 最小化。

（a）将这个问题视为标准问题，写出能够产生上述泛函且形式为式（1.1）的函数 F。

（b）将这个问题视为迈耶问题，写出能够产生上述泛函且形式为式（1.3）的函数 G。

2. 给定函数 $D(T)$，假设在区间 $[0, T]$ 的每个时点上，该函数都能给出状态变量的**合意**水平。所有偏离 $D(T)$ 的行为，无论正向还是负向偏离，都不合意，原因在于它们伴随着负的收益（成本、痛苦或不满意）。为了构造合理动态最小化问题，下列哪个目标泛函是可接受的？为什么？

（a）$\int_0^T [y(t) - D(t)]dt$

（b）$\int_0^T [y(t) - D(t)]^2 dt$

（c）$\int_0^T [D(t) - y(t)]^3 dt$

（d）$\int_0^T |D(t) - y(t)| dt$

3. 将波尔扎问题中的目标泛函式（1.4）转换为标准问题的目标泛函形式，即转换为式（1.1）或式（1.2）的形式。[提示：引入新变量 $z(t) \equiv G[t, y(t)]$，其初始条件为 $z(0) = 0$。]

4. 将波尔扎问题中的目标泛函式（1.4）转换为迈耶问题的目标泛函形式，即转换为式（1.3）或式（1.5）的形式。[提示，引入特征为 $z'(t) \equiv F[t, y(t), y'(t)]$ 的新变量 $z(t)$，初始条件为 $z(0) = 0$。]

1.4 动态最优化的几种处理方法

对于前面提到的动态最优化问题，我们一般有三类处理方法。在前面，我们已提到了两类，即变分法和动态规划。最后一类方法称为最优控制理论，它是变分法在现代的强有力的推广。我们逐一介绍一下这些方法。

□ 变分法

17 世纪晚期，变分法已成为这类问题的经典处理方法。早期的一个问题是将旋转曲面穿过某种粘性介质，求使得所遭受的阻力最小的曲面形状（这简称为最小旋转曲面问题）。[①] 艾萨克·牛顿（Issac Newton）解决了这个问题并在他于 1687 年出版的《原理》（*Principia*）一书中阐述了他的发现。与牛顿同时期的其他数学家（例如，约翰·伯努利和詹姆斯·伯努利（John and James Bernouli））也研究了具有类似性质的问题。这些问题可用下列一般表达式表示[*]：

$$\text{Max 或 Min} \qquad V[y] = \int_0^T F[t, y(t), y'(t)] dt$$

s. t. 　　　　　　　　　　　　　　　　　　　　　　　(1.8)

$$y(0) = A \qquad (A \text{ 给定})$$
$$y(T) = Z \qquad (T, Z \text{ 给定})$$

在这样的问题中，被积泛函是个关于单个状态变量的泛函，初始点和终止点都是完全给定的，没有约束条件。这样的问题称为变分法的**基本问题**（或**最简单问题**）。

为了使这样的问题有意义，泛函必须是可积的（即，积分必须收敛）。当我们写出式（1.8）这样的一般形式的积分时，我们总是假设这个条件得以满足。另外，我们总假设所有出现在问题中的函数都是连续的而且是连续可微的。我们需要这个假设的原因在于，变分法背后的基本方法论对应于古典微分背后的方法论。二者的主要区别在于，微分处理的是改变 $y = f(x)$ 的值的微分 dx，而变分法处理的是影响泛函 $V[y]$ 的值的整条曲线 $y(t)$ 的"变分"。本书第 2 部分主要介绍变分法。

□ 最优控制理论

伴随着变分问题的持续研究，**最优控制理论**（optimal control theory）这种更现代的方法出现了。在最优控制理论中，动态最优化问题被看成含有**三类**（而不是两类）变量。除了时间变量 t 和状态变量 $y(t)$ 之外，这种理论还考虑控制变量 $u(t)$。事实上，正是最后这种变量赋予了最优控制理论这个名字，并在动态最优化的这种新处理方法中占据核心地位。

---

① 2.2 节例 3 将讨论这个问题。

* 鉴于很多读者已熟悉最优化的表达形式，比如这里的 Max（Min）是 Maximize（Minimize）的缩写，s. t. 是 subject to（使得，满足于）的缩写，而且这样的英文表达在中文文献里也很常见，因此我们保留了这样的表达形式而不是全部用中文表示。——译者注

最优控制理论主要关注控制变量，这意味着状态变量的重要性降低到第二位。这个结果仅当下列情形出现时才能被接受：给定 y 上的初始条件，控制路径 $u(t)$ 上的决策能顺便确定状态变量路径 $y(t)$。由于这个原因，最优控制理论必须包含将 y 与 u 关联起来的方程：

$$\frac{dy}{dt} = f[t, y(t), u(t)]$$

这样的方程称为**运动方程**（equation of motion）或**转移方程**（transition equation）或**状态方程**（state equation）。它说明的是在任何时刻，若给定状态变量的值，决策者对 u 的选择如何驱动时间轴上的状态变量 y。一旦我们找到了最优控制变量路径 $u^*(t)$，运动方程将使得我们能够构建相关的最优状态变量路径 $y^*(t)$。

对应于变分法问题式（1.8）的最优控制问题为：

$$\text{Max 或 Min} \qquad V[u] = \int_0^T F[t, y(t), u(t)] dt$$

s. t.

$$y'(t) = f[t, y(t), u(t)]$$
$$y(0) = A \qquad (A \text{ 给定})$$
$$y(T) = Z \qquad (T, Z \text{ 给定})$$

$$(1.9)$$

注意，在式（1.9）中，目标泛函中含有自变量 u 而且目标泛函从 $V[y]$ 变为 $V[u]$。这反映了一个事实：现在 u 是最终优化工具。然而，这个控制问题与变分法问题式（1.8）密切相关。事实上，通过将式（1.8）中的 $y'(t)$ 替换为 $u(t)$，并且以 $y'(t) = u(t)$ 作为运动方程，我们就能立即得到式（1.9）。

最优化理论中最重要的发展结果是所谓的**最大值原理**（maximum principle）。这个原理通常与俄罗斯数学家庞特里亚金（L. S. Pontryagin）联系在一起，尽管美国数学家海斯顿斯（Magnus R. Hestenes）在 1949 年的兰德公司报告中独立提出了类似的结果。[①] 最大值原理的强大之处在于它能够直接处理控制变量上的某类约束条件。具体地说，它允许在我们研究的问题中，控制变量 u 的可行值被限定在某个闭且有界的凸集 U 上。例如，集合 U 可能是闭区间 $[0, 1]$，而且要求在整个计划期上 u 满足 $0 \leqslant u(t) \leqslant 1$。例如，如果控制变量是边际储蓄倾向，那么 $0 \leqslant s(t) \leqslant 1$ 这个约束就很合理。总之，最优控制理论解决的（简单形式）问题与式（1.9）相同，只不过现在增加了一个约束条件

$$u(t) \in U, \ 0 \leqslant t \leqslant T$$

---

① 最大值原理是庞特里亚金和他的三个助手（V. G. Boltyanskii, R. V. Gamkrelidze, E. F. Mishchenko）共同提出的，他们因此一起获得了 1962 年列宁科学技术奖。后来，K. N. Trirogoff 将他们的工作翻译成英文，*The Mathematical Theory of Optimal Processes*，Interscience，New York，1962。

海斯顿斯在兰德公司报告中使用的题目是 *A General Problem in the Calculus of Variations with Applications to Paths of Least Time*。但这个工作不容易得到，后来海斯顿斯在一篇论文中扩展了庞特里亚金的结果，这篇论文为 "On Variational Theory and Optimal Control Theory," *Journal of SIAM*，*Series A*，*Control*，Vol. 3，1965，pp. 23—48。稍后，海斯顿斯将这一工作扩展成书，*Calculus of Variations and Optimal Control Theory*，Wiley，New York，1966。

有些学者喜欢将这个原理称为**最小值原理**，如果对最优化问题的表达形式稍作修改，那么最小值原理的名字更合理。但我们习惯使用最大值原理，因为它是这个原理的原名。

因此，控制问题式（1.9）构成了一种特殊的（无约束）情形——控制集 U 是整个实直线。

本书第 3 部分将详细讨论最优控制理论。

□ 动态规划

美国数学家理查德·贝尔曼（Richard Bellman）创造性地提出了动态规划[①]，为控制问题式（1.9）提供了另外一种解决方法。这种方法有两个重要特征：首先，它将给定的控制问题嵌入一组控制问题之中，因此，为了求给定的问题解，我们必须求这组问题的解。其次，对于这组问题中的每个问题，焦点是泛函的最优值 V^*，而不是（变分法中的）最优状态路径 $y^*(t)$ 或（最优控制理论中的）最优控制路径 $u^*(t)$。事实上，**最优值函数**（optimal value function）——对这组问题中的每个问题都赋予相应的最优值——被用作解的特征。

我们举个离散的例子来说明。参照图 1—6（改编自图 1—1），我们先看看如何将给定的控制问题"嵌入"一组问题。注意，原来的问题是找到从 A 点到 Z 点的最小成本路径；我们现在考虑下面这个更大的问题——找到从集合 $\{A, B, C, \cdots, Z\}$ 中的**每个**点到终止点 Z 的最小成本路径。于是，我们面对着一组子问题，每个子问题的初始点都不同。然而，请不要与可变初始点问题相混淆，在可变初始点问题中，我们的任务是选择最优初始点。在这里，我们考虑的问题是每个可能的点作为自己问题的初始点。也就说，除了真正的初始点 A 之外，我们采用了很多假的初始点（B，C 等）。涉及假初始点 Z 的子问题是平凡的，因为它不允许任何实际选择或控制；我们将其纳入一般问题的原因是出于问题的完整性和对称性考虑。然而，与其他假初始点相伴的子问题不是平凡的。这样一来，我们原来的问题就"嵌入"了一组有意义的问题之中。

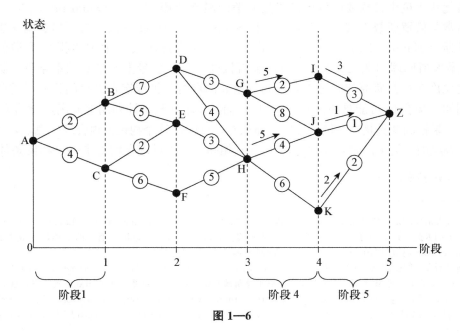

图 1—6

---

① Richard E. Bellman，*Dynamic Programming*，Princeton University Press，Princeton，NJ，1957.

由于每个子问题都有唯一的最优路径值，因此可以写出**最优值函数**

$$V^* = V^*(i) \qquad (i = A, B, \cdots, Z)$$

它表明对于每个可能的初始点我们都能确定相应的最优路径值。我们也可以据此构建**最优政策函数**（optimal policy function），这个函数告诉我们，为了通过适当选择从点 i 到终止点 Z 的一系列弧来获得 $V^*(i)$，从任何既定初始点 i 开始，如何前进才是最优的。

最优值函数与最优政策函数的目的很容易掌握，但你可能会质疑：我们为什么要费那么大的劲来嵌入问题？毕竟这会使得求解任务的工作量倍增。答案在于嵌入过程能让我们发展求解原问题的系统性迭代程序。

回到图 1—6，设想我们当前的任务仅是确定阶段 5 的最优值，这一阶段伴随着三个初始点（I，J 和 K）。很明显，答案为

$$V^*(I) = 3, \quad V^*(J) = 1, \quad V^*(K) = 2 \tag{1.10}$$

在找到了 I，J 和 K 的最优值之后，最小成本值 $V^*(G)$ 与 $V^*(H)$ 就不难找到。现在回到阶段 4，使用前面刚刚得到的最优值信息式（1.10），我们可以确定 $V^*(G)$，也可以确定（从 G 到 Z 的）最优路径 GZ，方法如下。如果我们取路径 GIZ，由此得到的路径值将等于弧 GI 的值与 $V^*(I)$ 之和。类似地，如果我们取路径 GJZ，由此得到的路径值等于弧 GJ 的值与 $V^*(J)$ 之和。因此，从 G 点到 Z 点的最小成本为：

$$V^*(G) = \min\{\text{弧 } GI \text{ 的值} + V^*(I), \text{弧 } GJ \text{ 的值} + V^*(J)\}$$
$$= \min\{2+3, 8+1\} = 5 \qquad (\text{最优路径 } GZ \text{ 为 } GIZ) \tag{1.11}$$

为了表明从 G 到 Z 的最优路径应该经过 I，我们画出了从 G 指向 I 的箭头；箭头上的 5 表示最优路径值 $V^*(G)$ 等于 5。类似地，我们可以找到

$$V^*(H) = \min\{\text{弧 } HJ \text{ 的值} + V^*(J), \text{弧 } HK \text{ 的值} + V^*(K)\}$$
$$= \min\{4+1, 6+2\} = 5 \qquad (\text{最优路径 } HZ \text{ 为 } HJZ) \tag{1.12}$$

再次注意，从 H 指向 J 的箭头以及箭头上的数字。所有这样的箭头组成的集合构成了最优政策函数，所有箭头上这些数字组成的集合构成了最优值函数。有了 $V^*(G)$ 与 $V^*(H)$ 之后，我们可以再向后退一步来计算 $V^*(D)$、$V^*(E)$ 与 $V^*(F)$，以及找到最优路径 DZ、EZ 与 FZ；计算和找法类似。再向后退两步，我们将退到阶段 1，在这个阶段我们可以确定 $V^*(A)$ 以及最优路径 AZ，也就是说，我们找到了原来问题的解。

迭代求解程序的思想体现在贝尔曼的**最优化原理**（principle of optimality）中。这个原理大致是说，如果从最优序列弧中砍掉第一个弧，那么剩下的那部分序列自身也是最优的，因为它是从它自身的初始点到终止点的最优路径。例如，如果 $EHJZ$ 是从 E 到 Z 的最优路径，那么 HJZ 必定是从 H 到 Z 的最优路径。另一方面，如果 HJZ 是从 H 到 Z 的最优路径，那么经过 H 的更长最优路径在后半段必定使用序列 HJZ。这个思想隐藏在式（1.11）和式（1.12）的计算中。然而，注意，为了使用最优化原理和迭代程序来找到从 A 到 Z 的最优路径，我们必须找到与图 1—6 中每个可能点相伴的最优值。这说明了我们为什么必须将原问题嵌入一组问题中。

尽管动态规划的本质在图 1—6 中的离散例子中得以充分说明，然而动态规划的完

整版本包含连续时间情形。遗憾的是，动态规划的连续时间问题涉及偏微分方程这样更高级的数学内容。另外，偏微分方程通常不能给出解析解。因此，本书将不再进一步讨论动态规划。本书余下内容着重强调变分法与最优控制理论，这两种方法仅涉及常微分方程。

习题 1.4

1. 根据图 1—6，找到 $V^*(D)$、$V^*(E)$ 与 $V^*(F)$。确定最优路径 DZ，EZ 和 FZ。

2. 根据上一题，找到 $V^*(B)$ 和 $V^*(C)$。确定最优路径 BZ 和 CZ。

3. 验证 1.1 节中的断言：图 1—6（与图 1—1 相同）中例子的最小生产成本为 14 美元，最优路径为 $ACEHJZ$。

4. 假设图 1—6 中的弧值为利润（而不是成本）图。对于集合 $\{A, B, \cdots, Z\}$ 中的每个点 i，求：

(a) 最优（最大利润）值 $V^*(i)$；

(b) 从 i 到 Z 的最优路径。

第 2 部分

变分法

第 2 部分

史 六 全

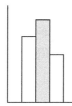

第 2 章

变分法的基本问题

我们对变分法的研究从它的基本问题入手：

$$\text{Max 或 Min} \qquad V[y] = \int_0^T F[t, y(t), y'(t)] dt$$

s. t.

$$y(0) = A \qquad (A \text{ 给定})$$

$$y(T) = Z \qquad (T, Z \text{ 给定})$$

(2.1)

最大化与最小化问题的二阶条件不同，但它们的一阶条件相同。

变分法的任务是从一组可行路径（paths）或称**轨道**（trajectories）y 中选择能产生 $V[y]$ 的极值的那个路径。由于变分法是基于古典微积分方法——要求使用一阶和二阶导数，我们将可行路径集限制于那些具有连续导数的连续曲线。能够产生 $V[y]$ 的极值（最大值或最小值）的平滑路径 y 称为**极值路径**（extremal）。我们也假设被积函数 F 是二次可微的。

在确定 $V[y]$ 的一个极值时，我们确定的是一个绝对（全局）极值或者相对（局部）极值。由于变分法基于古典微积分，它仅能直接处理**相**对极值。也就是说，极值路径产生 V 的极值是与该路径的相邻路径 y 比较意义上的极值。

2.1 欧拉方程

在变分法中，基本一阶必要条件是欧拉方程。尽管这个方程早在 1744 年就被提出，但它仍是这个数学分支的最重要的结果。由于欧拉方程的重要性以及这种方法的创造性，有必要比较详细地说说它的基本原理。

请看图 2—1，令实线路径 $y^*(t)$ 是个已知的极值路径。我们想找到与极值路径相比，它的相邻路径（非极值路径）所不具有的性质。这样的性质将构成极值路径的必要条件。为了进行比较，我们需要一组相邻的路径，根据式（2.1）的规定，这些路径必定通过给定的端点（0，A）和（T，Z）。产生这种相邻路径的一种简单方法是使用扰动（perturbing）曲线，这样的扰动曲线是任意选定的，只不过它必须是平滑的，必须通过图 2—1 横轴上的点 0 和 T，而且使得

$$p(0) = p(T) = 0 \qquad (2.2)$$

我们选择的是一条伴随相对较小的 p 值和较小的斜率的扰动曲线。通过把 $\varepsilon p(t)$（其中 ε 是个很小的数）加到 $y^*(t)$ 上并且变动 ε 值，我们可以扰动路径 $y^*(t)$，将其移动到各个相邻的位置上，从而产生我们想要的一组相邻路径。后面这些路径可以表示为

$$y(t) = y^*(t) + \varepsilon p(t) \qquad （意味着 y'(t) = y^{*'}(t) + \varepsilon p'(t)） \qquad (2.3)$$

它的性质是随着 $\varepsilon \rightarrow 0$，$y(t) \rightarrow y^*(t)$。出于简洁目的，我们在图 2—1 中只画出了一条相邻路径。

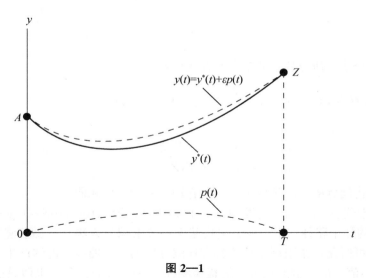

图 2—1

$y^*(t)$ 与 $p(t)$ 都是**给定的**曲线，这个事实意味着每个 ε 值都将决定一条特定的相邻路径 y，从而决定了 $V[y]$ 的一个特定值。因此，我们可以不再将 V 视为路径 y 的**泛函**，而是将其视为关于变量 ε 的**函数** $V(\varepsilon)$。这种观点的变化使我们能将熟悉的微积分方法运用于函数 $V = V(\varepsilon)$。根据假设，曲线 $y^*(t)$（伴随着 $\varepsilon = 0$ 的曲线）产生了 V 的一个极值，因此，我们必定有

$$\frac{dV}{d\varepsilon}\Big|_{\varepsilon=0} = 0 \qquad (2.4)$$

这构成了极值路径的一个定义性质。由此可知 $dV/d\varepsilon = 0$ 是极值路径的一个必要条件。

然而，条件式（2.4）不可操作，这是因为它使用了任意变量 ε 以及任意扰动函数 $p(t)$。欧拉方程的成就在于它将这个必要条件以方便的可操作形式表达了出来。然而，

动态最优化基础

为了将式（2.4）转换为可操作形式，读者必须熟悉如何对定积分取导数。

□ 对定积分取微分

考虑定积分

$$I(x) \equiv \int_a^b F(t,x)dt \tag{2.5}$$

我们假设式（2.5）中的 $F(t, x)$ 在时间区间 $[a, b]$ 有连续的导数 $F_x(t, x)$。由于 x 的任何变化都将影响函数 F 的值，从而影响定积分的值，我们可以将这个积分看成 x 的函数 $I(x)$。x 的变化对积分的影响由下列导数公式给出：

$$\frac{dI}{dx} = \int_a^b F_x(t,x)dt \qquad （莱布尼茨（Leibniz）法则） \tag{2.6}$$

用文字表示，在求一个定积分关于变量 x 的导数时，只要这个变量（即，变量 x）不是积分变量（t）也不是积分上下限（a 或 b），求导算子就可以穿过积分符号。

莱布尼茨法则背后的直觉可从图 2—2（a）看出，在这个图中，实曲线代表 $F(t, x)$，虚曲线代表 $F(t, x)$ 在 x 变化后移动而成的曲线。（如果 x 的变化无穷小，那么）这两条曲线之间的垂直距离衡量每个 t 值处的偏导数 $F_x(t, x)$。由此可知，x 的变化对整个积分的影响（即 dI/dx）对应着两条曲线之间的面积，或等价地，对应着 $F_x(t, x)$ 在区间 $[a, b]$ 上的定积分。这解释了式（2.6）的含义。

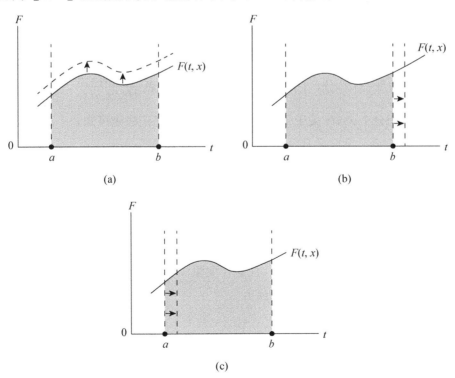

图 2—2

式（2.5）中的定积分的值也可能受积分上下限的影响。若将积分定义为

$$J(b,a) \equiv \int_a^b F(t,x)dt \tag{2.7}$$

则我们有下列一对求导公式：

$$\frac{\partial J}{\partial b} = F(t,x)\big|_{t=b} = F(b,x) \tag{2.8}$$

$$\frac{\partial J}{\partial a} = -F(t,x)\big|_{t=a} = -F(a,x) \tag{2.9}$$

用文字表示，定积分关于它的积分上限 b 的导数等于被积函数在 $t=b$ 处的值；定积分关于它的积分下限 a 的导数等于被积函数在 $t=a$ 处值的**相反数**。

在图 2—2（b）中，b 变大后的效应反映在曲线下方面积的右边界向右移动。当这种移动无穷小时，它对定积分的影响可用函数 F 在右边界的值 $F(b,x)$ 表示。这为式（2.8）提供了直觉思想。另一方面，当积分下限变大时，曲线下方面积的左边界向右移动，如图 2—2（c）所示，这减小了曲线下方的面积。这正是式（2.9）中含有负号的原因。

上面的那些求导公式可以合起来使用。例如，如果定积分的形式为

$$K(x) \equiv \int_a^{b(x)} F(t,x)dt \tag{2.10}$$

其中 x 不仅进入了被积函数，也进入了积分上限，于是我们可以用式（2.6）和式（2.8）来计算全导数：

$$\frac{dK}{dx} = \int_a^{b(x)} F_x(t,x)dt + F[b(x),x]b'(x) \tag{2.11}$$

等号右侧的第一项是一个积分，它来自式（2.6）；第二项代表 $\dfrac{\partial K}{\partial b(x)}\dfrac{db(x)}{dx}$，它来自式（2.8）。

例1 求定积分 $\int_0^2 e^{-x}dt$ 关于 x 的导数。根据莱布尼茨法则可知，

$$\int_0^2 \frac{d}{dx}e^{-x}dt = \int_0^2 -e^{-x}dt = -e^{-x}t\big|_0^2 = -2e^{-x}$$

例2 类似地，

$$\frac{d}{dx}\int_2^3 x^t dt = \int_2^3 \frac{d}{dx}x^t dt = \int_2^3 tx^{t-1}dt$$

例3 求 $\int_0^{2x} 3t^2 dt$ 关于 x 的微分。注意，变量 x 出现在积分的上限中，因此，我们需要使用链式法则以及式（2.8）。结果为

$$\frac{d}{dx}\int_0^{2x} 3t^2 dt = \left[\frac{d}{d(2x)}\int_0^{2x} 3t^2 dt\right]\frac{d(2x)}{dx} = 3(2x)^2 \cdot 2 = 24x^2$$

□ 欧拉方程的构建

为方便理解，我们分四步构建欧拉方程。

动态最优化基础

第 1 步 我们首先将 V 用 ε 表示，取其导数。将式（2.3）代入式（2.1）中的目标函数，可得

$$V(\varepsilon) = \int_0^T F[t, \underbrace{y^*(t) + \varepsilon p(t)}_{y(t)}, \underbrace{y^{*\prime}(t) + \varepsilon p'(t)}_{y'(t)}]dt \tag{2.12}$$

为了得到导数 $dV/d\varepsilon$，莱布尼茨法则告诉我们可直接穿过积分符号求导：

$$\frac{dV}{d\varepsilon} = \int_0^T \frac{\partial F}{\partial \varepsilon} dt = \int_0^T \left(\frac{\partial F}{\partial y} \frac{dy}{d\varepsilon} + \frac{\partial F}{\partial y'} \frac{dy'}{d\varepsilon} \right) dt$$

$$= \int_0^T [F_y p(t) + F_{y'} p'(t)] dt \qquad \text{（根据式(2.3)）} \tag{2.13}$$

将式（2.13）中的最后一个积分拆分为两个积分，并且令 $dV/d\varepsilon = 0$，我们就得到了极值路径必要条件的更具体的表达形式：

$$\int_0^T F_y p(t) dt + \int_0^T F_{y'} p'(t) dt = 0 \tag{2.14}$$

尽管这种形式的必要条件已经不含有任意变量 ε，但仍含有任意扰动曲线 $p(t)$ 和它的导数 $p'(t)$。为了使得必要条件充分可操作，我们必须去掉 $p(t)$ 和 $p'(t)$。

第 2 步 为了达到这个目的，我们首先对式（2.14）中的第二个积分使用下列公式进行分部积分：

$$\int_{t=a}^{t=b} v du = vu \Big|_{t=a}^{t=b} - \int_{t=a}^{t=b} u dv \qquad (u = u(t), v = v(t)) \tag{2.15}$$

令 $v \equiv F_{y'}$ 以及 $u \equiv p(t)$。于是我们有

$$dv \equiv \frac{dv}{dt} dt = \frac{dF_{y'}}{dt} dt \quad \text{以及} \quad du \equiv \frac{du}{dt} dt = p'(t) dt$$

将这些式子代入式（2.15）并且令 $a = 0$ 以及 $b = T$，可得

$$\int_0^T F_{y'} p'(t) dt = [F_{y'} p(t)]_0^T - \int_0^T p(t) \frac{d}{dt} F_{y'} dt$$

$$= - \int_0^T p(t) \frac{d}{dt} F_{y'} dt \tag{2.16}$$

这是因为第一个等号右侧第一项为零，这是假设条件式（2.2）决定的。将式（2.16）代入式（2.14）并且整合式子中的两个积分，可得到极值路径必要条件的另外一种形式：

$$\int_0^T p(t) \left[F_y - \frac{d}{dt} F_{y'} \right] dt = 0 \tag{2.17}$$

第 3 步 尽管式（2.17）不再含有 $p'(t)$，但仍含有任意的 $p(t)$。然而，正是由于 $p(t)$ 以**任意**方式进入，我们才可能断言：式（2.17）得以满足仅当方括号内的项 $[F_y - dF_{y'}/dt]$ 对于极值路径上的每个 t 值都为零；否则，积分对于某些可行扰动曲线 $p(t)$ 来说可能不等于零。因此，极值路径的一个必要条件是

$$F_y - \frac{d}{dt} F_{y'} = 0, \; t \in [0, T] \qquad \text{（欧拉方程）} \tag{2.18}$$

注意，欧拉方程不取决于任何具体表达式，因此一旦给定可微函数 $F(t, y, y')$，我们就可以对其使用欧拉方程。

欧拉方程有时也采用下列形式

$$\int F_y dt = F_{y'} \qquad (2.18')$$

这是将式（2.18）关于 t 积分而得到的。

第 4 步　如果我们将导数 $dF_{y'}/dt$ 展开，那么我们更能看清欧拉方程（2.18）的性质。由于 $F(t, y, y')$ 含有三个自变量 (t, y, y')，因此偏导数 $F_{y'}$ 应该也是一个关于这三个自变量的函数。因此，全导数 $dF_{y'}/dt$ 包含三项：

$$\frac{dF_{y'}}{dt} = \frac{\partial F_{y'}}{\partial t} + \frac{\partial F_{y'}}{\partial y}\frac{dy}{dt} + \frac{\partial F_{y'}}{\partial y'}\frac{dy'}{dt}$$

$$= F_{ty'} + F_{yy'}y'(t) + F_{y'y'}y''(t)$$

将这个式子代入式（2.18），通乘以 -1，整理可得形式更为清晰的欧拉方程：

$$F_{y'y'}y''(t) + F_{yy'}y'(t) + F_{ty'} - F_y = 0, \ t \in [0, T] \qquad （欧拉方程） \qquad (2.19)$$

这个展开式表明欧拉方程一般是二阶非线性微分方程。因此，它的通解含有两个任意常数。由于式（2.1）中的问题伴随两个边界条件（一个初始条件以及一个终止条件），因此我们一般有充分的信息来确定这两个任意常数并且得到定解。

例 4　给定泛函

$$V[y] = \int_0^2 (12ty + y'^2)dt$$

及其边界条件 $y(0)=0$ 以及 $y(2)=8$，请找到它的极值路径。

由于 $F = 12ty + y'^2$，我们有导数

$$F_y = 12t, \quad F_{y'} = 2y', \quad F_{y'y'} = 2, \quad 以及 F_{yy'} = F_{ty'} = 0$$

根据式（2.19）可知，欧拉方程为

$$2y''(t) - 12t = 0, \quad 即 \ y''(t) = 6t$$

积分可得 $y'(t) = 3t^2 + c_1$，以及

$$y^*(t) = t^3 + c_1 t + c_2 \qquad （通解）$$

为了确定任意常数 c_1 和 c_2，我们首先在通解中令 $t=0$，从而得到 $y(0)=c_2$；由题目给定的初始条件 $y(0)=0$ 可知，$c_2=0$。接下来，在通解中令 $t=2$，可得 $y(2)=8+2c_1$；由题目给定的终止条件 $y(2)=8$ 可知，$c_1=0$。因此，极值路径是个三次函数

$$y^*(t) = t^3 \qquad （定解）$$

例 5　给定泛函

$$V[y] = \int_1^5 [3t + (y')^{1/2}]dt$$

及其边界条件 $y(1)=3$ 以及 $y(5)=7$，找到它的极值路径。

由于 $F=3t+(y')^{1/2}$，因此我们有

$$F_y=0, \quad F_{y'}=\frac{1}{2}(y')^{-1/2}, \quad F_{y'y'}=-\frac{1}{4}(y')^{-3/2}, \quad \text{以及 } F_{yy'}=F_{ty'}=0$$

欧拉方程（2.19）现在变为

$$-\frac{1}{4}(y')^{-3/2}y''(t)=0$$

这个方程得以满足的唯一方法是我们有个常数 y'，从而使得 $y''=0$。因此，我们令 $y'(t)=c_1$，积分可得

$$y^*(t)=c_1t+c_2 \quad \text{（通解）}$$

为了确定任意常数 c_1 和 c_2，我们首先在通解中令 $t=1$，从而得到 $y(1)=c_1+c_2=3$（根据初始条件），然后令 $t=5$，从而得到 $y(5)=5c_1+c_2=7$（根据终止条件）。联立这两个方程可得 $c_1=1$ 以及 $c_2=2$。因此，极值路径为线性函数

$$y^*(t)=t+2 \quad \text{（定解）}$$

例 6 给定泛函

$$V[y]=\int_0^5 (t+y^2+3y')dt$$

及其边界条件 $y(0)=0$ 以及 $y(5)=3$，找到它的极值路径。

由于 $F=t+y^2+3y'$，我们有

$$F_y=2y \quad \text{以及} \quad F_{y'}=3$$

根据式（2.18），我们可以将欧拉方程写为 $2y=0$，它的解为

$$y^*(t)=0$$

然而，注意，尽管这个解满足初始条件 $y(0)=0$，但不满足终止条件 $y(5)=3$。因此，我们断言：在我们所考虑的可行连续曲线集中不存在极值路径。

例 6 比较有趣，因为它说明了某些伴随给定端点的变分问题可能没有解。更具体地说，它让我们注意，当被积函数 F 为 y' 的**线性**函数时的特殊结果。例 6 给出了一种特殊结果，即解不存在；例 7 给出了另外一种特殊结果——欧拉方程是个恒等式，由于恒等式自动得以满足，因此任何可行路径都是最优的。

例 7 给定泛函

$$V[y]=\int_0^T y'dt$$

及其边界条件 $y(0)=\alpha$ 以及 $y(T)=\beta$，找到它的极值路径。

由于 $F=y'$，我们有

$$F_y=0, \quad F_{y'}=1, \quad \text{以及} \quad \frac{d}{dt}F_{y'}=0$$

由此可知欧拉方程（2.18）总能得以满足。实际上，在这个例子中，通过直接积分就能看清这个事实：

$$V[y]=[y(t)]_0^T=y(T)-y(0)=\beta-\alpha$$

V 的值仅取决于给定的初始和终止状态，而与连接这两个给定端点的路径无关。

这些特殊结果背后的原因在于当 F 关于 y' 为线性的时，$F_{y'}$ 是个常数，从而 $F_{y'y'}=0$，所以欧拉方程（2.19）中的第一项等于零。在这些情形下，欧拉方程不再是二阶微分方程，从而它的通解不能提供两个任意常数来让我们根据给定边界条件来确定时间路径。因此，除非解路径碰巧穿过给定的固定端点，否则它不可能成为极值路径。能保证这种问题（F 是 y' 的线性函数，并且伴随着固定的端点）的解存在的唯一情形是当 F_y 也等于零，这连同 $F_{y'}=$ 常数（意味着 $dF_{y'}/dt=0$）这个事实意味着欧拉方程（2.18）是个恒等式，例 7 就是这样的。

习题 2.1

1. 在讨论定积分的微分时，我们没有提到它关于变量 t 的导数，这种做法合理吗？

找到下列定积分关于 x 的导数：

2. $I=\int_a^b x^4 dt$

3. $I=\int_a^b e^{-x} dt$

4. $I=\int_0^{2x} e^t dt$

5. $I=\int_0^{2x} te^x dt$

找到下列泛函的极值路径（如果存在的话）：

6. $V[y]=\int_0^1 (ty+2y'^2)dt$，其中 $y(0)=1$，$y(1)=2$

7. $V[y]=\int_0^1 tyy' dt$，其中 $y(0)=0$，$y(1)=1$

8. $V[y]=\int_0^2 (2ye^t+y^2+y'^2)dt$，其中 $y(0)=2$，$y(2)=2e^2+e^{-2}$

9. $V[y]=\int_0^2 (y^2+t^2y')dt$，其中 $y(0)=0$，$y(2)=2$

2.2 一些特殊情形

在前面，我们将目标函数写为一般形式 $\int_0^T F(t,y,y')dt$，其中被积函数 F 有三个自变量：t，y 与 y'。然而，在一些问题中，被积函数可能未包含上述三个自变量。对于这些特殊情形，我们可以发展出特殊形式的欧拉方程，这样的方程通常（尽管未必总是）容易求解。

特殊情形 I ：$F=F(t，y')$

在这种特殊情形下，F 函数不含有 y，这意味着 $F_y=0$。因此，欧拉方程简化为 $dF_{y'}/dt=0$，它的解为

$$F_{y'}=\text{常数} \tag{2.20}$$

注意，上一节中的例 5 就属于这种特殊情形，尽管在那里我们仅使用了常规欧拉方程来求解。使用式（2.20）也能得到相同的结果，这容易验证。下面，我们再举一个属于该特殊类型的例子。

例 1 给定泛函

$$V[y]=\int_0^1(ty'+y'^2)dt$$

及其边界条件 $y(0)=y(1)=1$，找到它的极值路径。

由于

$$F=ty'+y'^2 \quad \text{以及} \quad F_{y'}=t+2y'$$

式（2.20）表明 $t+2y'(t)=$ 常数，即

$$y'(t)=-\frac{1}{2}t+c_1$$

直接积分可得，

$$y^*(t)=-\frac{1}{4}t^2+c_1t+c_2 \quad \text{（通解）}$$

根据边界条件 $y(0)=y(1)=1$，容易得到 $c_1=1/4$ 以及 $c_2=1$。因此，极值路径为二次曲线

$$y^*(t)=-\frac{1}{4}t^2+\frac{1}{4}t+1 \quad \text{（定解）}$$

特殊情形 II ：$F=F(y，y')$

由于在这种情形下，$F_{ty'}=0$，因此欧拉方程（2.19）简化为

$$F_{y'y'}y''(t)+F_{yy'}y'(t)-F_y=0$$

这个方程的解并不明显，但如果我们将此式通乘 y'，那么新方程的左侧表达式正好是导数 $d(y'F_{y'}-F)/dt$，这是因为

$$\frac{d}{dt}(y'F_{y'}-F)=\frac{d}{dt}(y'F_{y'})-\frac{d}{dt}F(y,y')$$
$$=F_{y'}y''+y'(F_{yy'}y'+F_{y'y'}y'')-(F_yy'+F_{y'}y'')$$
$$=y'(F_{y'y'}y''+F_{yy'}y'-F_y)$$

因此，欧拉方程可以写为 $d(y'F_{y'}-F)/dt=0$，它的解为 $y'F_{y'}-F=$ 常数，这等价于

$$F-y'F_{y'}=\text{常数} \tag{2.21}$$

这个结果——已经积分一次的简化欧拉方程——是个一阶微分方程，在某些情形下，这样的方程比原来的欧拉方程（2.19）更容易处理。而且，在解析应用（而不是计算应用）中，式（2.21）产生的结果更直观，这些结果不易从式（2.19）看出，2.4 节将说明这一点。

例 2 给定泛函

$$V[y]=\int_0^{\pi/2}(y^2-y'^2)dt$$

及其边界条件 $y(0)=1$ 以及 $y(\pi/2)=0$，找到它的极值路径。

由于

$$F=y^2-y'^2 \quad \text{以及} \quad F_{y'}=-2y'$$

将这些式子代入式（2.21）可得

$$y'^2+y^2=\text{常数} \quad (\text{比如}, \equiv a^2)$$

这个常数是非负的，这是因为左侧的项都是平方项；因此，我们可以将这个常数记为 a^2，其中 a 是个非负实数。

我们已经知道 $y'^2+y^2=a^2$ 可以画成一个圆，如图 2—3 所示，这个圆的半径为 a，中心在原点。由于在图中，y' 是与 y 垂直画出的，因此这个圆构成了微分方程的相线。圆形相线意味着这是个循环时间路径①，其中 y 值被限定在闭区间 $[-a, a]$，这与振幅为 a、周期为 2π 的余弦函数一样。这样的余弦函数一般可用方程

$$y(t)=a\cos(bt+c)$$

表示，在这个式子中，我们除了有振幅参数 a 之外，还有另外两个参数，即 b 和 c，这两个参数分别与函数的周期和相位有关。在我们的例子中，周期应该为 2π；然而由于余弦函数的周期为 $2\pi/b$（通过令 bt 项等于 2π 而得到），因此我们推断 $b=1$。但 a 与 c 的值仍然未知，我们必须使用给定的边界条件来确定它们的值。

当 $t=0$ 时，我们有

$$y(0)=a\cos c=1 \quad (\text{根据初始条件})$$

当 $t=\pi/2$ 时，我们有

$$y\left(\frac{\pi}{2}\right)=a\cos\left(\frac{\pi}{2}+c\right)=0 \quad (\text{根据终止条件})$$

为了满足最后这个方程，我们必须有 $a=0$ 或 $\cos\left(\frac{\pi}{2}+c\right)=0$。然而，如果 $a=0$，那么

---

① 相图可参见 Alpha C. Chiang, *Fundamental Methods of Mathematical Economics*, 3d ed., McGraw-Hill, New York, 1984, Sec. 14.6。这里的相线类似于前面这本书 14.6 节图 14—3 中的相线 C；图 14—4(c) 画出了它蕴涵的时间路径。

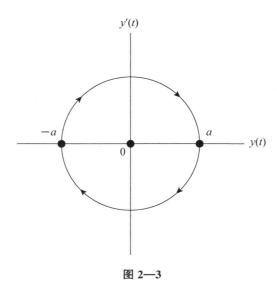

图 2—3

$a\cos c$ 不可能等于 1，因此 a 不可能等于零。因此，$\cos\left(\dfrac{\pi}{2}+c\right)$ 必定为零，这意味着 $c=0$ 或者 $c=\pi$。当 $c=0$ 时，方程 $a\cos c=1$ 变为 $a\cos 0=1$，由此可得 $a=1$。当 $c=\pi$ 时，$a\cos c=1$ 变为 $a(-1)=1$，由此可得 $a=-1$，这不可行，因为我们已经规定 a 非负。因此，我们断言边界条件要求 $a=1$ 和 $c=0$，而且能够作为极值路径的 y 的时间路径为

$$y^*(t)=\cos t$$

当然，我们可以预期这个解也可以从原来的欧拉方程（2.18）或（2.19）直接得到。经过标准化和变形，欧拉方程可以表示为下列齐次（homogeneous）二阶线性微分方程：

$$y''+y=0$$

由于这个方程有复特征根 r_1，$r_2=\pm i$，因此通解的形式为[1]

$$y^*(t)=\alpha\cos t+\beta\sin t$$

根据边界条件可知任意常数 $\alpha=1$ 以及 $\beta=0$。因此，我们得到了相同的定解：

$$y^*(t)=\cos t$$

对于这个例子，原来的欧拉方程（2.18）或（2.19）比特殊形式的欧拉方程（2.21）更容易使用。我们说明这一点的原因在于，它可以作为另外一种求解方法，更重要的是我们想说明一些其他的技巧（例如图 2—3 中的圆形相图）。对于具体问题，读者应该选择合适形式的欧拉方程来求解。

例 3　对于经过两个固定点 A 和 Z 的所有曲线，当它们围绕横轴旋转时，哪条曲线产生的旋转表面积最小？这是个物理领域中的问题，但我们仍对它感兴趣，因为它是变分法发展过程中早期遇到的问题之一。为了构建目标泛函，我们可以将图 2—4 中的曲

---

[1]　复根的解释请参见 Alpha C. Chiang，*Fundamental Methods of Mathematical Economics*，3d ed.，McGraw-Hill，New York，1984，Sec. 15.3. 在这里我们有 $h=0$ 以及 $v=1$；因此，$e^{ht}=1$ 以及 $vt=t$。

线 AZ 视为可能的极值路径。当曲线 AZ 围绕着 t 轴以规定方式旋转时，该曲线上的每一点都画出了一个平行于平面 xy 的圆，其中圆心在 t 轴上，半径 R 等于该点的 y 值。由于这种圆的周长为 $2\pi R$（在我们当前的例子中为 $2\pi y$），因此在计算旋转表面积时，我们只要在曲线 AZ 整个长度上加总（积分）周长即可。

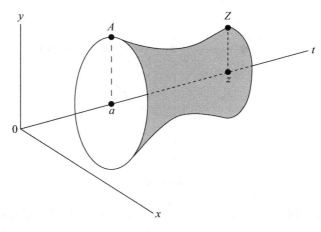

图 2—4

我们可用图 2—5 推导曲线 AZ 的长度表达式。我们设想 M 点和 N 点是曲线 AZ 上非常接近的两点。由于 M 和 N 极其接近，因此弧 MN 可用一条直线近似，它的长度等于微分 ds。为了使用变量 y 和 t 来表达 ds，我们根据毕达哥拉斯定理将 $(ds)^2$ 写为 $(ds)^2 = (dy)^2 + (dt)^2$。由此可得，$(ds)^2/(dt)^2 = (dy)^2/(dt)^2 + 1$。两侧开方可得

$$\frac{ds}{dt} = \sqrt{1 + \left(\frac{dy}{dt}\right)^2} = (1 + y'^2)^{1/2}$$

根据此式，我们已知道如何使用变量 y 和 t 来表达 ds：

$$ds = (1 + y'^2)^{1/2} dt \quad （弧长） \tag{2.22}$$

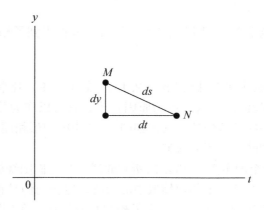

图 2—5

因此，整条曲线 AZ 的长度必定等于 ds 的积分，即 $\int_a^z (1 + y'^2)^{1/2} dt$。因此，在曲

动态最优化基础

线 AZ 上遍加周长 $2\pi y$ 将得到泛函

$$V[y] = 2\pi \int_a^z y\,(1+y'^2)^{1/2}dt$$

在这里，读者应该注意，我们可以将积分表达式 $2\pi R$ 中的"2π"（常数）"提取"出来，并放在积分符号的前面，但"y"（变量）这部分必须留在积分符号内。

对于最小化问题来说，我们实际上可以忽略常数 2π，仅将 $y\,(1+y'^2)^{1/2}$ 作为函数 F 的表达式，其中

$$F_{y'} = yy'(1+y'^2)^{-1/2}$$

由于 F 不含有 t，因此使用式（2.21）可得

$$y\,(1+y'^2)^{1/2} - yy'^2\,(1+y'^2)^{-1/2} = c$$

这个式子可以简化，我们分四步做此事：（1）通乘 $(1+y'^2)^{1/2}$；（2）左侧的 yy'^2 与 $-yy'^2$ 相互抵消；（3）对两侧平方，并将 y'^2 用 y 和 c 表示；（4）取平方根。结果为

$$y'\left(\equiv\frac{dy}{dt}\right)=\frac{1}{c}\sqrt{y^2-c^2}$$

或 $$\frac{cdy}{\sqrt{y^2-c^2}}=dt$$

在最后这个式子中，我们注意到变量 y 和 t 已分离了，因此两侧可以各自积分。右侧的积分没什么问题，dt 的积分就是 $t+k$，其中 k 是个任意常数。然而，左侧的积分比较复杂。事实上，我们可以不用那么费劲从头开始对它积分，我们只要查积分公式表即可知道左侧的积分结果:[1]

$$\int \frac{cdy}{\sqrt{y^2-c^2}} = c\ln\left(\frac{y+\sqrt{y^2-c^2}}{c}\right)+c_1$$

令这个结果等于 $t+k$（并且把常数 c_1 纳入常数 k），可得

$$\ln\left(\frac{y+\sqrt{y^2-c^2}}{c}\right)=\frac{t+k}{c}$$

或 $$e^{(t+k)/c}=\frac{y+\sqrt{y^2-c^2}}{c} \quad \text{（根据自然对数的定义）}$$

对上式两侧同乘以 c 并同时减去 y，然后两侧同时平方，再消去 y^2 项，求以 t 表示的 y，最终可得我们想要的极值路径：

$$y^*(t)=\frac{c}{2}\left[e^{(t+k)/c}+e^{-(t+k)/c}\right] \quad \text{（通解）}$$

---

[1] 例如，可以参考 *CRC Standard Mathematical Tables*，28th ed.，ed. by William H. Beyer，CRC Press，Boca Raton，FL，1987，Formula 157。在右侧对数表达式中，分母 c 可以去掉而不会影响该公式的有效性，原因在于 c 存在与否的差别仅在于结果中是否出现常数 $-c\ln c$，这个常数可被任意积分常数 c_1 吸收。尽管如此，我们保留了分母中的 c，因为这会使得我们的结果显得更加对称。

其中 c 和 k 这两个常数需要使用边界条件来确定。

这个极值路径是所谓**悬链曲线**（catenary curve）的一种变体：

$$y = \frac{1}{2}(e^t + e^{-t}) \qquad (\text{悬链曲线}) \qquad (2.23)$$

悬链曲线的显著特征是它涉及两个指数项的平均值，而且其中一项的指数是另一项指数的相反数。由于正指数项对应着一条以递增速率增加的曲线，而负指数项对应着一条一直递减的曲线，因此它们的均值形状就像悬挂在两个固定点之间的一条软绳。（事实上，catenary 一词来自拉丁语 catena，意思是"链"。）这个一般形状可参见图 2—4 中的曲线 AZ。

即使我们已经在悬链曲线族中找到了我们的极值路径，也不确定这种曲线的旋转面（称为悬链曲面）是最大的还是最小的。然而，几何和直觉考虑应该让读者相信这个曲面的确是**最小的**。在图 2—4 中，如果我们把图中已画出的曲线 AZ 替换为（比如）一条有着相反曲率的新曲线 AZ，那么我们将得到**更大的**旋转曲面。因此，悬链曲面不可能是最大的。

特殊情形Ⅲ：$F = F(y')$

当函数仅取决于 y' 时，式（2.19）中的很多导数就消失了，这包括 $F_{yy'}$，$F_{ty'}$ 以及 F_y。事实上，只有第一项存在，因此欧拉方程变为

$$F_{y'y'} y''(t) = 0 \qquad (2.24)$$

为了满足这个方程，我们必须有 $y''(t) = 0$ 或 $F_{y'y'} = 0$。如果 $y''(t) = 0$，那么我们显然有 $y'(t) = c_1$ 以及 $y(t) = c_1 t + c_2$，这表明通解是个含有两个参数的直线族。另一方面，如果 $F_{y'y'} = 0$，那么与函数 F 一样，$F_{y'y'}$ 也仅是 y' 的函数，$F_{y'y'} = 0$ 的解应该是 y' 的具体值。假设存在着一个或多个实值解 $y' = k_i$，于是我们可以推知 $y = k_i t + c$，这又代表着一族直线。因此，给定一个仅取决于 y' 的被积函数，我们总可以将它的极值路径取为直线。

例 4 给定泛函

$$V[y] = \int_0^T (1 + y'^2)^{1/2} dt \qquad (2.25)$$

及其边界条件 $y(0) = A$ 以及 $y(T) = Z$，找到它的极值路径。

敏感的读者可能已注意到这个泛函在例 3 中出现过，尽管外表稍微不同。回忆一下我们是如何讨论弧长并得到式（2.22）的，我们知道式（2.35）衡量一条经过两个给定点的曲线的总长度。因此，找到这个泛函的极值路径问题等价于找到这两点之间距离最短的曲线。

被积函数 $F = (1 + y'^2)^{1/2}$ 仅取决于 y'。因此，我们立即知道极值路径是条直线。然而，如果我们想使用欧拉方程验证这个特例，就可以使用式（2.18）。由于 $F_y = 0$，因此欧拉方程变为 $dF_{y'}/dt = 0$，它的解为 $F_{y'} = $ 常数。根据 $F_{y'} = y'/(1 + y'^2)^{1/2}$，（在把此式平方之后）我们可以记

$$\frac{y'^2}{1 + y'^2} = c^2$$

将上式两侧同乘以（$1+y'^2$），整理，提取出 y'，我们就得到了以 c 表示的 y'：$y'^2 = c^2/(1-c^2)$。这等价于

$$y' = \frac{c}{(1-c^2)^{1/2}} = 常数$$

由于 $y(t)$ 的斜率 $y'(t)$ 是个常数，因此极值路径必定是条直线。

严格来说，我们找到的"极值路径"可能使得给定泛函最大，也可能最小。然而，直线极值路径使得两个给定点之间的距离最小而不是最大，这在直觉上比较明显，因为两个给定点之间不存在"最长距离"。

特殊情形 IV：$F = F(t, y)$

在这种特殊情形下，函数 F 不含有自变量 y'。由于我们现在已有 $F_{y'} = 0$，因此欧拉方程变为 $F_y = 0$，即

$$F_y(t, y) = 0$$

导数 y' 没有出现在这个方程中的事实意味着欧拉方程不是一个微分方程。这个问题退化了。由于在它的解中不存在需要根据给定边界条件来确定的任意常数，因此极值路径可能不满足边界条件，除非非常巧合。

这种情形非常类似下列情形——函数 F 关于自变量 y' 是线性的（参见 2.1 节，例 6）。原因在于我们可以将函数 $F(t, y)$ 视为 $F(t, y, y')$ 的一种特殊情形，其中 y' 以单独的可加项 $0y'$（此项的系数为 0）进入。因此，在这种特定意义上，$F(t, y)$ 关于 y' 是"线性的"。

习题 2.2

找出下列泛函的极值路径：

1. $V[y] = \int_0^1 (t^2 + y'^2)dt$，其中 $y(0) = 0$，$y(1) = 2$

2. $V[y] = \int_0^2 7y'^3 dt$，其中 $y(0) = 9$，$y(2) = 11$

3. $V[y] = \int_0^1 (y + yy' + y' + \frac{1}{2}y'^2)dt$，其中 $y(0) = 2$，$y(1) = 5$

4. $V[y] = \int_a^b t^{-3}y'^2 dt$　（仅找到通解即可）

5. $V[y] = \int_0^1 (y^2 + 4yy' + 4y'^2)dt$，其中 $y(0) = 2e^{1/2}$，$y(1) = 1 + e$

6. $V[y] = \int_0^{\pi/2} (y^2 - y'^2)dt$，其中 $y(0) = 0$，$y(\pi/2) = 1$

2.3　欧拉方程的两类推广

我们上面对欧拉方程的讨论是基于一个带有被积函数 $F(t, y, y')$ 的泛函。然而，

这很容易推广到含有若干状态变量的情形，以及推广到更高阶导数作为自变量出现在函数 F 之中的情形。

□ 含有若干状态变量的情形

当给定的问题含有 $n > 1$ 个状态变量时，泛函变为

$$V[y_1, \cdots, y_n] = \int_0^T F(t, y_1, \cdots, y_n, y_1', \cdots, y_n') dt \tag{2.26}$$

每个状态变量都有一个初始条件和一个终止条件。

根据定义，对于任何极值路径 $y_j^*(t)$（其中 $j=1, \cdots, n$），相对于它的所有相邻路径来说，它必定产生极值路径值。产生相邻路径的一种方法是每次仅改变 $y_j(t)$ 中的一个（比如仅改变 $y_1(t)$）而维持所有其他 $y_j(t)$ 函数不变。在这种情形下，泛函仅取决于 $y_1(t)$ 的变分，这类似于我们处理单个状态变量的情形。因此，欧拉方程（2.18）必定仍是个必要条件，只不过现在我们要将符号 y 变为 y_1 来反映我们处理的新问题。类似地，这个过程可用于改变其他 y_j 函数，每次只改变一个，以产出其他的欧拉方程。因此，对于 n 个状态变量的情形，我们应该把式（2.18）中的单个欧拉方程换为由 n 个欧拉方程组成的欧拉方程组：

$$F_{y_j} - \frac{d}{dt} F_{y_j'} = 0, \ t \in [0, T] \quad (j = 1, 2, \cdots, n) \quad （欧拉方程） \tag{2.27}$$

根据这个方程组以及边际条件，我们就能确定解 $y_1^*(t), \cdots, y_n^*(t)$。

式（2.27）是欧拉方程（2.18）的一个简单直接的推广，我们只要将符号 y 变为 y_j 即可，然而这种推广方法不适用于式（2.19）。为了看清原因，为简单起见，我们假设新问题仅含有两个状态变量，即 y 和 z。于是，函数 F 是一个含有五个自变量的函数 $F(t, y, z, y', z')$，偏导数 $F_{y'}$ 和 $F_{z'}$ 也是含有这五个变量的函数。因此，$F_{y'}(t, y, z, y', z')$ 关于 t 的全导数将包含**五**项：

$$\frac{d}{dt} F_{y'}(t, y, z, y', z') = F_{ty'} + F_{yy'} y'(t) + F_{zy'} z'(t) + F_{y'y'} y''(t) + F_{z'y'} z''(t)$$

$dF_{z'}/dt$ 也含有类似的五项。因此，推广后的欧拉方程组要比式（2.19）复杂得多：

$$\begin{aligned} F_{y'y'} y''(t) + F_{z'y'} z''(t) + F_{yy'} y'(t) + F_{zy'} z'(t) + F_{ty'} - F_y = 0 \\ F_{y'z'} y''(t) + F_{z'z'} z''(t) + F_{yz'} y'(t) + F_{zz'} z'(t) + F_{tz'} - F_z = 0 \end{aligned} \tag{2.28}$$

$$对于所有 \ t \in [0, T]$$

例 1 找到泛函

$$V[y, z] = \int_0^T (y + z + y'^2 + z'^2) dt$$

的极值路径。

根据被积函数，我们知道

$$F_y = 1, \quad F_{y'} = 2y', \quad F_z = 1, \quad F_{z'} = 2z'$$

因此，根据式（2.27），我们的欧拉方程组为：

$$1-2y''=0，\quad 即 \quad y''=1/2$$
$$1-2z''=0，\quad 即 \quad z''=1/2$$

我们也可以从式（2.28）得到这个结果。

在这种特殊情形下，每个欧拉方程正好仅含有一个变量。第一个式子在积分后可得 $y'=\frac{1}{2}t+c_1$，因此，

$$y^*(t)=\frac{1}{4}t^2+c_1t+c_2$$

类似地，z 的极值路径为

$$z^*(t)=\frac{1}{4}t^2+c_3t+c_4$$

上面两个式子中的四个任意常数（$c_1，\cdots，c_4$）可根据四个边界条件即 $y(0)$，$z(0)$，$y(T)$ 以及 $z(T)$ 来确定。

□ **含有高阶导数的情形**

另外一类推广是推广到含有 $y(t)$ 的高阶导数的泛函情形。一般来说，这种情形下的泛函可以写为

$$V[y]=\int_0^T F(t,y,y',y'',\cdots,y^{(n)})dt \tag{2.29}$$

由于这个式子含有很多导数，因此，边界条件不仅应描述 y 的初始值和终止值，还应该描述导数 y'，y'' 一直到 $y^{(n-1)}$ 的初始值和终止值，这样，我们一共有 $2n$ 个边界条件。

为了处理这种情形，首先注意，含有单个状态变量 y 及其导数 y'，y''，$\cdots$，$y^{(n)}$ 的函数 F，可以转化为含有 n 个状态变量以及它们的一阶导数的一个等价函数形式。换句话说，式（2.29）中的泛函可以转化为式（2.26）中的形式。因此，欧拉方程（2.27）或（2.28）仍然适用。另外，这种转化能自动地考虑边界条件。

例2 给定泛函

$$V[y]=\int_0^T (ty^2+yy'+y''^2)dt$$

及其边界条件 $y(0)=A$，$y(T)=Z$，$y'(0)=\alpha$ 以及 $y'(T)=\beta$，请将其转化为式（2.26）的形式。

为了实现这个任务，我们只需要引入一个新变量

$$z\equiv y' \quad [意味着\ z'\equiv y'']$$

即可。这样一来，我们可以将被积函数写为

$$F=ty^2+yy'+y''^2=ty^2+yz+z'^2$$

现在，这个被积函数含有两个状态变量，即 y 和 z，而且没出现二阶及其以上的导数。

将这个新的函数 F 代入我们的泛函即可将其转化为式（2.26）的形式。

新的边界条件将是怎样的？对于原来的状态变量 y，条件 $y(0)=A$ 和 $y(T)=Z$ 可以保持不变。y' 的两个边界条件可以直接改写为新状态变量 z 的边界条件：$z(0)=\alpha$ 和 $z(T)=\beta$。这样，我们就完成了全部转化任务。

给定泛函式（2.29），我们也可以直接处理它而不是将其转化为式（2.26）的形式。我们可以通过模仿欧拉方程的推导过程来得到式（2.29）的极值路径的必要条件。这个条件称为**欧拉-泊松方程**（Euler Poisson equation），它的表达式为

$$F_y-\frac{d}{dt}F_{y'}+\frac{d^2}{dt^2}F_{y''}-\cdots+(-1)^n\frac{d^n}{dt^n}F_{y^{(n)}}=0,\ t\in[0,T] \tag{2.30}$$

（欧拉-泊松方程）

这个方程一般是一个 $2n$ 阶的微分方程。因此，它的解将涉及 $2n$ 个任意常数，这些常数可以根据 $2n$ 个边界条件来确定。

例 3 找到例 2 中泛函的极值路径。

由于我们有

$$F_y=2ty+y',\quad F_{y'}=y,\quad F_{y''}=2y''$$

因此，欧拉-泊松方程为

$$2ty+y'-\frac{dy}{dt}+\frac{d^2 2y''}{dt^2}=0,\quad \text{即}\ 2ty+2y^{(4)}=0$$

这是个四阶微分方程。

习题2.3

1. 给定泛函 $V[y]=\int_0^1(1+y''^2)dt$ 及其边界条件 $y(0)=0$ 以及 $y'(0)=y(1)=y'(1)=1$，找到它的极值路径。

2. 找到泛函 $V[y,z]=\int_a^b(y'^2+z'^2+y'z')dt$ 的极值路径（找到通解即可）。

3. 给定泛函 $V[y,z]=\int_0^{\pi/2}(2yz+y'^2+z'^2)dt$ 及其边界条件 $y(0)=z(0)=0$ 以及 $y(\pi/2)=z(\pi/2)=1$，找到它的极值路径。

4. 本节中的例 3 表明，对于例 2 中的问题，极值路径的一个必要条件是 $2ty+2y^{(4)}=0$。现在请用下列方法推导出同样的结果：使用定义 $z\equiv y'$ 以及欧拉方程（2.27）。

2.4　垄断企业的动态优化

现在我们转而考察欧拉方程的经济学运用。我们将首先讨论垄断企业的古典埃文斯

(Evans) 模型，它是变分法在经济学中的早期应用的一个实例。[①]

□ 动态利润函数

某个垄断企业生产一种商品，它的二次总成本函数为[②]

$$C = \alpha Q^2 + \beta Q + \gamma \qquad (\alpha, \beta, \gamma > 0) \qquad (2.31)$$

由于不考虑存货，因此产量 Q 总是等于需求量。因此，我们可以使用一个符号 $Q(t)$ 来表示这两个量。假设需求量不仅取决于价格 $P(t)$，也取决于价格的变化率 $P'(t)$：

$$Q = a - bP(t) + hP'(t) \qquad (a, b > 0; h \neq 0) \qquad (2.32)$$

因此，企业的利润为

$$\begin{aligned} \pi &= PQ - C \\ &= P(a - bP + hP') - \alpha(a - bP + hP')^2 - \beta(a - bP + hP') - \gamma \end{aligned}$$

这是个关于 P 和 P' 的函数。将上式展开、合并同类项，可得到动态利润函数

$$\begin{aligned} \pi(P, P') = &-b(1 + \alpha b)P^2 + (a + 2\alpha ab + \beta b)P \\ &- \alpha h^2 P'^2 - h(2\alpha a + \beta)P' + h(1 + 2\alpha b)PP' \\ &- (\alpha a^2 + \beta a + \gamma) \quad (\text{利润函数}) \end{aligned}$$

$$(2.33)$$

□ 问题

企业的目标是找到价格 P 的一个最优路径使得有限时期 $[0, T]$ 上的总利润 Π 最大。假设这个时期足够短，从而使得我们能够假设需求和成本函数不变，并且可以忽略贴现因子。另外，作为这个问题的第一种求解方法，我们还假设初始价格 P_0 以及终止价格 P_T 都是给定的。

因此，这个垄断企业的目标为

$$\text{Max} \Pi[P] = \int_0^T \pi(P, P') dt$$

$$\text{s. t.}$$
$$P(0) = P_0 \qquad (P_0 \text{ 给定})$$
$$P(T) = P_T \qquad (T, P_T \text{ 给定})$$

$$(2.34)$$

□ 最优价格路径

尽管式（2.34）与特殊情形 II 有关，然而对于具体函数的计算来说，使用原来的欧

---

① G. C. Evans，"The Dynamics of Monopoly," *American Mathematical Monthly*，February 1924，pp. 77－83. 相同的材料也出现在该作者下面著作的第 14、15 章：*Mathematical Introduction to Economics*，McGraw-Hill, New York，1930，pp. 143－153。

② 这个二次成本函数是条 U 形曲线。然而由于 β 为正，因此在这条 U 形曲线中，仅有右侧那部分曲线出现在第一象限，这意味着对于 $Q \geqslant 0$，总成本曲线是向上倾斜的。

拉方程（2.19）更简单，此时显然我们应该用 π 代替 F，用 P 代替 y。根据利润函数式（2.33），容易看出

$$\pi_P = -2b(1+\alpha b)P + (a + 2\alpha ab + \beta b) + h(1+2\alpha b)P'$$

$$\pi_{P'} = -2\alpha h^2 P' - h(2\alpha a + \beta) + h(1+2\alpha b)P$$

以及 $\quad \pi_{P'P'} = -2\alpha h^2, \quad \pi_{PP'} = h(1+2\alpha b), \quad \pi_{tP'} = 0$

根据这些表达式，我们可以将式（2.19）变为下列具体形式（已经过标准化）：

$$P'' - \frac{b(1+\alpha b)}{\alpha h^2}P = -\frac{a + 2\alpha ab + \beta b}{2\alpha h^2} \qquad \text{（欧拉方程）} \qquad (2.35)$$

这是一个具有常数系数并含有一个常数项的二阶线性微分方程，这种方程的一般形式是

$$y'' + a_1 y' + a_2 y = a_3$$

它的通解为[①]

$$y(t) = A_1 e^{r_1 t} + A_2 e^{r_2 t} + \bar{y}$$

其中，特征根 r_1 和 r_2 的取值为

$$r_1, r_2 = \frac{1}{2}\left(-a_1 \pm \sqrt{a_1^2 - 4a_2}\right)$$

特解 $\bar{y}$ 为

$$\bar{y} = \frac{a_3}{a_2}$$

因此，对于当前模型中的欧拉方程（其中 $a_1 = 0$），我们有

$$P^*(t) = A_1 e^{r_1 t} + A_2 e^{r_2 t} + \bar{P} \qquad (2.36)$$

其中：

$$r_1, r_2 = \pm\sqrt{\frac{b(1+\alpha b)}{\alpha h^2}} \qquad \text{（特征根）}$$

$$\bar{P} = \frac{a + 2\alpha ab + \beta b}{2b(1+\alpha b)} \qquad \text{（特解）}$$

注意，这两个特征根是不同的实根，而且它们互为相反数。因此，我们可以令 r 表示这两个根的共同绝对值，并将解改写为

$$P^*(t) = A_1 e^{rt} + A_2 e^{-rt} + \bar{P} \qquad \text{（通解）} \qquad (2.36')$$

上式中的两个任意常数 A_1 和 A_2 可以通过边界条件 $P(0) = P_0$ 以及 $P(T) = P_T$ 来确定。在上式中先后令 $t = 0$ 以及 $t = T$ 可得到含有两个变量即 A_1 和 A_2 的方程组：

———————————

① 这类微分方程的讨论可参见比如 Alpha C. Chiang，*Fundamental Methods of Mathematical Economics*，3d ed.，McGraw-Hill，New York，1984，Sec. 15.1。

动态最优化基础

$$P_0 = A_1 + A_2 + \bar{P}$$

$$P_T = A_1 e^{rT} + A_2 e^{-rT} + \bar{P}$$

它的解的值为

$$A_1 = \frac{P_0 - \bar{P} - (P_T - \bar{P}) e^{rT}}{1 - e^{2rT}}, \quad A_2 = \frac{P_0 - \bar{P} - (P_T - \bar{P}) e^{-rT}}{1 - e^{-2rT}} \tag{2.37}$$

在确定了这两个常数的值之后，我们就得到了这个问题的解，因为整个价格路径 $P^*(t)$ 现在已以 T，P_0，P_T，α，β，γ，a，b 和 h 这些已知的参数所表示。在这些参数中，除了 h 之外，其他所有参数的符号都是明确的。然而由于参数 h 仅是通过 r 而进入解路径式（2.36′）的，而且仅以平方项 h^2 出现，因此它的符号不会影响我们的结果，尽管它的值会影响。

当前，我们还没有能力讨论这个解路径是否的确使得利润最大（而不是最小）。假设它的确如此，那么一个相关问题是：价格路径式（2.36′）的一般构型是什么样的？遗憾的是，这个问题没有简单答案。如果 $P_T > P_0$，那么垄断企业的价格可能在区间 $[0，T]$ 从 P_0 平稳地上升到 P_T，或者在上升到这一时期末的价格水平 P_T 之前要稍微下降，这取决于参数值。另一方面，如果 $P_0 > P_T$，那么最优价格路径也有类似的未定性。尽管我们可以进一步讨论这个问题（参见习题 2.4 中的问题 3 和问题 4），然而如果我们有了具体的参数值，那么将能更具体地讨论最优价格路径的形成。

□ 更一般的视角

埃文斯（Evans）公式规定了二次成本函数以及线性需求函数。在丁特纳（Tintner）的动态垄断企业问题的更一般研究中，这些函数都未经设定。[1] 因此，利润函数仅被写为 $\pi(P, P')$。在这种一般表达式中，（特殊情形 II 的）公式（2.21）可以发挥更好的作用。它直接产生了一个简单的必要条件

$$\pi - P' \frac{\partial \pi}{\partial P'} = c \tag{2.38}$$

这个式子有明确的经济学解释。

为了看清这一点，首先考察常数 c 的经济学含义。如果利润 π 不取决于价格的变化率 P'——也就是说，如果我们将静态垄断企业问题看成动态模型的一种特殊情形——那么 $\partial \pi / \partial P' = 0$，从而式（2.38）变为 $\pi = c$。因此，常数 c 表示静态垄断利润。我们令 π_s 表示静态垄断利润（其中下标 s 代表 static（静态））。接下来，我们注意到，如果用式（2.38）除以 π，那么左侧第二项将变为

$$\frac{\partial \pi}{\partial P'} \frac{P'}{\pi} \equiv \varepsilon_{\pi P'}$$

它是 π 关于 P' 的偏弹性。的确，在经过这种变化之后，式（2.38）就变为下列最优法则：

---

[1] Gerhard Tintner, "Monopoly over Time," *Econometrica*，1937，pp. 160-170. 丁特纳也试图将埃文斯的模型推广到 π 取决于 P 的高阶导数的情形，但这个结果的经济含义难以解释。

$$\varepsilon_{\pi P'} = 1 - \frac{\pi_s}{\pi} \qquad\qquad (2.38')$$

这个法则表明垄断企业选择的价格应该使得利润关于价格变化率的弹性等于 $1-\pi_s/\pi$。读者应该注意到，如果我们没有使用特殊情形下的公式（2.21），那么就不太容易得到这个解析结果。

下面我们将这个弹性法则与静态垄断企业的弹性法则进行比较。由于静态垄断利润仅依赖于 P，因此利润最大化的一阶条件仅为 $d\pi/dP=0$。如果我们将上式通乘 P/π，那么上述一阶条件变为 $\varepsilon_{\pi P}=0$。因此，尽管静态垄断企业关注利润关于价格的弹性并且将其设定为零，而动态垄断企业必须不断关注利润关于**价格变动率**的弹性并将其设定为 $1-\pi_\varepsilon/\pi$。

□ 终止价格问题

在前面的讨论中，我们一直假设**给定**终止价格 $P(T)$。然而，事实上，即使终止时间 T 到来时，企业也能相机控制 $P(T)$。在这种情形下，它面对的是图 1—5(a) 描述的可变终止点情形，此时我们必须把边界条件 $P(T)=P_T$ 替换为合适的横截条件。我们将在下一章研究这样的横截条件。

习题 2.4

1. 在埃文斯模型中，如果垄断企业面对的是静态线性需求（$h=0$），为了实现利润最大化，企业应该索要怎样的价格？将这个价格称为 P_s，验证它有着正确的代数符号。然后比较 P_s 与 $\overline{P}$ 的值，并且给出式（2.36）中的特解的经济学含义。

2. 验证 A_1 与 A_2 的值的确如式（2.37）所示。

3. 证明：除非存在 $0<t_0<T$ 使得 $A_1e^{rt_0}=A_2e^{-rt_0}$〔即，使得式（2.36'）右侧前两项在 $t=t_0$ 时相等〕，否则在时间区间 $[0, T]$ 上，极值路径不会出现价格反向运动现象。

4. 如果式（2.36'）中的系数 A_1 与 A_2 都为正，那么 $P^*(t)$ 曲线将是悬链形状。比较下列三种情形下价格曲线最低点的位置：(a) $A_1>A_2$，(b) $A_1=A_2$，以及 (c) $A_1<A_2$。在这三种情形中，哪种情形将可能涉及价格在时间区间 $[0, T]$ 上的反向运动现象？其余情形的价格运动特征是什么？

5. 利用式（2.18）找到埃文斯问题的欧拉方程。

6. 如果我们使用贴现率 $\rho>0$ 将任何时点的利润 $\pi(P, P')$ 转换为现值，那么式（2.34）中的被积函数的一般表达式将为 $F=\pi(P, P')e^{-\rho t}$。

(a) 在这种情形下，式（2.21）还适用吗？

(b) 对这个 F 表达式使用式（2.19），从而得到新的欧拉方程。

(c) 利用式（2.18）来推导欧拉方程，并且把结果用 $\pi_{P'}$ 的增长率表示，使之成为一个法则。

2.5　通货膨胀与失业的权衡

通货膨胀与失业都会引起社会损失。当这二者存在菲利普斯权衡关系时，二者在时间轴上的最优组合是什么样的？变分法可以回答这个问题。在本节，我们为这种问题提供一个简单的表述（形式化），这个表述改编自泰勒（Taylor）的一篇论文。[①] 在这个表述中，失业变量没有出现；事实上，失业用 (Y_f-Y) 表示，这个指标的意思是当前国民收入 Y 与充分就业时国民收入 Y_f 之间的缺口。

□ 社会损失函数

假设在理想情形下，收入水平为 Y_f，通货膨胀率为 0。实际收入 Y 对 Y_f 的任何偏离（无论正负）都是不合意的，实际通货膨胀率 p 对 0 的任何偏离也都是不合意的。于是，我们可以将社会损失函数写为：

$$\lambda=(Y_f-Y)^2+\alpha p^2 \qquad (\alpha>0) \tag{2.39}$$

由于偏差表达式都是平方项，因此正偏差和负偏差是无所谓的（参见习题 1.3 中的问题 2）。然而，在社会损失函数中，Y 的偏差的权重（为 1）与 p 的偏差的权重（为 α）不同，这反映了社会对这两种偏差的不同厌恶程度。

(Y_f-Y) 与 p 之间的带有预期的菲利普斯权衡可用下列方程描述：

$$p=-\beta(Y_f-Y)+\pi \qquad (\beta>0) \tag{2.40}$$

其中 π 的意思是**预期**通货膨胀率。假设通货膨胀预期的形成是自适应的（adaptive）：

$$\pi'\left(\equiv\frac{d\pi}{dt}\right)=j(p-\pi) \qquad (0<j\leqslant 1) \tag{2.41}$$

如果实际通货膨胀率 p 大于预期通货膨胀率 π（说明 π 被**低估**了），那么 $\pi'>0$，π 将被向上修正；另一方面，如果实际通货膨胀率 p 小于预期通货膨胀率 π（说明 π 被**高估**了），那么 $\pi'<0$，π 将被向下修正。

将式（2.40）代入式（2.41），可得

$$\pi'=-\beta j(Y_f-Y)$$

变形可得

$$Y_f-Y=\frac{-\pi'}{\beta j} \tag{2.42}$$

将式（2.42）代入式（2.40），可得

① Dean Taylor, "Stopping Inflation in the Dornbusch Model: Optimal Monetary Policies with Alternate Price-Adjustment Equations," *Journal of Macroeconomics*, Spring 1989, pp. 199-216. 在改编后的版本中，我们将计划水平从 ∞ 改为有限时期 T。

$$p = \frac{\pi'}{j} + \pi \qquad (2.43)$$

最后，将式（2.42）和式（2.43）代入式（2.39），我们就能够将损失函数完全用 π 与 π' 表示：

$$\lambda(\pi, \pi') = \left(\frac{\pi'}{\beta j}\right)^2 + \alpha \left(\frac{\pi'}{j} + \pi\right)^2 \qquad (损失函数) \qquad (2.44)$$

□ 问题

于是，政府的问题是找到 π 的一条最优路径使得时间区间 $[0, T]$ 上的总社会损失最小。π 的初始值（当前值）给定为 π_0，并且假设 π 的终止值（这是政策目标）设定为 0。为了强调现值的重要性，所有社会损失都要使用贴现率 ρ 转换为现值。

基于这些考虑，政策者的目标为

$$\mathrm{Min}\Lambda[\pi] = \int_0^T \lambda(\pi, \pi') e^{-\rho t} dt$$

s. t.

$$\pi(0) = \pi_0 (\pi_0 > 0 \text{ 给定})$$
$$\pi(T) = 0 (T \text{ 给定}) \qquad (2.45)$$

□ 解路径

根据损失函数式（2.44），被积函数 $\lambda(\pi, \pi') e^{-\rho t}$ 的一阶导数为

$$F_\pi = 2\left(\frac{\alpha}{j}\pi' + \alpha\pi\right) e^{-\rho t}$$

$$F_{\pi'} = 2\left(\frac{1+\alpha\beta^2}{\beta^2 j^2}\pi' + \frac{\alpha}{j}\pi\right) e^{-\rho t}$$

二阶导数为

$$F_{\pi'\pi'} = 2\left(\frac{1+\alpha\beta^2}{\beta^2 j^2}\right) e^{-\rho t}$$

$$F_{\pi\pi'} = \frac{2\alpha}{j} e^{-\rho t}$$

$$F_{t\pi'} = -2\rho\left(\frac{1+\alpha\beta^2}{\beta^2 j^2}\pi' + \frac{\alpha}{j}\pi\right) e^{-\rho t}$$

因此，式（2.19）给出了具体的必要条件：

$$\pi'' - \rho\pi' - \Omega\pi = 0 \qquad (欧拉方程)$$

$$其中 \ \Omega \equiv \frac{\alpha\beta^2 j(\rho + j)}{1+\alpha\beta^2} > 0 \qquad (2.46)$$

由于微分方程是齐次的，因此它的特解为零，而且它的通解就是它的补函数：

动态最优化基础

$$\pi^{*}(t) = A_1 e^{r_1 t} + A_2 e^{r_2 t} \qquad \text{（通解）}$$

$$\text{其中 } r_1, r_2 = \frac{1}{2}(\rho \pm \sqrt{\rho^2 + 4\Omega}) \qquad (2.47)$$

特征根是不同的实根。另外，由于平方根的数值大于 ρ，因此，

$$r_1 > 0, \quad r_2 < 0 \qquad (2.48)$$

为了确定任意常数 A_1 和 A_2，我们先后令式（2.47）中的 t 为 $t=0$ 与 $t=T$，并且使用边界条件，这样可得

$$A_1 + A_2 = \pi_0$$
$$A_1 e^{r_1 T} + A_2 e^{r_2 T} = 0$$

联立，求解，可得

$$A_1 = \frac{-\pi_0 e^{r_2 T}}{e^{r_1 T} - e^{r_2 T}}, \qquad A_2 = \frac{\pi_0 e^{r_1 T}}{e^{r_1 T} - e^{r_2 T}} \qquad (2.49)$$

根据式（2.48）中 r_1 和 r_2 中的符号，可知

$$A_1 < 0, \qquad A_2 > 0 \qquad (2.50)$$

根据式（2.50）与式（2.48）中的符号信息，我们可以断言 $\pi^{*}(t)$ 路径应该符合图 2—6 中的一般构型。由于 $A_1 < 0$ 且 $r_1 > 0$，因此路径中的成分 $A_1 e^{r_1 t}$ 是指数增长曲线的镜像（以横轴为镜）。另一方面，由于 $A_2 > 0$ 且 $r_2 < 0$，因此成分 $A_2 e^{r_2 t}$ 是一条常规的指数衰减曲线。π^{*} 路径（两条成分曲线之和）从点（0，π_0）开始——其中 $\pi_0 = A_1 + A_2$——并且向点（T，0）平稳下降，该点与两条成分曲线垂直等距。π^{*} 路径平稳向下运动这个事实也可以通过导数验证：

$$\pi^{*\prime}(t) = r_1 A_1 e^{r_1 t} + r_2 A_2 e^{r_2 t} < 0$$

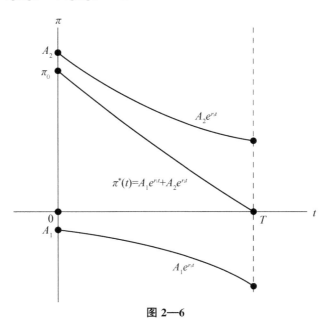

图 2—6

第 2 章 变分法的基本问题

45

在找到 $\pi^*(t)$ 和 $\pi^{*'}(t)$ 之后，我们也可以得到一些关于 p 以及 $(Y_f - Y)$ 的结论。为了完成这个任务，我们只要分别使用式（2.43）与式（2.42）中的关系即可。

习题 2.5

1. 使用欧拉方程（2.18）验证式（2.46）中的结果。

2. 令最优化问题式（2.45）中的目标泛函变为 $\int_0^T \frac{1}{2}\lambda(\pi, \pi')e^{-\rho t}dt$ 。

(a) 你认为这个问题的解将会与以前不同吗？

(b) 你能想出在被积函数中增加系数 1/2 有什么好处吗？

3. 令最优化问题式（2.45）中的条件变为 $\pi(T) = \pi_T$，$0 < \pi_T < \pi_0$ 。

(a) 求 A_1 和 A_2 的值。

(b) 你能确定 A_1 和 A_2 的符号吗？

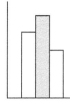

第 3 章

可变端点问题的横截条件

变分法的基本条件即欧拉方程，通常是一个含有两个任意常数的二阶微分方程。对于伴随固定初始点和终止点的问题来说，根据给定的两个边界条件足以确定这两个任意常数。然而，如果初始点或终止点是可变的（受制于相机选择），那么我们将缺少一个边界条件。例如，在上一章讨论的动态垄断企业问题中，如果企业在时间 T 的价格不是外生给定的，而是将 P_T 的选择作为这个最优化问题的内生问题，就会出现这种情形。在这种情形下，边界条件 $P(T) = P_T$ 将不复存在，因此必须使用横截条件进行补充。在本章，我们将对各种可变终止点问题构造相应的横截条件。

3.1 一般横截条件

为了方便说明，我们假设仅**终止点**是可变的。在学会对此进行处理之后，我们能轻松地将这种技术推广到初始点是可变的情形。

□ 可变终止点问题

我们的新目标为

$$\text{Max 或 Min} V[y] = \int_0^T F(t, y, y') dt$$

s. t.

$$y(0) = A(A \text{ 给定})$$
$$y(T) = y_T(T, y_T \text{ 自由})$$

(3.1)

这个问题与以前版本问题的不同之处在于终止时间 T 和终止状态 y_T 现在是"自由的"，

也就是说，它们已变成这个最优选择过程的一部分。注意，尽管 T 是自由的，但 T 仅取正值，这不难理解。

为了得到极值路径的必要条件，与以前一样我们应使用扰动曲线 $p(t)$，并且使用变量 ε 来产生相邻路径以便与极值路径进行比较。首先，假设 T^* 是事前已知的最优终止时间。于是临近 T^* 的任何 T 值可以表示为

$$T = T^* + \varepsilon \Delta T \tag{3.2}$$

其中 ε 代表一个很小的数，ΔT 代表 T 的微小变化，这个变化是任意选择的（但一旦选定就固定不变）。注意，由于 T^* 已知而且 ΔT 是事先选定的，因此 T 可被视为 ε 的函数 $T(\varepsilon)$，它的导数为

$$\frac{dT}{d\varepsilon} = \Delta T \tag{3.3}$$

使用扰动曲线 $p(t)$ 以及上面提到的 ε 来产生极值路径 $y^*(t)$ 的相邻路径族：

$$y(t) = y^*(t) + \varepsilon p(t) \qquad (\text{意味着 } y'(t) = y^{*\prime}(t) + \varepsilon p'(t)) \tag{3.4}$$

然而，尽管 $p(t)$ 曲线必须满足条件 $p(0)=0$（参见式（2.2））以便迫使相邻路径穿过固定初始点，然而另外一个条件即 $p(T)=0$ 现在必须被抛弃，因为 y_T 是自由的。将式（3.4）代入泛函 $V[y]$，我们得到了一个类似于式（2.12）的函数 $V(\varepsilon)$，然而由于 T 是 ε 的函数（参见式（3.2）），因此函数 V 的积分上限也随着 ε 的变化而变化：

$$V(\varepsilon) = \int_0^{T(\varepsilon)} F[t, \underbrace{y^*(t) + \varepsilon p(t)}_{y(t)}, \underbrace{y^{*\prime}(t) + \varepsilon p'(t)}_{y'(t)}] dt \tag{3.5}$$

我们的问题是使得 V 关于 ε 最优化。

□ **推导一般横截条件**

$V(\varepsilon)$ 取极值的一阶必要条件就是 $dV/d\varepsilon = 0$。这个导数是一个全导数，它考虑了 ε 对 V 的直接影响，以及 ε 通过积分上限 T 对 V 的间接影响。

第 1 步　定积分式（3.5）属于式（2.10）的一般形式。因此，根据式（2.11）可知，$dV/d\varepsilon$ 为

$$\frac{dV}{d\varepsilon} = \int_0^{T(\varepsilon)} \frac{\partial F}{\partial \varepsilon} dt + F[T, y(T), y'(T)] \frac{dT}{d\varepsilon} \tag{3.6}$$

右侧的积分类似式（2.13），这是我们在第 2 章推导欧拉方程过程中遇到的公式。事实上，在这里，我们仍可以使用推导式（2.17）的过程，只不过在当前问题背景下，式（2.16）中的表达式 $[F_{y'} p(t)]_0^T$ 并未消失，而是取值 $[F_{y'} p(t)]_{t=T} = [F_{y'}]_{t=T} p(T)$，这是因为我们事先已假设 $p(0)=0$ 但 $p(T) \neq 0$。在对式（2.17）中原来的结果做出这个修改之后，我们有

$$\text{式(3.6) 中的积分} = \int_0^T p(t) \left[F_y - \frac{d}{dt} F_{y'} \right] dt + [F_{y'}]_{t=T} p(T)$$

根据式（3.3）可知，

式 (3.6) 中的最后一项 $= [F]_{t=T} \Delta T$

将这些式子代入式（3.6）并且令 $dV/d\varepsilon = 0$，可得如下新条件：

$$\int_0^T p(t) \left[F_y - \frac{d}{dt} F_{y'} \right] dt + [F_{y'}]_{t=T} p(T) + [F]_{t=T} \Delta T = 0 \tag{3.7}$$

式（3.7）左侧有三项，每一项都含有自己的任意元素：第一项含有 $p(t)$（即整个扰动曲线）；第二项含有 $p(T)$（即扰动曲线的终止值）；第三项含有 ΔT（即 T 的变化，ΔT 是任意选取的）。因此，我们无法假设这些项会相互抵消。因此，为了满足条件式（3.7），这三项中的每一项都必须设定为零。

与以前一样，我们应该能够看出当令式（3.7）中的第一项为零时，就得到了欧拉方程，这与式（2.18）的情形一样。这说明在可变端点问题中，欧拉方程仍是个必要条件。其余两项仅涉及终止时间 T，因此，我们应该在这两项中寻找横截条件。

第 2 步 为了达到这个目的，我们首先去掉任意量 $p(T)$，方法是将 $p(T)$ 转换为用 ΔT（即 T 的变化）和 Δy_T（即 y_T 的变化）表示，其中 T 和 y_T 是可变终止点问题的两个主要变量。我们可以借助图 3—1 完成此事。曲线 AZ' 代表我们使用一条任意曲线 $p(t)$ 来扰动路径 AZ 而得到的一条相邻路径。注意，尽管 AZ 与 AZ' 有相同的初始点（因为 $p(0) = 0$），但它们在 $t = T$ 处有不同的高度，因为根据扰动曲线的构建可知 $p(T) \neq 0$。[①] $p(T)$ 的值决定了垂直距离 ZZ' 的长短，它衡量扰动引起的 y_T 的直接变化。然而，由于 T 本身也可以任意变化（令任意变化量为 ΔT），因此曲线 AZ' 可以向外延长到 Z''（假设 $\Delta T > 0$）。[②] 因此，y_T 进一步抬升，抬升高度等于 Z' 和 Z'' 之间的垂

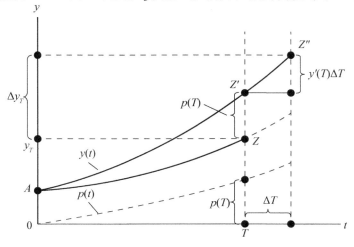

图 3—1

---

① 严格来说，图 3—1 中横轴上的点 T 应该记为 T^*。为简单起见，我们省略了星号（$*$）。这种省略做法是合理的，因为这里的讨论将得到结果式（3.9），这是个横截条件，而按照惯例，横截条件用 T（而不是 T^*）来表达。

② 尽管我们最初仅关注路径 AZ 的实线部分，但该路径的方程让我们能够画出 AZ 的延长线（虚部分）。这样，我们可以将扰动曲线应用到延长后的 AZ 上。

直距离。对于微小的 ΔT，y_T 的这个变化（指上句中的"进一步抬升"）可用 $y'(T)$ ΔT。[①] 因此，y_T 从点 Z 到点 Z'' 的总变化为

$$\Delta y_T = p(T) + y'(T)\Delta T$$

将上式变形，就可以把 $p(T)$ 用 Δy_T 以及 ΔT 来表示：

$$p(T) = \Delta y_T - y'(T)\Delta T \tag{3.8}$$

第 3 步 将式（3.8）代入式（3.7），并且去掉式（3.7）的第一项，这样就得到了我们想要的一般横截条件：

$$[F - y'F_{y'}]_{t=T}\Delta T + [F_{y'}]_{t=T}\Delta y_T = 0 \tag{3.9}$$

与欧拉方程不同，这个条件仅取决于一个时点即时点 T。它的作用是取代已缺失的终止条件。然而，一般条件式（3.9）可以写成各种特殊形式，这取决于终止线或曲线是什么样的。

3.2 特殊横截条件

在本节，我们考虑五种可变终止点：垂直终止线、水平终止线、终止曲线、截断（truncated）垂直终止线以及截断水平终止线。

□ 垂直终止线 （也称为"固定时间水平问题"）

垂直线情形（参见图 1—5(a)）涉及固定时点 T。因此，$\Delta T = 0$，从而式（3.9）的第一项为零。然而，由于 Δy_T 是任意的而且可以取正也可以取负，因此使得式（3.9）的第二项必定为零的唯一途径是在 $t=T$ 时我们有 $F_{y'}=0$。这样我们就得到了横截条件：

$$[F_{y'}]_{t=T} = 0 \tag{3.10}$$

它有时称为**自然边界条件**（natural boundary condition）。

□ 水平终止线 （也称为"固定端点问题"）

对于水平终止线问题（如图 1—5(b) 所示），情形正好反过来了：现在 $\Delta y_T = 0$ 但 ΔT 是任意的。因此，式（3.9）的第二项自动为零，从而消失，但第一项仍在。由于 ΔT 是任意的，因此使得第一项必然消失的唯一途径是第一项括号内的式子等于零。因此，横截条件为

$$[F - y'F_{y'}]_{t=T} = 0 \tag{3.11}$$

下面我们给出式（3.10）和式（3.11）的经济学解释。为了固定思想，我们将 $F(t, y, y')$ 视为利润函数，其中 y 代表资本存量，y' 代表净投资。净投资要求我们将资源从当前逐利业务拿走来积累资本，从而提高未来利润。这样，当前利润和未来利润

---

① 这个结果也适用于 $\Delta T < 0$，在这种情形下，Z'' 在 Z' 的左侧而不是右侧。

之间就存在着权衡。假设在任何时点 t，给定资本存量 y 以及既定的投资决策——比如选择投资率 y_0'——这将产生当前利润 $F(t, y, y_0')$。现在讨论一下投资决策对未来利润的影响。投资通过资本进入函数，通常伴随负号。资本积累率为 y_0'；如果能将它转变为利润值，那么我们可以将它从当前利润 $F(t, y, y_0')$ 中减去，以便考察投资决策对总利润（当前利润与未来利润）的影响。一单位资本带给企业的估算价值（imputed value）或称影子价值（shadow value）可用导数 $F_{y'}$ 衡量。这意味着 y_0' 相当于利润值 $y_0' F_{y_0'}$。因此，投资决策（即选择投资率 y_0'）对总利润的影响是使得利润变为 $F(t, y, y_0') - y_0' F_{y_0'}$。它的一般表达式为 $F - y' F_{y'}$，如式（3.11）所示。

现在，我们解释横截条件式（3.11）的意思。它的意思是说，在伴随着自由终止时间的问题中，企业应该选择一个 T 使得投资和资本积累决策在时点 $t = T$ 不再产生任何总利润（当前和未来利润之和）。换句话说，所有利润机会都应该被你选择的终止时间充分利用。另外，由于式（3.10）等价于 $[-F_{y'}]_{t=T} = 0$，因此，它告诉企业不要留下正的终止资本，因为这会导致利润损失。换句话说，在自由终止状态问题中，为了使得区间 $[0, T]$ 上的利润最大，企业应该在时点 T 用光它积累的所有资本。

□ 终止曲线

对于像图 1—5（c）所示的终止曲线 $y_T = \phi(T)$ 来说，Δy_T 与 ΔT 都不等于零，因此式（3.9）中的任何一项都不等于零，从而无法消去。然而，对于任意微小的 ΔT，终止曲线意味着 $\Delta y_T = \phi' \Delta T$。因此，对于式（3.9），我们可以去掉其中的 Δy_T，然后合并同类项，由此可得

$$[F - y' F_{y'} + F_{y'} \phi']_{t=T} \Delta T = 0$$

由于 ΔT 是任意的，我们可以推导出横截条件：

$$[F + (\phi' - y') F_{y'}]_{t=T} = 0 \tag{3.12}$$

注意前两种情形（即垂直终止线和水平终止线）与终止曲线的区别。前两种情形仅涉及一个未知量（y_T 或 T），但终止曲线情形要求我们确定 y_T 与 T。为了完成这个任务，我们需要两个关系式。横截条件式（3.12）是其中一个，另外一个是方程 $y_T = \phi(T)$。

□ 截断垂直终止线

常见的垂直终止线情形伴随着 $\Delta T = 0$，这种情形下，式（3.9）变为

$$[F_{y'}]_{t=T} \Delta y_T = 0 \tag{3.13}$$

当终止线是截断的，即当终止线受到终止条件 $y_T \geq y_{\min}$ 限制（其中 $y_{\min}$ 是 y 的最低可行水平）时，最优解有两种可能的结果：$y_T^* > y_{\min}$ 或 $y_T^* = y_{\min}$。如果 $y_T^* > y_{\min}$，那么上述限制自动得以满足，也就是说它不是束紧的约束。因此，在这种情形下，横截条件与式（3.10）相同：

$$[F_{y'}]_{t=T} = 0, \quad y_T^* > y_{\min} \tag{3.14}$$

这是因为在这种情形下，存在着终止值大于 y_T^* 的可行相邻路径，也存在着终止值小于

y_T^* 的可行相邻路径，因此 $\Delta y_T \equiv y_T - y_T^*$ 的符号可正可负。因此，满足式（3.13）的唯一途径是在 $t = T$ 时 $F_{y'} = 0$。

另一方面，第二种结果 $y_T^* = y_{min}$ 仅允许伴随终止值 $y_T \geq y_T^*$ 的相邻路径。这意味着 Δy_T 不再是完全任意的（即不再是可正可负的），而只能是非负的。假设扰动曲线有终止值 $p(T) > 0$（如图 3—1 所示），那么 $\Delta y_T \geq 0$ 将意味着 $\varepsilon \geq 0$（在图 3—1 中，$\varepsilon = 1$）。$\varepsilon \geq 0$ 又意味着横截条件式（3.13）在类似库恩-塔克这类条件中必须被改为不等式（注意，横截条件式（3.13）的根位于一阶条件 $dV/d\varepsilon = 0$ 之中）。[①] 对于**最大化**问题，我们需要 $\leq$ 类型的不等式，从而式（3.13）变为

$$[F_{y'}]_{t=T} \Delta y_T \leq 0 \tag{3.15}$$

由于 $\Delta y_T \geq 0$，式（3.15）意味着条件

$$[F_{y'}]_{t=T} \leq 0, \quad y_T^* = y_{min} \tag{3.16}$$

结合式（3.14）与式（3.16），我们可以列出最大化问题的横截条件

$$[F_{y'}]_{t=T} \leq 0, \quad y_T^* \geq y_{min}, \quad (y_T^* - y_{min})[F_{y'}]_{t=T} = 0 \quad \text{（对于 } V \text{ 的最大化）} \tag{3.17}$$

如果问题是 V 的**最小化**问题，那么式（3.15）中的第一个不等式符号需要反转过来，从而横截条件变为

$$[F_{y'}]_{t=T} \geq 0, \quad y_T^* \geq y_{min}, \quad (y_T^* - y_{min})[F_{y'}]_{t=T} = 0 \quad \text{（对于 } V \text{ 的最小化）} \tag{3.17'}$$

条件式（3.17）或式（3.17'）都由三个部分组成，这看上去挺复杂，但使用起来比较简单。在解实际问题时，我们可以首先检验式（3.14）中的条件 $[F_{y'}]_{t=T} = 0$，然后检查 y_T^* 的值。如果 $y_T^* \geq y_{min}$，那么终止限制条件得以满足，问题得以解决。另一方面，如果 $y_T^* < y_{min}$，那么最优的 y_T 位于可行值域的下方，$[F_{y'}]_{t=T}$ 在截断终止线上达不到零值。因此，为了满足式（3.17）或式（3.17'）中的补充松弛条件，我们只要令 $y_T^* = y_{min}$ 并将这个问题视为一个伴随固定终止点 (T, y_{min}) 的问题即可。

□ 截断水平终止线

水平终止线可能被限制条件 $T \leq T_{max}$ 所截断，其中 T_{max} 表示完成任务的最大可能时间，即截止时间。这种情形的分析非常类似上面讨论的截断垂直终止线。根据类似的推理，我们可以得到最大化问题的横截条件：

$$[F - y'F_{y'}]_{t=T} \geq 0, \quad T^* \leq T_{max}, \quad (T^* - T_{max})[F - y'F_{y'}]_{t=T} = 0 \tag{3.18}$$
$$\text{（对于 } V \text{ 的最大化）}$$

如果问题是 V 的**最小化**，那么我们必须改变式（3.18）中的第一个不等式，从而横截条件变为

[①] 库恩-塔克（Kuhn-Tucker）条件的解释可参见 Alpha C. Chiang, *Fundamental Methods of Mathematical Economics*, 3d ed., McGraw-Hill, New York, 1984, Sec. 21.2.

$$[F-y'F_{y'}]_{t=T} \leqslant 0, \quad T^* \leqslant T_{max}, \quad (T^*-T_{max})[F-y'F_{y'}]_{t=T}=0$$
$$\text{(对于 } V \text{ 的最小化)} \tag{3.18'}$$

例1 找到连接点（0，1）与直线 $y=2-t$ 的距离最短的曲线。

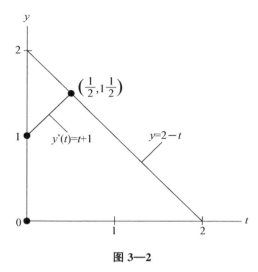

图 3—2

参考图 3—2，我们看到这是一个伴随终止曲线 $y(T)=2-T$ 的最小化问题，如果没有这个限制，它就非常类似 2.2 节例 4 中的最短距离问题。在这里，我们的问题是

$$\text{Min} V[y] = \int_0^T (1+y'^2)^{1/2} dt$$

s. t.

$$y(0)=1$$
$$y(T)=2-T$$

我们在以前已经证明过，给定这个被积函数，欧拉方程产生的是一条直线极值路径，比如

$$y^* = at+b$$

其中 a 和 b 是两个任意常数。根据初始条件 $y(0)=1$，易得 $b=1$。为了确定常数 a，我们使用横截条件式（3.12）。由于我们有

$$F=(1+y'^2)^{1/2}, \quad \phi'=1, \quad F_{y'}=y'(1+y'^2)^{-1/2}$$

因此，横截条件可以写为

$$(1+y'^2)^{1/2}+(-1-y')y'(1+y'^2)^{-1/2}=0 \quad \text{(在 } t=T \text{ 时)}$$

两边同乘以 $(1+y'^2)^{1/2}$ 并且化简，上述方程变为 $y'=1$（在 $t=T$ 时）。然而，极值路径的斜率通常是固定不变的：$y^{*'}=a$ 对于 t 的每个值成立。因此，我们必定有 $a=1$。因此，极值路径为

$$y^*(t)=t+1$$

正如图 3—2 所示，极值路径是条直线，它与终止线相交在点 $\left(\frac{1}{2}, 1\frac{1}{2}\right)$。另外，

我们注意到，终止线的斜率和极值路径的斜率分别为 -1 和 $+1$。因此，这两条线是彼此**正交的**（orthogonal），即垂直的。在这个例子中，横截条件的作用在于要求极值路径与终止线垂直。

例 2 给定泛函

$$V[y] = \int_0^T (ty' + y'^2)dt$$

及其边界条件 $y(0)=1$，$y_T=10$，并且 T 是自由的。

在这里，我们有条水平终止线，如图 3—3 所示。

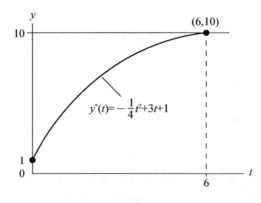

图 3—3

对于这个问题的欧拉方程的一般解，我们并不陌生，它是一条二次路径（参见 2.2 节，例 1）：

$$y^*(t) = -\frac{1}{4}t^2 + c_1 t + c_2$$

由于 $y(0)=1$，我们有 $c_2=1$。但常数 c_1 必须借助于横截条件式（3.11）来确定。由于 $F=ty'+y'^2$，因此 $F_{y'}=t+2y'$，从而我们的条件变为

$$ty' + y'^2 - y'(t+2y') = 0 \qquad (在 t=T 时)$$

这可以简化为 $-y'^2=0$ 或 $y'=0$（在 $t=T$ 时）。也就是说，我们要求极值路径在 $t=T$ 时的斜率为零。为了满足这个条件，我们将通解微分，得到 $y^{*'}(t)$，然后令 $t=T$ 以及 $y^{*'}(T)=0$。这样，我们就得到了方程 $-T/2+c_1=0$；由此可得 $c_1=T/2$。然而，我们仍然不能确定 c_1 的具体值，因为还不知道 T 的值。

为了找到 T，我们使用信息 $y_T=10$（水平终止线）。将 $c_1=T/2$ 与 $c_2=1$ 代入通解，令 $t=T$，并且令由此得到的表达式的值为 10，可得方程

$$-\frac{1}{4}T^2 + \frac{1}{2}T^2 + 1 = 10$$

因此，T 的解值为 ±6。去掉负值解，我们得到 $T^*=6$。由此可得 $c_1=3$，从而极值路径为

$$y^*(t) = -\frac{1}{4}t^2 + 3t + 1$$

图 3—3 画出了这条时间路径。正如横截条件要求的，极值路径在终止点（6，10）处的斜率的确为零。在例 1 中，横截条件蕴涵垂直性的要求。与例 1 不同，本例中的横截条件表明在 $t=T$ 时极值路径与给定的水平终止线有相同的斜率。

□ 应用： 动态垄断模型

现在我们将动态垄断企业的埃文斯模型视为如下问题：这个问题有固定的终止时间 T，但伴随着可变的终止状态 $P_T \geqslant P_{\min}$。因此，终止线被截断了，从而合适的横截条件为式（3.17）。为简单起见，在这个讨论中我们将对参数指定具体值，否则解的表达式将变得太笨重。

令成本函数和需求函数分别为

$$C = \frac{1}{10}Q^2 + 1\,000 \qquad \left[即\ \alpha = \frac{1}{10}, \beta = 0, \gamma = 1\,000 \right]$$

$$Q = 160 - 8P + 100P' \qquad [即\ a = 160, b = 8, h = 100]$$

于是利润函数变为

$$\pi \equiv PQ - C = 416P - 14.4P^2 + 260PP' - 1\,000P'^2 - 3\,200P' - 3\,560$$

这意味着

$$\pi_{p'} = 260P - 2\,000P' - 3\,200 \tag{3.19}$$

这是横截条件需要的导数。

由于我们指定的参数值产生了特征根与特解（参见式（2.36））：

$$r_1, r_2 = \pm 0.12, \quad \bar{P} = 14\frac{4}{9}$$

因此，欧拉方程的通解为

$$P^*(t) = A_1 e^{0.12t} + A_2 e^{-0.12t} + 14\frac{4}{9} \tag{3.20}$$

如果我们进一步假设边界条件为

$$P_0 = 11\frac{4}{9}, \quad P_T = 15\frac{4}{9}, \quad T = 2$$

那么，根据式（2.37），在固定终止点问题中，常数 A_1 和 A_2 的值（在四舍五入之后）为

$$A_1 = 6.933, \quad A_2 = -9.933$$

不难验证，如果将这两个常数代入式（3.20），就能得到我们想要的终止价格 $P^*(2) = 15\frac{4}{9}$。

现在我们将可变终止状态变为 $P_T \geqslant 10$。使用横截条件式（3.17），我们首先令式（3.19）中的 $\pi_{p'}$ 表达式在 $t = T = 2$ 处等于零。标准化后可得条件

$$P'(T) - 0.13P(T) = -1.6 \tag{3.21}$$

这里的 $P(T)$ 项指的是式（3.20）中的通解 $P^*(t)$ 在 $t = T = 2$ 处的值，$P'(T)$ 是

式（3.20）在 $t=T=2$ 处的导数。也就是说，

$$P(T)=A_1e^{0.24}+A_2e^{-0.24}+14\frac{4}{9}$$

$$P'(T)=0.12A_1e^{0.24}-0.12A_2e^{-0.24}$$

因此，式（3.21）可以更具体地写为

$$-0.01A_1e^{0.24}-0.25A_2e^{-0.24}=0.2778$$

为了求 A_1 和 A_2，除了使用上面这个条件之外，我们还要使用决定初始点的条件：

$$A_1+A_2=-3$$

这个条件是在式（3.20）中令 $t=0$ 并且令结果 $P_0=11\frac{4}{9}$ 而得到的。A_1 和 A_2 的值（在四舍五入之后）为：

$$A_1=4.716,\quad A_2=-7.716$$

这样我们就得到了定解

$$P^*(t)=4.716e^{0.12t}-7.716e^{-0.12t}+14\frac{4}{9} \tag{3.22}$$

剩下的任务是检验这个解是否满足终止条件 $P_T\geqslant10$。在式（3.22）中令 $t=T=2$，我们发现 $P^*(2)=14.37$。由于它满足我们规定的条件限制，因此问题得解。[1]

□ 通货膨胀与失业之间的权衡： 再考察

2.5 节中的通货膨胀与失业之间的权衡问题有固定的终止点，该终止点要求预期通货膨胀率 π 在给定的终止时间 T 达到零值：$\pi(T)=0$。由此产生的一个有趣的问题是：如果终止条件变成一条垂直终止线，情形将是怎样的？

根据式（2.47）可知，欧拉方程的通解为

$$\pi^*(T)=A_1e^{r_1t}+A_2e^{r_2t} \tag{3.23}$$

假设初始条件仍为 $\pi(0)=\pi_0>0$，这要求

$$A_1+A_2=\pi_0 \tag{3.24}$$

这个式子是在式（3.23）中令 $t=0$ 而得到的。然而，现在在给定时点 T，我们面对着垂直终止线，因此必须使用横截条件 $[F_{y'}]_{t=T}=0$。在权衡模型中，它的形式为

$$F_{\pi'}=2\left(\frac{1+\alpha\beta^2}{\beta^2 j^2}\pi'+\frac{\alpha}{j}\pi\right)e^{-\rho t}=0 \qquad (\text{在 } t=T \text{ 时}) \tag{3.25}$$

这个式子当前仅当括号内的表达式等于零时才成立。因此，横截条件（在化简之后）可以写为

---

[1] 尽管埃文斯的原文中的确讨论了可变终止价格问题，但它没使用横截条件，也未给出确定的价格路径。埃文斯的处理方法可参见 Evans, *Mathematical Introduction to Economics*，McGraw-Hill, New York, 1930, pp. 150—153。

$$\pi'(T)+\sigma\pi(T)=0, \quad 其中 \ \sigma\equiv\frac{\alpha\beta^2 j}{1+\alpha\beta^2} \qquad (3.25')$$

当然，$\pi(T)$ 与 $\pi'(T)$ 是通解 $\pi^*(t)$ 及其导数 $\pi^{*'}(t)$ 在 $t=T$ 时的值。因此，利用式（3.23），我们可以给出条件式（3.25'）的具体形式：

$$(r_1+\sigma)A_1 e^{r_1 T}+(r_2+\sigma)A_2 e^{r_2 T}=0 \qquad (3.25'')$$

联立式（3.24）和式（3.25''）可得到常数 A_1 和 A_2 的定值：

$$
\begin{aligned}
A_1 &= \frac{-\pi_0(r_2+\sigma)e^{r_2 T}}{(r_1+\sigma)e^{r_1 T}-(r_2+\sigma)e^{r_2 T}} \\
A_2 &= \frac{\pi_0(r_1+\sigma)e^{r_1 T}}{(r_1+\sigma)e^{r_1 T}-(r_2+\sigma)e^{r_2 T}}
\end{aligned}
\qquad (3.26)
$$

将它们代入通解即可将通解变为定解。

既然终止状态现在是内生决定的，$\pi^*(T)$ 的值为多少？为了看清这一点，我们将式（3.26）代入通解式（3.23），并且求这个结果在 $t=T$ 时的值。答案表明这是一个伴随正值的比较复杂的式子；即，

$$\pi^*(T)>0$$

因此，最优化过程不要求预期通货膨胀率一路下降且在终止时点等于零。垂直终止线情形的确与 2.5 节中的问题不同。

习题 3.2

1. 对于泛函 $V[y]=\int_0^T (t^2+y'^2)dt$，欧拉方程的通解为 $y^*(t)=c_1 t+c_2$（参见习题 2.2，问题 1）。

(a) 如果初始条件为 $y(0)=4$，终止条件为 $T=2$，但 y_T 是自由的，请找到该泛函的极值路径。

(b) 画图，在图中标示出初始点、终止点以及极值路径。

2. 在上一题中如果终止条件变为 $T=2$，$y_T\geqslant 3$，答案将会发生什么变化？

3. 在问题 1 中令终止条件变为 $y_T=5$，但 T 是自由的。

(a) 找到新的极值路径。最优终止时间 T^* 为多少？

(b) 画图，在图中标示出初始点、终止线以及极值路径。

4. (a) 对于泛函 $V[y]=\int_0^T (y'^2/t^3)dt$，欧拉方程的通解为 $y^*(t)=c_1 t^4+c_2$（参见习题 2.2，问题 4）。如果初始条件为 $y(0)=0$，终止条件为 $y_T=3-T$，请找到该泛函的极值路径。

(b) 画出终止曲线与极值路径。

5. 我们讨论了截断垂直终止线情形并得到了条件式（3.16），但这个结果是建立在扰动曲线 $p(T)>0$ 基础上的。证明：如果 $p(T)<0$，我们仍能得到这个条件。

6. 对于截断水平终止线问题，模仿截断垂直终止线问题的推理过程来推导横截条件式（3.18）。

3.3　三种推广

可变终止点的相关内容可以向三个方向推广。

□ 可变初始点

如果初始点是可变的，那么边界条件 $y(0)=A$ 不再成立，此时我们需要初始横截条件来代替它。由于我们在上一节发展的横截条件在进行必要的修改之后，也适用于可变初始点情形，因此，没有进一步讨论的必要。如果在我们的问题中，初始点和终止点都可变，那么必须使用两个横截条件来确定欧拉方程产生的两个任意常数。

□ 多个状态变量的情形

当目标泛函中含有多个状态变量，从而被积函数为

$$F(t, y_1, \cdots, y_n, y_1', \cdots, y_n')$$

那么一般（终止）横截条件式（3.9）必须修改为

$$[F-(y_1'F_{y_1'}+\cdots+y_n'F_{y_n'})]_{t=T}\Delta T+[F_{y_1'}]_{t=T}\Delta y_{1T}+\cdots+[F_{y_n'}]_{t=T}\Delta y_{nT}=0 \quad (3.27)$$

我们应该看到，式（3.9）是式（3.27）的一个特殊情形，此时 $n=1$。

给定固定的终止时间，式（3.27）中的第一项消失了，这是因为 $\Delta T=0$。类似地，如果任意变量 y_j 都有固定终止值，那么 $\Delta y_{jT}=0$，从而式（3.27）中的第 j 项消失。然而，对于未消失的项，我们可以认为所有 Δ 表达式代表着事先给定的任意数量且是彼此独立的。因此，式（3.27）中的项不能彼此抵消。因此，每个未消失的项都会产生一个单独的横截条件。

下面的例子说明了式（3.27）在 $n=2$ 时的含义，其中状态变量用 y 和 z 表示。$n=2$ 时的一般横截条件为

$$[F-(y'F_{y'}+z'F_{z'})]_{t=T}\Delta T+[F_{y'}]_{t=T}\Delta y_T+[F_{z'}]_{t=T}\Delta z_T=0 \qquad (3.27')$$

例 1　假设 T 是固定不变的，但 y_T 和 z_T 都是自由的。于是，我们有 $\Delta T=0$，但 Δy_T 和 Δz_T 是任意的。在式（3.27′）中消去第一项，并且令其余两项都等于零，我们就得到了横截条件

$$[F_{y'}]_{t=T}=0 \quad \text{以及} \quad [F_{z'}]_{t=T}=0$$

读者应该将其与式（3.10）进行比较。

例 2　假设 y 和 z 的终止值必须满足限制条件

$$y_T=\phi(T) \quad \text{以及} \quad z_T=\psi(T)$$

于是，我们有一对终止曲线。对于微小的 ΔT，我们可以期望下面的式子成立：

$$\Delta y_T=\phi'\Delta T \quad \text{以及} \quad \Delta z_T=\psi'\Delta T$$

動態最優化基礎

将上面 Δy_T 和 Δz_T 的表达式代入式（3.27'），可得

$$[F+(\phi'-y')F_{y'}+(\psi'-z')F_{z'}]_{t=T}\Delta T=0$$

由于 ΔT 是任意的，因此横截条件为

$$[F+(\phi'-y')F_{y'}+(\psi'-z')F_{z'}]_{t=T}=0$$

读者应该将其与式（3.12）进行比较。

现在我们有了五个方程，即上面这个横截条件、终止曲线 $y_T=\phi(T)$ 和 $z_T=\psi(T)$、初始条件 $y(0)=y_0$ 和 $z(0)=z_0$，我们可用它们来确定 T^* 以及两个欧拉方程中的四个任意常数。

□ 高阶导数情形

当泛函 $V[y]$ 的被积函数为 $F(t,\ y,\ y',\ \cdots,\ y^{(n)})$ 时，我们也需要修改横截条件。由于高级导数在经济应用中比较少见，因此我们仅讨论情形 $F(t,\ y,\ y',\ y'')$ 的一般横截条件：

$$\left[F-y'F_{y'}-y''F_{y''}+y'\frac{d}{dt}F_{y''}\right]_{t=T}\Delta T+\left[F_{y'}-\frac{d}{dt}F_{y''}\right]_{t=T}\Delta y_T+[F_{y''}]_{t=T}\Delta y'_T=0$$

$$(3.28)$$

出现在这个条件中的新符号 $\Delta y'_T$ 表示当 y 路径被扰动时的终止斜率的变化。比如，在图 3—1 中，$\Delta y'_T$ 表示路径 AZ'' 在 Z'' 点的斜率与路径 AZ 在 Z 点的斜率之差。如果最优化问题规定终止斜率必须维持不变，那么 $\Delta y'_T=0$，从而式（3.28）中的最后一项将消失。如果终止斜率自由可变，那么最后一项将要求 $F_{y''}$ 在 $t=T$ 时等于零。

习题 3.3

1. 对于泛函 $V[y]=\displaystyle\int_0^T(y+yy'+y'+\frac{1}{2}y'^2)dt$，欧拉方程的通解为 $y^*(t)=\frac{1}{2}t^2+c_1t+c_2$（参见习题 2.2，问题 3）。如果我们在 $t=0$ 时有一条垂直初始线，并且在 $t=1$ 时有一条垂直终止线，请写出横截条件，并且利用它们来确定通解中的常数。

2. 在上一题中，令垂直初始线被限制条件 $y^*(0)\geqslant1$ 所截断，但维持终止线不变。

(a) 原来的解仍可行吗？为什么？

(b) 找到新的极值路径。

3. 在某个最优化问题中，假设泛函为 $\displaystyle\int_0^T F(t,y,z,y',z')dt$，假设 $y(0)=A$，$z(0)=B$，$y_T=C$，$z_T=D$，T 是自由的（其中 A，B，C，D 都是常数）。

(a) 这个问题要求多少个横截条件？为什么？

(b) 写出横截条件。

4. 在上一题中，假设现在我们有 $y(0)=A$，$z(0)=B$，$y_T=C$，$z_T=\psi(T)$，T 是自由的（其中 A，B，C 都是常数）。

(a) 这个问题要求多少个横截条件？为什么？

(b) 写出横截条件。

3.4 劳动需求的最优调整

考虑某个企业的劳动需求决策，假设 $t=0$ 时工人工资下降，因此企业决定将劳动投入水平从 L_0 增加到 L_T，但 L_T 是个未知数。假设劳动投入的调整所导致的成本为 C，该成本取决于 L 的变化率 $L'(t)$。因此，企业必须决定两件事：一是 L_T 的值；二是 L_0 向 L_T 调整过程中的最优速度。这在本质上是哈默梅什（Hamermesh）在其论文中讨论的劳动调整问题。[①]

□ 问题

为简单起见，假设该企业的利润可用一般函数 $\pi(L)$ 表示，其中 $\pi''(L)<0$；利润函数 $\pi(L)$ 可参见图3—4。假设劳动投入是利润的唯一决定因素，因为我们可以将其理解为利润函数吸收了所有其他影响生产和需求的因素。假设劳动 L 调整所导致的成本为

$$C(L')=bL'^2+k \quad (b>0, \text{当 } L'\neq0 \text{ 时 } k>0) \tag{3.29}$$

因此，任何时点的净利润为 $\pi(L)-C(L')$。

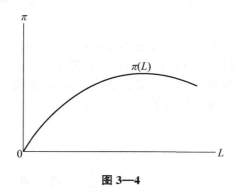

图3—4

企业的问题是使得劳动调整过程这个时段上的总净利润 Π 最大。由于企业不仅必须选择最优的 L_T，还必须选择完成这个最优选择的最优时间 T^*，因此终止状态和终止时间都是自由的。该问题的另外一个值得注意的特征是 Π 不仅应包括 $t=0$ 到 $t=T^*$ 的净利润（这是个定积分），还应包括 T^* 后面时段利润的资本化价值，因为企业选择什么样的 L_T 和 T 也会影响这个资本化价值。由于时点 T 的利润为 $\pi(L_T)$，因此它的现值为 $\pi(L_T)e^{-\rho t}$，其中 ρ 是给定的贴现率，T 被设定为等于 T^*。因此，根据标准资本化公式可知，这个现值的资本化价值为 $\pi(L_T)e^{-\rho T}/\rho$。因此，企业问题的完整表达为

$$\text{Max}\Pi[L] = \int_0^T [\pi(L)-bL'^2-k]e^{-\rho t}dt + \frac{1}{\rho}\pi(L_T)e^{-\rho T}$$

s. t.
$$\tag{3.30}$$
$$L(0)=L_0(L_0 \text{ 给定})$$
$$L(T)=L_T(L_T>L_0, \text{其中 } L_T \text{ 与 } T \text{ 都是自由的})$$

① Daniel S. Hamermesh, "Labor Demand and the Structure of Adjustment Costs," *American Economic Review*, September 1989, pp. 674—689.

如果泛函中的最后一项是一个常数，那么在最优化过程中，我们可以忽略它，因为我们能得到同一个解路径。然而，由于最后一项（将其称为 $z(T)$）随着 L_T 和 T 的最优选择的变化而变化，因此我们必须明确考虑这一项。从我们前面对迈耶问题和波尔扎问题的讨论可知，

$$z(T) = \int_0^T z'(t)dt + z(0) \qquad （参见式（1.7）） \tag{3.31}$$

因此，如果我们定义

$$z(t) = \frac{1}{\rho}\pi(L)e^{-\rho t} \qquad 从而\, z'(t) = \left[-\pi(L) + \frac{1}{\rho}\pi'(L)L'\right]e^{-\rho t}$$

那么在式（3.30）中，T^* 之后的项变为

$$\underbrace{\frac{1}{\rho}\pi(L_T)e^{-\rho T}}_{z(T)} = \underbrace{\int_0^T \left[-\pi(L) + \frac{1}{\rho}\pi'(L)L'\right]e^{-\rho t}dt}_{z'(t)} + \underbrace{\frac{1}{\rho}\pi(L_0)}_{z(0)} \tag{3.31'}$$

将（3.31′）代入（3.30）中的泛函，整理可得到一个新的但等价的函数

$$\Pi(L) = \int_0^T \left[-bL'^2 - k + \frac{1}{\rho}\pi'(L)L'\right]e^{-\rho t}dt + \frac{1}{\rho}\pi(L_0) \tag{3.32}$$

尽管这个泛函在积分项之外还有一项，但这一项是一个常数。因此，它仅影响最优 Π 值，但不会影响最优 L 路径，也不会影响 L_T 和 T 的最优值。

□ **问题的解**

为了找到欧拉方程，我们从式（3.32）看到

$$F = \left[-bL'^2 - k + \frac{1}{\rho}\pi'(L)L'\right]e^{-\rho t}$$

$$F_L = \frac{1}{\rho}\pi''(L)L'e^{-\rho t}$$

$$F_{L'} = \left[-2bL' + \frac{1}{\rho}\pi'(L)\right]e^{-\rho t}$$

因此，根据式（2.18），我们得到条件

$$L'' - \rho L' + \frac{\pi'(L)}{2b} = 0 \qquad （欧拉方程） \tag{3.33}$$

在这个问题中，横截条件有两个。L_T 和 T 都是自由的，因此我们必须满足横截条件式（3.10）和式（3.11）。[①] 条件 $[F_{L'}]_{t=T} = 0$ 意味着

$$L' - \frac{\pi'(L)}{2\rho b} = 0 \qquad （在\, t = T\, 时） \tag{3.34}$$

---

① 严格地说，我们应该使用截断垂直线情形的条件式（3.17）而不是式（3.10）。然而，由于 L_T 应该严格大于 L_0，因此补充松弛条件将会把式（3.17）简化为式（3.10）。

条件 $[F - L'F_{L'}]_{t=T} = 0$ 意味着（简化后，可得）

$$L'^2 = \frac{k}{b} \quad 或 \quad L' = \sqrt{\frac{k}{b}} \qquad （在 t = T 时） \tag{3.35}$$

注意，在这里我们取正的平方根，这是因为我们假设 L_T 在从 L_0 到 L_T 这个区间上是递增的。根据两个横截条件以及初始条件 $L(0) = L_0$ 提供的信息，我们可以确定解路径中的任意常数以及确定最优的 L_T 和 T。另外，在使用式（3.34）和式（3.35）时，注意 L' 符号指的是欧拉方程的通解的导数在 $t = T$ 处的值。

为了得到具体的解值，我们必须规定利润函数 $\pi(L)$ 的形式。由于我们引用这个例子的主要目的是为了说明终止状态和终止时间都是自由的情形，以及为了说明波尔扎问题，因此，我们不打算详细讨论具体解值。

习题 3.4

1. （a）使用图 3—4，根据式（3.34）和式（3.35）这两个横截条件，推导最优终止状态 L_T^* 的位置。

（b）ρ 的增加对 L_T^* 的位置有何影响？b 或 k 的增加对 L_T^* 的位置有何影响？

（c）解释你在（b）中得到的结果的经济含义。

2. 在上题中，令利润函数为

$$\pi(L) = 2mL - nL^2 \qquad (0 < n < m)$$

（a）求 L_T^* 的值。

（b）L 为多大时 π 最大？

（c）根据（b），说说 L_T^* 的位置与 $\pi(L)$ 曲线的关系。

3. （a）根据横截条件式（3.35），推导解路径 $L^*(t)$ 的最优终止时间 T^*。

（b）k 的增加对 T^* 的位置有何影响？b 的增加对 T^* 的位置有何影响？

第 4 章

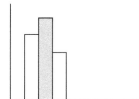

二阶条件

到目前为止，我们讨论的重点一直是找到问题的极值路径，暂时未考虑极值路径使得泛函 $V[y]$ 最大或最小。现在我们来考虑这个问题。这要求我们检验二阶条件。然而，我们也会讨论基于凹性和凸性概念之上的充分条件。我们还将介绍最大值或最小值的勒让德（Legendre）条件，这是个简单但有用的检验方法。

4.1 二阶条件

在前面，我们把泛函 $V[y]$ 视为函数 $V[\varepsilon]$，然后令一阶导数 $dV/d\varepsilon=0$，我们得到了欧拉方程与横截条件，这是极值路径的一阶必要条件。为了区分最大化与最小化问题，我们可以取二阶导数 $d^2V/d\varepsilon^2$，并且使用微积分中的下列标准二阶条件：

二阶必要条件：

$$\frac{d^2V}{d\varepsilon^2}\leqslant0 \qquad （对于\ V\ 的最大化）$$

$$\frac{d^2V}{d\varepsilon^2}\geqslant0 \qquad （对于\ V\ 的最小化）$$

二阶充分条件：

$$\frac{d^2V}{d\varepsilon^2}<0 \qquad （对于\ V\ 的最大化）$$

$$\frac{d^2V}{d\varepsilon^2}>0 \qquad （对于\ V\ 的最小化）$$

□ V 的二阶导数

为了找到 $d^2V/d\varepsilon^2$，我们把式（2.13）中的表达式 $dV/d\varepsilon$ 关于 ε 微分，此时记住：

（1）与函数 $F(t, y, y')$ 一样，F 的所有偏导数都是关于 t，y，y' 的函数；（2）y 与 y' 都是 ε 的函数，它们的导数为

$$\frac{dy}{d\varepsilon}=p(t) \qquad 以及 \qquad \frac{dy'}{d\varepsilon}=p'(t) \qquad （根据式(2.3)) \tag{4.1}$$

因此，我们有

$$\frac{d^2V}{d\varepsilon^2}=\frac{d}{d\varepsilon}\left(\frac{dV}{d\varepsilon}\right)=\frac{d}{d\varepsilon}\int_0^T[F_y p(t)+F_{y'}p'(t)]dt$$

$$=\int_0^T\left[p(t)\frac{d}{d\varepsilon}F_y+p'(t)\frac{d}{d\varepsilon}F_{y'}\right]dt \qquad （根据莱布尼茨法则） \tag{4.2}$$

由于

$$\frac{d}{d\varepsilon}F_y=F_{yy}\frac{dy}{d\varepsilon}+F_{y'y}\frac{dy'}{d\varepsilon}=F_{yy}p(t)+F_{y'y}p'(t) \quad （根据式(4.1)）$$

以及

$$\frac{d}{d\varepsilon}F_{y'}=F_{yy'}p(t)+F_{y'y'}p'(t)$$

因此，二阶导数式（4.2）在化简之后变为

$$\frac{d^2V}{d\varepsilon^2}=\int_0^T[F_{yy}p^2(t)+2F_{yy'}p(t)p'(t)+F_{y'y'}p'^2(t)]dt \tag{4.2'}$$

□ 二次型检验

式（4.2'）中的二阶导数是个定积分，其中被积函数是个二次型（quadratic form）。由于 t 在 $[0, T]$ 整个区间上取值，因此我们在积分中有无数个而不是一个二次型。然而，如果我们能证明二次型（其中 F_{yy}，$F_{yy'}$ 以及 $F_{y'y'}$ 都在极值路径上取值）对于每个 t 都是负定的（negative definite），那么 $d^2V/d\varepsilon^2<0$，极值路径使得 V 最大。类似地，如果二次型对于每个 t 都是正定的（positive definite），那么极值路径使得 V 最小，也就是说前者是个充分条件。即使我们仅能证明**半定性**（semidefiniteness），我们也至少能检验二阶必要条件。

然而，在古典变分法的历史发展过程中，由于某些原因，二次型检验完全被忽略了。但是，在变分法的近期发展中（参见下一节），被积函数 F 的凹性（凸性）被用于充分条件之中。尽管凹性（凸性）本身不要求可微性，然而如果函数 F 有连续二阶导数，那么它的凹性（凸性）可通过检验 F 的二阶全微分的符号半定性来判断。因此，二次型检验在变分法中有自己的地位。

4.2 凹性（凸性）充分条件

□ 基本问题的充分性定理

在静态最优化问题中，凹的（凸的）目标函数足以保证我们找到的是绝对最大值

（最小值），凹性（凸性）成为充分条件；在变分法中存在着类似的充分性定理：

> 对于基本问题式（2.1），如果被积函数 $F(t, y, y')$ 关于变量 (y, y') 为凹，那么欧拉方程是 $V[y]$ 取得绝对最大值的充分条件。类似地，如果 $F(t, y, y')$ 关于 (y, y') 为凸，那么欧拉方程是 $V[y]$ 取得绝对最小值的充分条件。 (4.3)

注意，这里的关于 (y, y') 为凹（凸）是指关于 (y, y') 联合为凸，而不是指关于 y 或 y' 分别为凸。

我们将以凹函数情形为例证明这个定理。[①] 这个证明的核心是可微的凹函数的定义（性质）：函数 $F(t, y, y')$ 关于 (y, y') 为凹，当前仅当对于定义域的任意两个不同点 $(t, y^*, y^{*'})$ 与 (t, y, y')，我们有

$$F(t, y, y') - F(t, y^*, y^{*'})$$
$$\leqslant F_y(t, y^*, y^{*'})(y - y^*) + F_{y'}(t, y^*, y^{*'})(y' - y^{*'})$$
$$= F_y(t, y^*, y^{*'}) \varepsilon p(t) + F_{y'}(t, y^*, y^{*'}) \varepsilon p'(t) \quad （根据式（2.3）） \quad (4.4)$$

在这里，$y^*(t)$ 表示最优路径，$y(t)$ 表示任何其他路径。对式（4.4）两侧关于 t 在区间 $[0, T]$ 上积分可得

$$V[y] - V[y^*] \leqslant \varepsilon \int_0^T [F_y(t, y^*, y^{*'}) p(t) + F_{y'}(t, y^*, y^{*'}) p'(t)] dt$$
$$= \varepsilon \int_0^T p(t) \left[F_y(t, y^*, y^{*'}) - \frac{d}{dt} F_{y'}(t, y^*, y^{*'}) \right] dt = 0 \quad (4.5)$$

（第一个等式来自我们对 $F_{y'}(t, y^*, y^{*'}) p'(t)$ 进行分部积分，我们在式（2.16）中已这么做过；第二个等式成立的原因在于 $y^*(t)$ 满足欧拉方程（2.18）。）

换句话说，$V[y] \leqslant V[y^*]$，其中 $y(t)$ 可以指任何其他路径。因此，我们已经知道 $y^*(t)$ 是个使得 V 最大的路径，与此同时，我们也证明了下列结果：假设函数 F 为凹函数，那么欧拉方程是一个充分条件。类似地，我们可以证明函数 F 为凸函数与 V 最小化之间的关系。

注意，如果函数 F 关于 (y, y') **严格凹**，那么式（4.4）和式（4.5）中的弱不等式 $\leqslant$ 将变为严格不等式 $<$。于是，$V[y] < V[y^*]$ 这个结果将证明 $V[y^*]$ 是 V 的**唯一**绝对最大值。类似地，**严格凸的** F 将使得 $V[y^*]$ 成为**唯一**绝对最小值。

□ 推广到可变终止点情形

充分性定理（4.3）的证明是基于固定端点假设之上的，但这很容易推广到伴随垂直终止线或截断垂直终止线的问题。

为了证明此事，首先回忆一下式（2.16）中的分部积分过程最初产生了一个额外项 $[F_{y'} p(t)]_0^T$，这一项后来消失了，因为它变成了零。原因在于，在固定端点情形下，扰动曲线的特征为 $p(0) = p(T) = 0$。当我们转换到伴随可变终止点的问题（其中 T 固定，但 $y(T)$ 自由可变）时，$p(T)$ 不再为零。正因为这个原因，我们必须在式（4.5）右

[①] 参见 Akira Takayama, *Mathematical Economics*, 2d ed., Cambridge University Press, Cambridge, 1985, pp. 429-430.

侧第二行与第三行增加额外一项

$$\varepsilon[F_{y'}p(t)]_{t=T}=[F_{y'}(y-y^*)]_{t=T} \qquad （根据式（2.3）)$$

整理可知，式（4.5）现在变为

$$V[y]\leqslant V[y^*]+[F_{y'}(y-y^*)]_{t=T}$$

其中 $F_{y'}$ 沿着最优路径取值，$(y-y^*)$ 代表任何可行相邻路径 $y(t)$ 与最优路径 $y^*(t)$ 之间的偏差。

如果最后一个不等式的最后一项 $[F_{y'}(y-y^*)]_{t=T}$ 等于零，那么显然原来的结论（即 $V[y^*]$ 是一个绝对最大值）仍然成立。另外，如果这个最后一项为负，那么我们仍可确信 $V[y^*]$ 是一个绝对最大值。麻烦出现在当该最后一项为正时，因为此时我们无法知道 $V[y^*]$ 是否最大。由此可知，在当前情形下，式（4.3）中 $F(t,y,y')$ 为凹还不足够，我们还要求 $[F_{y'}(y-y^*)]_{t=T}\leqslant0$。

然而，当垂直终止线问题的横截条件得以满足时，即当 $[F_{y'}]_{t=T}=0$ 时，这个补充条件（即要求 $[F_{y'}(y-y^*)]_{t=T}\leqslant0$）自动满足。这是因为在截断情形下，横截条件要求 $[F_{y'}]_{t=T}=0$（当最小可行终止值 y_{min} 为非束紧（nonbinding）时）或 $y^*=y_{min}$（当终止值为束紧时，从而问题变为伴随固定终止点问题时）。在这两种情形下，上述补充条件都能得以满足。因此，在垂直终止线或截断垂直终止线问题中，如果被积函数 F 关于变量 (y,y') 为凹（凸），那么欧拉方程与横截条件的**联合**就构成了 $V[y]$ 取绝对最大值（最小值）的充分条件。

□ 凹性（凸性）的检验

对于任何函数 f，不论可微与否，在理论上我们都可以使用函数凹性的基本定义检验 f 是否为凹：给定定义域中的任意两个不同点 u 和 v，对于 $0<\theta<1$，函数 f 为凹，当且仅当

$$\theta f(u)+(1-\theta)f(v)\leqslant f[\theta u+(1-\theta)v]$$

对于凸性，不等式 $\leqslant$ 需要变为 $\geqslant$。然而，这个性质的检验比较复杂且冗长。对于我们的目的来说，由于已经假设 $F(t,y,y')$ 有连续二阶导数，因此我们可以使用更为简单的方法，即检验二次型

$$q=F_{yy}dy^2+2F_{yy'}dydy'+F_{y'y'}dy'^2 \qquad (4.6)$$

的符号定性或半定性。当然，这个二次型可以等价地写为

$$q=F_{y'y'}dy'^2+2F_{y'y}dy'dy+F_{yy}dy^2 \qquad (4.6')$$

在我们稍后对勒让德（Legendre）条件的讨论中，使用式（4.6'）更合适。一旦我们确定了二次型的符号，就能容易地检验凹性（凸性）：$F(t,y,y')$ 关于 (y,y') 为凹（凸），当且仅当二次型 q 处处负半定（正半定）；函数 F 为严格凹（严格凸），当（但**不是**仅当）q 处处负定（正定）。

需要指出，凹性（凸性）是个**全局性**（global）概念。这就是它对应着绝对极值的原因所在。这也是 F 的凹性（凸性）要求二次型 q **处处**负半定（正半定）的原因所在。

这里的"处处"是说 q 的符号半定性应该对于（yy'空间中的）定义域中的每个点对于所有 t 都成立。与我们早先提到的二次型标准式（4.2'）相比，这个条件更强，因为对于前者来说，F 的二阶导数仅在极值路径上取值。然而，从另外一个视角看，凹性（凸性）充分条件又不是那么强，因为它仅要求符号的**半定性**，而对于式（4.2'），充分条件则要求符号定性。

我们可以使用行列式检验和特征根检验来验证二次型符号的定性和半定性。由于这些检验不仅适用于变分法环境，也适用于本书后面将介绍的最优控制论，因此有必要在这里介绍和解释一下这些检验。

□ 符号定性的行列式检验

二次型 q 的符号定性的行列式检验最容易使用。我们首先写出 q 的行列式：

$$|D| \equiv \begin{vmatrix} F_{y'y'} & F_{y'y} \\ F_{yy'} & F_{yy} \end{vmatrix} \qquad （根据式(4.6')） \tag{4.7}$$

然后定义下列两个主子式：

$$|D_1| \equiv |F_{y'y'}| = F_{y'y'}, \qquad |D_2| \equiv \begin{vmatrix} F_{y'y'} & F_{y'y} \\ F_{yy'} & F_{yy} \end{vmatrix} \tag{4.8}$$

检验为

$$
\begin{aligned}
q\ 为负定的 &\Longleftrightarrow \quad |D_1| < 0, |D_2| > 0 \\
q\ 为正定的 &\Longleftrightarrow \quad |D_1| > 0, |D_2| > 0 \\
&\quad （对于定义域中的每一点）
\end{aligned}
\tag{4.9}
$$

尽管这个检验很容易验证，但它可能过于严格了。它是用来要求**严格**凹性（凸性）的，而充分条件式（4.3）仅规定了弱凹（凸）性。

□ 符号半定性的行列式检验

q 的符号半定性的行列式检验要求我们检查更多的行列式，这是因为在这个检验下，我们必须考虑二次型的变量的所有可能的排列次序。对于当前的两变量情形，这两个变量有两种可能的排列次序，即（y', y）和（y, y'）。因此，除了式（4.7）之外，我们只要再考虑一个判别式即可，即我们还需要考虑

$$|D^0| \equiv \begin{vmatrix} F_{yy} & F_{yy'} \\ F_{y'y} & F_{y'y'} \end{vmatrix} \qquad （根据式(4.6)） \tag{4.10}$$

它的主子式为

$$|D_1^0| \equiv |F_{yy}| = F_{yy}, \qquad 以及 \qquad |D_2^0| \equiv \begin{vmatrix} F_{yy} & F_{yy'} \\ F_{y'y} & F_{y'y'} \end{vmatrix} \tag{4.11}$$

出于符号上的方便，令 1×1 主子式 $|D_1|$ 和 $|D_1^0|$ 都用 $|\tilde{D}_1|$ 表示，2×2 主子式 $|D_2|$ 和 $|D_2^0|$ 都用 $|\tilde{D}_2|$ 表示。另外，令符号 $|\tilde{D}_i| \geqslant 0$ 表示 $|\tilde{D}_i|$ 的**每个**元素 $\geqslant 0$。于是符号半定

性的检验为

$$q \text{ 为负半定的} \iff |\widetilde{D}_1| \leqslant 0, |\widetilde{D}_2| \geqslant 0$$
$$q \text{ 为正半定的} \iff |\widetilde{D}_1| \geqslant 0, |\widetilde{D}_2| \geqslant 0 \qquad (4.12)$$
（对于定义域中的每一点）

□ 特征根检验

行列式的另外一种用法是使用特征根检验，这种方法能同时显示符号半定性以及符号定性。为了使用这个检验，我们首先写出特征方程

$$\begin{vmatrix} F_{y'y'} - r & F_{y'y} \\ F_{yy'} & F_{yy} - r \end{vmatrix} = 0 \qquad （根据式(4.7)） \qquad (4.13)$$

然后求特征根 r_1 和 r_2。这个检验与特征根的符号关系为：

$$q \text{ 为负定的} \iff r_1 < 0, r_2 < 0$$
$$q \text{ 为正定的} \iff r_1 > 0, r_2 > 0$$
$$q \text{ 为负半定的} \iff r_1 \leqslant 0, r_2 \leqslant 0 \text{（至少有一个根} = 0）$$
$$q \text{ 为正半定的} \iff r_1 \geqslant 0, r_2 \geqslant 0 \text{（至少有一个根} = 0） \qquad (4.14)$$

对于这个检验，有必要记住这两个根与式（4.8）中行列式 $|D_2|$ 的两个关系：[1]

$$r_1 + r_2 = \text{主对角线元素之和} = F_{y'y'} + F_{yy} \qquad (4.15)$$
$$r_1 r_2 = |D_2| \qquad (4.16)$$

一方面，我们可以使用这两个关系双重验证 r_1 和 r_2 计算结果对不对。更为重要的是，如果 $|D_2| < 0$，那么这两个关系能让我们知道 r_1 和 r_2 的符号必定相反，因此 q 的符号必定是未定的。因此，一旦发现 $|D_2| < 0$，那么我们没有必要实施式（4.13）和式（4.14）中的步骤。

例 1 在（2.2 节例 4）最短距离问题中，被积函数为 $F = (1 + y'^2)^{1/2}$。由于这个函数仅含有一个变量 y'，因此二阶条件不难验证。在做此事时，记住 F 表达式中的平方根是个**正的**平方根，因为它代表距离，从而不可能为负。这个事实在我们计算二阶导数时变得重要。

F 的一阶导数（使用了求导的链式法则）为

$$F_{y'} = \frac{1}{2}(1 + y'^2)^{-1/2} 2y' = (1 + y'^2)^{-1/2} y'$$

继续微分可得

$$\begin{aligned} F_{y'y'} &= -(1 + y'^2)^{-3/2} y'^2 + (1 + y'^2)^{-1/2} \\ &= (1 + y'^2)^{-3/2} [-y'^2 + (1 + y'^2)] \\ &= (1 + y'^2)^{-3/2} > 0 \text{（正的平方根）} \end{aligned}$$

---

[1] 参见 Alpha C. Chiang, *Fundamental Methods of Mathematical Economics*, 3d ed., McGraw-Hill, New York, 1984 一书 18.6 节关于局部稳定性分析的讨论。

$F_{y'y'}$ 为正——对于所有 y' 值和所有 t 都为正——意味着 F 关于变量 y' 处处为严格凸。因此，我们可以断言：给定两个点，欧拉方程产生的极值路径给出了这两个点之间的唯一最短距离。

例 2 如果目标泛函中的被积函数为 $F(t, y, y') = 4y^2 + 4yy' + y'^2$，那么欧拉方程是使得 $V[y]$ 最大化或者最小化的充分条件吗？

为了检查 F 的凹性（凸性），我们首先找到 F 的二阶导数。由于

$$F_y = 8y + 4y', \quad F_{y'} = 4y + 2y'$$

所以，我们所需要的二阶导数为

$$F_{y'y'} = 2, \quad F_{y'y} = F_{yy'} = 4, \quad F_{yy} = 8$$

于是，根据式（4.8）可知

$$|D_1| = 2, \quad |D_2| = \begin{vmatrix} 2 & 4 \\ 4 & 8 \end{vmatrix} = 0$$

因此，二次型 q 不是正定的。

然而，根据式（4.11）可知

$$|D_1^0| = 8, \quad |D_2^0| = 0$$

因此，这满足式（4.12）中的正半定性条件。

为了说明特征根，我们首先写出特征方程

$$\begin{vmatrix} 2-r & 4 \\ 4 & 8-r \end{vmatrix} = r^2 - 10r = 0$$

它的两个根为 $r_1 = 10$ 以及 $r_2 = 0$。（这个结果同时证实了式（4.15）与式（4.16）。）由于这些根为非负且不需要额外的前提条件，根据式（4.14）可知二次型 q 处处正半定。由此可知，函数 F 为凸，欧拉方程是使得 $V[y]$ 最小的充分条件。

例 3 现在我们检验欧拉方程是否为 2.4 节动态垄断问题中的利润最大化的充分条件。利润函数式（2.33）给出的二阶导数为

$$\pi_{P'P'} = -2\alpha h^2, \quad \pi_{P'P} = \pi_{PP'} = h(1+2\alpha b), \quad \pi_{PP} = -2b(1+\alpha b)$$

使用行列式检验式（4.9）可知，$|D_1|$（此处为 $\pi_{P'P'}$）为负，这满足二次型 q 为负定的要求，然而 $|D_2|$ 也为负：

$$\begin{vmatrix} \pi_{P'P'} & \pi_{P'P} \\ \pi_{PP'} & \pi_{PP} \end{vmatrix} = 4\alpha b h^2(1+\alpha b) - [h(1+2\alpha b)]^2 = -h^2$$

因此，根据式（4.16）可知，特征根 r_1 与 r_2 的符号相反。因此，函数 F 不是凹的，欧拉方程不是利润最大化的充分条件。

然而，正如我们将在下一节（例 3）看到的，这个问题的确满足最大化的二阶必要条件。

□ 推广到 n 个变量的情形

当最优化问题包含 n 个状态变量时，凹性（凸性）充分条件仍然适用。只不过在这种情形下，函数 F 必须关于 n 个变量及其导数（y_1，$\cdots$，y_n，y_1'，$\cdots$，y_n'）联合为凹（凸）——当然，要求为凹还是凸需要具体环境具体分析。对于特征根检验，这意味着我们面对着更高阶多项式方程的求解任务。然而，一旦找到了这些根，我们只要令它们满足类似式（4.14）中的符号限制条件即可。在符号定性的行列式检验中，我们面对的是更大的判别式以及更多的主子式。但它们的检查方法我们并不陌生。[①]

在 n 个变量的情形下，符号半定性的行列式检验变得更加复杂，这是因为由这些变量不同序列产生的主子式数量将迅速倍增。即使我们仅有两个状态变量比如（y，z），在检查凹性（凸性）时也必须检查四个变量（y，z，y'，z'）。出于简单考虑，令这四个变量分别为第一个变量，$\cdots$，第四个变量。于是我们可以将 F 的二阶导数排列成下列 4×4 判别式：

$$|D| \equiv \begin{vmatrix} F_{11} & F_{12} & F_{13} & F_{14} \\ F_{21} & F_{22} & F_{23} & F_{24} \\ F_{31} & F_{32} & F_{33} & F_{34} \\ F_{41} & F_{42} & F_{43} & F_{44} \end{vmatrix} \equiv \begin{vmatrix} F_{yy} & F_{yz} & F_{yy'} & F_{yz'} \\ F_{zy} & F_{zz} & F_{zy'} & F_{zz'} \\ F_{y'y} & F_{y'z} & F_{y'y'} & F_{y'z'} \\ F_{z'y} & F_{z'z} & F_{z'y'} & F_{z'z'} \end{vmatrix} \tag{4.17}$$

由于在这四个变量中，每个变量都可以视为不同序列的"第一个"变量，因此存在着四个可能的 1×1 主子式：

$$F_{yy}, \quad F_{zz}, \quad F_{y'y'}, \quad F_{z'z'} \tag{4.18}$$

我们将这些 1×1 主子式统称为 $|\widetilde{D}_1|$。

可能的 2×2 主子式一共有 12 个，但我们只能得到 6 个值。这些值可以通过计算下列六个主子式得到：

$$\begin{vmatrix} F_{yy} & F_{yz} \\ F_{zy} & F_{zz} \end{vmatrix}, \quad \begin{vmatrix} F_{yy} & F_{yy'} \\ F_{y'y} & F_{y'y'} \end{vmatrix}, \quad \begin{vmatrix} F_{yy} & F_{yz'} \\ F_{z'y} & F_{z'z'} \end{vmatrix}$$

$$\begin{vmatrix} F_{zz} & F_{zy'} \\ F_{y'z} & F_{y'y'} \end{vmatrix}, \quad \begin{vmatrix} F_{zz} & F_{zz'} \\ F_{z'z} & F_{z'z'} \end{vmatrix}, \quad \begin{vmatrix} F_{y'y'} & F_{y'z'} \\ F_{z'y'} & F_{z'z'} \end{vmatrix} \tag{4.19}$$

我们之所以能够忽略其他六个主子式，是因为对角线元素为（F_{ii}，F_{jj}）的主子式的值总是等于对角线元素为（F_{jj}，F_{ii}）的主子式的值。我们将式（4.19）中的 2×2 主子式统称为 $|\widetilde{D}_2|$。

现在来看 3×3 主子式。这种主子式一共有 24 个，但我们只能得到 4 个不同值，这四个值可以通过计算下列主子式得到：

[①] 例如，读者可以参考 Alpha C. Chiang，*Fundamental Methods of Mathematical Economics*，3d ed.，McGraw-Hill，New York，1984 一书的 11.3 节。

$$\begin{vmatrix} F_{yy} & F_{yz} & F_{yy'} \\ F_{zy} & F_{zz} & F_{zy'} \\ F_{y'y} & F_{y'z} & F_{y'y'} \end{vmatrix}, \quad \begin{vmatrix} F_{yy} & F_{yz} & F_{yz'} \\ F_{zy} & F_{zz} & F_{zz'} \\ F_{z'y} & F_{z'z} & F_{z'z'} \end{vmatrix}$$

$$\begin{vmatrix} F_{yy} & F_{yy'} & F_{yz'} \\ F_{y'y} & F_{y'y'} & F_{y'z'} \\ F_{z'y} & F_{z'y'} & F_{z'z'} \end{vmatrix}, \quad \begin{vmatrix} F_{zz} & F_{zy'} & F_{zz'} \\ F_{y'z} & F_{y'y'} & F_{y'z'} \\ F_{z'z} & F_{z'y'} & F_{z'z'} \end{vmatrix} \tag{4.20}$$

我们可以忽略其他 20 个主子式，原因在于对角线元素为 (F_{ii}, F_{jj}, F_{kk}) 的主子式的值总是等于对角线元素为 F_{ii}, F_{jj}, F_{kk} 的任何其他排列方式的主子式的值。我们将式 (4.20) 中的主子式统称为 $|\widetilde{D}_3|$。

最后，我们来看看 4×4 主子式。这种主子式只有一个，我们将其记为 $|\widetilde{D}_4|$，它的值与式 (4.17) 中的 $|D|$ 相同。

在这种情形下，一个问题自然产生了：我们如何确定不同维数主子式所能产生的不同值的个数？在回答这个问题之前，我们先思考一个组合问题：从 n 个物体中一次取 r 个，有多少种取法？这两个问题的答案是一样的，都为 C_r^n：

$$C_r^n = \frac{n!}{r!(n-r)!} \tag{4.21}$$

对于式 (4.18)，我们从四个变量中每次取一个；因此组合数为

$$C_1^4 = \frac{4!}{1!3!} = 4$$

对于 2×2 主子式，我们有

$$C_2^4 = \frac{4!}{2!2!} = 6$$

对于 3×3 主子式，我们有

$$C_3^4 = \frac{4!}{3!1!} = 4$$

最后，4×4 主子式只有唯一一个值，因为

$$C_4^4 = \frac{4!}{4!0!} = 1$$

在我们计算完所有主子式之后，就可以检验符号半定性，方法类似式 (4.12)。令符号 $|\widetilde{D}_i| \geqslant 0$ 表示 $|\widetilde{D}_i|$ 的**每个**元素都 $\geqslant 0$，我们有：

二次型 q 是负半定的 $\Leftrightarrow |\widetilde{D}_1| \leqslant 0, |\widetilde{D}_2| \geqslant 0, |\widetilde{D}_3| \leqslant 0, |\widetilde{D}_4| \geqslant 0$

二次型 q 是正半定的 $\Leftrightarrow |\widetilde{D}_1| \geqslant 0, |\widetilde{D}_2| \geqslant 0, |\widetilde{D}_3| \geqslant 0, |\widetilde{D}_4| \geqslant 0$ \hfill (4.22)

（对于定义域中的每一点）

1. 对于习题2.2中的问题1：

（a）使用行列式检验式（4.9）判断函数 F 关于（y，y'）是否为严格凹的（凸的）。

（b）如果上述检验失败，再使用行列式检验式（4.12）或特征根检验判断函数 F 是否为凹的（凸的）。

（c）最大化（最小化）的充分条件能得以满足吗？

2. 对习题2.2中的问题3，重复上述问题1中的检验。

3. 对习题2.2中的问题5，重复上述问题1中的检验。

4. （a）证明在2.5节的通货膨胀和失业的权衡模型中，被积函数为严格凸。

（b）你能从这个事实得到什么样的结论？

4.3　勒让德必要条件

式（4.4）描述的凹性的特征是个**全局性**的概念。当被积函数具有这个特征时，极值路径就能使得 $V[y]$ 最大。然而当函数 F 不是全局为凹时（这种情形比较常见，例如我们的动态垄断问题），我们必须退而求其次——找到一些更弱的条件。凸性的情形类似。在本节，我们将介绍一个称为**勒让德条件**（Legendre condition）的二阶必要条件，这是一个基于**局部凹性**（局部凸性）的概念。尽管勒让德条件不足以成为充分条件，但它非常有用，事实上，人们的确经常使用这个条件。

□ 勒让德条件

勒让德条件的最大优点是它极其简单，因为它仅要求我们知道 $F_{y'y'}$ 的符号即可。勒让德这位数学家，一度认为他已经发现了一个非常简单的充分条件：对于 V 的最大化 $F_{y'y'}<0$，对于 V 的最小化 $F_{y'y'}>0$。然而，遗憾的是，他错了。不过，这个条件的弱不等式形式的确是个必要条件：

$$
\begin{aligned}
V[y]\text{的最大化} &\Rightarrow F_{y'y'}\leqslant 0 \quad \text{对于所有 } t\in[0,T]\\
V[y]\text{的最小化} &\Rightarrow F_{y'y'}\geqslant 0 \quad \text{对于所有 } t\in[0,T]
\end{aligned}
\tag{4.23}
$$
$$\text{（勒让德必要条件）}$$

导数 $F_{y'y'}$ 在极值路径上取值。

□ 理论依据

为了理解式（4.23）背后的理论依据，我们首先通过分部积分法将式（4.2′）的被积函数的中间项转变成一个平方项。令 $v\equiv F_{yy'}$ 以及 $u\equiv p^2(t)$，那么

$$
dv=\frac{dF_{yy'}}{dt}dt,\quad du\equiv 2p(t)p'(t)dt
$$

于是，式（4.2'）的中间项可以改写为

$$\int_0^T v\,du = uv\Big|_0^T - \int_0^T u\,dv = F_{yy'}p^2(t)\Big|_0^T - \int_0^T p^2(t)\frac{dF_{yy'}}{dt}dt$$

$$= 0 - \int_0^T p^2(t)\frac{dF_{yy'}}{dt}dt\ (\text{假设 } p(0)=p(T)=0) \tag{4.24}$$

其中积分上下限指 t 的值（而不是指 u 或 v 的值）。将式（4.24）的结果代入式（4.2'）可得

$$\frac{d^2V}{d\varepsilon^2} = \int_0^T\Big[\Big(F_{yy}-\frac{dF_{yy'}}{dt}\Big)p^2(t)+F_{y'y'}p'^2(t)\Big]dt \tag{4.25}$$

其中被积函数现在包含两个平方项，即 $p^2(t)$ 与 $p'^2(t)$。

可以证明，在区间 $[0,\ T]$ 上，$p'^2(t)$ 项比 $p^2(t)$ 项的影响更大，因此，$p'^2(t)$ 项的系数的非正性（非负性）足以保证 V 的最大化（最小化）所要求的 $d^2V/d\varepsilon^2$ 的非正性（非负性），如式（4.23）所示。然而，由于式（4.25）还包含着 $p^2(t)$ 项，因此这个条件不是充分条件。$p'^2(t)$ 项比 $p^2(t)$ 项的影响更大这个事实，可用图 4—1 中的扰动曲线加以说明。图 4—1(a) 说明，即使 $p(t)$ 一直取很小的值，作为 $p(t)$ 斜率的 $p'(t)$ 也可能取很大的绝对值；图 4—1(b) 说明，为了能使得 $p(t)$ 取得很大的值，$p'(t)$ 一般也必须取很大的绝对值。这些事实说明，$p'^2(t)$ 项的影响更大。

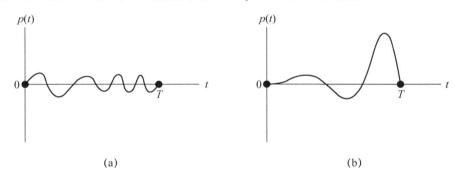

图 4—1

注意，为了得到式（4.25）中的结果，我们事先假设：在扰动曲线上 $p(0)=p(T)=0$。一个问题自然产生了，如果终止点可变而且 $p(T)$ 未必等于零，将会出现什么样的结果？答案为式（4.24）最后一行中的那个零项需要被替换为 $[F_{yy'}p^2(t)]_{t=T}$。然而，即使如此，一些可行相邻路径的终止点可能正好与 $y^*(T)$ 点重合，从而 $p(T)$ 等于零并且使得 $[F_{yy'}p^2(t)]_{t=T}$ 等于零。这意味着式（4.25）的结果仍可能发生，勒让德条件仍是必需的。因此，不管终止点是固定的还是可变的，勒让德必要条件总是有效的。

例 1 在最短距离问题（上一节，例 1）中，我们已经知道

$$F_{y'y'}=(1+y'^2)^{-3/2}>0$$

因此，根据式（4.23）可知，这满足最小化问题的勒让德必要条件。这事容易想到，因为我们在前面已经说明它满足最小化问题的二阶**充分**条件。

例 2 在 2.2 节的例 3 中，我们的任务是在两个固定点之间找到一条曲线使得它的旋转曲面最小。我们找到的极值路径（参见图 2—4）使得旋转曲面最小了吗？由于在

这个问题中，我们有

$$F_{y'} = yy'(1+y'^2)^{-1/2}$$

求导并化简之后可得

$$F_{y'y'} = y(1+y'^2)^{-3/2}$$

$(1+y'^2)^{-3/2}$ 这个式子为正；在极值路径上，y 作为 AZ 曲线（参见图 2—4）的高也为正。因此，对于区间 $[a, z]$ 中的所有 t，$F_{y'y'}$ 都为正。因此，这满足最小化问题的勒让德条件。

为了让读者看清 $y(t)$ 对于所有 t 的确都是正的，我们考察一下这个问题的通解：

$$y^*(t) = \frac{c}{2}\left[e^{(t+k)/c} + e^{-(t+k)/c}\right]$$

容易看出，$y^*(t)$ 的符号与常数 c 的符号相同，因为方括号内的两项都总是正的。这意味着 $y^*(t)$ 自始至终只能取一种符号。由于 A 点和 Z 点的 y 值都为正，因此，对于区间 $[a, z]$ 中的所有 t，$y^*(t)$ 必然都为正。

然而，与最小距离问题不同，最小旋转曲面问题不满足充分条件。

例 3　对于动态垄断问题，我们在上一节已发现被积函数 $\pi(P, P')$ 不是凹的，因此它不满足充分条件式（4.3）。然而，由于

$$\pi_{p'p'} = -2\alpha h^2 < 0$$

因此，这的确满足最大化问题的勒让德必要条件。

□ n 变量情形

勒让德必要条件在经过适当修改之后，也适用于含有 n 个状态变量（y_1, ⋯, y_n）的最优化问题。然而，现在我们不再检查 $F_{y'y'} \leqslant 0$ 或 $F_{y'y'} \geqslant 0$（参见式（4.23）），而是需要检查 $n \times n$ 矩阵 $[F_{y'_iy'_j}]$——或者也可以检查系数为 $F_{y'_iy'_j}$ 的二次型——是否为负半定的（对于 V 的最大化来说）或正半定的（对于 V 的最小化来说）。出于这个目的，首先定义

$$|\Delta| = \begin{vmatrix} F_{y'_1y'_1} & \cdots & F_{y'_1y'_n} \\ \vdots & & \vdots \\ F_{y'_ny'_1} & \cdots & F_{y'_ny'_n} \end{vmatrix} \tag{4.26}$$

其中二阶导数在极值路径上取值。然后，写出所有 1×1 主子式 $|\tilde{\Delta}_1|$、所有 2×2 主子式 $|\tilde{\Delta}_2|$，依此类推，这与教材式（4.17）下方的解释是一样的。勒让德二阶必要条件为

$$V \text{ 的最大化} \Rightarrow |\tilde{\Delta}_1| \leqslant 0, |\tilde{\Delta}_2| \geqslant 0, \cdots, (-1)^n|\tilde{\Delta}_n| \geqslant 0 \text{ 对于所有 } t \in [0, T]$$
$$V \text{ 的最小化} \Rightarrow |\tilde{\Delta}_1| \geqslant 0, |\tilde{\Delta}_2| \geqslant 0, \cdots, |\tilde{\Delta}_n| \geqslant 0 \text{ 对于所有 } t \in [0, T] \tag{4.27}$$
$$\text{（勒让德必要条件）}$$

显然，式（4.23）只是式（4.27）的一种特殊情形。

注意，尽管式（4.27）中的勒让德条件看起来非常像式（4.22）中符号半定性的行列式检验，但它与后者在两方面存在着本质区别。首先，式（4.22）中的符号半定性检验涉及 F_{yy}、$F_{yy'}$ 以及 $F_{y'y'}$ 类型的导数，但勒让德条件仅基于导数 $F_{y'y'}$。这就是我们为何在式（4.26）与式（4.27）中使用符号 $|\Delta|$ 的原因，因为我们想把它与式（4.22）中的符号 $|D|$ 区分开。其次，与全局凹性（凸性）特征不同，勒让德条件在本质上是局部的；因此，式（4.26）中的二阶导数仅沿着极值路径取值。

例 4 在习题 2.3 的问题 2 中，被积函数

$$F = y'^2 + z'^2 + y'z'$$

含有两个状态变量。

由被积函数可得

$$F_{y'} = 2y' + z', \quad F_z' = 2z' + y'$$

再次求导可得

$$F_{y'y'} = 2, \quad F_{y'z'} = F_{z'y'} = 1, \quad F_{z'z'} = 2$$

将这些代入式（4.26）可得

$$|\Delta| = \begin{vmatrix} 2 & 1 \\ 1 & 2 \end{vmatrix}$$

由此可得

$$|\widetilde{\Delta_1}| = 2, \quad |\widetilde{\Delta_2}| = \begin{vmatrix} 2 & 1 \\ 1 & 2 \end{vmatrix} = 3$$

因此，根据式（4.27）可知，这满足最小化问题的勒让德条件。

习题 4.3

1. 检查我们在习题 2.1 中问题 6、问题 8 和问题 9 得到的极值路径是否满足最大化（最小化）的勒让德必要条件。

2. 检查习题 2.3 中的问题 3（这是个两变量问题）是否满足最大化（最小化）的勒让德条件。

3. 2.5 节中的通货膨胀与失业权衡问题满足总社会损失最小化的勒让德条件吗？

4.4 一阶变分与二阶变分

到目前为止，我们对一阶条件和二阶条件的讨论一直基于一阶导数 $dV/d\varepsilon$ 与二阶导数 $d^2V/d\varepsilon^2$ 的概念。这种问题的另外一种视角是使用**一阶变分**（first variation）与**二阶变分**（second variation）的概念，这些概念与**变分法**这个名字直接相关。

变分法涉及比较路径值 $V[y]$ 与 $V[y^*]$。$V[y]$ 与 $V[y^*]$ 的离差为

$$\Delta V \equiv V[y] - V[y^*] = \int_0^T F(t, y, y') dt - \int_0^T F(t, y^*, y^{*'}) dt \qquad (4.28)$$

当第一个积分的被积函数在点 $(t, y^*, y^{*'})$ 展开成泰勒级数时，它包含 $F(t, y^*, y^{*'})$ 这一项。这样，我们就能消掉式（4.28）中的第二个积分。这个泰勒级数为

$$\begin{aligned}
F(t, y, y') = &F(t, y^*, y^{*'}) + [F_t(t-t) + F_y(y-y^*) + F_{y'}(y'-y^{*'})] \\
&+ \frac{1}{2!}[F_{tt}(t-t)^2 + F_{yy}(y-y^*)^2 + F_{y'y'}(y'-y^{*'})^2 \\
&+ 2F_{ty}(t-t)(y-y^*) + 2F_{ty'}(t-t)(y'-y^{*'}) \\
&+ 2F_{yy'}(y-y^*)(y'-y^{*'})] + \cdots + R_n
\end{aligned} \qquad (4.29)$$

其中，F 的所有偏导数都在 $(t, y^*, y^{*'})$ 处取值。注意，出于完整性考虑，我们在式（4.29）中也写出了涉及 $(t-t)$ 的项，当然，这些项可以完全去掉，因为它们都等于零。根据式（2.3），我们可以将 $y-y^* = \varepsilon p$ 以及 $y'-y^{*'} = \varepsilon p'$ 代入式（4.29），由此可得

$$\begin{aligned}
F(t, y, y') = &F(t, y^*, y^{*'}) + F_y \varepsilon p + F_{y'} \varepsilon p' \\
&+ \frac{1}{2!}[F_{yy}(\varepsilon p)^2 + F_{y'y'}(\varepsilon p')^2 + 2F_{yy'}(\varepsilon p)(\varepsilon p')] \\
&+ \cdots + R_n
\end{aligned} \qquad (4.29')$$

在式（4.28）中使用上面这个结果，由此可将式（4.28）变为

$$\begin{aligned}
\Delta V = &\varepsilon \int_0^T (F_y p + F_{y'} p') dt \\
&+ \frac{\varepsilon^2}{2} \int_0^T (F_{yy} p^2 + F_{y'y'} p'^2 + 2F_{yy'} p p') dt \\
&+ \text{h. o. t}
\end{aligned} \qquad (4.30)$$

其中 h. o. t 表示更高阶的项（higher-order-terms）。

在变分法文献中，式（4.30）中的第一个积分称为**一阶变分**，记为 δV：

$$\delta V \equiv \int_0^T (F_y p + F_{y'} p') dt = \frac{dV}{d\varepsilon} \qquad \text{（根据式（2.13））} \qquad (4.31)$$

类似地，式（4.30）中的第二个积分称为**二阶变分**，记为 $\delta^2 V$：

$$\delta^2 V \equiv \int_0^T (F_{yy} p^2 + F_{y'y'} p'^2 + 2F_{yy'} p p') dt = \frac{d^2 V}{d\varepsilon^2} \qquad \text{（根据式（4.2'））} \quad (4.32)$$

在最大化问题中，$\Delta V \leqslant 0$，因此，由式（4.30）明显可以看出，我们必须有 $\delta V = 0$，这是因为在每个时点上，ε 都可以取正也可以取负。这等价于一阶条件 $dV/d\varepsilon = 0$，这在我们以前的讨论中导出了欧拉方程。一旦 $\delta V = 0$ 这个条件得以满足，我们就必须有 $\delta^2 V \leqslant 0$，这是因为系数 $\varepsilon^2/2$ 在每个时点上都是非负的。这个条件等价于 $d^2 V/d\varepsilon^2 \leqslant 0$，即等价于勒让德二阶必要条件。

类似的推理表明，对于最小化问题，我们必须有 $\delta V = 0$ 以及 $\delta^2 V \geqslant 0$。总之，一阶与二阶必要条件可以从微分路线推出，也可以从变分路线推出。我们选择微分路线，因为它更直观，从而能让我们更好地掌握它背后的推理过程。

动态最优化基础

第 5 章

无 限 计 划 水 平

个人一般做出的是有限时间区间 $[0，T]$ 上的计划，即使最有远见的人做出的计划也不会超过他的预期寿命太多。然而，对于社会整体甚至对于公司个体而言，我们有理由预期或假设它会永久存在。因此，有必要将它的计划水平无限期地扩展到未来，并且将目标泛函中的积分区间从 $[0，T]$ 变为 $[0，\infty]$。计划水平的这种扩展有个好处，即使得最优化的架构更广泛。遗憾的是，它也有坏处，因为我们在有限水平的计划下通常假设模型中的所有参数值在计划期一直维持不变，但在无限水平的计划下，这个假设不再那么合理。更为重要的是，无限计划水平带来了一些方法论上的复杂性。

▌ 5.1 无限水平的方法论问题

在无限水平下，我们至少需要解决方法论上的两大问题：一是目标泛函的收敛性问题，二是横截条件问题。

□ 目标泛函的收敛性

目标泛函现在的形式为 $\int_0^\infty F(t,y,y')dt$ ，它是个广义积分（improper integral），这正是收敛性问题出现的原因，因为这个积分可能有也可能没有**有限值**。在积分发散的情形下，可能存在着多个使得目标泛函取无限值的 $y(t)$ 路径，从而难以确定其中哪条路径是最优的。[①] 的确，即使在发散情形下，人们也已经提出了各种方法试图从所有伴随

---

① 关于收敛性问题的详细讨论，可参见 S. Chakravarty， "The Existence of an Optimum Savings Program," *Econometrica*，January 1962，pp. 178–187。

无限积分值的路径中选择出合适的时间路径。但是这个议题比较复杂，而且它与变分法的关系不大，因此，我们在此处不打算详细探讨这个问题。[①] 由于下面两节讨论经济应用，作为讨论的基础，我们对收敛性的一些充分条件（无论这些条件为真还是假）作出评论。

条件 I 给定广义积分 $\int_0^\infty F(t,y,y')dt$，如果被积函数 F 在整个积分区间都是有限的，而且如果 F 在某个有限时点比如 t_0 处实现了零值并且对于所有 $t>t_0$ F 恒等于零，那么这个积分将收敛。

这在本质上是一个**充分**条件。尽管积分名义上有无限水平，但实际积分上限是一个有限值 t_0。因此，给定的广义积分变为正常积分，这保证了它有有限值。

条件 II (假) 给定广义积分 $\int_0^\infty F(t,y,y')dt$，如果 $t\to\infty$ 时 $F\to0$，那么这个积分将收敛。

这个条件通常被当作充分条件，但它不是。为了看清这一点，考虑下面两个积分：

$$I_1 = \int_0^\infty \frac{1}{(t+1)^2}dt \quad 与 \quad I_2 = \int_0^\infty \frac{1}{t+1}dt \tag{5.1}$$

当 $t\to\infty$ 时，这两个积分的被积函数都趋于零。然而，I_1 收敛，I_2 不收敛：

$$I_1 = \lim_{b\to\infty}\left[\frac{-1}{t+1}\right]_0^b = 1, \quad I_2 = \lim_{b\to\infty}[\ln(t+1)]_0^b = \infty \tag{5.2}$$

二者结果差异明显，原因在哪里？答案在于被积函数趋于零的速度。在 I_1 情形下，被积函数的分母是个平方项，因此当 t 持续取更大的值时，这个分数以充分大的速度变小，从而导致收敛。在 I_2 情形下，分数下降速度不够大，从而积分发散。[②] 结论就是，"$t\to\infty$ 时 $F\to0$"无法保证收敛性。

我们对相反方向上的问题也感兴趣："$t\to\infty$ 时 $F\to0$"这个条件是 $\int_0^\infty F(t,y,y')dt$ 收敛的必要条件吗？这样的必要条件在直觉上似乎是合理的，而且它的确通常被视为必要条件。[③] 然而，我们可以构造出反例说明：在广义积分中即使 F 不趋于零，该广义积分也可能收敛。例如，如果

---

① 发散情形下的各种最优标准可参见 Atle Seierstad and Knut Sydsæter, *Optimal Control Theory with Economic Applications*, Elsevier, New York, 1987, pp. 231—237。

② 对于积分 $\int_0^\infty F(t)dt$，如果它的被积函数的符号单一（比如，一直为正），那么我们可以使用下列准则：如果 $F(t)$ 在无限远处趋于高于一阶的无穷小，即如果存在数 $a>1$，使得对于 $[0,T]$ 的所有值（不管多大）都有 $0<F(t)\leqslant M/t^a$ 成立，其中 M 是个常数，那么这个积分**收敛**。如果 $F(t)$ 在无限远处趋于不高于一阶的无穷小，即如果存在着正数 N，使得 $tF(t)\geqslant N>0$ 成立，那么这个积分**发散**。参见 R. Courant, *Differential and Integral Calculus*, translated from German by E. J. McShane, 2d ed., Interscience, New York, 1937, Vol. 1, pp. 249—250。

③ 例如，参见 S. Chakravarty, "The Existence of an Optimum Savings Program," *Econometrica*, January 1962, p. 182, and G. Hadley and M. C. Kemp, *Variational Methods in Economics*, North-Holland, Amsterdam, 1971, pp. 52, 63。

动态最优化基础

$$F(t) = \begin{cases} 1, & n \leq t \leq n + \dfrac{1}{n^2} \ (n = 1, 2, \cdots) \\ 0, & \text{其他} \end{cases}$$

那么当 t 变为无穷时，$F(t)$ 没有极限；然而，积分 $\displaystyle\int_0^\infty F(t)dt$ 收敛于量 $\displaystyle\sum_{k=1}^\infty (1/k^2)$。[①]

再举一个例子，可以证明积分 $\displaystyle\int_0^\infty \sin t^2 dt$ 收敛于值 $\dfrac{1}{2}\sqrt{\pi/2}$，尽管被积函数 $\sin t^2$ 不趋于零。[②]

　　然而，请注意，在这些反例中，被积函数要么是不常见的不连续函数，要么周期性地改变符号（从而相邻时间区间对积分的贡献彼此抵消）。这些函数一般不用作经济模型中的目标函数。经济模型中的被积函数比如利润函数、效用函数等，一般被假设为连续且非负。因此，这些反例和经济模型中的被积函数关系不大。

　　条件Ⅲ　在积分 $\displaystyle\int_0^\infty F(t, y, y')dt$ 中，如果被积函数为 $G(t, y, y') \, e^{-\rho t}$ 形式，其中 ρ 为正的贴现率，函数 G 有界，那么这个积分将收敛。

　　这个积分的一个显著特征是被积函数中含有贴现因子 $e^{-\rho t}$，在其他条件不变的情形下，随着 t 增加，$e^{-\rho t}$ 提供了迫使被积函数以较高速度向下趋近于零的动态力量。在被积函数中，如果 $G(t, y, y')$ 这部分为正（大多数经济应用情形都是如此）且有上界比如 $\hat{G}$，那么 $e^{-\rho t}$ 的向下压力足以使得积分收敛。更正式地，由于函数 G 的值从不会超过常数 $\hat{G}$，我们可以写为

$$\int_0^\infty G(t, y, y')e^{-\rho t}dt \leq \int_0^\infty \hat{G} e^{-\rho t}dt = \frac{\hat{G}}{\rho} \tag{5.3}$$

最后的等式是基于永久不变流的现值公式，它表明式（5.3）中的第二个积分（在这个积分中，被积函数为 G 的上界 $\hat{G}$）是收敛的。由于第一个积分的被积函数 $G \leq \hat{G}$，因此该积分也是收敛的。这样，我们就得到了收敛性的另外一个**充分条件**。

　　当然，还存在着其他充分条件，但它们不易运用，因此我们在此处不打算讨论它们。接下来，如果函数 F 是以一般形式给出的，那么我们总是假设相应的积分收敛。对于一般经济模型来说，这意味着当 t 趋于无穷时，F 趋于零。另一方面，当函数 F 是以具体形式给出时，我们有时需要检查它是否收敛。

　　□ **横截条件问题**

　　当终止时间或终止状态或二者可变时，横截条件问题就出现了。当计划水平是无限时，就不存在具体的终止 T 值。终止状态也可能不再具体。这样就需要横截条件。

　　为了发展出横截条件，我们可以参照第 3 章的有限水平问题，它们的步骤基本相同。在本质上，这些条件是推导欧拉方程得到的副产品，比如式（3.9）是从式（3.7）得到的。在当前的情形下，式（3.9）必须修改为

　　①　参见 Watson Fulks，*Advanced Calculus：An Introduction to Analysis*，3d ed.，Wiley，New York，1978，pp. 570−571。

　　②　参见 R. Courant，Differential and Integral Calculus，Interscience，New York，Vol. 1，p. 253。

$$[F-y'F_{y'}]_{t\to\infty}\Delta T+[F_{y'}]_{t\to\infty}\Delta y_T=0 \tag{5.4}$$

上式左侧有两项，每一项都必须趋于零。

由于在当前情形下不存在固定不变的 T，ΔT 不等于零，这要求下列条件

$$\lim_{t\to\infty}(F-y'F_{y'})=0 \qquad (无限水平问题的横截条件) \tag{5.5}$$

这个条件的经济学解释与有限水平架构下的横截条件式（3.11）的解释相同。比如，如果问题涉及的是利润最大化企业，那么该条件要求企业充分利用所有的利润机会。

至于式（5.4）中的第二项，如果问题规定了渐近终止状态：

$$\lim_{t\to\infty}y(t)=y_\infty=给定的常数 \tag{5.6}$$

（这对应于有限水平问题的 $y(T)=Z$，）那么式（5.4）中的第二项将变为零（$\Delta y_T=0$），此时不需要横截条件。然而，如果终止状态是自由的，那么我们应该施加额外条件

$$\lim_{t\to\infty}F_{y'}=0 \qquad (自由终止状态下的横截条件) \tag{5.7}$$

这个条件的经济解释与有限水平问题中的横截条件式（3.10）的解释相同。如果问题涉及的是追求利润最大化的企业，其中 y 表示资本存量，那么式（5.7）的意思是说当 $t\to\infty$ 时，企业用尽它的所有资本。

顺便说一句，如果自由终止状态受 $y_\infty\geqslant y_{\min}$ 这样的条件限制，那么我们应该使用库恩-塔克条件（参见式（3.17）和式（3.17′））。然而，在实践应用中，我们总可以首先使用式（5.7）。如果解满足限制条件 $y_\infty\geqslant y_{\min}$，我们的任务就结束了。否则，我们必须把 $y_{\min}$ 作为一个给定的终止状态。

尽管这些横截条件在直觉上是合理的，但它们的有效性有时有问题。这是因为在最优控制理论领域（参见本书第 3 部分），一些反例宣称标准横截条件未必适用于无限水平问题。这种怀疑扩展到了变分法。然而，当我们后来讨论最优控制议题时，将说明这些反例不是真正的反例。话又说回来，我们在此提醒读者注意，关于无限水平问题的这些方面存在着争议。

走出这种困境的一种方法是不使用横截条件，而是使用直白的经济推理来确定当 $t\to\infty$ 时终止状态应该是怎样的。这种方法尤其适用于下列问题：被积函数 F 不显含 t 变量（数学意义上的"自控"问题）；或者 t 变量仅显现于贴现因子 $e^{-\rho t}$ 中（经济学意义上的"自控"问题）。这类问题通常隐含着终止状态 y_∞，这是个稳态，整个系统都将趋于这一状态以实现问题的目标。如果我们能确定 y_∞，那么只要用终止条件式（5.6）替代横截条件即可。

5.2 企业的最优投资路径

企业的总投资 I_g（其中下标 g 表示总的（gross））由两部分组成：一是净投资 $I\equiv dK/dt$；二是重置投资，假设其等于 δK，其中 δ 是资本 K 的折旧率。由于投资的这两个组成部分都紧密地与资本联系在一起，因此，最优投资路径 $I_g^*(t)$ 的确定取决于最

优资本路径 $K^*(t)$ 的确定。假设投资计划总能得以实现，于是，如果我们找到了 $K^*(t)$，那么最优投资路径为

$$I_g^*(t) = K^{*\prime}(t) + \delta K^*(t) \tag{5.8}$$

然而，如果由于某些原因，投资计划的实现存在着障碍，那么我们必须使用一些其他标准来根据 $K^*(t)$ 确定 $I_g^*(t)$。在本节，我们提供两个投资模型，它们分别对应着上述两种情形。

□ 乔根森模型[①]

乔根森（Jorgenson）新古典投资理论假设企业以资本 K 和劳动 L，通过"新古典生产函数" $Q = Q(K, L)$ 生产产品，这种生产函数允许两种要素之间的相互替代。这个特征不同于投资加速理论，后者将资本以固定比率同产出联系在一起。新古典生产函数通常假设边际产出为正但递减（Q_K，$Q_L > 0$；Q_{KK}，$Q_{LL} < 0$）以及规模报酬不变（线性齐次性）。

企业在任何时点的现金收入为 PQ，其中 P 是给定的产品价格。企业在任何时点的现金支出包括工资 WL（其中 W 表示货币工资率）以及它在新资本上的支出 mI_g（其中 m 表示"机器"的价格）。因此，企业在任何时点的净收入为

$$PQ(K, L) - WL - m(K' + \delta K)$$

将上式乘以贴现因子 $e^{-\rho t}$，然后在时间轴上加总，我们可以将企业的净值 N 的现值表达为

$$N[K, L] = \int_0^\infty [PQ(K, L) - WL - m(K' + \delta K)] e^{-\rho t} dt \tag{5.9}$$

企业的目标是通过选择最优 K 路径和最优 L 路径使得它的净值最大。

式（5.9）中的目标泛函是个广义积分。然而，由于存在着贴现因子 $e^{-\rho t}$，根据上一节的条件 III 可知，如果方括号内的净收入表达式有上界，那么这个积分将收敛。如果我们规定 K' 不能无穷大，即不允许 K 垂直跳跃，那么上述收敛条件就能得以满足。

在目标泛函中，有两个状态变量，即 K 和 L；其他符号代表参数。在这种情形下，欧拉方程有两个，分别产生最优路径 $K^*(t)$ 和 $L^*(t)$，其中路径 $K^*(t)$ 产生路径 $I_g^*(t)$。我们可能期望企业有给定的初始资本 K_0，但终止资本未定。

□ 最优资本存量

将欧拉方程

$$F_K - \frac{d}{dt} F_{K'} = 0 \quad \text{与} \quad F_L - \frac{d}{dt} F_{L'} = 0$$

① Dale W. Jorgenson，"Capital Theory and Investment Behavior," *American Economic Review*，May 1963，pp. 247−259. 此处给出的版本删去了原模型无关紧要的细节。

应用到当前模型时，我们首先注意到式（5.9）中的被积函数关于 K' 和 L' 都是线性的。（L' 项缺失，即它的系数为零。）因此，根据我们在 2.1 节的讨论，欧拉方程将不是微分方程，问题退化了。被积函数的偏导数为

$$F_K = (PQ_K - m\delta)e^{-\rho t}, \quad F_{K'} = -me^{-\rho t}$$
$$F_L = (PQ_L - W)e^{-\rho t}, \quad F_{L'} = 0$$

欧拉方程以两个条件的形式出现

$$Q_K = \frac{m(\delta + \rho)}{P} \quad \text{与} \quad Q_L = \frac{W}{P}, \ t \geq 0 \tag{5.10}$$

它们不含有 t 的导数。事实上，它们在本质上就是静态环境下的标准条件"边际产出＝实际边际成本"[①]，只不过现在要求这个条件在任何时点 t 都成立。

　　式（5.10）的重要之处在于它意味着常数解 K^* 和 L^*。例如，取广义柯布-道格拉斯生产函数 $Q = K^\alpha L^\beta$（其中 $\alpha + \beta \neq 1$），我们有 $Q_K = \alpha K^{\alpha-1} L^\beta$ 以及 $Q_L = \beta K^\alpha L^{\beta-1}$。把这些式子代入式（5.10），（在消去 L 之后）可得

$$K^* = \left[\frac{m(\delta + \rho)}{\alpha P}\right]^{(\beta-1)/(1-\alpha-\beta)} \left(\frac{W}{\beta P}\right)^{-\beta/(1-\alpha-\beta)} = \text{常数} \tag{5.11}$$

将这个 K^* 代回到式（5.10）可得 L^* 的常数表达式，这个式子与式（5.11）类似。常数值 K^* 表示在所有时点包括 $t=0$ 都要满足的一阶必要条件。因此，除非企业的初始资本 K_0 碰巧等于 K^*，或者企业刚刚成立以至于能自由选择初始资本（可变初始状态），否则这个条件不能得以满足。

□ 灵活加速因子

　　如果我们无法迫使状态变量 K 从 K_0 跳跃到 K^*，那么可使用逐渐靠近 K^* 的方法。乔根森使用了所谓的**灵活加速因子机制**（flexible-accelerator mechanism）来实现净投资的逐渐调整。灵活加速因子的本质是系统地减小目标资本 $\bar{K}$ 与时点 t 的实际资本 $K(t)$ 的差距：[②]

$$I(t) = j[\bar{K} - K(t)] \qquad (0 < j < 1) \tag{5.12}$$

资本水平的渐近调整能使得企业在面对突然且广泛的变化时不至于过于困难。尽管经济学家引入式（5.12）中的特殊构造最初仅是出于方便的原因，但艾斯纳和特罗茨（Eisner and Strotz）合著的经典论文对此提供了合理的理论解释。

---

　　① 根据式（5.10）中的第二个方程，可以立即看清这个事实。至于第一个方程，$m\delta$ 表示边际折旧成本，$m\rho$ 表示因持有资本而损失的赚取利息的机会（成本），它们的和构成了资本的边际成本，这正好对应劳动一侧的 W。

　　② 正确使用灵活加速因子要求将目标 $\bar{K}$ 设定在式（5.11）中的水平，然而乔根森的论文实际上使用了一个替代目标，这个目标随着时间变化而变化，它是次优的。关于此事的讨论，可参见 John P. Gould, "The Use of Endogenous Variables in Dynamic Models of Investment," *Quarterly Journal of Economics*，November 1969, pp. 580-599。

□ 艾斯纳-特罗茨模型①

艾斯纳-特罗茨（Eisner-Strotz）模型将净投资作为企业扩大规模的过程，并且重点考察净投资。因此，它忽略了重置资本。假设企业知道每个工厂规模 K 对应的利润率 π，这样我们就有了利润函数 $\pi(K)$，这与 3.4 节中的劳动调整模型中的利润函数 $\pi(L)$ 形成了有趣的对照。为了扩大规模，企业需要支付调整成本 C，这个成本的大小与扩张速度 $K'(t)$ 正相关。因此，我们有了一个递增函数 $C = C(K')$，通过这个函数，我们可以将企业调整规模的内部困难与投资的外部困难（例如，资本品行业供给上的压力）明确地纳入企业最优化问题之中。如果函数 C 充分反映了这些调整困难，那么一旦我们找到了路径 $K^*(t)$，就可以将它的导数 $K^{*'}(t)$ 作为最优净投资路径，而不必使用像灵活加速因子机制这样的措施。

企业的目标是选择一条路径 $K^*(t)$ 使得它的净利润在时间轴上的总净现值最大：

$$\text{Max} \amalg[K] = \int_0^\infty [\pi(K) - C(K')] e^{-\rho t} dt \tag{5.13}$$
$$\text{s.t.} \quad K(0) = K_0 (K_0 \text{ 给定})$$

这个泛函也是一个广义积分，但由于净利润有上界，因此，根据上一节中的条件 III 可知，收敛性不成问题。注意，尽管我们规定了一个固定的初始资本存量，但终止资本存量是未定的。另外，注意这个问题是自控的。

□ 二次型情形

我们也可对式（5.13）中的一般函数表达式运用欧拉方程。然而，为了得到更具体的结果，我们假设函数 π 和 C 都是二次型，如图 5—1 所示：

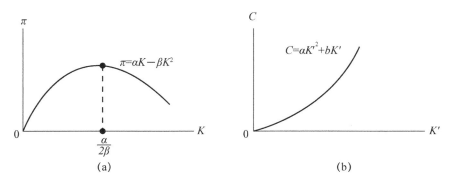

图 5—1

$$\pi = \alpha K - \beta K^2 \quad (\alpha, \beta > 0) \tag{5.14}$$
$$C = a K'^2 + b K' \quad (a, b > 0) \tag{5.15}$$

① Robert Eisner and Robert H. Strotz, "Determinants of Business Investment," in *Impacts of Monetary*, A Series of Research Studies Prepared for the Commission on Money and Credit, Prentice-Hall, Englewood Cliffs, NJ, 1963, pp. 60-233. 此处的理论模型包含在他们论文的第 1 节；也可参见他们的附录 A。

利润率有最大值，它在 $K = \alpha/2\beta$ 处达到最大值。至于曲线 C，我们仅画出了第一象限部分，其中 $K' > 0$，因为我们着重考察企业规模的扩大。综合考虑，这两条曲线为净利润 $\pi - C$ 提供了上界，从而保证了式（5.13）中的广义积分的收敛性。

在这个二次型模型中，我们有

$$F = (\alpha K - \beta K^2 - aK'^2 - bK')e^{-\rho t}$$

它的导数为：

$$\begin{aligned} & F_K = (\alpha - 2\beta K)e^{-\rho t}, \ F_{K'} = -(2aK' + b)e^{-\rho t} \\ & F_{K'K'} = -2ae^{-\rho t}, \ F_{KK'} = 0, \ F_{KK} = -2\beta e^{-\rho t} \\ & F_{tK'} = \rho(2aK' + b)e^{-\rho t} \end{aligned} \qquad (5.16)$$

因此，根据式（2.19），我们有欧拉方程

$$K'' - \rho K' - \frac{\beta}{a}K = \frac{b\rho - \alpha}{2a} \qquad (5.17)$$

它的通解为[①]

$$K^*(t) = A_1 e^{r_1 t} + A_2 e^{r_2 t} + \overline{K} \qquad (5.18)$$

其中：

$$r_1, r_2 = \frac{1}{2}\left(\rho \pm \sqrt{\rho^2 + \frac{4\beta}{a}}\right) \quad （特征根）$$

$$\overline{K} = \frac{\alpha - b\rho}{2\beta} \quad （特解）$$

特征根 r_1 和 r_2 都是实根，因为平方根号下的表达式都是正的。另外，由于平方根本身大于 ρ，因此 $r_1 > \rho > 0$，但 $r_2 < 0$。至于特解 $\overline{K}$，它的符号不确定。然而，根据经济意义可知，它应该为正，因为它代表 K 的跨期均衡水平。因此，为了使这个问题合理，我们必须规定

$$\alpha > b\rho \qquad (5.19)$$

□ 定解

为了得到定解，我们首先使用初始条件 $K(0) = K_0$——在式（5.18）中令 $t = 0$——可得

$$K_0 = A_1 + A_2 + \overline{K} \qquad (5.20)$$

我们也希望使用终止条件式（5.6）。尽管模型未给出外在的终止状态，但问题的自控性质表明它有一个隐含的终止状态——企业扩大到的最终规模（资本存量）。正如图 5—1(a)

[①] 艾斯纳和特罗茨给出的欧拉方程有个小错误，即他们把式（5.17）中 k 项的系数写为 $-\beta/2a$ 而不是 $-\beta/a$。因此，他们的特征根和特解与式（5.18）不一样。然而，这个事实不影响他们的定性结论。

动态最优化基础

所示，最高利润率发生在企业规模为 $K=\alpha/2\beta$ 时。因此，我们预期企业规模不会扩大到超过 $K=\alpha/2\beta$。而且，在考虑成本函数 C 之后，企业可能非常希望选择更小的最终规模。事实上，根据微分方程的知识可知，特解 $\overline{K}$ 将是最终规模 K_∞ 的合乎逻辑的选择。然而，根据式（5.18），我们看到尽管当 $t\to\infty$ 时第二个指数项（其中 $r_2<0$）趋于零，但如果 $A_1\gtrless 0$，那么第一个指数项（其中 $r_1>0$）趋于 $\pm\infty$。由于在经济意义上，$+\infty$ 和 $-\infty$ 都不能作为 K 的最终值，因此唯一的出路是令 $A_1=0$。将这个信息与式（5.20）结合起来，可知 $A_2=K_0-\overline{K}$，因此最优 K 路径为

$$K^*(t)=(K_0-\overline{K})e^{r_2 t}+\overline{K} \tag{5.21}$$

关于这个结果有几点值得注意。首先，由于 $r_2<0$，$K^*(t)$ 收敛到特解 $\overline{K}$；因此，$\overline{K}$ 的确是最优最终企业规模 K_∞。而且，由于 b 和 ρ 都是正的，$\overline{K}=(\alpha-b\rho)/2\beta$ 小于 $\alpha/2\beta$。因此，在明确考虑调整成本之后，企业的最终规模的确小于图 5—1(a) 中使得 π 最大的规模。最后，企业的初始规模和最终规模之差 $K_0-\overline{K}$ 受制于指数衰减。因此，路径 $K^*(t)$ 有如图 5—2 所示的一般形状。

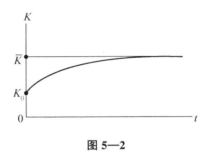

图 5—2

□ 横截条件

尽管我们能够不使用任何横截条件来确定任意常数，但也有必要考察横截条件式（5.5）能带给我们什么结果。利用式（5.16）中的信息，我们知道

$$F-K'F_{K'}=(\alpha K-\beta K^2+aK'^2)e^{-\rho t} \tag{5.22}$$

对于 K 和 K' 项，我们应该使用式（5.18）中的 K^* 及其导数，即

$$K^*=A_1 e^{r_1 t}+A_2 e^{r_2 t}+\overline{K}$$
$$K^{*\prime}=A_1 r_1 e^{r_1 t}+A_2 r_2 e^{r_2 t}$$

将这些式子代入式（5.22），我们得到了下列复杂结果：

$$\begin{aligned}
F^*-K^{*\prime}F_{K^{*\prime}}=&A_1(\alpha-2\beta\overline{K})e^{(r_1-\rho)t}+A_1^2(ar_1^2-\beta)e^{(2r_1-\rho)t}\\
&+A_1A_2(2ar_1r_2-2\beta)e^{(r_1+r_2-\rho)t}+A_2(\alpha-2\beta\overline{K})e^{(r_2-\rho)t}\\
&+A_2^2(ar_2^2-\beta)e^{(2r_2-\rho)t}+(\alpha\overline{K}-\beta\overline{K}^2)e^{-\rho t}
\end{aligned} \tag{5.22$'$}$$

横截条件是当 $t\to\infty$ 时式（5.22$'$）为零。由于 r_2 为负，最后三项不会造成麻烦。然而，第三项中的指数简化为 $e^0=1$，这是因为 $r_1+r_2=\rho$（参见式（5.18）），而且这一项不会趋于零。更糟的是，前两项是发散的，因为 $r_1>\rho$。为了迫使前三项趋于零，唯一的方

法是令 $A_1 = 0$。因此，我们通过横截条件得到的结果正好是通过经济学推理得到的结果。

至于横截条件式（5.7），这个问题用不到它。但是如果我们想使用它，就必须令 $A_1 = 0$ 以便抑制发散性的指数表达式。

□ 最优投资路径与灵活加速因子

如果调整成本函数 $C = C(K')$ 充分考虑了各种内部和外部的调整困难，那么最优投资路径就是定解式（5.21）的导数：

$$I^*(t) = K^{*'}(t) = r_2(K_0 - \bar{K})e^{r_2 t} \tag{5.23}$$

但由于式（5.21）意味着

$$(K_0 - \bar{K})e^{r_2 t} = K^*(t) - \bar{K}$$

因此投资路径式（5.23）可以简化为

$$I^*(t) = r_2[K^*(t) - \bar{K}] = -r_2[\bar{K} - K^*(t)] \tag{5.23'}$$

式（5.23'）的最显著特征是它正好描述了式（5.12）中的灵活加速因子机制。企业目标规模 $\bar{K}$ 与极值路径上任何时点的实际规模 $K^*(t)$ 之差 $[K^*(t) - \bar{K}]$，被正系数 $-r_2$ 系统性地消除了。唯一未解决的事情是，在灵活加速因子中，$-r_2$ 必须小于1。如果我们对模型施加下列条件：

$$\frac{\beta}{a} < 1 + \rho \tag{5.24}$$

那么 $-r_2 < 1$ 这个要求得以满足。

式（5.23'）中的灵活因子与式（5.12）的根本区别在于，前者不再是事先规定好的行为模式，而是解过程中出现的最优化法则。因此，二次型版本的艾斯纳-特罗茨模型为常用的灵活加速因子机制提供了一种合理的理论解释。

习题 5.2

1. 令利润函数与调整成本函数式（5.14）和式（5.15）分别为以下具体形式：

$$\pi = 50K - K^2, \quad C = K'^2 + 2K'$$

但维持贴现率 ρ 的参数形式。请直接使用欧拉方程（2.19）找到 K 的最优路径（定解）。

2. 使用解式（5.21）来验证你在上一题中的答案。

3. 找到艾斯纳-特罗茨模型一般表达式（5.13）的欧拉方程。

4. 令利润函数仍为问题1中的 $\pi = 50K - K^2$，但将调整成本函数变为 $C = K'^2$。使用你在上一题中针对式（5.13）推导出的欧拉方程来找到最优 K 路径。

5. 证明参数限制式（5.24）对于使得 $-r_2$ 成为正分数是必要的。

5.3 最优社会储蓄行为

变分法在经济学中的最早应用之一是拉姆齐（Frank Ramsey）的关于最优社会储蓄行为的经典论文。[①] 这篇论文对当前最优经济增长文献产生了巨大影响，尽管这种影响有些迟。因此，这篇论文值得仔细回顾。

□ 拉姆齐模型

拉姆齐解决的核心问题是跨期资源配置，即任何时点的国民产出分配问题：分配多少给当前消费以产生当前效用，分配多少用于储蓄（和投资）以提高未来生产和消费从而产生未来效用？

我们假设用资本 K 和劳动 L 这两种投入物来生产国民产出。生产函数 $Q=Q(K，L)$ 不随时间变化而变化，因为我们假设不存在技术进步。其他的出于简化目的而做出的假设包括资本不存在折旧以及人口不变。然而，劳动服务量仍可能变化。产出可以被用来消费或储蓄，但储蓄总导致投资和资本积累。因此，使用标准符号，我们有 $Q=C+S=C+K'$，或

$$C=Q(K,L)-K' \tag{5.25}$$

消费对社会福利的贡献通过社会效用（指数）函数 $U(C)$ 进行，其中消费的边际效用非递增，即 $U''(C)\leqslant 0$。这个设定与图 5—3 中的三个效用函数都相容。在这三种情形下，效用都有上界 $\hat{U}$。在图 5—3（a）和（b）中，$\hat{U}$ 在有限的消费水平 $\hat{C}$ 上实现；但在图 5—3（c）中，我们只能逐渐逼近 $\hat{U}$。

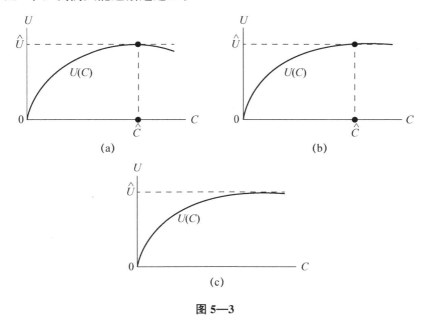

图 5—3

① Frank P. Ramsey，"A Mathematical Theory of Saving，" *Economic Journal*，December 1928，pp. 543—559.

为了生产消费品，社会必须忍受劳动的负效用（disutility）$D(L)$，它的边际效用非递减，即 $D''(L) \geqslant 0$。因此，净社会效用为 $U(C) - D(L)$，其中 C 和 L —— 如同 K 和 Q 一样 —— 都是时间的函数。经济计划者的问题是使得当前一代和未来所有代人的社会效用最大：

$$\text{Max} \int_0^\infty [U(C) - D(L)] dt \tag{5.26}$$

在被积函数中，U 仅取决于 C，而且根据式（5.25）可知，C 取决于 K、L 和 K'，而 D 仅取决于 L。因此，这个问题有两个状态变量，即 K 和 L。然而，由于被积函数中不含有 L' 项，因此，这个问题在 L 上是退化的，而且一般不能对 L 规定初始条件。

□ 收敛性问题

与艾斯纳–特罗茨模型的泛函不同，式（5.26）中的广义积分不含有贴现因子。这种省略不是源于疏忽，而是源于拉姆齐的观点——（当前一代的）计划者贴现未来时代效用的做法"在伦理上站不住脚"。尽管这在道德角度上是正确的，但它也带来了很大的麻烦，这是因为如果没有贴现因子，即使被积函数有上界，我们也无法使用 5.1 节的条件Ⅲ来建立收敛性。事实上，由于当 t 趋于无穷时净效用为正，因此积分可能发散。

为了解决这个麻烦事，拉姆齐用下列问题替换了式（5.26）：

$$\text{Min} \int_0^\infty [B - U(C) + D(L)] dt \tag{5.26'}$$
$$\text{s. t. } K(0) = K_0 (K_0 \text{给定})$$

其中 B 表示幸福（Bliss）水平，B 是净效用能达到的最大值，这是一个假定的量。由于新泛函衡量净效用 $U(C) - D(L)$ 与幸福水平之间的缺口，因此这是一个**最小化**而不是最大化问题。在直觉上，一个最优配置方案应该能使得社会达到幸福水平或者逐渐逼近幸福水平。如果事实如此，那么当 $t \to \infty$ 时，式（5.26'）中的被积分函数将平稳地降低到零水平或逼近零水平。因此，在拉姆齐看来，收敛性问题得以解决。用式（5.26'）替换式（5.26）的做法后来被称为"拉姆齐方法"；人们广泛认为它是收敛性的充分条件。我们以前对 5.1 节条件Ⅰ的讨论表明如果被积函数在某个有限时点达到零并在此以后维持为零，那么收敛性的确得以保证。然而，正如条件Ⅱ所强调的，被积函数在 $t \to \infty$ 时趋于零这个事实本身不足以保证收敛性。被积函数在时间上必须充分快地下降。

尽管拉姆齐没有真正解决收敛性问题，我们仍继续使用下列假设：式（5.26'）中的一般函数形式的被积函数是收敛的。

□ 模型的解

式（5.26'）中的问题是一个关于状态变量 K 和 L 的自控问题。根据被积函数

$$F = B - U(C) + D(L) \qquad \text{其中} C = Q(K, L) - K'$$

我们可以得到关于 L 层面的导数

$$F_L = -U'(C)\frac{\partial C}{\partial L} + D'(L) \equiv -\mu Q_L + D'(L) \qquad 其中 \mu \equiv U'(C)$$

$$F_{L'} = 0$$

出于简化符号的目的，我们使用 μ 表示边际效用。（边际效用（marginal utility）的缩写为"mu"。）与 $U(C)$ 一样，μ 是 C 的函数，从而是 K、L 和 K' 的间接函数。在 K 层面，我们可以得到导数

$$F_K = -U'(C)\frac{\partial C}{\partial K} = -\mu Q_K$$

$$F_{K'} = -U'(C)\frac{\partial C}{\partial K'} = -U'(C)(-1) = U'(C) = \mu$$

这些导数使得我们能使用欧拉方程（2.27）。

我们首先注意到由于 $F_{L'} = 0$，因此变量 L 的欧拉方程 $F_L - dF_{L'}/dt = 0$ 简化为 $F_L = 0$，或

$$D'(L) = \mu Q_L \qquad 对于所有 t \geqslant 0 \tag{5.27}$$

在每个时点上，劳动的负边际效用必须等于消费的边际效用与劳动的边际产品的乘积。在 K 层面上，欧拉方程 $F_K - dF_{K'}/dt = 0$ 让我们得到条件 $-\mu Q_K - d\mu/dt = 0$，或

$$\frac{d\mu/dt}{\mu} = -Q_K \qquad 对于所有 t \geqslant 0 \tag{5.28}$$

这个结果规定了关于消费的一条法则：消费的边际效用 μ 在每个时点上的增长率必须等于资本的边际产品的负数。根据这个法则，我们可以画出 μ 的最优路径。一旦我们找到了最优 μ 路径，就可以利用式（5.27）来确定最优 L 路径。然而，正如我们在前面说过的，这个问题在 L 层面上是退化的，因此，事先设定 L 的初始水平 $L(0)$ 是不合适的。

□ 最优投资和资本路径

我们更感兴趣的是最优 K 路径以及相关的投资（和储蓄）路径 K'。我们可以使用前面的结果来推导这些路径，但现在我们打算使用另外一种方法，即充分利用当前问题属于 2.2 节特殊情形 II 这个事实。由于被积函数没有显含变量 t，因此，根据式（2.21），K 的欧拉方程为 $F - K'F_{K'} = 常数$，或

$$B - U(C) + D(L) - K'\mu = 常数 \qquad 对于所有 t \geqslant 0 \tag{5.29}$$

对于这个方程来说，一旦我们对右侧的（任意）常数赋予具体值，就可以解出 K'。为了找到这个常数值，我们注意到这个常数对于所有 $t \geqslant 0$ 包括 $t \to \infty$ 都成立。因此，我们可以利用下列事实：随着 $t \to \infty$，模型的经济目标是使得 $U(C) - D(L)$ 趋于幸福水平。这意味着当 $t \to \infty$ 时，U 必须趋于 $\hat{U}$，μ 必须趋于零。由此可知，式（5.29）中的常数值必须为零。如果事实如此，那么 K' 的最优路径为

$$K^{*\prime} = \frac{B - U(C) + D(L)}{\mu} \qquad (5.30)$$

或，若将时间变量显式写出：

$$K^{*\prime}(t) = \frac{B - U[C(t)] + D[L(t)]}{\mu(t)} \qquad (5.30')$$

这个结果称为**拉姆齐法则**（Ramsey rule）。它规定，最优时，资本积累速率在任何时点上都必须等于净效用和幸福水平的缺口与消费的边际效用的比值。在表面上，这个法则与生产函数无关，这比较奇怪。拉姆齐因此认为生产函数仅在下列层面上有意义——它可能影响幸福水平的决定。但这个结论不正确。根据式（5.28）可知，最优的 μ 应该根据 Q_K 选择。这意味着式（5.30'）的分母的确严重依赖于生产函数。

□ 横截条件的考察

我们将说明无限水平横截条件的使用也必须规定式（5.29）中的常数被设定为零。当我们把条件式（5.5）应用于当前问题的两个状态变量上时，它要求

$$\lim_{t \to \infty}(F - L'F_{L'}) = 0 \qquad 以及 \qquad \lim_{t \to \infty}(F - K'F_{K'}) = 0$$

由于 $F_{L'} = 0$，因此，上面第一个条件变为当 $t \to \infty$ 时 $F \to 0$。这意味着净效用 $U(C) - D(L)$ 必定趋于幸福水平。注意，根据这个条件本身，我们仍然无法确定式（5.29）中的常数。然而，另外一个条件可帮助我们把这个常数确定为零，这是因为 $F - K'F_{K'}$ 正好是式（5.29）中的左侧表达式。

当前问题隐含地规定终止状态在幸福水平。因此，我们不需要横截条件式（5.7）。

根据拉姆齐法则，我们还可以更进一步——通过对式（5.30'）积分找到 $K^{*}(t)$ 路径。然而，为此我们需要函数 $U(C)$ 和 $D(L)$ 的具体形式。式（5.30'）的通解包含一个任意常数，这个常数可以通过初始条件 $K(0) = K_0$ 来确定。这将完成模型的解。我们不打算用含有具体函数的模型进行说明，而是说明如何使用相图（参见下一节）。

习题5.3

1. 令拉姆齐模型中的生产函数和效用函数分别取下列具体形式：

$$Q(K) = rK \ (r > 0)$$

$$U = \hat{U} - \frac{1}{b}C^{-b} \ (b > 0)$$

初始资本为 K_0。

（a）利用条件式（5.28）推导 $C^{*}(t)$ 路径。讨论这个路径的特征。

（b）利用拉姆齐法则式（5.30'）来找到 $K^{*\prime}(t)$。讨论这个路径的特征，并将其与 $C^{*}(t)$ 比较。这两个路径之间有何关系？[提示：由于这个问题不含有 $D(L)$ 项，因此 $B = \hat{U}$。]

(c) 记住 $Q_0 = rK_0$（Q_0 的生产），$Q_0 = C_0^* + K^{*\prime}(0)$（$Q_0$ 的分配），利用 $K^{*\prime}(0)$ 和 $C^*(0)$ 之间的关系（参见（b）），求出用 K_0 表示的 C_0^* 的表达式。写出 $K^{*\prime}(t)$ 的定解。

(d) 通过对 $K^{*\prime}(t)$ 积分求 $K^*(t)$ 路径。K^* 的增长率是多少？它随时间怎样变化？

2. 通过下列步骤找到上一问题的 $K^*(t)$ 路径，这是寻找路径的另外一种方法。

(a) 将泛函的 $(B-U(C))$ 被积部分用 K 和 K' 表示，即表示成 $F(K, K')$ 的形式。

(b) 应用欧拉方程（2.18）或（2.19）来得到一个二阶微分方程。找到通解 $K^*(t)$，其中任意常数用 A_1 和 A_2 表示。然后推导出最优储蓄路径 $K^{*\prime}(t)$；保留任意常数。

(c) 求出储蓄率 $K^{*\prime}(t)/Q^*(t) = K^{*\prime}(t)/rK^*(t)$。证明当 $t \to \infty$ 时这个比率趋于 1，除非其中一个任意常数为零。

(d) 储蓄率的极限为 1，这在经济意义上能解释得通吗？利用你对此问题的答案来确定其中一个常数。然后根据初始条件 $K(0) = K_0$ 确定其他常数。将由此得到的定解与上一题的定解进行比较。

5.4　相图分析

在动态最优化模型中，两变量**相图**（phase diagrams）被广泛用来获得定性分析结果。[1] 当模型中的函数为一般形式，而且时间水平为无限时，两变量相图更加重要。对于伴随单个状态变量的变分法问题，欧拉方程为单个二阶微分方程。但我们通常不难将这个方程转变为两个变量的一阶方程组。于是，我们可以直截了当地使用两变量相图。在本节，我们将以艾斯纳-特罗茨模型和拉姆齐模型为例说明这个方法。然后，我们改编相图以用于有限水平情形。

□ 艾斯纳-特罗茨模型再考察

在企业工厂最优投资模型（参见 5.2 节）中，给定具体的二次型利润函数和成本调整函数，艾斯纳与特罗茨能够提供定量解。将这些函数写为

$$\pi = \alpha K - \beta K^2 \quad (\alpha, \beta > 0) \qquad （根据式(5.14)）$$
$$C = aK'^2 + bK' \quad (a, b > 0) \qquad （根据式(5.15)）$$

它们得出了欧拉方程

$$K'' - \rho K' - \frac{\beta}{\alpha}K = \frac{b\rho - \alpha}{2a} \qquad （根据式(5.17)） \tag{5.31}$$

① 两变量相图方法的解释可参见 Alpha C. Chiang, *Fundamental Methods of Mathematical Economics*，3d ed.，McGraw-Hill，New York，1984，Sec. 18.5。

其中 ρ 是一个正的贴现率。根据定量解可知，

$$K^*(t)=(K_0-\overline{K})e^{r_2t}+\overline{K}(r_2<0) \qquad (根据式(5.21)) \qquad (5.32)$$

其中 $\overline{K}=\dfrac{\alpha-b\rho}{2\beta}$。

我们看到资本存量 K（企业规模）应该沿着平稳时间路径，即沿着以指数速度缩小 K 的初始值与目标值之差的路径，最优地逼近它的特定目标值 $\overline{K}$。

现在我们将说明如何使用相图分析欧拉方程。我们首先引入变量 I（净投资）：

$$I(t)\equiv K'(t) \qquad (意味着\ I'(t)\equiv K''(t)) \qquad (5.33)$$

这将使得我们能够将欧拉方程（5.31）写为由两个一阶微分方程组成的方程组：

$$I'=\rho I+\frac{\beta}{a}K+\frac{b\rho-\alpha}{2a} \qquad (即\ I'=f(I,K)) \qquad (5.34)$$
$$K'=I \qquad (即\ K'=g(I,K))$$

这是一个非常简单的系统（方程组），因为函数 f 和 g 关于变量 I 和 K 都是线性的，并且事实上函数 g 不含有 K。

□ 相图

为了构建相图，我们首先画出两条分界线 $I'=0$ 和 $K'=0$。对于这两条曲线中的每一条，单个来看，它描述了 IK 空间中的特定点集——问题中的变量可以是平稳的（$dI/dt=0$ 或 $dK/dt=0$）。联合起来看，这两条曲线的交点决定了整个系统（$dI/dt=0$ 且 $dK/dt=0$）的跨期均衡，即稳态（steady state）。

在式（5.34）中令 $I'=0$ 并且求 K，可得

$$K=\frac{\alpha-b\rho}{2\beta}-\frac{a\rho}{\beta}I \qquad (曲线\ I'=0\ 的方程) \qquad (5.35)$$

类似地，令 $K'=0$，可得

$$I=0 \qquad (曲线\ K'=0\ 的方程) \qquad (5.36)$$

这两个方程在相图中都是直线，如图5—4所示，其中 $I'=0$ 曲线向下倾斜，$K'=0$ 曲线与纵轴重合。唯一的跨期均衡位于曲线 $I'=0$ 的纵截距处，根据式（5.35）可知，它是 $K=(\alpha-b\rho)/2\beta$，根据式（5.19）可知，它是正的。注意，这个均衡正好与式（5.18）找到的特解 $\overline{K}$（企业特定规模）相同。当然，这是可以预期到的。

根据定义，曲线 $I'=0$ 上的所有点共有的特征是它们关于 I 都是平稳的。因此，我们在这条曲线上画出了两根垂直"素描线"（sketching bar），用来表明这条曲线上的点不应该有任何东西方向上的移动。类似地，水平"素描线"画在了曲线 $K'=0$ 上，用来表明 K 的平稳性不允许这条曲线上的点有南北方向上的移动。

另一方面，不在分界曲线上的那些点都是动态运动的。运动的方向取决于导数 I' 和 K' 在 IK 空间特定点上的符号；运动的速度取决于这些导数的大小。根据式（5.34），微分可得

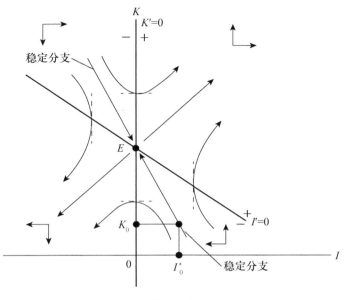

图 5—4

$$\frac{\partial I'}{\partial I} = \rho > 0 \qquad 与 \qquad \frac{\partial K'}{\partial I} = 1 > 0 \tag{5.37}$$

$\partial I'/\partial I$ 的符号为正，这意味着当 I 从西向东运动（I 递增）时，I' 应该从负区域开始，穿过零，到达正区域（I' 递增）。为了记录这个（一，0，十）符号序列，我们在标签 $I'=0$ 的左侧添上了一个负号，在 $I'=0$ 的右侧添上了一个正号。相应地，我们在曲线 $I'=0$ 的左侧画出了向左的 I 箭头（$I'<0$），在 $I'=0$ 的右侧画出了向右的 I 箭头（$I'>0$）。类似地，对于 K'，$\partial K'/\partial I$ 的正号意味着，从西向东走，K' 应该从负区域开始，穿过零，到达正区域。因此，符号序列再次为（一，0，十），这解释了标签 $K'=0$ 左侧的负号与右侧的正号。在曲线 $K'=0$ 的左侧，K 箭头向下（$K'<0$），在曲线 $K'=0$ 的右侧，K 箭头向上（$K'>0$）。

根据 IK 箭头施加的方向限制以及先前画出的素描线（图中的虚直线），我们可以画出一族流线（streamlines）或轨迹来描述系统的动态图，可以从任何可能的初始点开始画。每个点应该在某条流线上，流线应该有无穷多条。然而，我们通常仅画出其中几条即可。读者应该验证在图 5—4 中，这些流线遵循 IK 箭头的要求，特别地它们遵循素描线的要求，素描线要求流线以无穷大的斜率穿过曲线 $I'=0$，以零斜率穿过曲线 $K'=0$。

□ 鞍点均衡

这个系统的跨期均衡发生在两条分解线的交点即图 5—4 中的 E 点。根据我们构造的流线，我们看到两个**稳定分支**（stable branch）趋近 E 点（一支来自东南方，另外一支来自西北方），两个**不稳定分支**离开 E 点（一支去东北方，另外一支去西南方），其他流线一开始趋近 E 点然后又离开了它。因此，我们有了一个所谓的**鞍点均衡**（saddle-point equilibrium）。

显然，实现目标资本水平（E 点的水平）的唯一途径是到达稳定分支。例如，给

定初始资本 K_0，我们必须选择 I_0^* 作为初始投资率，因为只有这个选择才能使我们沿着"黄砖大道"通向均衡。当然，不同的初始资本将要求不同的 I_0^*。因此，I_0^* 选择上的限制起到了横截条件的作用。这强调了下列事实：横截条件是最优化法则的有机组成部分。根据式（5.34）可知，尽管所有流线都满足欧拉方程，但只有那条也同时满足横截条件或等价条件（位于稳定分支上）的流线才能成为一个最优路径。

在图 5—4 的稳定分支上向西北方向走，我们发现 K 平稳增大，这意味着 K_0 与目标资本水平之间的差距平稳减小。这正是式（5.32）告诉我们的。随着 K 递增，投资率 I 平稳下降。再一次地，这与前面的定量解一致，因为如果我们把式（5.32）关于 t 微分两次，就会发现

$$I^{*\prime}(t) = K^{*\prime\prime}(t) = r_2^2(K_0 - \overline{K})e^{r_2 t} < 0$$

这是因为在当前的例子中，$K_0 < \overline{K}$。

□ 简化的拉姆齐模型

为了简化拉姆齐模型的分析，我们将假设劳动投入固定不变，从而将生产函数简化为 $Q(K)$。于是，我们只要处理一个状态变量和一个欧拉方程即可。删去 L 和 $D(L)$ 的做法带来的另外一个后果是，使得幸福水平与效用函数的上界 $\hat{U}$ 相同。

原来的拉姆齐模型的欧拉方程可以写为

$$-\mu Q_K - \frac{d\mu}{dt} = 0 \qquad \text{（根据式（5.28））} \tag{5.38}$$

或者，为了明确它对 K 的边际产品的依赖性，我们也可以将其写为

$$-\mu Q'(K) - \mu' = 0 \tag{5.38'}$$

这是关于变量 μ 的一阶微分方程。然而，由于方程也含有变量 K，因此我们还需要一个关于变量 K 的微分方程。式（5.25）即 $C = Q(K, L) - K'$ 能满足我们这个需要；在当前的简化情形下，这个式子变为

$$K' = Q(K) - C(\mu) \tag{5.39}$$

我们用 $Q(K)$ 代替 $Q(K, L)$ 的原因在于我们已删去了 L。我们用 $C(\mu)$ 代替 C，这反映了下列事实：即在常见的边际效用函数中，μ 是 C 的单调递减函数，因此 C 可以取作边际效用函数 μ 的反函数。

联合式（5.38'）与式（5.39），我们得到了下列包含两个一般函数 $Q(K)$ 和 $C(\mu)$ 的方程组：

$$\begin{aligned} K' &= Q(K) - C(\mu) \qquad (\text{即 } K' = f(K, \mu)) \\ \mu' &= -\mu Q'(K) \qquad (\text{即 } \mu' = g(K, \mu)) \end{aligned} \tag{5.40}$$

在继续介绍之前，我们应该对这些函数的形状施加一些定性限制。暂时地，我们假设函数 $U(C)$ 的形状如图 5—5 中最上面的那幅图所示，其中 B 是效用的幸福水平，C_B 是消费的幸福水平。消费在 C_B 处达到**饱和**（saturation），继续消费将导致 U 降低。根据这个函数，我们可以得到边际效用函数 $\mu(C)$，其中 μ 在 $C=C_B$ 处等于零。由于 $\mu(C)$ 是单调的，它的反函数 $C(\mu)$ 存在，其中 $C'(\mu)<0$。另一方面，图 5—5 左下方的图对函数 $Q(K)$ 的形状提出了要求，在这里，我们把 Q 画在了横轴而不是纵轴上。这条曲线暗含的假设是资本的边际产品 $Q'(K)$ 始终为正，也就是说资本不存在饱和点，但边际报酬递减规律始终适用。

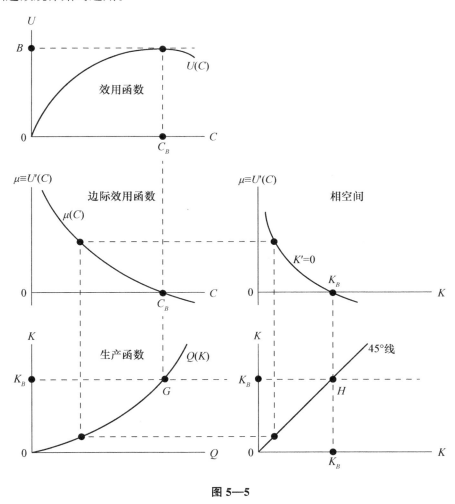

图 5—5

□ 相图

为了构建相图，我们需要曲线 $K'=0$ 和 $\mu'=0$。从式（5.40）易得以下两个方程：

$$Q(K)=C(\mu) \quad （曲线\ K'=0\ 的方程） \tag{5.41}$$

$$\mu=0 \quad （曲线\ \mu'=0\ 的方程） \tag{5.42}$$

第一个方程的意思是自喻的。第二个方程源于我们假设不存在资本饱和点：由于 $Q'(K) \neq 0$，当且仅当 $\mu = 0'$，我们有 $\mu' = 0$。

为了找到曲线 $K' = 0$ 合适的形状，根据式（5.41），我们令 $Q(K)$ 等于 $C(\mu)$。正是由于想在图形上方便地展现这个等式，我们才在图 5—5 中把函数 $Q(K)$ 中的变量 Q 画在横轴上，因为这样一来，我们只要在函数 $\mu(C)$ 与 $Q(K)$ 这两个图形之间做出垂线即可表示 $Q(K) = C(\mu)$。例如，考虑 $\mu = 0$ 的情形，即考虑 C_B 点位于曲线 $\mu(C)$ 上的情形。为了满足式（5.41），我们只要从 C_B 点做一条垂直使之与曲线 $Q(K)$ 相交即可，交点 G 就是我们想要的。G 点的垂直高度可以解释为 K 的幸福水平；因此，我们将其表示为 K_B。于是，有序对 $(K = K_B, \mu = 0)$ 显然是相空间中曲线 $K' = 0$ 上的点。$K' = 0$ 上的其他点可以类似得到。

描绘整条 $K' = 0$ 曲线的最简单做法是使用图 5—5 下方按矩形排列的图组。在图 5—5 中，除了 $\mu(C)$ 和 $Q(K)$ 这两个图形之外，我们还画出了下列两个图形：一是 45°线（横轴和纵轴都是 K）；二是相空间，它的作用是作为我们推导出的 $K' = 0$ 曲线的储存地。这四个图形的排列具有一定规律，即横向相邻的两个图有相同的纵轴，纵向相邻的两个图有相同的横轴；但要注意，左侧两个图的横轴（一个为 C 轴，一个为 Q 轴）并不相同，但我们通过令 $Q = C$ 使得它们相等。现在，点 $(K = K_B, \mu = 0)$ 可通过追踪由曲线 $\mu(C)$、$Q(K)$ 以及 45°线张成的虚线矩形框找到。事实上，无论从曲线 $\mu(C)$ 上的哪个点开始，如果我们垂直向下走与 $Q(K)$ 曲线相交（从而满足条件式（5.41）），然后向右走与 45°线相交，再垂直向上到达相空间（从而将点 G 或 K_B 的垂直高度转变为相空间中的等量水平距离），就走出了一个矩形。这个矩形的第四个顶点（按照我们走的顺序数）必定是曲线 $K' = 0$ 上的一个点。这种矩形构造过程产生了一条 $K' = 0$ 曲线，它向下倾斜并与相空间的横轴相交于 $K = K_B$ 点。

□ 鞍点均衡

现在，我们在图 5—6 中复制图 5—5 中的 $K' = 0$ 曲线，然后再加入曲线 $\mu' = 0$；根据式（5.42）可知，$\mu' = 0$ 与 K 轴重合。这两条曲线的交点就是唯一的均衡点 E，它的特征为 $K = K_B$ 和 $\mu = 0$，因此这对应着幸福水平。

曲线 $K' = 0$ 的素描线是垂直的。然而，曲线 $\mu' = 0$ 的素描线为水平的，它们全部位于 $\mu' = 0$ 曲线上。由于素描线与曲线 $\mu' = 0$ 重合，因此 $\mu' = 0$ 曲线不仅充当了分界线，而且还充当了一些流线。

K' 和 μ' 的符号序列可从下列偏导数确定：

$$\frac{\partial K'}{\partial K} = Q'(K) > 0 \quad \text{与} \quad \frac{\partial \mu'}{\partial \mu} = -Q'(K) < 0 \quad （根据式(5.40)） \tag{5.43}$$

根据式（5.43）可知，从左向右看，K' 的符号序列为（—，0，＋）；从下向上看，μ' 的符号序列为（＋，0，—）。因此，在 $K' = 0$ 曲线的右侧区域，K 箭头指向东方；在 $K' = 0$ 曲线的左侧区域，K 箭头指向西方。在 $\mu' = 0$ 曲线的上方区域，μ 箭头指向南方；在 $\mu' = 0$ 曲线的下方区域，μ 箭头指向北方。

这些流线再次产生了一个鞍点。给定任何初始资本水平 K_0，必须选择一个能使得我们达到鞍点其中一个稳定分支的初始边际效用。图 5—6 画出了这种情形，其中 $K_0 <$ K_B；在此图中，存在唯一的 μ_0 值 μ_0^* 使得我们能踏上通向 E 点的"黄砖大道"。所有其他流线将导致：（1）资本过度积累，不能实现幸福；（2）资本持续损耗，不能实现幸福。如艾斯纳–特罗茨模型情形一样，我们可以将施加在初始 μ 值的适当选择上的严格限制解释为横截条件的等价物。

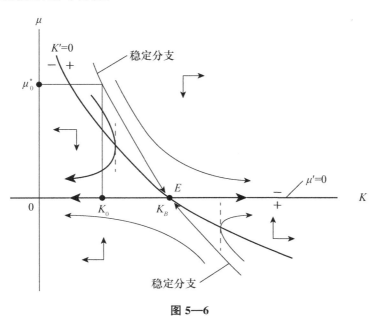

图 5—6

艾斯纳–特罗茨模型与拉姆齐模型都提供了鞍点类型的均衡，这不是巧合。我们必须到达稳定分支，这意味着我们需要遵守一定的最优化法则，这类似于在简单的最优化架构中，追求利润最大化的企业必须按照 MC＝MR 这个法则选择产量水平。如果均衡是个稳定节点或稳定焦点，即如果是"条条大路通罗马"的情形，那将不存在必须遵守的具体法则，这很难成为最优化问题的特征。另一方面，如果均衡为不稳定节点或焦点，那么对于状态变量的任何目标水平，我们都无法实现它。这也很难成为最优化问题的特征。相反，在鞍点均衡情形中，我们有可实现的目标，但实现这个目标需要遵守一定的法则，这符合最优化问题的一般架构。

□ 资本饱和与消费饱和

上面的讨论基于以下假设，即消费在 C_B 点达到饱和，此时 $U(C_B)=B$，$\mu(C_B)=0$。尽管我们假设资本不饱和，$Q'(K)$ 始终为正，然而，在资本水平达到 K_B 后，经济将会阻止资本的积累。作为该模型的变种，我们也可以分析资本饱和但消费不饱和的情形。

具体地，令 $Q(K)$ 是条严格凹的曲线，其中 $Q(0)=0$，以及当 $K \lessgtr \hat{K}$ 时 $Q'(K) \gtrless 0$。与此同时，令 $U(C)$ 是个始终递增的函数。在这些新的假设下，我们需要重画图 5—5 中的所有曲线，除了 $45°$ 线。因此，在相图中，我们很可能得到一条形状完全不同的 $K'=0$ 曲线。然而，事实上，我们还需要重画曲线 $\mu'=0$，因为现在消费是不饱和的，

而且 μ 始终大于零，水平轴严格无极限。总之，我们要分析一个完全不同的新相图。

我们不打算在此给出详细分析，而是让读者自己推导新曲线 $K'=0$ 和 $\mu'=0$，并逐步确定 $K\mu$ 箭头和流线。然而，我们要说一说新相图的一些特征，但愿我们的这种做法不会扫了读者的兴致：(1) 在新相图中，$K'=0$ 曲线将是 U 形曲线，$\mu'=0$ 曲线将是一条垂线。(2) 新均衡点将在 $K=\hat{K}$ 点，$\hat{K}$ 对应的边际效用（称为 $\hat{u}$）为正而不再是零。(3) 边际效用的均衡值 $\hat{u}$ 对应着均衡消费 $\hat{C}$，这又对应着效用水平 $\hat{U}$。尽管 $\hat{U}$ 不是最高的效用水平，然而，在当前环境下，我们可以认为 $\hat{U}$ 是"幸福的"，这是因为由于资本饱和，我们不可能希望超过 $\hat{U}$。这个新的"幸福"不是内在固定的，而是取决于生产函数上资本饱和点的位置。(4) 最后，均衡也是一个鞍点。

当 $U(C)$ 曲线的顶点（peak）不在 B 水平上而是渐近于 B 水平时（参见图 5—3(c)），模型的新变种就出现了。在这种新情形下，曲线 μ 将变成一条渐近于 C 轴的凸的曲线。$K'=0$ 曲线的形状现在取决于 $Q(K)$ 曲线能否用资本饱和描述。如果是，那么当前的变种就变为前面那个变种。如果不是而且如果 $Q(K)$ 曲线的斜率始终为正，那么 $K'=0$ 曲线将是一条渐近于相空间的 K 轴的向下倾斜的凸曲线。另外一条曲线，即曲线 $\mu'=0$，现在变得很难画出，这是因为根据式（5.40）可知，μ' 不可能实现零值，除非 $\mu=0$ 或 $Q'(K)=0$，但当前情形下这两个条件都无法满足。因此，在这种情形下我们无法定义跨期均衡。

□ 有限计划水平与收费公路行为

前面介绍的拉姆齐模型的变种都基于有限计划水平。但如果计划期为有限的比如为 100 年或 250 年，结果是怎样的？相图法仍然有用吗？答案是肯定的。特别地，对于最优时间路径的"收费公路"（turnpike）行为，即当计划水平很长但有限时，相图分析非常有用。[①]

在有限水平情形下，我们不仅需要给定的初始资本 K_0（这与无限水平情形一样），还需要事前规定的最终资本 K_T 以便使得解是确定的。K_T 的大小表示我们打算留给那些在我们计划期结束后仍存活世代的资本量。这样，K_T 的选择完全是任意的。然而，如果我们不做这样的选择，而是将该问题视为伴随约束 $K_T \geqslant 0$ 的截断垂直终止线问题，那么 K 的最优解路径将不可避免地要求 $K_T=0$，这是因为基于有限计划期上的效用最大化，要求我们在时点 T 之前用尽所有资本。似乎更合理的做法是，我们应该选择任意但为正的 K_T。在图 5—7 中，我们假设 $K_T > K_0$。

K_0 和 K_T 的设定不足以让我们确定唯一最优解。在图 5—7(a) 中，流线 $S_1, \cdots, S_4$（以及其他未画出的流线）都从 K_0 开始，而且都能带领我们最终到达资本水平 K_T。如果再添上计划期 T 的长度，我们就能确定解。

令曲线 T_1 表示我们从 $t=0$ 开始经过 T_1 年在各条流线上到达的点集。这样的曲线称为**等时线**（isochrone）；在这里，等时线的斜率为正，原因如下。在这四条流线中，流线 S_1 离曲线 $K'=0$ 最远，从而伴随着最大的 K' 值，因此它在 T_1 年末有最大的资本积累（在这里，为 K_T）；流线 S_4 则位于另外一个极端上，它在 T_1 年末有最小的资本积累（在这里，刚刚大于 K_0）。如果计划期正好为 T_1 年，那么流线 S_1 显然是最优选择，

———————————
① Paul A. Samuelson，"A Catenary Turnpike Theorem Involving Consumption and the Golden Rule," *American Economic Review*，June 1965，pp. 486-496.

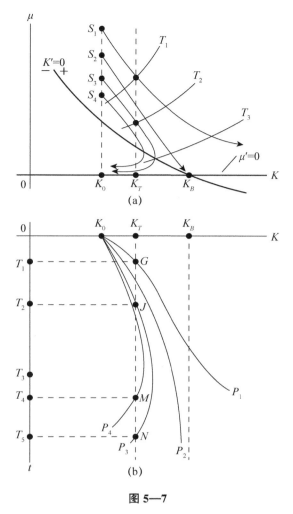

图 5—7

因为尽管所有其他流线都满足欧拉方程，但只有 S_1 满足额外的边界条件 $K(0) = K_0$ 和 $K(T_1) = K_T$，而且它也正好在 T_1 年完成旅程。

流线为相路径，不是时间路径。然而，每条流线的确对变量 K 和 μ 提供了具体时间路径。图 5—7(b) 画出了 K 的时间路径，分别对应着上述四条流线；注意，在这里，为了使 K 轴与图 5—7(a) 中的 K 轴一致，我们将时间轴垂直向下画而不是水平向右画。在推导这些时间路径时，我们也使用了其他等时线，例如 T_2 和 T_3（下标越大表示时间越长）。将图 5—7(a) 中的每条流线向下移动，记录各个时点（即流线与各条等时线交点处）的 K 水平。当我们把这样的信息画在图 5—7(b) 中时，就得到了时间路径 P_1，…，P_4，其中 P_i 对应着流线 S_i。

对于伴随有限计划水平 T_1 的问题，K 的最优时间路径仅是 P_1 上的弧线段 $K_0 G$。时间路径 P_1 与这个问题相关，因为我们已经知道 S_1 是相关流线；我们停在 P_1 的 G 点上，因为这是我们在 T_1 时能达到的资本水平 K_T。然而，如果计划水平向外扩展到 T_2，那么我们应该放弃 S_1 而选择 S_3。K 的最优时间路径也相应变为 P_3，更准确地，变为 P_3 上的 $K_0 J$ 段。T 的其他值可以类似地分析。在每个情形下，T 的每个不同值都产生 K 的一条不同时间路径。K 的所有有限水平的最优时间路径都与无限水平的最优 K 路径 P_2（拉姆齐路径）不同，P_2 对应着流线 S_2（这是鞍点的稳定分支）。

在这种背景下，我们可以讨论有限水平最优路径的**收费公路行为**（turnpike behavior）。首先，假设某个家庭打算开车到另外一个城市旅行。如果距离不算远，那么走一些直接的小路比较好。然而，如果距离很长，最好走高速公路或收费公路，哪怕一开始绕点路，然后尽可能地待在高速公路上，直到到达接近目的地城市的合适出口。类似行为可以刻画图 5—7(b) 中的有限水平最优时间路径。

假设 K_0 是出发点，K_T 为目标资本水平，如果我们将计划水平连续扩展到足够远的未来，那么最优时间路径可以任意弯曲以趋近拉姆齐路径 P_2 或 K_B 线——该图中的"收费公路"。为了更清楚地看到这一点，我们比较一下 M 点和 N 点。如果计划水平为 T_4，那么最优路径为 P_4 上的 K_0M 段，它在 T_4 时带我们达到资本水平 K_T（M 点）。然而，如果水平扩展到 T_5，我们应该选择 P_3 上的 K_0N 段，它在 T_5 时带我们达到资本水平 K_T（N 点）。后面这条路径计划期更长，更向拉姆齐路径和 K_B 线弯曲，这个事实说明了有限水平模型的收费公路行为。

读者将注意到，这种类比收费公路的做法不是没有问题的。在驾车旅行中，个人的确在收费公路上行驶。然而，在有限水平的资本积累问题中，收费公路仅是一种比较标准，而无法真正实现。然而，这种类比在图形上的性质使得它在直觉上非常具有吸引力。

习题 5.4

1. 在艾斯纳-特罗茨模型中，请描述不依赖于鞍点稳定分支的经济后果。

(a) 给定图 5—4 中的 K_0，如果企业选择的初始投资率大于 I_0^*，将会发生什么结果？

(b) 如果我们选择的初始投资水平小于 I_0^*，将会发生什么结果？

2. 在有限计划水平的拉姆齐模型中，令资本在 $\hat{K}$ 点饱和，但不存在消费饱和。

(a) 这种假设条件的变化要求我们修改式（5.40）吗？为什么？

(b) 我们应该修改式（5.41）和式（5.42）吗？为什么？如何修改？

(c) 重画图 5—5 并且推导合适的新 $K'=0$ 曲线。

(d) 在相空间中，也添上合适的新 $\mu'=0$ 曲线。

3. 根据上一题目得到的新 $K'=0$ 曲线和 $\mu'=0$ 曲线，分析资本饱和情形下的相图。将其与图 5—6 中消费饱和情形下的均衡进行比较，说一说它们的相似与不同之处。［提示：我们所取的偏导数不限于式（5.43）中的那些偏导数。］

4. 证明如果考虑资本折旧，那么即使在总产出 $Q(K)$ 中资本不饱和，在净产出中也可能饱和。

5. 在图 5—7(a) 的有限水平问题中，保留 K_0，但令资本 K_T 位于 K_B 的右侧。

(a) 稳定分支下方的流线仍与问题有关吗？位于稳定上方的流线呢？为什么？

(b) 画出类似图 5—7(a) 的新相图，并在其中画出四条流线：S_1（稳定分支），S_2，S_3 和 S_4（三条流水线依次展开，其中 S_2 离 S_1 最近）。使用等时线，推导变量 K 的时间路径 $P_1, \cdots, P_4$，这些路径分别对应流线 $S_1, \cdots, S_4$。

(c) 仍存在收费公路行为吗？

5.5　凹性与凸性：充分条件再考察

我们在 4.2 节说明在固定端点问题中，如果被积函数 $F(t, y, y')$ 关于变量 (y, y') 是凹的（凸的），那么欧拉方程是 $V[y]$ 最大值（最小值）的充分条件。而且，当终止时间固定但终止状态可变时，这个充分条件仍适用，前提是补充条件

$$[F_{y'}(y-y^*)]_{t=T} \leqslant 0$$

得以满足。对于无限水平情形，这个补充条件变为[①]

$$\lim_{t \to \infty}[F_{y'}(y-y^*)]_{t=T} \leqslant 0 \tag{5.44}$$

在这个条件中，$F_{y'}$ 在最优路径上取值，$(y-y^*)$ 表示相邻路径 $y(t)$ 与最优路径 $y^*(t)$ 之差。

□ 应用于艾斯纳-特罗茨模型

在艾斯纳-特罗茨模型中，被积函数 $F(t, K, K')$ 产生了下列二阶导数，如式（5.16）所示：

$$F_{K'K'} = -2ae^{-\rho t}, \quad F_{KK'} = F_{K'K} = 0, \quad F_{KK} = -2\beta e^{-\rho t}$$

其中所有参数都是正的。于是，使用式（4.9）中的符号定性（sign-definiteness）检验，我们有

$$|D_1| = F_{K'K'} < 0$$

$$|D_2| = \begin{vmatrix} F_{K'K'} & F_{K'K} \\ F_{KK'} & F_{KK} \end{vmatrix} = 4a\beta e^{-2\rho t} > 0$$

由此可知，与这些二阶导数相伴的二次型 q 为负定的，因此被积函数 F 关于变量 (K, K') 为严格凹。

对于当前模型，补充条件式（5.44）的形式为

$$\lim_{t \to \infty}[F_{K'}(K-K^*)] \leqslant 0 \tag{5.45}$$

其中 $F_{K'}$ 项为

$$F_{K'} = -(2aK'+b)e^{-\rho t} \quad （根据式(5.16)） \tag{5.46}$$

把式（5.23）中的 $K^{*'}(t)$ 表达式代入式（5.46），可得

$$F_{K'} = -[2ar_2(K_0-\overline{K})e^{r_2 t}+b]e^{-\rho t} \quad (r_2 < 0) \tag{5.46'}$$

显然，当 t 趋于无穷时，$F_{K'}$ 趋于零。对于式（5.45）中的 $(K-K^*)$ 成分，图 5—1

---

① 这个条件的更正式表达可参见 G. Hadley and M. C. Kemp, *Variational Methods in Economics*, North-Holland, Amsterdam, 1971, p. 102, Theorem 2.17.5。

(a) 画出的二次型利润函数意味着当 t 趋于无穷时，任何相邻路径上的 K 值与 K^* 值的差都是有界的。因此，F_K 等于零保证了补充条件式（5.45）以等式形式得以满足。因此，被积函数的严格凹性将使得欧拉方程足以保证总利润 $\Pi(K)$ 有唯一的绝对最大值。

□ 应用于拉姆齐模型

（简化的）拉姆齐模型的被积函数为

$$F(t,K,K')=B-U(C)=B-U[Q(K)-K']$$

我们假设 $U'(C) \geqslant 0$，$U''(C) < 0$，$Q'(K) > 0$ 和 $Q'(K) < 0$。根据 F 的下列一阶导数：

$$F_K=-U'(C)Q'(K) \quad \text{以及} \quad F_{K'}=-U'(C)(-1)=U'(C)$$

二阶导数为

$$F_{K'K'}=U''(C)(-1)=-U''(C)$$
$$F_{KK'}=F_{K'K}=U''(C)Q'(K)$$
$$F_{KK}=-U''(C)[Q'(K)]^2-U'(C)Q''(K)$$

再次使用式（4.9）中的符号定性检验，我们有

$$|D_1|=F_{K'K'}>0 \tag{5.47}$$

然而，由于

$$|D_2|=\begin{vmatrix} F_{K'K'} & F_{K'K} \\ F_{KK'} & F_{KK} \end{vmatrix}=U''(C)U'(C)Q'(K) \geqslant 0 \tag{5.48}$$

不是严格为正，因此我们不能断言相应的二次型 q 为正定的，从而不能断言函数 F 为严格凸。然而，我们可以通过式（4.12）中的符号半定性检验来证明函数 F 为（非严格）凸的。根据式（4.11）定义的主子式，我们有

$$|D_1^0|=F_{KK}>0 \quad \text{以及} \quad |D_2^0|=|D_2| \geqslant 0$$

这些式子与式（5.47）和式（5.48）一起意味着

$$|\widetilde{D}_1|>0 \quad \text{以及} \quad |\widetilde{D}_2| \geqslant 0$$

因此，根据式（4.12），我们可以断言被积函数 F 为凸。

现在转向补充条件式（5.44），我们需要验证

$$\lim_{t \to \infty}[F_{K'}(K-K^*)] \leqslant 0 \tag{5.49}$$

由于 $F_{K'}=U'(C)$，容易看到当 t 趋于无穷时（当我们向幸福水平移动以及当边际效用平稳递减时），$F_{K'}$ 趋于零。遗憾的是，对于 $(K-K^*)$ 项，我们一般不能说当 $t \to \infty$ 时，$K(t)$ 与 $K^*(t)$ 之差趋于零或者有界。由于我们假设生产函数的边际产品始终为正，因此 $Q(K)$ 向上无限延伸，K 的值在经济意义上不存在上界。

在这方面，我们看到资本饱和这个假设有助于充分条件的使用。如果 $Q(K)$ 包含

一个饱和点，那么当 $t \rightarrow \infty$ 时，$(K-K^*)$ 将有界，式（5.49）将以等式形式得以满足。事实上，当我们假设资本饱和时，即使不存在消费饱和，条件式（5.49）也能得到满足。由于资本饱和点 $\hat{K}$ 现在起到定义"幸福水平"的作用，所有可行路径必须终止在 $\hat{K}$ 点。因此，式（5.49）中的 $(K-K^*)$ 随着 $t \rightarrow \infty$ 必定趋于零。由于当我们逼近幸福水平时，$F_{K'}=U'(C)$ 是有界的，因此式（5.49）以等式形式得以满足。因此，给定函数 F 的凸性，这种情形下的欧拉方程足以保证积分 $\int_0^{\infty}[B-U(C)]dt$ 的绝对最小值。

第6章

约束问题

在前面的讨论中，我们已经多次遇到过约束条件问题，尽管我们没正式这么说。当最优化问题有既定的终止线或截断垂直（或水平）终止线时，它就施加了解必须满足的约束条件。然而，这样的约束条件与端点联系在一起。在本章，我们关注能更一般地描述状态变量行为的约束条件。举个简单的例子，要素投入变量 K 与 L 可能作为状态变量出现在模型中，然而显然它们的时间路径不是独立的，因为 K 与 L 通过生产函数在技术层面上彼此联系在一起。因此，模型应该考虑到生产函数约束。它还可能有一类约束使得一个状态变量与另一个状态变量的时间导数联系在一起。例如，在某个模型中，预期通货膨胀率 π 与实际通货膨胀率 p 都是状态变量。预期通货膨胀率 π 随时间变化而变化，因为根据经验，它可能大于也可能小于实际通货膨胀率。预期通货膨胀率的变化可以通过

$$\frac{d\pi}{dt}=j(p-\pi)\,(0<j\leqslant1)$$

这样的约束条件描述，我们曾在式（2.41）遇到过类似条件。对于这样的约束条件，我们可以通过替代从而将其从模型中删除，也可以外在地保留它并将其作为约束条件。本章将说明如何做此事。

6.1 四类约束

本节将介绍四类约束条件。与伴随约束条件的静态最优化问题的情形一样，拉格朗日乘子法在约束动态最优化问题的处理中也起着重要作用。

□ 等式约束

令问题为使得

$$V = \int_0^T F(t, y_1, \cdots, y_n, y'_1, \cdots, y'_n)dt \tag{6.1}$$

最大化，约束条件为一组 m 个独立但一致的式子（$m < n$）

$$\begin{array}{ll} g^1(t, y_1, \cdots, y_n) = c_1 \\ \vdots & (c_1, \cdots, c_m \text{ 为常数}) \\ g^m(t, y_1, \cdots, y_n) = c_m \end{array} \tag{6.2}$$

以及适当的边界条件。所谓 m 个约束条件的"独立性"是指应该存在着非零的 m 阶雅可比（Jacobian）行列式，例如

$$\left| \underset{(m \times m)}{J} \right| = \left| \frac{\partial(g^1, \cdots, g^m)}{\partial(y_1, \cdots, y_m)} \right| \neq 0 \tag{6.3}$$

然而，在 y_1, $\cdots$, y_n 这 n 个变量里，任何 m 个都可用于 $|J|$，未必一定是前 m 个变量。注意，在这个问题中，约束条件的个数 m 被要求严格小于状态变量的个数 n。否则，假设（比如）$m = n$，那么方程组（6.2）已经唯一确定了 $y_j(t)$ 路径，从而已不存在任何最优化选择的自由度。因此，这类约束最优化问题应该至少包含两个状态变量，否则即使只有一个约束条件也是没有意义的。

根据我们对静态最优化中拉格朗日乘子的了解，我们现在可以构建拉格朗日被积函数，方法是将式（6.1）中的原被积函数 F 变为

$$\begin{aligned} \mathscr{F} &= F + \lambda_1(t)(c_1 - g^1) + \cdots + \lambda_m(t)(c_m - g^m) \\ &= F + \sum_{i=1}^m \lambda_i(t)(c_i - g^i) \end{aligned} \tag{6.4}$$

尽管这个拉格朗日函数的结构与静态最优化情形下的相同，但它们存在两个基本不同之处。首先，在静态问题中，拉格朗日乘子项被加到原来的目标函数上，而在这里，拉格朗日乘子项被加到被积函数 F 而不是目标泛函 $\int_0^T Fdt$ 上。其次，在当前的架构下，拉格朗日乘子 λ_i 不是常数，而是 t 的函数。这是因为式（6.2）中的每个约束 g^i 需要在区间 $[0, T]$ 上的每个时点都成立，而且对于每个 t 值，与（$c_i - g^i$）表达式相伴的拉格朗日乘子 λ_i 可能取不同的值。为了强调 λ_i 随 t 变化而变化这个事实，我们写为 $\lambda_i(t)$。拉格朗日被积函数 $\mathscr{F}$ 的自变量不仅有 t、y_j、y'_j（$j = 1$, $\cdots$, n），还有乘子 λ_i（$i = 1$, $\cdots$, m）。

在目标泛函中用 $\mathscr{F}$ 替换 F，可得到新的泛函

$$\mathscr{V} = \int_0^T \mathscr{F}dt \tag{6.5}$$

对此，我们可以像对无约束问题一样进行最优化。只要式（6.2）中的所有约束条件得以满足，从而 $c_i-g^i=0$ 对于所有 i 成立，那么 $\mathscr{F}$ 的值将等于 F 的值，从而式（6.5）中泛函 $\mathscr{V}$ 的无约束极值等于原泛函 V 的约束极值。

保证所有约束条件得以满足，这并非难事。我们只要将拉格朗日乘子作为额外的状态变量，每个乘子满足一个欧拉方程或欧拉-拉格朗日方程（在当前的架构下，欧拉方程有时叫这个名字）即可。为了说明这一点，我们首先注意到涉及变量 y_j 的欧拉-拉格朗日方程就是

$$\mathscr{F}_{y_j}-\frac{d}{dt}\mathscr{F}_{y_j'}=0 \qquad 对于所有\ t\in[0,T] \qquad (j=1,\cdots,n) \quad （参见式(2.27)）$$

$$(6.6)$$

类似地，涉及拉格朗日乘子的欧拉-拉格朗日方程为

$$\mathscr{F}_{\lambda_i}-\frac{d}{dt}\mathscr{F}_{\lambda_i'}=0 \qquad 对于所有\ t\in[0,T] \qquad (i=1,\cdots,m) \qquad (6.7)$$

然而，由于 F 和任何 λ_i' 无关，我们有 $\mathscr{F}_{\lambda_i'}=0$ 对于每个 i 都成立，因此式（6.7）中的 m 个方程简化为

$$F_{\lambda_i}=0 \quad 或 \quad c_i-g^i=0 \quad 对于所有\ t\in[0,T] \quad （根据式(6.4)） \qquad (6.7')$$

这与给定的约束条件相同。因此，通过使得所有 λ_i 变量满足欧拉-拉格朗日方程，我们可以保证所有约束条件得以满足。

因此，作为求解当前问题的应用程序，我们可以：（1）仅对 n 个状态变量 y_j 使用欧拉-拉格朗日方程，例如式（6.6）的情形；（2）仅取式（6.2）中原来给定的 m 个约束条件；（3）使用这 $n+m$ 个方程来确定 $y_j(t)$ 和 $\lambda_i(t)$ 路径。在步骤（1）中，在我们得到的 n 个微分方程的通解中，有 $2n$ 个任意常数。这些常数可以根据状态变量的边界条件来确定。

例 1 给定曲面 $\phi(t,y,z)=0$ 上的两点 $A=(0,\ y_0,\ z_0)$ 和 $B=(T,\ y_T,\ z_T)$，找到这两点之间的最短距离。

曲面上两个给定点之间的距离可用积分 $\int_0^T(1+y'^2+z'^2)^{1/2}dt$ 衡量，这与平面上两点之间的距离可用积分 $\int_0^T(1+y'^2)^{1/2}dt$ 衡量类似。因此，我们的问题为

$$\text{Min}\int_0^T(1+y'^2+z'^2)^{1/2}dt$$

s. t.
$$\phi(t,y,z)=0$$
$$y(0)=y_0,\ y(T)=y_T,\ z(0)=z_0,\ z(T)=z_T$$

这个问题有两个状态变量（$n=2$）和一个约束（$m=1$）。

作为第一步，我们构建拉格朗日被积函数

$$\mathscr{F}=F+\lambda(t)(0-\phi)=F-\lambda(t)\phi$$
$$=(1+y'^2+z'^2)^{1/2}-\lambda(t)\phi(t,y,z)$$

对 $\mathscr{F}$ 偏微分，可得

$$\mathscr{F}_y = -\lambda(t)\phi_y, \quad \mathscr{F}_{y'} = y'(1+y'^2+z'^2)^{-1/2}$$

$$\mathscr{F}_z = -\lambda(t)\phi_z, \quad \mathscr{F}_{z'} = z'(1+y'^2+z'^2)^{-1/2}$$

这些导数构成了两个欧拉-拉格朗日方程：

$$-\lambda(t)\phi_y - \frac{d}{dt}\left[y'(1+y'^2+z'^2)^{-1/2}\right] = 0$$

$$-\lambda(t)\phi_z - \frac{d}{dt}\left[z'(1+y'^2+z'^2)^{-1/2}\right] = 0$$

这两个方程与约束条件

$$\phi(t,y,z) = 0$$

一起构成了一个方程组，据此我们可以确定 y、z 和 λ 的最优路径。

□ 微分方程约束

现在假设我们的问题是使得式（6.1）最大化，其中 m 个独立的约束（$m<n$）为微分方程：[①]

$$
\begin{aligned}
g^1(t,y_1,\cdots,y_n,y_1',\cdots,y_n') &= c_1 \\
&\vdots \\
g^m(t,y_1,\cdots,y_n,y_1',\cdots,y_n') &= c_m
\end{aligned}
\tag{6.8}
$$

另外，还有适当的边界条件。尽管约束方程的性质发生了变化，但处理方法仍基本和前面一样。

拉格朗日被积函数仍为

$$\mathscr{F} = F + \lambda_1(t)(c_1 - g^1) + \cdots + \lambda_m(t)(c_m - g^m)$$

涉及状态变量 y_j 的欧拉-拉格朗日方程仍然为

$$\mathscr{F}_{y_j} - \frac{d}{dt}\mathscr{F}_{y_j'} = 0 \quad \text{对于所有} \ t \in [0,T] \quad (j=1,\cdots,n)$$

这种形式。而且，涉及拉格朗日乘子 λ_i 的方程只不过是给定约束的重述。因此我们一共有涉及状态变量的 n 个欧拉-拉格朗日方程，另外我们还有 m 个约束条件，这样我们就可以确定关于 $y_j(t)$ 和 $\lambda_i(t)$ 的 $n+m$ 个路径；任意常数可以根据边界条件确定。

---

① 式（6.8）中 m 个微分方程的独立性的意思是应该存在一个非零的 m 阶雅可比行列式，使得

$$\left|\frac{\partial(g^1,\cdots,g^m)}{\partial(y_1',\cdots,y_m')}\right| \neq 0$$

再一次地，任意 m 个 y_j' 都可用于雅可比行列式。

□ 不等式约束

当约束涉及不等式时，最优化问题一般可以表达如下：

$$\text{Max} \int_0^T F(t, y_1, \cdots, y_n, y_1', \cdots, y_n') dt$$

s. t.

$$g^1(t, y_1, \cdots, y_n, y_1', \cdots, y_n') \leqslant c_1$$
$$\vdots \qquad\qquad\qquad\qquad\qquad (6.9)$$
$$g^m(t, y_1, \cdots, y_n, y_1', \cdots, y_n') \leqslant c_m$$

以及适当的边界条件

由于不等式约束没有等式约束那么严格，我们没有必要规定 $m < n$。即使约束式的个数超过了状态变量的个数，不等式约束整体也不会唯一决定 y_j 路径，因此不会消除我们的选择问题的所有自由度。然而，不等式约束的确必须相互一致，也必须符合最优化问题的其他方面。

为了求这个问题的解，我们可以再次将拉格朗日被积函数写为

$$\mathscr{F} = F + \lambda_1(t)(c_1 - g^1) + \cdots + \lambda_m(t)(c_m - g^m)$$

尽管关于变量 y_j 的欧拉-拉格朗日方程

$$\mathscr{F}_{y_j} - \frac{d}{dt}\mathscr{F}_{y_j'} = 0 \quad \text{对于所有 } t \in [0, T] \quad (j = 1, \cdots, n)$$

与以前一样，然而关于拉格朗日乘子的相应方程必须进行适当修改，以反映不等式约束的性质。为了保证解中的所有 $\lambda_i(t)(c_i - g^i)$ 项等于零（从而 $\mathscr{F}$ 和 F 的最优值相等），对于每个 i，我们需要第 i 个乘子与第 i 个约束之间的补充松弛条件（一组 m 个方程）：

$$\lambda_i(t)(c_i - g^i) = 0 \quad \text{对于所有 } t \in [0, T] \quad (i = 1, \cdots, m) \qquad (6.10)$$

这个补充松弛条件保证了（1）当第 i 个拉格朗日乘子非零时，第 i 个约束将以严格等式形式得以满足；（2）当第 i 个约束为严格不等式时，第 i 个拉格朗日乘子为零。正是这种关系使得原来的被积函数 F 的最优值等于式（6.4）中被积函数 $\mathscr{F}$ 的最优值。

□ 等周长问题

我们在这里考虑的最后一类约束是积分约束，例如，方程

$$\int_0^T G(t, y, y') dt = k \qquad (k = \text{常数}) \qquad (6.11)$$

就是这样的约束。涉及这种约束条件的一个早期问题是，给定曲线的长度，求它围绕成什么样的几何图形才能使得面积最大。由于这个问题中的所有可行图形必须有相同的周长，它也被称为**等周长问题**（isoperimetric problem）。后来，这个名字被扩展到指代涉及积分约束的所有问题，也就是说，扩展到具有下列一般形式的任何问题

动态最优化基础

$$\text{Max} \int_0^T F(t, y_1, \cdots, y_n, y_1', \cdots, y_n') dt$$

s. t.

$$\int_0^T G^1(t, y_1, \cdots, y_n, y_1', \cdots, y_n') dt = k_1$$
$$\vdots \tag{6.12}$$
$$\int_0^T G^m(t, y_1, \cdots, y_n, y_1', \cdots, y_n') dt = k_m$$

以及适当的边界条件

等周长问题也不要求 $m < n$，因为即使 $m \geqslant n$，我们仍有最优选择的自由度。

等周长问题与其他约束问题的不同体现在它具有的两个特征上。首先，式（6.11）中约束的真实目的，不是约束每个时点的 y 值，而是迫使某个函数 G 的积分取某个特定值。因此，在某种意义上，这个约束更间接。另外一个特征是拉格朗日乘子 $\lambda_i(t)$ 的解值都是常数，因此它们可以简写为 λ_i。

为了证实拉格朗日乘子的确是解中的约束，我们考虑单个状态变量 y 和单个积分约束（$m = n = 1$）的情形。首先，我们定义函数

$$\Gamma(t) = \int_0^t G(t, y, y') dt \tag{6.13}$$

注意，这里的积分上限不是个具体值 T，而是变量 t 本身。换句话说，这个积分是个不定积分，从而是 t 的函数。在 $t = 0$ 和 $t = T$ 时，我们分别有

$$\Gamma(0) = \int_0^0 G dt = 0 \quad \text{和} \quad \Gamma(T) = \int_0^T G dt = k \quad （根据式(6.11)） \tag{6.14}$$

显然 $\Gamma(T)$ 衡量 G 从时点 0 到时点 t 的累积。对于我们的直接目的来说，我们从式（6.13）注意到函数 $\Gamma(t)$ 的导数就是函数 G。因此，我们可以写为

$$G(t, y, y') - \Gamma'(t) = 0 \tag{6.15}$$

容易看到它符合微分约束 $g(t, y, y') = c$（其中 $g = G - \Gamma'$，$c = 0$）的一般结构。因此，我们实际上已把给定的积分约束转变为微分方程约束。于是，我们可以使用前面讨论过的求解方法。

因此，我们可以把拉格朗日被积函数写为

$$\begin{aligned}\widetilde{F} &= F(t, y, y') + \lambda(t)[0 - G(t, y, y') + \Gamma'(t)] \\ &= F(t, y, y') - \lambda(t) G(t, y, y') + \lambda(t) \Gamma'(t)\end{aligned} \tag{6.16}$$

（我们用 $\widetilde{F}$ 而不是 $\mathscr{F}$ 表示这个特定的拉格朗日被积函数，因为它只不过是个中间表达式，稍后将被最终拉格朗日被积函数替换掉。）与我们以前遇到的 $\mathscr{F}$ 表达式不同，这里的 $\widetilde{F}$ 涉及一个额外变量 Γ，尽管 Γ 仅以导数形式 $\Gamma'(t)$ 进入 $\widetilde{F}$。这个额外变量的地位与状态变量相同，也必须受制于欧拉-拉格朗日方程。因此，这个问题涉及两个并行条件：

$$\widetilde{F}_y - \frac{d}{dt} \widetilde{F}_{y'} = 0 \qquad 对于所有 t \in [0, T] \tag{6.17}$$

$$\widetilde{F}_\Gamma - \frac{d}{dt}\widetilde{F}_{\Gamma'} = 0 \qquad \text{对于所有 } t \in [0, T] \tag{6.18}$$

然而，由于 $\widetilde{F}$ 独立于 Γ，而且由于 $\widetilde{F}_{\Gamma'} = \lambda(t)$，我们看到式（6.18）可简化为条件

$$-\frac{d}{dt}\lambda(t) = 0 \Rightarrow \quad \lambda(t) = \text{常数} \tag{6.18'}$$

于是，这证实了我们前面的断言：λ 是个常数。因此，我们可以将等周长问题的拉格朗日乘子仅写为 λ 而不用写为 $\lambda(t)$。

现在转向式（6.17）并且利用式（6.16），我们可以得到欧拉–拉格朗日方程的更具体形式：

$$(F_y - \lambda G_y) - \frac{d}{dt}(F_{y'} - \lambda G_{y'}) = 0 \tag{6.19}$$

然而稍微思考一下即可知道，这个条件也可从 $\widetilde{F}$ 的下列修正（删减）形式（即从不含有 $\Gamma'(t)$ 的 $\widetilde{F}$ 的形式）得到：

$$\mathscr{F} = F(t, y, y') - \lambda G(t, y, y') \qquad (\lambda = \text{常数}) \tag{6.20}$$

因此，在当前这个伴随一个积分约束的单状态变量问题中，我们可以使用式（6.20）中的修正的拉格朗日被积函数 $\mathscr{F}$ 而不使用 $\widetilde{F}$，然后把欧拉–拉格朗日方程仅用于 y，因为我们知道 λ 的欧拉–拉格朗日方程的作用仅在于告诉我们 λ 是个常数，λ 的值可根据等周长约束条件来确定。

好奇的读者可能想知道为什么拉格朗日乘子项 λG 带着负号，即以 $-\lambda G$ 的形式进入式（6.20）中的 $\mathscr{F}$。答案在于这直接源于拉格朗日被积函数的标准写法，因为在 $\lambda(c - g) = \lambda c - \lambda g$ 这一项中，λg 前面有个负号。在这种写法下，拉格朗日乘子 λ 在解中的符号将是正号，从而可以赋予影子价格这种经济学解释。

前面的过程可以容易地推广到 n 个状态变量、m 个积分约束的情形。在这种情形下，修正的拉格朗日函数为

$$\mathscr{F} = F - (\lambda_1 G^1 + \cdots + \lambda_m G^m) \qquad (\lambda_i \text{ 都是常数}) \tag{6.21}$$

例 2 给定 ty 平面上的两点 $A = (0, y_0)$ 以及 $B = (T, y_T)$，找到通过这两点且长度为 k 的曲线 AB，使得曲线 AB 下方的面积最大。

如图 6—1 所示，这个问题为

$$\text{Max } V = \int_0^T y \, dt$$

s. t.

$$\int_0^T (1 + y'^2)^{1/2} dt = k$$

$$y(0) = y_0, \ y(T) = y_T$$

为了使问题有意义，我们应该假设常数 k 大于线段 AB 的长度 L。（如果 $k < L$，这个问

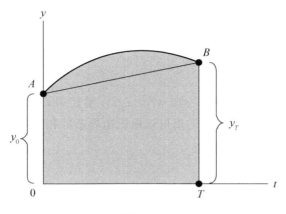

图 6—1

题无解，因为我们无法画出曲线 AB。另外，如果 $k=L$，那么曲线 AB 是条直线，在这种情形下，不存在最优选择。）

为了找到极大值的必要条件，我们首先按式（6.20）的形式写出拉格朗日被积函数：

$$\mathscr{F}=y-\lambda\,(1+y'^2)^{1/2}\qquad(\lambda=常数)\tag{6.22}$$

由于式（6.22）没有显含自变量 t，我们可以利用式（2.21）将欧拉-拉格朗日方程写成已被部分解出的形式，即

$$\mathscr{F}-y'\mathscr{F}_{y'}=c_1\qquad(c_1=任意常数)\tag{6.23}$$

由于 $\mathscr{F}_{y'}=-\lambda y'(1+y'^2)^{-1/2}$，式（6.23）可以更具体地写为

$$y-\lambda\,(1+y'^2)^{1/2}+\lambda y'^2\,(1+y'^2)^{-1/2}=c_1\tag{6.23$'$}$$

通过下列多个基本运算，我们可根据这个方程求出 y'。移项，化简，可得

$$y-c_1=\frac{\lambda}{(1+y'^2)^{1/2}}\quad 或\quad (1+y'^2)^{1/2}=\frac{\lambda}{y-c_1}$$

两侧平方，然后同时减去 1，可得

$$y'^2=\frac{\lambda^2-(y-c_1)^2}{(y-c_1)^2}$$

这个式子的平方根给出了以 λ，y 以及 c_1 表达的 y'：

$$y'=\frac{\sqrt{\lambda^2-(y-c_1)^2}}{y-c_1}$$

然而，由于 $y'\equiv dy/dt$，上述最后这个结果也可以写为

$$\frac{y-c_1}{\sqrt{\lambda^2-(y-c_1)^2}}dy=dt\tag{6.23$''$}$$

这是个含有可分离变量的非线性微分方程，两侧积分即可求解。

式（6.23$''$）的右侧即 dt 的积分，就是 dt + 常数。左侧表达式的积分为

$-\sqrt{\lambda^2-(y-c_1)^2}+$ 常数。[1] 因此，令两个积分相等，把两个积分常数合并为一个新常数，$-c_2$，两侧平方，整理，最终可得到通解

$$(y-c_1)^2+(t-c_2)^2=\lambda^2 \tag{6.24}$$

由于这个方程代表一族圆，其中圆心在 (c_2, c_1)，半径为 λ，因此我们想要的曲线 AB 必定是一段圆弧。常数 c_1、c_2 和 λ 的值可以根据边界条件和约束方程来确定。

习题 6.1

1. 为本节制定一个总结表，其中每一列分别表示：(a) 约束类型；(b) 约束的数学形式；(c) $m < n$ 或 $m \geq n$？(d) λ_i 随时间改变与否？

2. 完成从式 (6.23) 到式 (6.23″) 的所有中间步骤。

3. 求出 $V = \int_0^T y'^2 dt$ 的极值（通解），其中约束条件为 $\int_0^T y dt = k$。

4. 求出能使泛函 $\int_0^T (y'^2+z'^2) dt$ 在约束条件 $y-z'=0$ 下达到极值的 $y(t)$ 路径与 $z(t)$ 路径（通解）。

5. 根据图 6—1，找到通过既定点 A 和 B 且具有给定长度的曲线 AB，使得曲线 AB 与线段 AB 之间区域的面积最大。

6. 求出通过既定点 A 和 B 且长度尽可能短的曲线 AB，使得曲线 AB 下方区域的面积等于给定的常数 K。（注意，这个问题的目的在于说明等周长问题中的**对等原理**（principle of reciprocity），它表明由给定周长的曲线围成的最大面积问题，与围成该面积的曲线的最小周长问题是对等的，它们有相同的极值。）[提示：为了方便将本问题与本节例 2 进行比较，最好以 μ 表示拉格朗日乘子，并且定义 $\lambda \equiv 1/\mu$。]

6.2 一些经济学问题的重新表达

尽管拉格朗日乘子法在约束问题尤其是伴随一般函数的问题中具有极其重要的作用，然而有时我们也可以通过替代和消减变量的方法来处理约束问题，在一些情形下，这种做法甚至更简单。实际上，我们以前讨论的大多数经济模型都含有约束条件，而且在解过程中我们都替换掉了一些变量。在本节，我们将再次考虑拉姆齐模型以及通货膨胀和失业权衡模型来说明拉格朗日乘子方法。当然，我们得到的结果与以前是相同的。

---

[1] 令 $x \equiv y-c_1$，因此 $dx=dy$。于是式 (6.23″) 左侧表达式的积分为 $\int \dfrac{x}{\sqrt{\lambda^2-x^2}} dx$。根据标准积分表（例如，Formula 204 in *CRC Standard Mathematical Tables*, 28 th ed., CRC Press, Boca Raton, FL, 1987）可知，这个积分等于 $-\sqrt{\lambda^2-x^2}=-\sqrt{\lambda^2-(y-c_1)^2}$ 加上一个积分常数。

动态最优化基础

□ 拉姆齐模型

在拉姆齐模型（参见 5.3 节）中，目标泛函中的被积函数为

$$F = B - U(C) + D(L) \qquad \text{其中 } C = Q(K,L) - K'$$

以前，我们认为函数 F 仅包含两个变量，即 K 和 L，这是因为我们已经替换掉了变量 C。当取导数 F_K 和 $F_{K'}$ 时，我们使用链式法则来产生下列结果：

$$F_K = -U'(C)Q_K = -\mu Q_K, \quad F_{K'} = -U'(C)(-1) = \mu \quad [\mu \equiv U'(C)]$$

链式法则的使用使得 C 变成了中间变量，从而在最终结果中消失了。

为了说明如何使用拉格朗日乘子法，我们现在将 C 视为地位与 K 和 L 相同的另外一个变量。于是，我们得到了约束条件

$$g(C,L,K,K') = Q(K,L) - K' - C = 0$$

然后把我们的问题重新表示为一个伴随外在约束的问题：

$$\text{Min} \int_0^\infty [B - U(C) + D(L)]dt$$

s. t. \hfill (6.25)

$$Q(K,L) - K' - C = 0$$

以及一些边界条件

根据式（6.4），我们可以把拉格朗日被积函数写为

$$\mathscr{F} = B - U(C) + D(L) + \lambda[-Q(K,L) + K' + C] \tag{6.26}$$

由于我们有三个变量（C，L，K）以及一个拉格朗日乘子 λ（它不是常数），因此我们应该一共有四个欧拉-拉格朗日方程：

$$\mathscr{F}_C - \frac{d}{dt}\mathscr{F}_{C'} = -U'(C) + \lambda = -\mu + \lambda = 0 \Rightarrow \lambda = \mu \tag{6.27}$$

$$\mathscr{F}_L - \frac{d}{dt}\mathscr{F}_{L'} = D'(L) - \lambda Q_L = D'(L) - \mu Q_L = 0 \quad \text{（根据式(6.27)）} \tag{6.28}$$

$$\mathscr{F}_K - \frac{d}{dt}\mathscr{F}_{K'} = -\lambda Q_K - \frac{d}{dt}\lambda = -\mu Q_K - \frac{d\mu}{dt} = 0 \quad \text{（根据式(6.27)）} \tag{6.29}$$

$$\mathscr{F}_\lambda - \frac{d}{dt}\mathscr{F}_{\lambda'} = -Q(K,L) + K' + C = 0 \tag{6.30}$$

条件式（6.27）表明拉格朗日乘子 λ 等于 μ——这个符号已被我们用作表示消费的边际效用。条件式（6.28）等同于式（5.27）。类似地，式（6.29）传达的信息与式（5.28）相同。最后，式（6.30）只不过是把约束条件又写了一遍。因此，用拉格朗日乘子法得到的结果正好与以前的相同。

□ 通货膨胀与失业权衡模型

现在我们将 2.5 节的通货膨胀与失业权衡模型重新表示为一个伴随两个约束的问题。正如可以预期到的，两个约束条件使得解过程变得稍微复杂了一些。

为了简化符号，我们将使用符号 y 来表示 Y_f-Y（当前国民收入 Y 与充分就业时国民收入水平 Y_f 的缺口）。于是，被积函数 F——损失函数式（2.39）——可以写为

$$\lambda = y^2 + \alpha p^2 \quad (\alpha > 0)$$

对于带有预期的菲利普斯关系式（2.40）和自适应预期方程（2.41），以前为了得到变量 π 而替换掉了 y 和 p，现在我们应该把它们作为两个约束：

$$g^1(t,y,p,\pi,\pi') = \beta y + p - \pi = 0 \qquad \text{（根据式(2.40)）}$$
$$g^2(t,y,p,\pi,\pi') = j(p-\pi) - \pi' = 0 \qquad \text{（根据式(2.41)）}$$

因此，我们的问题变为一个伴随两个约束的问题，其中一个约束是一个简单的等式，另外一个约束是一个微分方程：

$$\text{Min} \int_0^T (y^2 + \alpha p^2) e^{-\rho t} dt$$

s. t.
$$\beta y + p - \pi = 0$$
$$j(p-\pi) - \pi' = 0 \qquad\qquad\qquad\qquad\qquad (6.31)$$
以及一些边界条件

拉格朗日被积函数为

$$\mathscr{F} = (y^2 + \alpha p^2) e^{-\rho t} + \lambda_1(-\beta y - p + \pi) + \lambda_2(-jp + j\pi + \pi') \qquad (6.32)$$

它有三个变量 y、p 和 π，两个（非常数）拉格朗日乘子 λ_1 和 λ_2。欧拉-拉格朗日方程为

$$\mathscr{F}_y - \frac{d}{dt}\mathscr{F}_{y'} = 2ye^{-\rho t} - \beta\lambda_1 = 0 \qquad\qquad\qquad (6.33)$$

$$\mathscr{F}_p - \frac{d}{dt}\mathscr{F}_{p'} = 2\alpha pe^{-\rho t} - \lambda_1 - j\lambda_2 = 0 \qquad\qquad (6.34)$$

$$\mathscr{F}_\pi - \frac{d}{dt}\mathscr{F}_{\pi'} = \lambda_1 + j\lambda_2 - \frac{d}{dt}\lambda_2 = 0 \qquad\qquad (6.35)$$

$$\mathscr{F}_{\lambda_1} - \frac{d}{dt}\mathscr{F}_{\lambda_1'} = -\beta y - p + \pi = 0 \qquad\qquad\qquad (6.36)$$

$$\mathscr{F}_{\lambda_2} - \frac{d}{dt}\mathscr{F}_{\lambda_2'} = -jp + j\pi + \pi' = 0 \qquad\qquad\qquad (6.37)$$

联立地解这些方程需要一些步骤。其中一种方法如下。首先，使用式（6.36）求出 y，然后代入式（6.33），求 λ_1，可得

$$\lambda_1 = \frac{2}{\beta^2}(\pi - p)e^{-\rho t} \qquad\qquad\qquad\qquad\qquad (6.38)$$

接下来，使用式（6.37）求变量 p：

$$p = \pi + \frac{1}{j}\pi' \qquad\qquad\qquad\qquad\qquad\qquad (6.39)$$

将式（6.39）代入式（6.38）可得到 λ_1 的表达式，在这个式子中 π 和 p 已消去：

$$\lambda_1 = \frac{-2}{\beta^2 j}\pi' e^{-\rho t} \qquad\qquad\qquad\qquad\qquad (6.40)$$

然后将式（6.39）和式（6.40）代入式（6.34），求 λ_2（化简后可得）：

$$\lambda_2 = \left[\frac{2\alpha}{j}\pi + \frac{2(1+\alpha\beta^2)}{\beta^2 j^2}\pi'\right]e^{-\rho t} \tag{6.41}$$

这个导数意味着全导数

$$
\begin{aligned}
\frac{d\lambda_2}{dt} &= -\rho\left[\frac{2\alpha}{j}\pi + \frac{2(1+\alpha\beta^2)}{\beta^2 j^2}\pi'\right]e^{-\rho t} \\
&\quad + \left[\frac{2\alpha}{j}\pi' + \frac{2(1+\alpha\beta^2)}{\beta^2 j^2}\pi''\right]e^{-\rho t} \\
&= 2\left[-\frac{\alpha\rho}{j}\pi + \frac{\alpha\beta^2 j - \rho(1+\alpha\beta^2)}{\beta^2 j^2}\pi' + \frac{(1+\alpha\beta^2)}{\beta^2 j^2}\pi''\right]e^{-\rho t}
\end{aligned}
\tag{6.42}
$$

最后，我们可将式（6.40）到式（6.42）中的 λ_1、λ_2 以及 $d\lambda_2/dt$ 代入式（6.35），这样我们就得到了由五个欧拉－拉格朗日方程构成的方程组的总结性表述。整理之后，我们得到了下面非常简单的结果：

$$\pi'' - \rho\pi' - \frac{\alpha\beta^2 j(\rho+j)}{1+\alpha\beta^2}\pi = 0 \tag{6.43}$$

这个结果综合了条件式（6.33）到式（6.37）的所有信息，因为在这个过程中，我们使用了所有五个方程并最终都纳入式（6.43）。

由于式（6.43）与以前的结果式（2.46）相同，因此，我们再次证实了拉格朗日乘子方法也能得到相同的结论。然而，注意，在这里拉格朗日乘子方法涉及更复杂的计算。这说明有时更简单的消元法可能更好用。在消元法不可行（例如，伴随一般函数时）的情形下，拉格朗日乘子法才能展现它的威力。

习题6.2

1. 拉姆齐模型（6.25）中的约束可以等价地写为 $C - Q(K，L) + K' = 0$。写出新的拉格朗日被积函数和新的欧拉－拉格朗日方程。解析结果与式（6.27）到式（6.30）中的结果有何不同？

2. 教材5.2节的艾斯纳－特罗茨模型可以重新表示为一个约束问题：

$$\text{Max} \int_0^\infty (\pi - C)e^{-\rho t}dt$$

s.t.

$$\pi - \alpha K + \beta K^2 = 0$$
$$C - aK'^2 - bK' = 0$$

以及一些边界条件

(a) 这个问题有多少个变量？多少个约束条件？

(b) 写出拉格朗日被积函数。

(c) 写出欧拉－拉格朗日方程并求解。将这个结果与式（5.17）进行比较。

6.3　可耗竭资源的经济学

在讨论生产函数时，我们通常事先假设所有投入物都是用之不竭的，总有投入物供将来使用。然而，在现实中，一些资源（例如石油和煤炭）最终都会被用完。在无法保证发现新储量或替代资源之前，当我们使用这样的资源时，必须考虑它最终耗竭的可能性。可耗尽资源的最优生产（开采）问题是一种等周长问题。

□ 社会最优开采的霍特林模型

在哈罗德·霍特林（Harold Hotelling）的一篇经典论文中[1]，他用可耗尽资源的"社会价值"来判断任何资源开采模式的合意性。额外开采一单位资源带给社会的总价值用社会对该单位资源愿意支付的价格衡量，净价值用总价值减去开采这一单位资源所用的成本来衡量。如果资源的价格 P 与需求量负相关，如图 6—2 所示，那么产出 Q_0 的总社会价值可用曲线下方的阴影面积即积分 $\int_0^{Q_0} P(Q)dQ$ 来衡量。为了得到净社会价值，我们用总社会价值减去总开采成本 $C(Q)$。将特定产量水平 Q_0 推广到任意产量水平 Q，我们可以将资源的净社会价值 N 写为：[2]

$$N(Q) = \int_0^Q P(Q)dQ - C(Q) \tag{6.44}$$

注意，在这里 Q 既被用来表示积分变量又被用来表示积分上限，为了避免混淆，我们可以把式（6.44）写为

$$N(Q) = \int_0^Q P(x)dx - C(Q) \tag{6.44'}$$

假设可耗尽资源的总存量给定为 S_0，我们的问题是找到开采路径 $Q(t)$，从而使得

$$\text{Max} V = \int_0^\infty N(Q)e^{-\rho t}dt$$

$$\text{s. t.} \tag{6.45}$$

$$\int_0^\infty Qdt = S_0$$

这当然是个等周长问题。由于我们可以预期净社会价值函数有上界，因此目标泛函中的广义积分应该是收敛的。

根据式（6.20）可知，拉格朗日被积函数为

$$\mathscr{F} = N(Q)e^{-\rho t} - \lambda Q \qquad (\lambda = \text{常数}) \tag{6.46}$$

---

[1]　Harold Hoteling, "The Economics of Exhaustible Resources," *Journal of Political Economy*，April 1931, pp. 137−175.

[2]　在霍特林的文章中，开采成本被纳入符号 P 之中，它的意思是可耗尽资源的"净价格"，因此，在他的这篇文章中没有出现 $C(Q)$。

注意，被积函数 $\mathcal{F}$ 不包含 Q 的导数；因此，我们从欧拉-拉格朗日方程中得到的极值可能不符合给定的固定端点。然而，如果没有设定固定端点，我们仍可以使用欧拉-拉格朗日方程，这是因为在当前情形下 $\mathcal{F}_{Q'}=0$，因此欧拉-拉格朗日方程可以简化为条件 $\mathcal{F}_Q=0$，或者

$$N'(Q)e^{-\rho t}-\lambda=0 \qquad (6.47)$$

对式（6.44'）中的 $N(Q)$ 使用微分公式（2.8），可得

$$[P(Q)-C'(Q)]e^{-\rho t}-\lambda=0 \qquad (6.47')$$

当我们想到对于等周长问题来说拉格朗日乘子 λ 是个常数时，这个条件的经济学解释就变得简单了。沿着最优开采路径，任何时点的 $P(Q)-C'(Q)$ 的值都有相同的现值 λ。稍微整理，我们可以将这个条件重新解释为它要求 $P(Q)-C'(Q)$ 以固定速率 ρ 增长：

$$P(Q)-C'(Q)=\lambda e^{\rho t} \qquad （社会最优）\qquad (6.47'')$$

根据最后一个方程可知，λ 也有"$[P(Q)-C'(Q)]$ 的初始值"的含义。如果函数 $P(Q)$ 和 $C(Q)$ 是具体的，我们可从式（6.47''）解出 Q，这个 Q 是 λ 和 t 的函数，即 $Q(\lambda, t)$。当我们把 $Q(\lambda, t)$ 代入式（6.45）中的约束条件时，就能求出 λ。

□ 完全竞争与完全垄断

霍特林文章的一个主要结论是完全竞争产生的开采路径与社会最优开采路径相同，而完全垄断企业采取的开采路径更能保护资源，但仍是社会次优的（socially suboptimal）。我们将不会考察问题的这个层面。

为简单起见，假设完全竞争行业有 n 个企业。企业 i 以速率 Q_i 从它的已知总储量为 S_i 的油田中开采。企业的问题是使得它的总贴现利润最大（其中产品价格是外生的，为 P_0）：

$$\text{Max} \int_0^\infty [P_0 Q_i - C_i(Q_i)]e^{-\rho t}dt$$

$$\text{s. t.} \qquad (6.48)$$

$$\int_0^\infty Q_i dt = S_i$$

拉格朗日被积函数现在变为

$$\mathcal{F}=[P_0 Q_i - C_i(Q_i)]e^{-\rho t}-\lambda Q_i$$

使用欧拉-拉格朗日方程，可得条件

$$[P_0-C_i'(Q_i)]e^{-\rho t}-\lambda=0$$

或者

$$P_0-C_i'(Q_i)=\lambda e^{\rho t} \qquad （完全竞争）\qquad (6.49)$$

这个条件与社会最优式（6.47''）完全相符，这里的完全相符是指它也要求可耗尽资源的价格与边际开采成本以速率 ρ 呈指数增长。

相反，垄断企业利润最大化问题为

$$\text{Max} \int_0^\infty [R(Q) - C(Q)] e^{-\rho t} dt$$

s. t.　　　　　　　　　　　　　　　　　　　　　　　　　　　　　(6.50)

$$\int_0^\infty Q dt = S_0$$

在这种情形下，拉格朗日被积函数为

$$\mathscr{F} = [R(Q) - C(Q)] e^{-\rho t} - \lambda Q$$

根据欧拉—拉格朗日方程可得条件

$$R'(Q) - C'(Q) = \lambda e^{\rho t} \qquad (\text{垄断}) \tag{6.51}$$

这与社会最优开采法则不同。在这里，边际收入（而不是价格）与边际成本之差以速率 ρ 增长，其中 λ 代表这个差的初始值。

□ 垄断与资源保护

　　霍特林模型的结论不仅在于可耗竭资源的垄断生产是次优的，还在于它倾向于过度保护资源。然而，后面这个断言有多大的可信度？答案是：在某些环境下的确是这样，但并非总是如此。事实上，很多经济学家已使用不同的具体假设考察过这个问题。正如我们预期的，假设不同，结论也不同。例如，斯蒂格利茨（Stiglitz）的一篇论文说明，如果需求弹性随着时间的流逝而增大（比如发现了替代资源）或者单位开采成本为常数但随着时间的流逝而降低（比如开采技术进步了），那么，与社会最优情形相比，垄断企业更倾向于保护资源。[1] 然而，刘易斯等人（Lewis, Matthews, and Burness）发现，如果开采成本不随开采速度变化而变化（资本成本、租赁费用等，基本都是固定成本），而且需求弹性随着消费增加而增加（充分低的价格能吸引边际上的大量用户从其他企业投奔该企业），那么垄断企业更倾向于过度开采而不是保护。

　　在斯蒂格利茨的模型中，垄断企业面对着需求弹性为 $1/(1-\alpha)$ 的（反）需求函数：

$$P = \psi(t) Q^{\alpha-1} (0 < \alpha < 1) \tag{6.52}$$

在任何时点，每单位开采成本是固定的，但它随时间推移而下降：

$$C = \phi(t) Q (\phi' < 0) \tag{6.53}$$

因此，利润为

$$PQ - C = \psi(t) Q^\alpha - \phi(t) Q$$

垄断企业的动态最优化问题为

$$\text{Max} \int_0^\infty [\psi(t) Q^\alpha - \phi(t) Q] e^{-\rho t} dt$$

s. t.　　　　　　　　　　　　　　　　　　　　　　　　　　　　(6.54)

$$\int_0^\infty Q dt = S_0$$

---

　　[1]　Joseph E. Stiglitz, "Monopoly and the Rate of Extraction of Exhaustible Resources," *American Economic Review*, September 1976, pp. 655-661.

动态最优化基础

另一方面，刘易斯等人（Lewis-Matthews-Burness）的模型使用的一般（反）需求函数 $P(Q)$ 是平稳的（stationary），尽管他们假设它的需求弹性随着消费增加而增大。由于开采成本被假设为一种固定成本（$=\Phi$），因此垄断企业的问题为

$$\text{Max} \int_0^\infty [P(Q)Q - \Phi] e^{-\rho t} dt$$

s. t.
$$\int_0^\infty Q dt = S_0$$

（6.55）

欧拉-拉格朗日方程适用于这两个问题，就像它适用于霍特林模型一样。由此可得到垄断企业的 Q 的最优增长速度。将其与社会最优增长速度比较，即可知道垄断企业是过度保护资源还是保护不足。然而，我们不准备分别分析问题式（6.54）和式（6.55），而是用一个更一般的表达综合它们，这个更一般的表达综合了式（6.54）和式（6.55）的内容。

令需求函数和成本函数分别为

$$Q = e^{gt} D(P) \quad (D'(P) < 0)$$ （6.56）
$$C = C(Q, t) \quad (C_Q \geqslant 0, C_{tQ} \leqslant 0)$$ （6.57）

斯蒂格利茨和刘易斯等使用的函数只是上述函数的特殊情形。在下面，我们将边际收入简记为 $\text{MR} \equiv R'(Q)$，将边际成本简记为 $\text{MC} \equiv C'(Q)$，将任何变量 x 的增长速度记为 $r_x \equiv (dx/dt)/x$。

来自欧拉-拉格朗日方程（6.47″）的社会最优条件，要求 $r_{(P-\text{MC})} = \rho$。使用差的增长速度表达式[1]，我们可以将其改写为

$$\frac{P}{P-\text{MC}} r_P - \frac{\text{MC}}{P-\text{MC}} r_{\text{MC}} = \rho$$

这意味着

$$r_P = \rho \left(1 - \frac{\text{MC}}{P}\right) + \frac{\text{MC}}{P} r_{\text{MC}}$$ （6.58）

我们可以将这个 r_P 转换成相应的 r_Q，转换时记住 r_Q 与 r_P 的关系体现在需求弹性 $\varepsilon < 0$ 或它的相反数 $E \equiv |\varepsilon|$ 之中。由此可得：[2]

---

[1] 参见 Alpha C. Chiang, *Fundamental Methods of Mathematical Economics*, 3d ed., McGraw-Hill, New York，1984，Sec. 10.7。

[2] 首先，对式（6.56）两侧取自然对数，可得
$$\ln Q = gt + \ln D(P)$$
然后将 $\ln Q$ 关于 t 求导，可得
$$r_Q = \frac{d}{dt} \ln Q = g + \frac{d}{dt} \ln D(P) = g + \frac{1}{D(P)} \frac{d}{dt} D(P) = g + \frac{1}{D(P)} D'(P) \frac{dP}{dt}$$
$$= g + \frac{D'(P)P}{D(P)} \frac{dP/dt}{P} = g + \varepsilon r_P \equiv g - E r_P \quad (\text{其中 } E \equiv |\varepsilon|)$$

$$r_Q = g - Er_P \tag{6.59}$$

将式（6.58）代入式（6.59），即可找到 Q 的社会最优增长速度 r_{Qs}（其中 s 代表 social optimum（社会最优））：

$$r_{Qs} = g - E\left[\rho\left(1 - \frac{MC}{P}\right) + \frac{MC}{P}r_{MC}\right] \quad \text{（社会最优）} \tag{6.60}$$

类似地，我们也可以得到 r_{Qm}（其中 m 表示 monopoly（垄断））的表达式。条件式（6.51）要求 $r_{(MR-MC)} = \rho$，这可以改写为

$$\frac{MR}{MR-MC}r_{MR} - \frac{MC}{MR-MC}r_{MC} = \rho$$

这意味着

$$r_{MR} = \rho\left(1 - \frac{MC}{MR}\right) + \frac{MC}{MR}r_{MC} \tag{6.61}$$

然而，由于 MR 和 P 的关系为

$$MR = P\left(1 - \frac{1}{E}\right) \tag{6.62}$$

我们可从式（6.62）推导出 r_{MR} 的另外一个表达式

$$r_{MR} \equiv \frac{1}{MR}\frac{dMR}{dt} = \frac{1}{P(1-1/E)}\left[\left(1 - \frac{1}{E}\right)\frac{dP}{dt} + \frac{P}{E^2}\frac{dE}{dt}\right]$$
$$= \frac{dP/dt}{P} + \frac{1}{(1-1/E)E}\frac{dE/dt}{E} = r_P + \frac{1}{E-1}r_E \tag{6.63}$$

令式（6.61）和式（6.63）相等，求 r_P，然后代入式（6.59），我们得到了垄断情形下 Q 的增长率：

$$r_{Qm} = g - E\left[\rho\left(1 - \frac{MC}{MR}\right) + \frac{MC}{MR}r_{MC} - \frac{1}{E-1}r_E\right] \quad \text{（垄断）} \tag{6.64}$$

比较式（6.64）和式（6.60）可知

$$r_{Qs} = r_{Qm} = g - E\rho \quad \text{如果 } MC = r_{MC} = r_E = 0 \tag{6.65}$$

$MC=0$ 情形发生在开采成本为零时。对于 $r_{MC}=0$，边际开采成本必须具有时间不变性，即不随时间变化而变化（在式（6.57）中 $C_{tQ}=0$）。当需求弹性不随时间变化而变化时，条件 $r_E=0$ 得以满足。这组条件（斯蒂格利茨也曾考虑过它们）比较严格，然而如果它们得以满足，那么垄断企业选择的开采路径正好与社会最优开采路径相同，根本谈不上过度保护资源。注意，$-E\rho$ 项为负并且意味着 Q 随时间推移而降低，除非 g 为正且足够大以至于能抵消 $-E\rho$ 项。如果可耗竭资源的需求是平稳的（$g=0$），或者由于替代品的发现等原因导致需求随时间推移而降低（$g<0$），那么 r_Q 必定为负。

然而，如果 MC>0 而且具有产出不变性（MC=k>0）和时间不变性（r_{MC}=0），那么将出现另外一种结果。保留假设 r_E=0，我们现在发现

$$r_{Qs}=g-E\left[\rho\left(1-\frac{k}{P}\right)\right] \quad , \quad r_{Qm}=g-E\left[\rho\left(1-\frac{k}{MR}\right)\right] \tag{6.66}$$

由于 P>MR，由此可知 k/P 小于 k/MR，因此在任何 Q 水平上都有 $r_{Qs}<r_{Qm}$。社会最优计划者和垄断者现在选择不同的 $Q(t)$ 路径。然而，回忆一下，这两个路径下方的面积必须相等，即都为 S_0。为了满足这个约束，垄断企业的 $Q(t)$ 路径由于有着更大的 r_Q 值（例如，−0.03 比−0.05 大）而更为平缓，如图 6—3 的实线所示。与虚线相比，实线意味着一开始开采水平较低，后来较高；在当前情形下，与社会最优情形相比，垄断企业的确倾向于保护资源。我们得到的结论与斯蒂格利茨的相同，尽管假设条件不同。

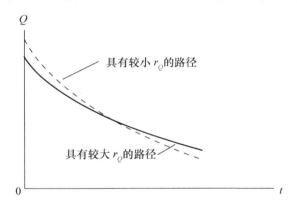

图 6—3

然而，也可能出现相反情形，即垄断企业倾向于过度开采资源。再次假设 MC=r_{MC}=0。但现在令需求弹性 E 随着开采速度 Q 变化而变化。更具体地说，令 $E'(Q)$>0，这是刘易斯等人考虑的情形。于是，当 Q 随着时间变化而变化时，E 也必须相应地变化，尽管 E 本身不是 t 的函数。有了这些假设之后，我们就有了 E 的非零增长率：

$$r_E\equiv\frac{dE/dt}{E}=\frac{E'(Q)(dQ/dt)}{E}=\frac{E'(Q)Q}{E}r_Q \tag{6.67}$$

将这个式子中的 r_Q 取为 r_{Q_m}，然后将式（6.67）代入式（6.64），可得

$$r_{Qm}=g-E\rho+\frac{E'(Q)Q}{E-1}r_{Qm}$$

合并同类项，求 r_{Q_m}，可得

$$r_{Qm}=\frac{g-E\rho}{1-E'(Q)Q/(E-1)} \tag{6.68}$$

这应该与下式进行比较：

$$r_{Qs}=g-E\rho \quad （根据式（6.60）且取 MC=r_{MC}=0）$$

假设 $g-E\rho$<0。于是，如果式（6.68）中的分母是一个正分数，那么我们将有 $r_{Qm}<$

r_{Q_s}（例如，-0.04 除以 $1/2$ 得到 -0.08，这是一个更小的数）。根据图 6—3 可知，在这种情形下，垄断企业变为反保护主义者。可以证明①，当 $R''(Q)<0$ 时，也就是说，当 $d\mathrm{MR}/dR<0$ 时，式（6.68）中的分母为正分数。然而，边际收入递减是垄断情形的典型特征。因此，从当前的分析可知，垄断绝不是保护主义的同义语。

习题 6.3

1. 在式（$6.47''$）中，我们将 λ 解释为 $P(Q)-C'(Q)$ 的初始值。根据式（$6.47'$）找到 λ 的另外一种经济学解释。

2. 如果最大化问题式（6.45）现在受限于弱不等式 $\int_0^\infty Q dt \leqslant S_0$ 而不是等式 $\int_0^\infty Q dt = S_0$，那么应该如何修改分析结果？

3. 如果横截条件式（5.5）和式（5.7）分别应用于社会最优和垄断情形的拉格朗日被积函数 F，将会出现什么样的终止条件？这些条件在经济学上合理吗？

4. 假设（1）$\mathrm{MC}=r_{\mathrm{MC}}=0$，（2）需求弹性具有产出不变性，以及（3）由于替代品的出现，需求随着时间推移而变得更有弹性，请比较式（6.60）中的 r_{Q_s} 和式（6.64）中的 r_{Q_m}。

5. 假设（1）需求弹性具有产出不变性和时间不变性；（2）MC 为正，且在任何时点上具有产出不变性，但随时间推移而增加。写出 r_{Q_s} 和 r_{Q_m} 的表达式，找到 $r_{Q_m}-r_{Q_s}$ 这个差，研究它的代数符号，指出与社会最优情形相比，在什么样的条件下，垄断情形倾向于过度保护和保护不足。

6. 令 $q \equiv$ 可耗竭资源的累积开采量：$q(t)=\int_0^t Q(t)dt$。验证当前开采速度 Q 与 q 的关系为 $Q(t)=q'(t)$。

（a）假设开采成本 C 是一个关于累积开采量 q 和当前开采速度 q' 的函数。那么应该如何修改式（6.44）中的 $N(Q)$ 表达式？

（b）使用变量 q 和 $q'(t)$ 重新表示社会最优计划者问题式（6.45）。

（c）写出拉格朗日被积函数，找到欧拉-拉格朗日方程。

7. 使用上一问题中关于 q 的定义，并且保留假设 $C=C(q, q')$，然后请使用变量 q 和 $q'(t)$ 重新表示竞争企业问题式（6.48）。证明竞争企业的欧拉-拉格朗日方程与社会最优计划者的方程是一致的。

---

① 将式（6.62）关于 Q 微分，并令导数为负，可得

$$\left(\frac{d\mathrm{MR}}{dQ}=\right)P'(Q)\left(1-\frac{1}{E}\right)-P\frac{1}{E^2}E'(Q)<0$$

将这个不等式的两侧同乘以 $E^2 Q/P$，然后使用 $P'(Q)Q/P=-1/E$ 这个事实，我们可以将这个不等式转化为 $-(E-1)+E'(Q)Q<0$，或者

$$E'(Q)Q<E-1$$

在后面这个不等式中，左侧为正，这是因为我们已假设 $E'(Q)>0$；右侧也为正，这是因为式（6.51）要求 MR 为正，这又要求 $E>1$（参见式（6.62））。因此，$E'(Q)Q/(E-1)$ 是一个正分数，从而式（6.68）的分母是一个正分数。

第 3 部分

最优控制理论

第 3 部分

第 7 章

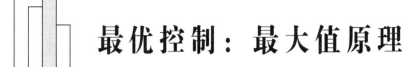

最优控制：最大值原理

変分法是动态优化问题的经典求解方法；与普通微积分一样，变分法要使用最优化问题中函数的可微性。更重要的是，这种方法只能处理内部解。一种更现代的方法称为 **最优控制理论**（optimal control theory），能够处理诸如边角解（corner solutions）这样的非古典情形。正如最优控制理论这个名字所意味的，动态最优化问题的最优控制表达式关注的对象是，作为最优化工具的一个或多个控制变量。在变分法中，我们的目标是找到 **状态变量** y 的最优时间路径；与变分法不同，最优控制理论的核心目标是确定 **控制变量** u 的最优时间路径。当然，一旦我们找到了最优控制路径 $u^*(t)$，我们也能找到相应的最优状态路径 $y^*(t)$。事实上，最优 $u^*(t)$ 路径和最优 $y^*(t)$ 路径通常是在同一过程中找到的。然而，控制变量处于中心位置这个事实的确改变了动态最优化问题的基本方向。

这自然就提出了一些问题。一个变量如何成为"控制"变量？它如何进入动态优化问题？为了回答这些问题，我们举个简单的经济学例子。假设某个经济的某种可耗竭资源（例如，煤或石油）的储存量 S 既定且有限，正如霍特林模型讨论的一样，其中 $S(0)=S_0$。随着这种资源被开采（以及被使用），资源储存量将按照关系

$$\frac{dS(t)}{dt}=-E(t)$$

而下降，其中 $E(t)$ 表示资源在时点 t 的开采速度。变量 $E(t)$ 能够成为控制变量，原因在于它有下列两个性质。首先，它受我们的相机选择所支配。其次，我们对 $E(t)$ 的选择会影响变量 $S(t)$，其中 $S(t)$ 指明了资源在每个时点的状态。因此，变量 $E(t)$ 就像汽车的方向盘，从而使得我们能够在任何时点 t 通过微分方程 $dS/dt=-E(t)$ 来"驱使"状态变量达到各个位置。因此，通过有目的地操纵这样的控制变量，我们可以使得目标泛函表达的某些绩效标准实现最优化。对于当前的例子来说，我们可能规定社会想最大化它在给定时间区间 $[0，T]$ 上因使用资源而获得的效用。如果最终储存量

不受限制，那么动态最优化问题可能为下列形式：

$$\text{Max} \int_0^T U(E)e^{-\rho t}dt$$

s. t.

$$\frac{dS}{dt} = -E(t)$$

$$S(0) = S_0, S(T) \text{ 自由} \qquad (S_0, T \text{ 给定})$$

在这个表达式中，碰巧只有控制变量 E 进入目标泛函。更一般地，目标泛函可能依赖于控制变量，也可能依赖于状态变量。类似地，在这个例子中，状态变量 E 的运动碰巧仅取决于控制变量 E。一般来说，状态变量的运动过程可能受控制变量的影响，也可能受状态变量的影响，甚至受变量 t 自身的影响。

有了这个背景之后，我们进而讨论最优控制的方法。

7.1　最简单的最优控制问题

为了使基本架构简单，我们首先考虑伴随一个状态变量 y 和一个控制变量 u 的最优化问题。正如我们前面说过的，控制变量是一个使得我们能够影响状态变量的政策工具。因此，任何被选定的控制路径 $u(t)$ 都将意味着一个相伴的状态路径 $y(t)$。我们的任务是选择最优可行控制路径 $u^*(t)$，使得它与相应的最优可行状态路径 $y^*(t)$ 在给定的时间区间 $[0, T]$ 上最优化目标泛函。

□ 最优控制问题的特殊性质

最优控制理论的一个显著性质是连续性不是控制路径成为可行路径的条件；这里仅要求**分段连续性**（piecewise continuous）。这意味着它允许跳跃型不连续（如图 7—1(a) 所示），尽管我们不允许任何涉及 u 的无穷值的不连续。分段连续型控制在日常生活中的一个例子就是计算机或电灯的开关。当我们开（$u=1$）与关（$u=0$）电源开关时，控制路径就出现了一个跳跃。

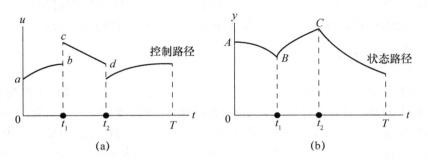

图 7—1

另一方面，状态路径 $y(t)$ 在时间区间 $[0, T]$ 上必须始终连续。然而，正如图

动态最优化基础

7—1（b）所示，它允许出现有限个尖点或角（corners）。也就是说，为了成为可行路径，状态路径仅需要为**分段可微的**（piecewise differentiable）即可。[①] 注意，状态路径上的每个尖点都出现在控制路径跳跃时。这种时间上巧合的原因在于问题求解过程。一旦我们发现时间区间 $[0, t_1)$ 上的最优控制路径片段，比如图 7—1（a）中的曲线 ab，我们就可以尝试确定相应的最优状态路径片段。它可能为比如图 7—1（b）中的曲线 AB，它的初始点满足给定的初始条件。对于下一个时间区间 $[t_1, t_2)$，我们在前面找到的最优控制基础上再次确定最优状态路径片段，比如曲线 cd，但是这一次我们必须把 B 点作为最优状态路径片段的"初始点"。因此，B 点立即成为最优状态路径的第一个片段的终止点，以及第二个片段的初始点。出于这个原因，B 点不可能不连续，尽管它可能是一个尖点。与可行控制路径一样，可行状态路径对于区间 $[0, T]$ 中的每个 t 都有有限个 y 值。

最优控制理论的另外一个重要性质是它能直接处理控制变量 u 上的约束，比如限制条件 $u(t) \in \mathcal{U}$ 对于所有 $t \in [0, T]$，其中 $\mathcal{U}$ 表示某个有界控制集。事实上，控制集可能是一个闭的凸集，例如 $u(t) \in [0, 1]$。$\mathcal{U}$ 可能是一个闭集这个事实，意味着边角解（边界解）可被允许，这使得我们的架构有了重要的非古典性质。这个性质与控制路径上跳跃型非连续结合在一起，就可能出现所谓的**碰碰解**（bang-bang solution）这种有趣的现象。假设控制集为 $\mathcal{U} = [0, 1]$，如果（例如）最优控制集碰巧做如下跳跃：

$$u^*(t) = 1 \quad 对于 \ t \in [0, t_1)$$
$$u^*(t) = 0 \quad 对于 \ t \in [t_1, t_2) \quad (t_1 < t_2)$$
$$u^*(t) = 1 \quad 对于 \ t \in [t_2, T] \quad (t_2 < T)$$

于是我们"碰"向集合 $\mathcal{U}$ 的一个边界，然后碰向另外一个，这种模式一直持续下去；"碰碰"由此得名。

最后，我们指出，与变分法不同，最优控制理论的最简单问题有自由终止状态（垂直终止线）而不是固定的终止点。主要原因如下：在发展基本一阶条件即所谓**最大值原理**（maximum principle）过程中，我们将使用**任意** Δu 这个概念。然而，任何任意 Δu 必定意味着相应的 Δy。如果最优化问题有固定的终止状态，我们需要注意相应的 Δy 是否最终导致指定的终止状态。因此，Δu 的选择可能不是完全和真正任意的。另一方面，如果最优化问题有自由终止状态（垂直终止线），那么我们可以让任意的 Δu 随意引导而不用担心 y 的最终目的地。这简化了问题。

□ 最简单的问题

根据前面的讨论，我们可以将最优控制的最简单问题表示为

$$\mathrm{Max} V = \int_0^T F(t, y, u) dt$$

s. t.

$$\dot{y} = f(t, y, u)$$
$$y(0) = A, \ y(T) \ 自由 (A, T \ 给定) \tag{7.1}$$
$$u(t) \in \mathcal{U} \ 对于所有 \ t \in [0, T]$$

[①] 在变分法中，通过 Weierstrass-Erdmann 条件，状态路径也可以允许出现尖点。本书不打算讨论这个议题，因为经济学很少用到它。感兴趣的读者可参考任何变分法教材。

在这里以及在后面的讨论中，我们将只处理**最大化**问题。这样，最优化的必要条件可以阐述得更具体和更明确。当遇到最小化问题时，我们总可以将其转化为最大化问题——在目标泛函前面添上一个负号即可。例如，$\int_0^T F(t,y,u)dt$ 的最小化等价于 $\int_0^T -F(t,y,u)dt$ 的最大化。

在式（7.1）中，目标泛函仍是定积分形式，但被积函数 F 不再像变分法那样含有自变量 y'。相反，它有了一个新的自变量，即 u。控制变量 u 的出现，使得 u 和 y 联系在一起，这种关系告诉我们 u 如何具体地影响状态变量 y 的运动过程。这个信息由方程 $\dot{y}=f(t,y,u)$ 提供，其中点符号 $\dot{y}$ 表示时间导数 dy/dt；符号 $\dot{y}$ 是我们以前一直使用的 y' 的另外一种表示法。[1] 在初始时间，函数 f 的前两个自变量必须取给定值，因此只有第三个自变量需要我们选择。对于 $t=0$ 时选定的某个政策，比如 $u_1(0)$，这个方程将产生 $\dot{y}$ 的一个具体值，比如 $\dot{y}_1(0)$，它规定了变量 y 的具体运动方向。另外一个政策 $u_2(0)$，通过函数 f 通常产生一个不同的值 $\dot{y}_2(0)$。类似的论证也适用于其他时点。因此，这个方程的作用是提供了一种机制，使得我们可把对控制变量 u 的选择转变为状态变量 y 的具体运动模式。正因为这个原因，该方程被称为状态变量的**运动方程**（equation of motion）或简称为**状态方程**。一般来说，u 和 y 之间的联系可用一阶微分方程 $\dot{y}=f(t,y,u)$ 充分描述。然而，如果状态变量 y 的变化模式碰巧不能被一阶导数 $\dot{y}$ 描述而要求使用二阶导数 $\ddot{y}\equiv d^2y/dt^2$ 描述，那么状态方程的形式将为二阶微分方程，此时我们必须将其转变为一对一阶微分方程。这种情形下的复杂之处在于，在这个过程中，我们必须将额外的一个状态变量引入最优化问题。8.4 节的例子说明了这种情形。

我们将用小写字母 f 表示运动方程中的函数，用大写字母 F 表示目标泛函中的被积函数。我们假设函数 F 和函数 f 关于各自的自变量都是连续的，而且都具有关于 t 和 y 的连续一阶偏导数，但对 u 不作这个要求。

问题式（7.1）的其余部分是关于边界和控制集的规定。尽管垂直终止线情形最简单，但其他终止点情形也是被允许的。对控制集来说，最简单的情形是令 $\mathcal{U}$ 是一个开集 $\mathcal{U}=(-\infty,+\infty)$。如果这样，那么 u 的选择事实上是不受限制的，在这种情形下，我们在阐述最优化问题时将完全省略 $u(t)\in\mathcal{U}$ 这句话。

□ 一种特殊情形

作为一种特殊情形，考虑下面这种问题，在该类问题中，我们对 u 的选择不受限制，而且运动方程取特别简单的形式

$$\dot{y}=u$$

于是，最优控制问题变为

---

① 尽管符号 $\dot{y}$ 和 y' 可混用，然而在最优控制理论背景下，我们只使用 $\dot{y}$，以便在视觉上与变分法背景下的 y' 区别开。

$$\mathrm{Max} V = \int_0^T F(t, y, u) dt$$

s. t.   (7.2)

$$\dot{y} = u$$

$$y(0) = A, y(T) \text{ 自由}(A, T \text{ 给定})$$

然而，通过把运动方程代入被积函数，我们可以消去 u，从而将这个问题变为

$$\mathrm{Max} V = \int_0^T F(t, y, \dot{y}) dt$$

s. t.   (7.2′)

$$y(0) = A, y(T) \text{ 自由}(A, T \text{ 给定})$$

这正好是含有垂直终止线的变分法问题。变分法和最优控制论的基本联系因此变得明显。但我们在最优控制问题中遇到的运动方程通常比式（7.2）复杂得多。

▨ 7.2　最大值原理

最优控制理论的最重要结果，即一阶必要条件，称为**最大值原理**（the maximum principle）。这个术语是由俄罗斯数学家庞特里亚金（L. S. Pontryagin）和他的同事提出的。[1]　正如 1.4 节提到的，加州大学洛杉矶分校的数学家马格努斯·海斯顿斯（Magnus Hestenes）也独立发现了这个方法，而且他后来扩展了庞特里亚金的结果。最大值原理的阐述涉及汉密尔顿函数和共态变量的概念。因此，我们首先解释这些概念。

□ 共态变量与汉密尔顿函数

在问题式（7.1）中出现了三类变量：t（时间变量）、y（状态变量）和 u（控制变量）。然而，在解过程中将出现另外一类变量。这类变量称为**共态变量**（costate varia-ble）或**辅助变量**（auxiliary variable），记为 λ。正如我们将看到的，共态变量类似拉格朗日乘子，因此它在本质上是一个价值变量——衡量相应状态变量的影子价格。与 y 和 u 一样，变量 λ 在不同时点可取不同值。因此，符号 λ 实际上是 $\lambda(t)$ 的简写。

共态变量借以进入最优控制理论的载体为**汉密尔顿函数**（Hamiltonian function），这个函数在解过程中非常重要。汉密尔顿函数 H 的定义为

$$H(t, y, u, \lambda) \equiv F(t, y, u) + \lambda(t) f(t, y, u)$$ (7.3)

H 由两部分组成，一是被积函数 F，二是共态变量 λ 与函数 f 的乘积。因此，函数 H 本身应该含有四个自变量：t、y、u 以及 λ。注意，在式（7.3）中，我们对 F 指定的系数为 1，但 f 的系数 $\lambda(t)$ 是未定的。严格来说，汉密尔顿函数应该写为

---

[1]　L. S. Pontryagin, V. G. Boltyanskii, R. V. Gamkrelidze, and E. F. Mishchenko, *The Mathematical Theory of Optimal Processes*（由 K. N. Trirogoff 根据俄文原书翻译），Interscience, New York, 1962。这本书获得 1962 年列宁科技进步奖。

$$H \equiv \lambda_0 F(t,y,u) + \lambda(t) f(t,y,u) \tag{7.4}$$

其中 λ_0 是一个非负常数，尽管未定。对于垂直终止线问题式（7.1），常数 λ_0 总为非零（总是严格大于零）；因此，我们可以将其标准化为 1，这样我们就将式（7.4）变为式（7.3）。在这个最简单的问题中 $\lambda_0 \neq 0$，这是由最大值原理的两个要求所决定的。首先，在**任何**时点上，乘子 λ_0 和 $\lambda(t)$ 不可能同时为零。其次，垂直终止线问题的解必须满足横截条件 $\lambda(T)=0$，原因稍后讨论。$\lambda(T)=0$ 要求在 $t=T$ 时 $\lambda_0 \neq 0$。然而，由于 λ_0 是一个非零常数，我们可以断言 λ_0 是一个正常数，于是它可以被标准化为 1。

另一方面，对于有别于式（7.1）的其他最优控制问题来说，λ_0 可能等于零，从而使得式（7.3）中的汉密尔顿函数无效。于是，对于每个最优化问题，完美主义者都要求在使用汉密尔顿函数式（7.3）之前验证 λ_0 的确为正。这个验证过程主要是证明 $\lambda_0 = 0$ 将导致矛盾并且违背我们前面提及的 λ_0 和 $\lambda(t)$ 不能同时为零的规定。[1] 然而，在现实中，$\lambda_0 = 0$ 仅出现于某些罕见的（有些人说"病态的"）情形，在这些情形下，问题的解通常与被积函数 F 无关，也就是说，函数 F 在解过程中不重要。[2] 当然，这也是为什么系数 λ_0 应该被设定为零的原因，这样就可以把汉密尔顿函数中的函数 F 消掉。由于我们在经济学中遇到的绝大多数问题都是函数 F 比较重要的那类问题，因此常见的做法是假设 $\lambda_0 > 0$，然后将其标准化为 1 并使用汉密尔顿函数式（7.3），即使问题不伴随着垂直终止线。这也是我们的做法。

□ 最大值原理

欧拉方程是一个关于状态变量 y 的二阶微分方程；与其不同，最大值原理涉及两个一阶微分方程，一个关于状态变量 y，一个关于共态变量 λ。另外，最大值原理还有一个要求，即在每个时点上，汉密尔顿函数关于控制变量 u 必须最大化。为了方便说明，我们首先阐述和讨论相关条件，然后再介绍最大值原理的机理。

对于式（7.1）中的问题，在有了式（7.3）定义的汉密尔顿函数之后，最大值原理条件如下：

$$\underset{u}{\mathrm{Max}} H(t,y,u,\lambda) \quad 对于所有 t \in [0,T]$$

$$\dot{y} = \frac{\partial H}{\partial \lambda} \quad (y \text{ 的运动方程})$$

$$\dot{\lambda} = -\frac{\partial H}{\partial y} \quad (\lambda \text{ 的运动方程}) \tag{7.5}$$

$$\lambda(T) = 0 \quad (横截条件)$$

符号 $\underset{u}{\mathrm{Max}} H$ 表示汉密尔顿函数被最大化，其中选择变量只有一个，即 u。这个条件的等价表示方法为

---

① 验证过程的具体例子可以参见 Akira Takayama，*Mathematical Economics*，2d ed，Cambridge University Press，Cambridge，1985，pp. 617–618，674–675，and 679–680。

② 这种问题的例子可参见 Morton I. Kamien and Nancy L. Schwartz，*Dynamic Optimization：The Calculus of Variations and Optimal Control in Economics and Management*，2d ed.，Elsevier，New York，1991，p. 149。

$$H(t,y,u^{*},\lambda)\geqslant H(t,y,u,\lambda) \quad 对于所有 t\in\big[0,T\big] \tag{7.6}$$

其中 u^{*} 是最优控制，u 为任何其他控制值。在下面的讨论中，为简单起见，我们有时使用更短的符号"$\underset{u}{\mathrm{Max}}H$"来表示这种要求而不明确提及 u。读者应该注意到，正是关于 u 使得 H 最大化即$\underset{u}{\mathrm{Max}}$这个要求，产生了"最大值原理"这个名字。

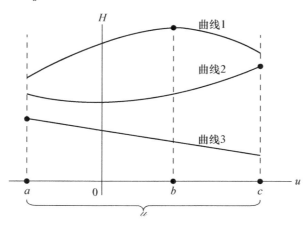

图 7—2

可能有人认为式（7.6）中的要求可用一阶条件 $\partial H/\partial u=0$ 表示（可能需要适当的二阶条件的支持），因为这样更简洁。然而，事实是$\underset{u}{\mathrm{Max}}H$ 是这个要求的更宽泛的表述。在图 7—2 中，我们画出了三条曲线，每条曲线代表着：给定 y 和 λ 的值，在既定时点，汉密尔顿函数 H 对控制变量 u 的图形。假设控制区域为闭区间 $\big[a,c\big]$。曲线 1 关于 u 可微，对于这条曲线来说，H 的最大值发生在$u=b$，这是控制区域 $\mathcal{U}$ 的内部点；在这种情形下，方程 $\partial H/\partial u=0$ 的确能够识别该时点的最优控制。然而，如果情形是曲线 2，那么使得 H 最大的 $\mathcal{U}$ 中的控制为 $u=c$，这是 $\mathcal{U}$ 的边界点。因此，条件 $\partial H/\partial u=0$不适用，即使曲线 2 是可微的。在曲线 3 情形下，汉密尔顿函数关于 u 为线性的，H 的最大值发生在$u=a$，这是另外一个边界点，条件 $\partial H/\partial u=0$ 再次不可用，因为任何一处的导数都不等于零。总之，尽管当汉密尔顿函数关于 u 可微且解为内部解时，条件 $\partial H/\partial u=0$ 的确能发挥作用，然而事实是控制区域可能是个闭集而且解可能为边界解，这就使得我们应该使用$\underset{u}{\mathrm{Max}}H$ 这个更宽泛的表述。事实上，在最大值原理下，未必要求汉密尔顿函数关于 u 可微。

汉密尔顿函数关于 u 为线性的情形值得特别关注。一方面，当 H 是关于 u 的一条斜率为正或负的直线时，它非常容易处理，这是因为最优控制总能在 u 的边界上找到。唯一的任务是确定它位于哪个边界上。（如果 H 是关于 u 的一条水平直线时，那么不存在唯一的最优控制。）更为重要的是，这个情形说明了变分法中一种非常棘手的情形在最优控制中变得如此简单。在变分法中，当被积函数关于 y' 为线性的从而导致 $F_{y'y'}=0$ 时，欧拉方程可能不能产生满足给定边界条件的解。然而，在最优控制理论中，这种情形不会带来任何问题。

现在我们考察式（7.5）的其他部分，我们注意到条件 $\dot{y}=\partial H/\partial\lambda$ 只不过是式（7.1）中状态变量的运动方程的重新表达。将 $\dot{y}$ 重新表示为 H 关于共态变量 λ 的偏导数的唯一目的是说明这个运动方程和共态变量方程之间的对称性。然而，注意，在后面这个运动方程中，λ 是 H 关于状态变量 y 的偏导数的**相反数**。这两个方程被一起称为给定最优化问题的**汉密尔顿系统**（Hamiltonian system）或**正则系统**（canonical system，指微分方程的"标准"系统）。尽管在最优控制理论中我们需要处理的微分方程不止一个（关于每个状态变量的微分方程和关于每个共态变量的微分方程），但每个微分方程都是一阶的。由于控制变量从不以导数形式出现，因此在汉密尔顿系统中，不存在 u 的微分方程。然而如果你愿意，可以从式（7.5）的基本解中得到控制变量的微分方程。而且，在某些模型中，处理变量 (y, u) 的动态系统比处理变量 (y, λ) 的正则系统更方便些。

式（7.5）中的最后一个条件是自由终止状态问题（这是个伴随垂直终止线的问题）的横截条件。正如我们预期的，这样的条件只涉及在终止时点 T 将会发生什么。

例1 找到从给定点 P 到给定直线 L 距离最短的曲线。我们以前在变分法中遇到过这个问题。为了将其重述为一个最优控制问题，令 P 为 $(0, A)$；不失一般性，假设 L 是条垂直线。（如果 L 线的给定位置不是垂直的，我们总可以通过适当旋转轴来使得它垂直。）对于我们以前用过的函数 F 即 $(1+y'^2)^{1/2}$，如果令 $y' = u$ 或 $\dot{y} = u$，那么我们可以将其写为 $(1+u^2)^{1/2}$。另外，为了将这个距离最小化问题转化为一个最大化问题，我们必须在原来的被积函数前面添个负号。于是，我们的问题为

$$\text{Max} V = \int_0^T -(1+u^2)^{1/2} dt$$

s. t.
$$\dot{y} = u$$
$$y(0) = A, \ y(T) \text{ 自由} \quad (A, T \text{ 给定}) \tag{7.7}$$

注意，控制变量不受约束，因此最优控制将是个内部解。

第1步 我们先写出汉密尔顿函数

$$H = -(1+u^2)^{1/2} + \lambda u \tag{7.8}$$

注意，H 是可微的和非线性的，使用一阶条件 $\partial H / \partial u = 0$ 可得

$$\frac{\partial H}{\partial u} = -\frac{1}{2}(1+u^2)^{-1/2}(2u) + \lambda = 0$$

这产生了解[1]

$$u(t) = \lambda (1-\lambda^2)^{-1/2} \tag{7.9}$$

使用积法则继续微分 $\partial H / \partial u$，可得

---

[1] 方程 $\partial H / \partial u = 0$ 可以写为
$$u(1+u^2)^{-1/2} = \lambda$$
两侧平方，通乘 $(1+u^2)$，合并同类项，可得
$$u^2(1-\lambda^2) = \lambda^2$$
这个结果意味着 $\lambda^2 \neq 1$，因为否则方程将变为 $0 = 1$，这是不可能的。两侧同除以非零量 $(1-\lambda^2)$，取平方，即可得到式（7.9）。

$$\frac{\partial^2 H}{\partial u^2} = -(1+u^2)^{-3/2} < 0$$

因此，式（7.9）中的结果的确使得 H 最大。然而，由于式（7.9）将 u 表示为关于 λ 的式子，因此现在我们必须找 λ 的解。

第 2 步　为了做此事，我们使用式（7.5）中的共态变量的运动方程 $\dot{\lambda} = -\partial H/\partial y$。然而由于式（7.8）表明 H 与 y 无关，因此我们有

$$\dot{\lambda} = -\frac{\partial H}{\partial y} = 0 \Rightarrow \lambda(t) = 常数 \tag{7.10}$$

这个常数易根据式（7.5）中的横截条件 $\lambda(T)=0$ 得到。因为如果 λ 是个常数，那么它在 $t=T$ 时的值也是所有 t 时的值。

$$\lambda^*(t) = 0 \quad 对于所有 \ t \in [0,T] \tag{7.10'}$$

回顾式（7.9），我们现在还可以断言

$$u^*(t) = 0 \quad 对于所有 \ t \in [0,T] \tag{7.11}$$

第 3 步　根据运动方程 $\dot{y}=u$，我们现在有

$$\dot{y} = 0 \Rightarrow y(t) = 常数 \tag{7.12}$$

而且，初始条件 $y(0)=A$ 使得我们能定义这个常数并且有

$$y^*(t) = A \tag{7.12'}$$

y^* 路径是条水平直线，如图 7—3 所示。或者，我们也可以把它视为正交于垂直终止线的路径。

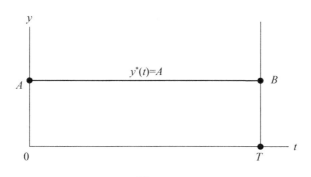

图 7—3

例 2　找到下列问题的最优控制

$$\mathrm{Max}V = \int_0^2 (2y - 3u)dt$$

s. t.

$$\dot{y} = y + u$$
$$y(0) = 4, \ y(2) \ 自由, u(t) \in \mathcal{U} = [0,2] \tag{7.13}$$

由于在这个问题中，H 关于 u 为线性的，而且控制集为闭的，因此我们可以预期解是

边界解。

第1步 式（7.13）的汉密尔顿函数，即

$$H=2y-3u+\lambda(y+u)=(2+\lambda)y+(\lambda-3)u$$

关于 u 为线性的，其中斜率 $\partial H/\partial u=\lambda-3$。如果在给定的时点上，我们发现 $\lambda>3$，那么它将是一条向上倾斜的曲线，类似图 7—4 中的曲线 1；为了使得 H 最大，我们必须选择 $u^*=2$。另一方面，如果 $\lambda<3$，那么情形将是曲线 2，我们必须选择 $u^*=0$。总之，

$$u^*(t)=\begin{Bmatrix}2\\0\end{Bmatrix}\qquad 若 \lambda(t)\begin{Bmatrix}>\\<\end{Bmatrix}3 \tag{7.14}$$

当然，$u^*=2$ 和 $u^*=0$ 都是边界解。注意，由于 H 关于 u 为线性的，因此我们在寻找 u^* 的过程中，无法使用常见的一阶条件 $\partial H/\partial u=0$。

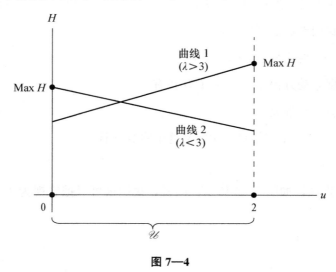

图 7—4

第2步 我们下面的任务是确定式（7.14）中的 $\lambda(t)$。根据 λ 的运动方程，我们有微分方程

$$\dot{\lambda}=-\frac{\partial H}{\partial y}=-2-\lambda \quad 或 \quad \dot{\lambda}+\lambda=-2$$

它的通解为[①]

$$\lambda(t)=ke^{-t}-2 \qquad (k 为任意的)$$

根据横截条件 $\lambda(T)=\lambda(2)=0$ 可知，任意常数 $k=2e^2$，因此，我们可以将定解写为

$$\lambda^*(t)=2e^2e^{-t}-2=2e^{2-t}-2 \tag{7.15}$$

注意，$\lambda^*(t)$ 是一个递减函数，它平稳地从初始值 $\lambda^*(0)=2e^2-2\simeq12.778$ 降低到

———————————

① 这类一阶线性微分方程的解释可参见 Sec. 14.1 of Alpha C. Chiang, *Fundamental Methods of Mathematical Economics*，3d ed.，McGraw-Hill，New York，1984。

动态最优化基础

终止值 $\lambda^*(2)=2-2=0$。因此，λ^* 一开始大于 3，但最终小于 3。时间临界点即当 $\lambda^*=3$ 时以及当最优控制从 $u^*=2$ 转变为 $u^*=0$ 时的求法是，在式（7.15）中令 $\lambda^*(t)=3$ 并求 t。将这个特定 t 记为希腊字母 τ，我们有

$$\tau=2-\ln 2.5\simeq 1.084 \tag{7.16}$$

因此，式（7.14）中的最优控制可以更具体地表示为两个相：

$$\begin{aligned}&相 \text{I}:u^*_{\text{I}}\equiv u^*[0,\tau]=2\\&相 \text{II}:u^*_{\text{II}}\equiv u^*[\tau,2]=0\end{aligned} \tag{7.17}$$

如图 7—5(a) 所示，这个最优控制是个简单的碰碰解变种。

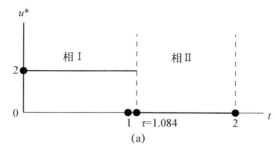

(a)

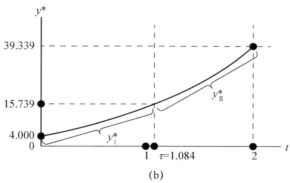

(b)

图 7—5

第 3 步　尽管这个问题仅要求我们求出最优控制路径，我们也可以找到最优状态路径，即两个相中的最优状态路径。在相 I 中，y 的运动方程为 $\dot{y}=y+u=y+2$，或

$$\dot{y}-y=2,\quad 其中初始值\ y(0)=4$$

它的解为

$$y^*_{\text{I}}\equiv y^*[0,\tau]=2(3e^t-1) \tag{7.18}$$

在相 II 中，y 的运动方程为 $\dot{y}=y+0$，或

$$\dot{y}-y=0$$

它的通解为

$$y^*_{\text{II}}\equiv y^*[\tau,2]=ce^t \quad （c\ 为任意的） \tag{7.19}$$

注意，常数 c 无法根据式（7.13）给出的初始条件 $y(0)=4$ 而确定，这是因为我们已在相 II 之中，时点已过了 $t=0$。这个常数也无法根据任何终止条件来确定，因为终止状态是自由的。然而，读者应该能够想起最优控制 y 路径被要求为连续的，如图 7—1（b）所示。因此，y_{II}^* 的初始值必定等于 τ 时的 y_I^* 值。由于

$$y_I^*(\tau)=2(3e^\tau-1) \qquad \text{（根据式(7.18)）}$$

$$y_{II}^*(\tau)=ce^\tau \qquad \text{（根据式(7.19)）}$$

令这两个式子相等并且求出 c，可得 $c=2(3-e^{-\tau})$，因此相 II 的最优 y 路径为

$$y_{II}^*(\tau)=2(3-e^{-\tau})e^t\simeq5.324e^t \qquad\qquad (7.19')$$

因此，临界时点 τ 时的 y^* 值大约为 $2(3e^{1.084}-1)=15.739$。

把式（7.18）和式（7.19'）中的路径连起来，我们就得到了时间区间 $[0，2]$ 上的完整 y^* 路径，如图 7—5(b) 所示。在这个特定的例子中，两个路径拼成的图形看起来类似一条指数曲线，但这两段事实上为两个独立的指数函数。

习题 7.2

1. 在例 2 中，$\lambda(t)$ 是一个递减函数，而且仅在一个时点上等于 3。如果 $\lambda(t)=3$ 对于所有 t 成立，结果将是怎样的？

2. 找到下列问题的最优控制路径、最优状态路径和最优共态变量路径：

$$\text{Max} \int_0^4 3y\,dt$$

s. t.

$$\dot{y}=y+u$$

$$y(0)=5, y(4) \text{ 自由}, u(t)\in[0,2]$$

验证汉密尔顿函数被最大化而不是最小化。

3. 找到下列问题的最优控制路径、最优状态路径和最优共态变量路径：

$$\text{Max} \int_0^2 (y-u^2)\,dt$$

s. t.

$$\dot{y}=u$$

$$y(0)=0, y(2) \text{ 自由}, u(t) \text{ 不受约束}$$

验证汉密尔顿函数被最大化而不是最小化。

4. 找到下列问题的最优控制路径、最优状态路径和最优共态变量路径：

$$\text{Max} \int_0^1 -\frac{1}{2}(y^2+u^2)\,dt$$

s. t.

$$\dot{y}=u-y$$

$$y(0) = 1, y(1) 自由$$

$$u(t) 不受约束$$

验证汉密尔顿函数被最大化而不是最小化。

[提示：两个运动方程应该联立求解。复习联立微分方程内容，参见 Alpha C. Chiang，*Fundamental Methods of Mathematical Economics*，3d ed.，McGraw-Hill，New York，1984，Sec. 18. 2。]

7.3 最大值原理的机理

我们现在将解释最大值原理的机理。我们在这里不打算给出详细证明，由庞特里亚金和他同事完成的证明（他们著作的第 2 章）长达 40 页。我们仅打算给出变分法观点，以此说明最大值原理的合理性。稍后，我们将比较最大值原理的条件、欧拉方程以及变分法的其他条件，从而进一步看出这种合理性。

□ 控制问题的变分法观点

为了简单起见，我们假设控制变量 u 不受约束，因此 u^* 是个内部解。而且，我们假设汉密尔顿函数关于 u 可微；另外，假设可以使用条件 $\partial H / \partial u = 0$ 替换条件 "$\underset{u}{\mathrm{Max}} H$"。与往常一样，假设初始点固定，但终止点可变。这将使得我们在讨论过程中得到横截条件。于是，我们的问题为

$$\mathrm{Max} V = \int_0^T F(t, y, u) dt$$

s. t. (7.20)

$$\dot{y} = f(t, y, u)$$

$$y(0) = y_0 (给定)$$

第 1 步 作为发展最大值原理的第一步，我们把运动方程纳入目标泛函，然后用汉密尔顿函数重新表达泛函。

读者应该注意到，如果变量 y 总是服从运动方程，那么对于区间 $[0, T]$ 中的所有 t，$[f(t, y, u) - \dot{y}]$ 必定都取零值。因此，使用拉格朗日乘子符号，对于每个 t 值我们都能构建表达式 $\lambda(t)[f(t, y, u) - \dot{y}]$，但仍能得到零值。尽管区间 $[0, T]$ 含有无穷多个 t 值，但 $\lambda(t)[f(t, y, u) - \dot{y}]$ 在区间 $[0, T]$ 上关于 t 的加和仍等于零：

$$\int_0^T \lambda(t)[f(t, y, u) - \dot{y}] dt = 0 \tag{7.21}$$

正因为这个原因，我们可以把原来的目标泛函加上式（7.21）中的积分而不至于影响我们的解。也就是说，我们的新目标泛函为

$$\mathscr{V} \equiv V + \int_0^T \lambda(t)[f(t, y, u) - \dot{y}] dt$$

$$= \int_0^T \{F(t,y,u) + \lambda(t)[f(t,y,u) - \dot{y}]\} dt \qquad (7.22)$$

只要我们在任何时点都遵守式（7.20）中的运动方程，那么 $\mathscr{V}$ 的值必然等于 V 的值。

在前面，我们已经把汉密尔顿函数定义为

$$H(t,y,u,\lambda) \equiv F(t,y,u) + \lambda(t) f(t,y,u)$$

将函数 H 的上述表达式代入式（7.22），可将新泛函变为

$$\mathscr{V} = \int_0^T [H(t,y,u,\lambda) - \lambda(t)\dot{y}] dt$$

$$= \int_0^T H(t,y,u,\lambda) dt - \int_0^T \lambda(t)\dot{y} dt \qquad (7.22')$$

注意，汉密尔顿函数的第二项 $\lambda(t)\,f(t,\ y,\ u)$ 与拉格朗日乘子表达式 $\lambda(t)[f(t,\ y,\ u) - \dot{y}]$ 的区别。后者明确含有 $\dot{y}$，而前者没有。对式（7.22'）中的最后一项进行分部积分[①]，可得

$$-\int_0^T \lambda(t)\dot{y} dt = -\lambda(T) y_T + \lambda(0) y_0 + \int_0^T y(t)\dot{\lambda} dt$$

将这个结果代入我们的新目标泛函，可将其进一步改写为

$$\mathscr{V} = \underbrace{\int_0^T [H(t,y,u,\lambda) + y(t)\dot{\lambda}] dt}_{\Omega_1} \underbrace{- \lambda(T) y_T}_{\Omega_2} \underbrace{+ \lambda(0) y_0}_{\Omega_3} \qquad (7.22'')$$

$\mathscr{V}$ 由 Ω_1、Ω_2 以及 Ω_3 这三个加项组成。注意，Ω_1 项（积分项）的定义在整个计划期上，而 Ω_2 项仅涉及终止时间 T，Ω_3 仅涉及初始时间。

第 2 步 $\mathscr{V}$ 的值取决于我们为三个变量 y、u 和 λ 选择的时间路径，以及为 T 和 y_T 选择的值。在当前步骤中，我们重点关注 λ。

变量 λ 作为一个拉格朗日乘子，显著不同于 u 和 y，因为 $\lambda(t)$ 路径的选择对 $\mathscr{V}$ 的值没有影响，只要我们严格遵守运动方程 $\dot{y} = f(t,\ y,\ u)$，也就是说，只要

$$\dot{y} = \frac{\partial H}{\partial \lambda} \quad \text{对于所有 } t \in [0, T] \qquad (7.23)$$

因此，为了避免担心 $\lambda(t)$ 对 $\mathscr{V}$ 的影响，我们可以把式（7.23）作为 $\mathscr{V}$ 的最大化的一个必要条件。这是最大值原理的三个条件之一。当然，这一步算不上多么重大，因为运动方程实际上已作为问题的一部分给出。

---

① 定积分的分部积分公式请参见式（2.15）。在这里，我们用 w 替换式（2.15）中的 u，这是因为在这里 t 已被用作表示控制变量。令

$v = \lambda(t)$ （意味着 $dv = \dot{\lambda} dt$）

$w = y(t)$ （意味着 $dw = \dot{y} dt$）

于是，由于 $\lambda(t)\dot{y} dt = v dw$，我们有

$$-\int_0^T \lambda(t)\dot{y} dt = -[\lambda(t) y(t)]_0^T + \int_0^T y(t)\dot{\lambda} dt$$

于是我们就得到了教材里的这个结果。

第3步 我们现在转向 $u(t)$ 路径以及它对 $y(t)$ 路径的影响。如果我们有一个已知的 $u^*(t)$ 路径，并且如果我们以扰动曲线 $p(t)$ 扰动 $u^*(t)$ 路径，那么对于 ε 的每个值，我们可以产生一条"相邻的"控制路径

$$u(t) = u^*(t) + \varepsilon p(t) \tag{7.24}$$

然而，根据运动方程 $\dot{y} = f(t, y, u)$ 可知，对于每个 ε，$y^*(t)$ 路径都存在着相应的扰动。相邻 y 路径可以写为

$$y(t) = y^*(t) + \varepsilon q(t) \tag{7.25}$$

另外，如果 T 和 y_T 都是变量，我们还有

$$T = T^* + \varepsilon \Delta T \quad \text{以及} \quad y_T = y_T^* + \varepsilon \Delta y_T \tag{7.26}$$

（意味着 $\dfrac{dT}{d\varepsilon} = \Delta T$ 以及 $\dfrac{dy_T}{d\varepsilon} = \Delta y_T$。）

根据式（7.24）和式（7.25）中的 u 和 y 表达式，我们可以把 $\mathscr{V}$ 用 ε 表示，所以我们可以再次使用一阶条件 $d\mathscr{V}/d\varepsilon = 0$。新版本的 $\mathscr{V}$ 为

$$\mathscr{V} = \int_0^{T(\varepsilon)} \{ H[t, y^* + \varepsilon q(t), u^* + \varepsilon p(t), \lambda] + \dot{\lambda}[y^* + \varepsilon q(t)] \} dt$$
$$- \lambda(T) y_T + \lambda(0) y_0 \tag{7.27}$$

第4步 我们现在使用条件 $d\mathscr{V}/d\varepsilon = 0$。在微分过程中，根据式（2.11）可知，积分项产生了导数

$$\int_0^{T(\varepsilon)} \left\{ \left[\frac{\partial H}{\partial y} q(t) + \frac{\partial H}{\partial u} p(t) \right] + \dot{\lambda} q(t) \right\} dt + [H + \dot{\lambda} y]_{t=T} \frac{dT}{d\varepsilon} \tag{7.28}$$

式（7.27）中第二项关于 ε 的导数来自积法则

$$-\lambda(T) \frac{dy_T}{d\varepsilon} - y_T \frac{d\lambda(T)}{dT} \frac{dT}{d\varepsilon} = -\lambda(T) \Delta y_T - y_T \dot{\lambda}(T) \Delta T \quad (\text{根据式}(7.26)) \tag{7.29}$$

另一方面，在微分过程中，式（7.27）中的 $\lambda(0) y_0$ 项目变为零，消失了。因此，$d\mathscr{V}/d\varepsilon$ 是式（7.28）与式（7.29）之和。然而，在加总这两个式子时，我们注意到式（7.28）中的一个成分可以改写为：

$$[\dot{\lambda} y]_{t=T} \frac{dT}{d\varepsilon} = \dot{\lambda}(T) y_T \Delta T \quad (\text{根据式}(7.26))$$

因此，当式（7.28）与式（7.29）的加和等于零时，一阶条件（在整理之后）变为

$$\frac{d\mathscr{V}}{d\varepsilon} = \int_0^T \left[\left(\frac{\partial H}{\partial y} + \dot{\lambda} \right) q(t) + \frac{\partial H}{\partial u} p(t) \right] dt$$
$$+ [H]_{t=T} \Delta T - \lambda(T) \Delta y_T = 0 \tag{7.30}$$

这个导数由三部分构成，每一部分都含有任意项，但这些任意项都不同：积分项含有任意扰动曲线 $p(t)$ 和 $q(t)$，而其他两项分别涉及任意的 ΔT 和 Δy_T。因此，为了满

足式（7.30），对于这三个部分，我们需要令每个部分都等于零。令积分项等于零，我们可以得到两个条件：

$$\dot{\lambda}=-\frac{\partial H}{\partial y} \quad 和 \quad \frac{\partial H}{\partial u}=0$$

第一个式子是共态变量 λ 的**运动方程**或简称为**共态方程**。第二个式子代表更弱版本的"MaxH"条件，这里的更弱是指这个式子基于下列假设之上：H 关于 u 可微，并且有内部解。由于最简单的问题有固定不变的 T 和自由的 y_T，因此式（7.30）中的 ΔT 自动等于零，但 Δy_T 不是。为了使 $-\lambda(T)\Delta y_T$ 这个表达式等于零，我们必须施加限制

$$\lambda(T)=0$$

这解释了式（7.5）中的横截条件。

注意，尽管在第 2 步中由于 $\lambda(t)$ 路径对目标泛函的值没有影响而被忽略，但现在它又起作用了。我们看到，为了让最大值原理运行，$\lambda(t)$ 路径不是任意选择的，而是必须遵守事前给定的运动方程，而且如果问题有自由终止状态，那么它的终止值必须为零。

7.4 其他终止条件

如果终止条件不是垂直终止线而是其他情形，最大值原理将会出现什么结果？一般答案是式（7.5）中的前三个条件仍成立，但横截条件将是另外一些形式。

□ 固定终止点

伴随固定终止点（终止状态固定且终止时间固定）的问题没有资格成为最优控制理论中的"简单"问题，原因在于指定固定终止点的做法使得控制变量 u 的"任意"扰动曲线 $p(t)$ 这种说法变得不靠谱。如果假设 $u^*(t)$ 路径的扰动，通过运动方程 $y=f(t, y, u)$ 产生了 $y^*(t)$ 路径的相应扰动，而且这个扰动必须在预先设定的终止状态上结束，那么扰动曲线 $p(t)$ 不是真正任意的。于是，问题出现了：我们是否还能从式（7.30）推导出条件 $\partial H/\partial u=0$?

幸运的是，最大值原理的有效性不受 $p(t)$ 的上述任意性问题的影响。然而，为简单起见，我们不打算证明这一点。对于我们的目的来说，我们只要说明，给定固定终止点，横截条件被下列条件替代即可：

$$y(T)=y_T \quad (T, y_T \text{ 给定})$$

□ 水平终止线 （也称为 "固定端点问题"）

如果问题伴随着水平终止线（终止时间自由但"端点"固定，这意味着终止状态固定），那么 y_T 是固定的（$\Delta y_T=0$），但 T 不是固定的（ΔT 为任意的）。根据式（7.30）中的第二项和第三项可知，这种情形的横截条件为

$$[H]_{t=T}=0 \tag{7.31}$$

汉密尔顿函数在最优终止时间上必定实现零值。但 T 时的 λ 值不受限制。

□ 终止曲线

在终止曲线 $y_T = \phi(T)$ 主宰了终止点的选择的情形下，ΔT 和 Δy_T 都不是任意的，但二者通过关系 $\Delta y_T = \phi'(T)\Delta T$ 联系在一起。使用这个关系消去 Δy_T，我们可以将式（7.30）中的最后两项合并为仅涉及 ΔT 的一项：

$$[H]_{t=T}\Delta T - \lambda(T)\phi'(T)\Delta T = [H-\lambda\phi']_{t=T}\Delta T$$

由此可知，对于任意的 ΔT，横截条件应该为

$$[H-\lambda\phi']_{t=T}=0 \tag{7.32}$$

□ 截断垂直终止线

现在考虑下列情形：终止时间 T 固定，但终止状态自由可变，仅受制于约束 $y_T \geqslant y_{\min}$，其中 $y_{\min}$ 表示 y 的给定最小水平。

在最优解中，只有两类结果是可能的：$y_T^* > y_{\min}$，或 $y_T^* = y_{\min}$。在前一个结果中，终止时的限制自动得以满足。因此，这将适用伴随常规垂直终止线问题的横截条件：

$$\lambda(T)=0 \qquad \text{对于 } y_T^* > y_{\min} \tag{7.33}$$

在另外一个结果即 $y_T^* = y_{\min}$ 中，由于终止时的限制是束紧的（binding），因此可行相邻路径仅包括终止状态满足 $y_T \geqslant y_{\min}$ 的路径。如果我们计算 $t=T$ 时的式（7.25）并且令 $y_T^* = y_{\min}$，那么我们有

$$y_T = y_{\min} + \varepsilon q(T)$$

假设在扰动曲线 $q(t)$ 上 $q(t) > 0$[1]，那么 $y_T \geqslant y_{\min}$ 这个要求将规定 $\varepsilon \geqslant 0$。然而，根据库恩-塔克（Kuhn-Tucker）条件可知，对于我们的最大化问题，$\varepsilon \geqslant 0$ 将使得一阶条件 $dV/d\varepsilon = 0$ 变为 $dV/d\varepsilon \leqslant 0$。[2] 由此可知，式（7.30）现在将产生下列不等式横截条件

$$-\lambda(T)\Delta y_T \leqslant 0$$

与此同时，根据式（7.26）可知，给定 $\varepsilon \geqslant 0$，$y_T \geqslant y_{\min}$ 这个要求（在当前情形下，它等价于 $y_T \geqslant y_T^*$）意味着 $\Delta y_T \geqslant 0$。因此，上面的不等式横截条件变为

$$\lambda(T) \geqslant 0 \qquad \text{对于 } y_T^* = y_{\min} \tag{7.34}$$

合并式（7.33）和式（7.34）并且去掉星号（即 *），我们最终可以写出一个综合性的横截条件：

---

[1] 这个假设不会影响我们此处推导过程的最终结果。

[2] 库恩-塔克条件的解释可参见 Alpha C. Chiang, *Fundamental Methods of Mathematical Economics*，3d ed.，McGraw-Hill，New York，1984，Sec. 21.2。

$$\lambda(T) \geqslant 0, \quad y_T \geqslant y_{\min}, \quad (y_T - y_{\min})\lambda(T) = 0 \tag{7.35}$$

注意，（7.35）中的最后一部分类似库恩-塔克条件中的补充—松弛条件。与变分法中伴随截断垂直终止线的类似问题一样，在实践应用中，式（7.35）没有看上去那么复杂。我们可以首先从条件 $\lambda(T) = 0$ 入手，验证相应的 y_T^* 值是否满足终止时的限制 $y_T^* \geqslant y_{\min}$。如果满足，问题得解。如果不满足，我们可以令 $y_T^* = y_{\min}$ 以便满足补充—松弛条件，并将问题视为一个伴随给定终止点的问题。

□ **截断水平终止线**

令终止状态固定，但终止时间 T 自由可变，只不过 T 要满足 $T^* \leqslant T_{\max}$，其中 $T_{\max}$ 是 T 的可行最大值，这是预先设定好的截止期限。于是在最优解中要么 $T^* < T_{\max}$，要么 $T^* = T_{\max}$。

在前面这个结果中，终止时的限制不是束紧的，伴随常规水平终止线的横截条件仍成立：

$$[H]_{t=T} = 0 \quad 对于 \ T^* < T_{\max} \tag{7.36}$$

然而，如果 $T^* = T_{\max}$，那么这意味着所有可行相邻 y 路径的终止时间必须满足 $T \leqslant T_{\max}$。与截断垂直终止线情形的结果式（7.34）类似，我们也可以得到横截条件：

$$[H]_{t=T} \geqslant 0 \quad 对于 \ T^* = T_{\max} \tag{7.37}$$

合并式（7.36）和式（7.37）并且去掉星号（即 $*$），我们可得到综合性的横截条件：

$$[H]_{t=T} \geqslant 0, \quad T \leqslant T_{\max}, \quad (T - T_{\max})[H]_{t=T} = 0 \tag{7.38}$$

例 1

$$\mathrm{Max}V = \int_0^1 -u^2 dt$$

s. t.

$$\dot{y} = y + u$$
$$y(0) = 1, \ y(1) = 0$$

由于这个问题伴随着固定端点，因此我们不需要横截条件。

第 1 步 由于汉密尔顿函数为非线性的：

$$H = -u^2 + \lambda(y + u)$$

而且由于 u 不受约束，因此我们可以使用一阶条件

$$\frac{\partial H}{\partial u} = -2u + \lambda = 0$$

这产生了解 $u = \lambda/2$，或更准确地，

$$u(t) = \frac{1}{2}\lambda(t) \tag{7.39}$$

由于 $\partial^2 H/\partial u^2=-2$ 为负，这个 $u(t)$ 解的确使得 H 最大而不是最小。然而，由于这个解是以 $\lambda(t)$ 表达的，因此，在确定 $u(t)$ 之前，我们必须找到 $\lambda(t)$ 路径。

第 2 步　根据共态运动方程

$$\dot{\lambda}=-\frac{\partial H}{\partial y}=-\lambda$$

我们得到了通解

$$\lambda(t)=ke^{-t}\quad(k\text{ 为任意的})\tag{7.40}$$

为了确定任意常数，我们可能希望求助于边界条件，然而遗憾的是，对于固定终止点问题来说，这些条件与 y 有关而不是与 λ 有关。因此，我们必须考察 y 的解路径。

第 3 步　y 的运动方程为 $\dot{y}=y+u$。使用式（7.39）和式（7.40），我们可以把这个方程改写为 $\dot{y}=y+\frac{1}{2}ke^{-t}$，或者

$$\dot{y}-y=\frac{1}{2}ke^{-t}$$

这是一个伴随可变系数和可变项的一阶线性微分方程，它属于 $dy/dt+u(t)y=w(t)$ 这种方程类型，在这里 $u(t)=-1$，$w(t)=\frac{1}{2}ke^{-t}$。查标准表可知，它的解为：[1]

$$
\begin{aligned}
y(t) &= e^{-\int-1dt}\left(c+\int\frac{1}{2}ke^{-t}e^{\int-1dt}dt\right)\\
&= e^{t}\left(c+\int\frac{1}{2}ke^{-t}e^{-t}dt\right)\\
&= e^{t}\left(c-\frac{1}{4}ke^{-2t}\right)\\
&= ce^{t}-\frac{1}{4}ke^{-t}\quad(c\text{ 为任意的})
\end{aligned}\tag{7.41}
$$

第 4 步　现在我们可以直接使用边界条件 $y(0)=1$ 和 $y(1)=0$，由此可得 c 和 k 的具体值：

$$c=\frac{1}{1-e^2},\quad k=\frac{4e^2}{1-e^2}$$

因此，将它们代入式（7.41）、式（7.40）和式（7.39），可得到下列三个最优路径的定解：

$$y^*(t)=\frac{1}{1-e^2}e^t-\frac{e^2}{1-e^2}e^{-t}$$

$$\lambda^*(t)=\frac{4e^2}{1-e^2}e^{-t}\quad\text{以及}\quad u^*(t)=\frac{2e^2}{1-e^2}e^{-t}$$

---

[1]　参见 Alpha C. Chiang, *Fundamental Methods of Mathematical Economics*，3d ed.，McGraw-Hill，New York，1984，Sec. 14.3。在使用积分表计算积分时，当积分常数可以纳入另外一个常数时，我们将积分常数省略。或者，我们可以分别找到补充函数以及特解，然后将它们合在一起。对于伴随可变项的微分方程来说，我们可以通过待定系数法来求特解（参见上书 15.6 节）。

在这个问题中，我们寻找 $u^*(t)$、$y^*(t)$ 和 $\lambda^*(t)$ 的过程绕来绕去，不像最优控制的最简单的问题类型那么直接。这是因为在最简单的问题中，横截条件 $\lambda(T)=0$ 可能让我们在早期阶段就得到共态路径 $\lambda^*(t)$ 的定解，但固定终止点问题不允许我们在解过程的最终阶段之前使用边界条件 $y(0)$ 和 $y(T)$。

例2 我们再次考虑上面的例子，现在我们将终止条件 $y(1)=0$ 替换为下列限制条件：

$$T=1, \quad y(1)\geqslant 3$$

于是，这个问题伴随着截断垂直终止线，相应的横截条件为式（7.35）。我们首先把它当作垂直终止线**不是**截断的情形来求解。如果 $y^*(1)$ 大于等于 3，那么问题得解；否则，我们将令 $y(1)=3$，然后再来求这个问题的解。

第1步 汉密尔顿函数与例1的相同，控制变量的解仍为

$$u(t)=\frac{1}{2}\lambda(t) \quad （根据式(7.39)） \tag{7.42}$$

第2步 尽管 λ 的通解仍为

$$\lambda(t)=ke^{-t} \quad （根据式(7.40)） \tag{7.43}$$

然而现在我们可使用横截条件 $\lambda(T)=0$ 或 $\lambda(1)=0$ 来确定任意常数。结果为 $k=0$，因此，

$$\lambda^*(t)=0 \tag{7.43'}$$

于是，根据式（7.42）可知

$$u^*(t)=0 \tag{7.44}$$

第3步 根据 y 的运动方程，可知

$$\dot{y}=y+u=y \quad （根据式(7.44)）$$

这个微分方程的通解为

$$y(t)=ce^t$$

根据初始条件 $y(0)=1$ 可知 $c=1$。因此，最优状态路径为

$$y^*(t)=e^t \tag{7.45}$$

第4步 现在仅剩下验证式（7.45）是否满足终止时的限制。固定终止时间 $T=1$ 时，由式（7.45）可得 $y^*(1)=e$。遗憾的是，这个结果违背了终止时的限制 $y(1)\geqslant 3$。因此，为了满足横截条件式（7.35），我们现在必须令 $y(1)=3$，并且将问题视为伴随固定终止点的问题来求解。注意，终止时的限制为 $T=1$，$y(1)\geqslant 2$，于是，式（7.45）是一个解。

例3

$$\mathrm{Max}\, V = \int_0^T -1dt$$

s. t.

$$\dot{y}=y+u$$
$$y(0)=5, y(T)=11, T\,自由, u(t)\in[-1,1]$$

这个例子说明了伴随水平终止线的问题。另外，它还说明了所谓的**时间最优问题**（time-optimal problem）类型。这种问题的任务是以最短时间实现预先设定的目标。这种问题的时间最优性质反映在目标泛函上：

$$\int_0^T -1 dt = [-t]_0^T = -T$$

显然，使得这个积分**最大**就要使得 T **最小**。

第 1 步 构建汉密尔顿函数

$$H = -1 + \lambda(y+u) \tag{7.46}$$

由于这个 H 函数关于 u 为线性的，因此 $\partial H/\partial u = 0$ 条件不可用。另外，由于控制变量被限定于闭区间 $[-1, 1]$，因此我们可以预期任何时点上的 u 的最优值将是个边界值，要么为 -1 要么为 1。具体地说，如果 $\lambda > 0$（这意味着 H 是 u 的递增函数），那么 $u^* = 1$（上界）；然而，如果 $\lambda < 0$，那么 $u^* = -1$。作为第三种可能性，如果在某个时点上，$\lambda = 0$，那么汉密尔顿函数对 u 画出的图形就是一条水平线，而且在这个时点上，u^* 变为未定的。u^* 与 λ 的这种关系可用所谓的**符号函数**（signum function）描述，这种函数（记为 sgn）的定义为：

$$y = \operatorname{sgn} x \Leftrightarrow y = \begin{Bmatrix} 1 \\ \text{未定} \\ -1 \end{Bmatrix}, \text{若 } x \begin{Bmatrix} > \\ = \\ < \end{Bmatrix} 0 \tag{7.47}$$

注意，如果 y 是 x 的符号函数，那么 y（如果已定）只能取两个值（即 1 和 -1）中的一个，而且 y 的**值**仅取决于 x 的**符号**（而不是大小）。

应用到当前问题，这个函数变为

$$u^* = \operatorname{sgn} \lambda \quad \text{或} \quad u^* = \begin{Bmatrix} 1 \\ -1 \end{Bmatrix}, \text{若 } \lambda \begin{Bmatrix} > \\ < \end{Bmatrix} 0 \tag{7.48}$$

再一次地，我们发现在确定 u 之前必须先确定 λ。

第 2 步 根据式（7.46）可知，共态变量的运动方程为

$$\dot{\lambda} = -\frac{\partial H}{\partial y} = -\lambda$$

积分可得

$$\lambda(t) = ke^{-t} \quad （k \text{ 为任意的}） \tag{7.49}$$

在这个结果中，$\lambda(t)$ 是一个指数，因此它只能取唯一一种代数符号——常数 k 的符号。因此，我们可以去掉 $k=0$，从而去掉对于所有 t 都有 $\lambda(t)=0$ 的情形（在这里，该情形事实上不会发生），u^* 必定是确定而不是未定的，而且只取一种符号——不仅如此，它还只取一个常数值——这与符号函数一致。由于这个原因，尽管在当前的例子中，汉密尔顿函数关于控制变量 u 的线性性质导致了边界解，但并未出现碰碰解现象。

k 的符号信息蕴涵在横截条件 $[H]_{t=T}=0$ 之中。使用式（7.46）中的 H、式（7.49）中的 λ 以及终止条件 $y(T)=11$，我们可以将横截条件写为

$$-1+ke^{-T}(11+u^*)=0$$

由于 u^* 要么为 1 要么为 -1，因此（$11+u^*$）这个量必定像 e^{-T} 一样为正。因此，为了满足这个条件，k 必须为正。于是，由此可知对于所有 t，$\lambda(t)>0$，而且

$$u^*(t)=1 \tag{7.50}$$

第 3 步 由于对于所有 t，$u^*=1$，我们可以将状态变量的运动方程 $\dot y=y+u$ 表示为

$$\dot y-y=1$$

这是一个伴随常数系数和常数项的一阶微分方程，它的一般形式为 $dy/dt+ay=b$，在这里 $a=-1$，$b=1$。它的定解给出了最优 y 路径[①]

$$
\begin{aligned}
y^*(t) &=\left[y(0)-\frac{b}{a}\right]e^{-at}+\frac{b}{a}\\
&=6e^t-1 \quad [y(0)=5]
\end{aligned} \tag{7.51}
$$

第 4 步 我们已经得到了最优控制路径 $u^*(t)$ 和最优状态路径 $y^*(t)$，现在我们寻找 $\lambda^*(t)$。对此，我们先返回到横截条件 $[H]_{t=T}=0$ 来确定常数 k 的值。根据式（7.50）和式（7.51）可知，横截条件现在变为

$$-1+ke^{-T}(6e^T-1+1)=0 \quad \text{或} \quad 6k=1$$

因此 $k=1/6$。将这个结果代入式（7.49）即可得到最优 λ 路径

$$\lambda^*(t)=\frac{1}{6}e^{-t} \tag{7.52}$$

第 5 步 式（7.50）、式（7.51）和式（7.52）中的三个最优路径基本描述了当前问题，唯独还缺 T^* 值。为了计算 T^* 值，我们回忆一下，终止状态值被规定为 $y(T)=11$。另外，我们在前面已得到了 $y^*(t)$ 路径。把这两个条件结合起来可知 $11=6e^T-1$，或 $e^T=2$。因此，

$$T^*=\ln 2(\simeq 0.693\,1)$$

各个变量的最优路径容易画出。我们将这个任务留给读者完成。

□ 自控问题的汉密尔顿函数的不变性

我们上面讨论的所有例子都有相同的特征——问题都是"自控的"；也就是说，被积函数 F 与运动方程中的 f 都不显含自变量 t。这个特征的一个重要结果是最优汉密尔顿函数——沿着 y，u 和 λ 的最优路径考察的汉密尔顿函数——有不随时间改变的常数值。

为了看清这一点，我们考察一般形式的汉密尔顿函数 $H(t,y,u,\lambda)$ 的时间导数：

$$\frac{dH}{dt}=\frac{\partial H}{\partial t}+\frac{\partial H}{\partial y}\dot y+\frac{\partial H}{\partial u}\dot u+\frac{\partial H}{\partial\lambda}\dot\lambda$$

[①] 这个解式的推导可参见 Alpha C. Chiang, *Fundamental Methods of Mathematical Economics*，3d ed.，McGraw-Hill，New York，1984，Sec. 14.1。

动态最优化基础

当 H 实现最大化时，我们有 $\partial H/\partial u=0$（对于内部解）或 $\dot{u}=0$（对于边界解）。因此，上式右侧第三项变为零，消失了。另外，最大值原理也规定 $\dot{y}=\partial H/\partial\lambda$ 以及 $\dot{\lambda}=-\partial H/\partial y$。因此，上式右侧第二项与第四项相互抵消。最后的结果是，沿着所有变量的最优路径的汉密尔顿函数 H^* 满足方程

$$\frac{dH^*}{dt}=\frac{\partial H^*}{\partial t} \tag{7.53}$$

这个结果具有一般性，它对于自控和非自控问题都成立。

在自控问题这种特殊情形下，由于函数 F 与 f 都不显含自变量 t，所以汉密尔顿函数也必定不包含自变量 t。因此，我们有 $\partial H^*/\partial t=0$，因此

$$\frac{dH^*}{dt}=0 \quad 或 \quad H^*=常数 \quad （对于自控问题） \tag{7.54}$$

对于伴随水平终止线的自控问题来说，这个结果比较实用。一般来说，我们通常预期横截条件 $[H]_{t=T}=0$ 仅在终止时间成立。然而，如果汉密尔顿函数在最优解中是个常数，那么对于所有 t 它必须等于零，从而横截条件适用于任何时点。

例如，在例 3 中，我们发现

$$H^*=-1+\lambda^*(y^*+u^*)=-1+\frac{1}{6}e^{-t}(6e^t-1+1)=0$$

$H^*=0$ 对于所有 t 都成立，这说明了横截条件的确对所有时点都成立。

习题 7.4

1. 求出下列问题的最优控制路径、最优状态路径和最优共态路径：

$$\text{Max}\int_0^T -(t^2+u^2)dt$$

s. t.

$$\dot{y}=u$$
$$y(0)=4,\ y(T)=5,\ T\ 自由$$

2. 求出下列问题的最优控制路径、最优状态路径和最优共态路径：

$$\text{Max}\int_0^4 3ydt$$

s. t.

$$\dot{y}=y+u$$
$$y(0)=5, y(4)\geqslant 300$$
$$0\leqslant u(t)\leqslant 2$$

3. 在 ty 平面上，我们希望从初始点 $(0,8)$ 尽快实现终止状态值 $y(T)=0$。假设 $dy/dt=2u$，控制集为闭区间 $[-1,1]$，构建并解出这个问题。

4. 求出下列问题的最优控制路径和相应的最优状态路径，该问题为：使得原点 $(0,0)$ 到终止曲线 $y(T)=10-T^2$（其中 $T>0$）的距离最短。画出终止曲线和 $y^*(t)$ 路径。

5. 证明横截条件式 (7.37) 适用于伴随截断水平终止线的问题。

7.5　变分法与最优控制理论的比较

先前，我们在式（7.2）与式（7.2′）中已说明简单最优控制问题可以转化为变分法的等价问题。你可能想知道，对于这样的问题，最大值原理要求的最优条件也等价于变分法要求的最优条件吗？答案是肯定的。

对于问题式（7.2），汉密尔顿函数为

$$H = F(t, y, u) + \lambda u \tag{7.55}$$

假设这个函数关于 u 可微，根据最大值原理，我们可以列出下列条件：

$$\frac{\partial H}{\partial u} = F_u + \lambda = 0$$

$$\dot{y} = \frac{\partial H}{\partial \lambda} = u$$

$$\dot{\lambda} = -\frac{\partial H}{\partial y} = -F_y \tag{7.56}$$

$$\lambda(T) = 0$$

式（7.56）中的第一个方程可以改写为 $\lambda = -F_u$。然而，根据第二个方程，它可以再次被改写为

$$\lambda = -F_{\dot{y}} \tag{7.57}$$

把式（7.57）对 t 微分，可得

$$\dot{\lambda} = -\frac{d}{dt} F_{\dot{y}}$$

然而，式（7.56）中的第三个方程给出了 $\dot{\lambda}$ 的另外一个表达式。令这两个表达式相等，可得

$$F_y - \frac{d}{dt} F_{\dot{y}} = 0$$

这与欧拉方程（2.18）相同。

当汉密尔顿函数关于 u 最大化时，条件 $\partial H / \partial u$ 应该伴随着二阶必要条件 $\partial^2 H / \partial u^2 \leqslant 0$。对式（7.56）中的 $\partial H / \partial u$ 表达式继续微分，可得

$$\frac{\partial^2 H}{\partial u^2} = F_{uu} = F_{\dot{y}\dot{y}} \leqslant 0$$

这当然是勒让德必要条件。因此，最大值原理与变分法的条件完美一致。

现在，我们考察横截条件。对于伴随垂直终止线的控制问题来说，横截条件为 $\lambda(T) = 0$。然而，根据式（7.57），这可以写为 $[-F_{\dot{y}}]_{t=T} = 0$，或者，等价地，

$$[F_{\dot{y}}]_{t=T}=0$$

再一次地,这正是变分法给出的横截条件式 (3.10)。

对于伴随水平终止线的问题来说,最优控制横截条件为 $[H]_{t=T}=0$。根据式 (7.55),这意味着 $[F+\lambda u]_{t=T}=0$。然而,如果我们再次使用式 (7.56),并用 $\dot{y}$ 代替 u 之后,我们可将这个条件变为

$$[F-F_{\dot{y}}\dot{y}]_{t=T}=0$$

除了符号上的微小不同之外,这正是变分法给出的横截条件式 (3.11)。

可以证明,对于伴随终止曲线 $y_T=\phi(T)$ 的问题,最优控制理论下的横截条件可以转变为变分法下的相应条件,反之亦然。然而,我们将这个证明任务留给读者完成。

7.6 政治型经济周期

最大值原理在经济问题中应用的文献在 1965—1975 年间大量涌出。这种方法已比较常见。它的应用范围很广泛,从宏观和微观经济学的标准领域到捕鱼、城市规划、污染控制等议题都能看见它的身影。在本节,我们介绍威廉姆·诺德豪斯(William Nordhaus)模型。[1] 这个有趣的模型说明,在民主社会,执政党由于担心在野党把它赶下台,可能热衷于执行某些经济政策,从而使得失业率和通货膨胀率在每个竞选周期都呈现特定时间模式。在连续不断的竞选周期中,这种模式的重演将表现为一系列完全由政治活动主导的经济周期。

□ 选举函数与菲利普斯权衡

在民主社会,作为控制国家政府的执政党,必须实施能吸引大多数选民的政策,以便在选举中再次获胜。在当前的模型中,我们仅关注**经济**政策,事实上仅关注**两个**经济变量:U(失业率)和 p(通货膨胀率)。由于失业和通货膨胀的不良影响是选民的主要经济顾虑,因此仅关注它们是比较合理的。我们假设选民对 U 和 p 的任何实现值的反应都体现在(总)**选举函数**(vote function)上

$$v=v(U,p) \qquad (v_U<0, v_p<0) \tag{7.58}$$

其中 v 衡量执政党的得票能力。v 关于每个自变量的偏导数都为负,因为较高的 U 值和较高的 p 值都会导致它的选票减少。这个事实反映在图 7—6 中。此图画出了三条**等选票**(isovote)曲线,位置最高的等选票曲线对应着最低的 v。等选票曲线强调了下列事实,即在政治角度上,U 和 p 这两个变量之间存在着权衡。如果执政党因为制造了较高的通货膨胀而惹恼了选民,那么它可以寄希望于通过充分降低失业率来弥补选票损失。

① William D. Nordhaus,"The Political Business Cycle," *Review of Economic Studies*,April 1975,pp. 169– 190.

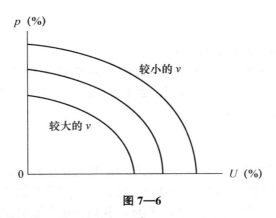

图 7—6

除了政治层面的权衡之外，这两个变量之间也存在着经济层面的权衡——它们通过下列带有预期的菲利普斯关系联系在一起：

$$p = \phi(U) + a\pi \qquad (\phi' < 0, 0 < a \leqslant 1) \tag{7.59}$$

其中 π 表示预期通货膨胀率。我们假设预期（expectations）根据微分方程

$$\dot{\pi} = b(p - \pi) \qquad (b > 0) \tag{7.60}$$

而自适应。

我们现在有三个变量 U，p 和 π。然而，哪个变量应被视为状态变量，哪个应该被视为控制变量？对于一个变量来说，如果它想成为状态变量，那么它必须伴随着给定的运动方程。由于式（7.60）构成了 π 的运动方程，我们可以将 π 视为状态变量。另一方面，变量 U 没有伴随着运动方程。然而，由于 U 可以通过式（7.59）影响 p，然后通过式（7.60）动态地驱动 π，因此我们可以将其作为控制变量。然而，将 U 作为控制变量，我们必须隐含地假设执政党有能力实施它在任何时点选择的任何目标失业率。至于最后一个变量 p，由于式（7.59）表明在任何时点上，一旦我们知道了状态变量和控制变量的值，也就能确定 p 的值。因此，我们不把 p 当作状态变量也不当作控制变量，而是当作 v 那样的变量——它仅是一个关于另外两个变量的函数。

□ 最优控制问题

假设某个政党在 $t = 0$ 时刚刚赢得了选举，而且下一次选举将在 T 年后即 $t = T$ 时举行。于是，执政党一共有 T 年时间来用业绩（或外在表现）打动选民从而得到他们的选票。在区间 $[0, T]$ 的任何时点上，U 和 p 的任何一对现实值 (U, p) 都将决定 v 的一个具体值。v 在不同时点的这种具体值必须进入执政党的目标泛函。但 v 的各个值可能有不同的权重，这取决于它的发生时间。如果选民有较短的集体记忆，从而更容易受到近期事件的影响，那么 $[0, T]$ 后半段的 v 值相对于前半段来说，应该赋予更大的权重。于是，我们可以将执政党的最优控制问题表达为：

动态最优化基础

$$\text{Max} \int_0^T v(U,p)e^{rt}dt$$

s. t.

$$p = \phi(U) + a\pi$$
$$\dot{\pi} = b(p-\pi) \qquad\qquad\qquad\qquad (7.61)$$
$$\pi(0) = \pi_0, \pi(T) \text{ 自由}(\pi_0, T \text{ 给定})$$

稍微评价一下式（7.61）。首先，不同时点的 v 值的赋权体系已被指定为指数函数 e^{rt} 的形式，其中 $r>0$ 表示记忆衰退速度。这个函数表明时点越靠后，被赋予的权重越大。注意，我们这里使用的是 e^{rt}，而不是 e^{-rt}，因此它不是个贴现因子。其次，我们在问题陈述中保留了带有预期的菲利普斯关系。然而，在目前，我们的工具还不足以处理这样的约束条件。幸运的是，通过将该方程代入选票函数和运动方程，我们可以轻松地消去变量 p。于是，作为独立约束的 p 方程消失了。第三，正如边界条件表明的，执政党面对着垂直终止线，这是因为 T（选举时间）是事前确定好的。第四，尽管失业率非负，但我们并未要求控制变量 U 非负。这种做法是一个常用策略，即不施加限制以允许解的多样性。如果结果表明 $U^*(t)$ 对于所有 t 都有经济学上的意义，那么我们不必担心这种做法；然而，当且仅当结果并非如此时，我们才必须修改问题的表达。

正如式（7.61）表明的，我们的问题含有一般形式的函数，因此，它没有定量解。为了定量地解这个问题，诺德豪斯假设了下列具体函数形式：

$$v(U,p) = -U^2 - hp \qquad (h>0) \qquad\qquad (7.62)$$
$$p = (j - kU) + a\pi \qquad (j,k>0, 0<a\leqslant 1) \qquad\qquad (7.63)$$

根据式（7.62）可知，v 的偏导数的确都是负的。在式（7.63）中，我们发现菲利普斯关系 $\phi(U)$ 已被线性化。使用这些特定函数，并且将式（7.63）代入式（7.62）之后，我们现在有了下列具体问题：

$$\text{Max} \int_0^T (-U^2 - hj + hkU - ha\pi)e^{rt}dt$$

s. t.

$$\dot{\pi} = b[j - kU - (1-a)\pi] \qquad\qquad\qquad (7.64)$$
$$\pi(0) = \pi_0, \pi(T) \text{ 自由}(\pi_0, T \text{ 给定})$$

□ 汉密尔顿函数的最大化

汉密尔顿函数为

$$H = (-U^2 - hj + hkU - ha\pi)e^{rt} + \lambda b[j - kU - (1-a)\pi] \qquad\qquad (7.65)$$

把 H 关于控制变量 U 最大化，可得到下列方程：

$$\frac{\partial H}{\partial U} = (-2U + hk)e^{rt} - \lambda bk = 0$$

这意味着控制路径为

$$U(t)=\frac{1}{2}k(h-\lambda be^{-rt})\tag{7.66}$$

由于 $\partial^2 H/\partial U^2 = -2e^{rt}<0$，因此，正如最大值原理要求的，式（7.66）中的控制路径的确在每个时点上都使汉密尔顿函数最大。

注意，λ 出现在 $U(t)$ 解之中，因此我们现在必须寻找 $\lambda(t)$ 路径。

□ 最优共态路径

我们对共态路径的寻找从下列运动方程入手：

$$\dot{\lambda}=-\frac{\partial H}{\partial \pi}=hae^{rt}+\lambda b(1-a)$$

我们可以把其改写为

$$\dot{\lambda}-b(1-a)\lambda=hae^{rt}$$

容易看出，这是一个伴随固定系数和可变项的一阶线性微分方程。使用标准解方法[①]，我们可以找到余函数（complementary function）λ_c 和特解 $\bar{\lambda}$，它们分别为

$$\lambda_c=Ae^{b(1-a)t} \qquad (A\ 为任意的)$$

$$\bar{\lambda}=\frac{ha}{B}e^{rt} \qquad (B\equiv r-b+ab)$$

由此可知 λ 的通解为

$$\lambda(t)=\lambda_c+\bar{\lambda}=Ae^{b(1-a)t}+\frac{ha}{B}e^{rt}\tag{7.67}$$

注意，式（7.67）中的两个常数 A 和 B 在性质上根本不同。B 仅是一个简记符号，因为我们想使符号简化；A 是待定的任意常数。

为了确定 A，我们可以使用垂直终止线问题的横截条件 $\lambda(T)=0$。在式（7.67）中令 $t=T$，使用横截条件，然后求 A，可得 $A=(-ha/B)e^{BT}$。由此可知，定解即最优共态路径为

$$\lambda^*(t)=\frac{ha}{B}\big[e^{rt}-e^{BT+b(1-a)t}\big]$$

□ 最优控制路径

现在我们已找到了 $\lambda^*(t)$，剩下的任务就是把式（7.67′）代入式（7.66）来得到最优控制路径。经过简化的最终结果为

$$U^*(t)=\frac{kh}{2B}\big[(r-b)+bae^{B(T-t)}\big]\tag{7.68}$$

[①] 关于余函数和特解，可参考 Alpha C. Chiang，*Fundamental Methods of Mathematical Economics*，3d ed.，McGraw-Hill，New York，1984 的 14.1 节（余函数）和 15.6 节（特解）。

这是执政党为了 T 年之后赢得选举所应该遵循的控制路径。

这个路径的经济学意义是什么？首先，我们注意到 U^* 是 t 的递减函数。具体地说，我们有

$$\frac{dU^*}{dt} = -\frac{1}{2}khbae^{B(T-t)} < 0 \qquad (7.69)$$

这是因为 k，h，b 和 a 都是正的，指数表达式也是正的。因此，选票最大化的经济政策是，在 $t=0$ 赢得大选时设定高失业水平，然后令失业率在选举周期 $[0，T]$ 平稳下降。事实上，我们能确切确定 $t=0$ 以及 $t=T$ 时的最优失业水平。它们分别为

$$U^*(0) = \frac{kh}{2B}\left[(r-b)+bae^{BT}\right]$$

$$U^*(T) = \frac{kh}{2B}\left[(r-b)+ba\right] = \frac{kh}{2}$$

注意，终止失业水平 $kh/2$ 是一个正的量。而且，由于 $U^*(T)$ 是整个 $U^*(t)$ 路径的最低点，因此对于区间 $[0，T]$ 中的所有 t 值，U^* 的值必定一致为正。这意味着我们故意不对变量 U 施加任何限制的做法，没有对当前情形下 U 的符号造成任何麻烦。然而，为了在经济学上有意义，$U^*(0)$ 必须小于 1，或更现实地，必须小于社会能忍受的最大失业率 $U_{\max}$，其中 $U_{\max} < 1$。除非参数值满足 $U^*(0) \leqslant U_{\max}$，否则我们必须重构模型以纳入 $U(t) \in [0，U_{\max}]$ 这个约束。

图 7—7 画出了典型最优失业路径 $U^*(t)$，在这个图中，我们也画出了类似 $U^*(t)$ 模式在连续大选时区上的重演是如何产生政治型经济周期的。注意，在图 7—7 中，$U^*(t)$ 路径的曲率为凹的，但这不代表事实总是如此。这是因为，通过把式（7.69）对 t 微分，我们可以看到

$$\frac{d^2U^*}{dt^2} = \frac{1}{2}Bkhbae^{B(T-t)} \gtreqqless 0, \qquad 若 B \gtreqqless 0 \qquad (7.70)$$

举例说明。如果 $r=0.03$，$b=0.30$ 以及 $a=0.70$，那么 $B = r-b+ab = -0.06$，$U^*(t)$ 路径是凹的。然而，正的 B 值将使得曲率为凸。而且，随着不同大选期间参数的变化，$U^*(t)$ 路径在连续大选区间的位置和曲率也可能发生变化。然而，政治型经济周期仍将存在。

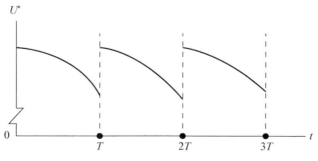

图 7—7

□ **最优状态路径**

控制变量 U 的政治型经济周期趋势也会影响状态变量 π，从而影响实际通货膨胀率 p。最优通货膨胀率的一般模式如下：在每次大选区间开始时，通货膨胀率相对较低，然后一路攀升。换句话说，p^* 的时间模式与 U^* 的时间模式是相反的。但我们在此处不打算深究最优通货膨胀率的实际推导。

最后，我们提醒读者注意，与任何其他模型一样，这个模型的结论与它的假设前提紧密相连。特别地，式（7.62）中的选票函数以及式（7.63）中的带有预期的菲利普斯关系的具体形式的选择，无疑会对最终解产生重要影响。另外，其他的一些假设，例如将式（7.62）中的 $-hp$ 换为 $-hp^2$，很可能导致 $U^*(t)$ 解和 $p^*(t)$ 解发生显著变化。然而，问题的构造也可能变得更加复杂。

习题7.6

1.（a）在诺德豪斯模型中，如果最优控制路径的特征为对于所有 t，$dU^*/dt=0$，结果将是怎样的？

（b）各个参数取什么值时将导致 dU^*/dt 为零？

（c）解释你在（b）中设定参数值的经济学意义。

2. 什么样的参数值除了导致 $dU^*/dt=0$，还会导致 $U^*(t)=0$ 对于所有 t 成立？解释这种结果的经济学意义并说明它的合理性。

3. 参数 r（选民记忆衰退速度）值的变化如何影响 $U^*(t)$ 路径？讨论你的结果的经济学意义。（注意：$B=r-b+ab$。）

4. 在目标函数式（7.64）中去掉 e^{rt} 项，构建新问题。

（a）模仿教材中原问题的求解步骤，求这个问题的解。

（b）通过在原模型结果尤其是式（7.68）和式（7.69）中令 $r=0$ 来验证你的结果。

7.7 能源使用与环境质量

当某个社会面对某种重要的可耗竭资源（例如化石燃料）时，它当然希望公众考虑这种有效资源如何最优配置的问题。我们已在 6.3 节使用变分法讨论了其中一些议题。然而，当今世界公众也密切关注他们生存环境的质量。如果可耗竭化石能源的使用产生了污染，那么能源使用的最优路径是怎样的？我们将用最优控制理论尤其是福斯特（Bruce A. Forster）模型来说明如何解决这种问题。[①]

[①] Bruce A. Forster, "Optimal Energy Use in a Polluted Environment," *Journal of Environmental Economics and Management*，1980，pp. 321-333. 尽管这篇论文给出了三个不同的模型，但在这里我们仅使用第一个，这个模型假设社会使用一种能源而且它产生的污染不是积累的。本教材 8.5 节将讨论另外一个模型，这个模型将污染作为存量变量并涉及两个状态变量。

□ 社会效用函数

令 $S(t)$ 表示任何时点 t 的化石能源的存量，$E(t)$ 表示这种能源在任何时点 t 的开采（和使用）速度。于是，我们有

$$\dot{S} = -E \tag{7.71}$$

能源的使用（以 E 表示）使得商品和服务的生产成为可能，这些商品的消费（以 C 表示）产生了效用，但同时也产生了污染（以 P 表示），从而带来负效用（disutility）。因此，我们不能像本章一开始那样把效用函数写为 $U(E)$，我们的新效用函数应该包含两个自变量，即 $C(E)$ 和 $P(E)$。福斯特把消费函数和污染函数设定为：

$$C = C(E) \qquad (C' > 0, C'' < 0) \tag{7.72}$$
$$P = P(E) \qquad (P' > 0, P'' > 0) \tag{7.73}$$

尽管使用能源对消费的提高速率是递减的，但对污染的增加速率是递增的。在这个特定模型中，为简单起见，作者假设污染不是累积的；也就是说，它是个可以消散的流量，不会形成存量。例如，汽车尾气就是这类污染。

社会效用函数取决于消费和污染：

$$U = U(C, P) \qquad (U_C > 0, U_P < 0, U_{CC} < 0, U_{PP} < 0, U_{CP} = 0) \tag{7.74}$$

注意，$U_C > 0$ 和 $U_{CC} < 0$ 表明消费的边际效用为正但递减。相反，$U_P < 0$ 和 $U_{PP} < 0$ 表明污染的边际效用为负且递减（给定 P 的一定量增加，U_P 可能比如从-2递减为-3）。因此，若用 P 的**边际负效用**（$\equiv -U_P$）表达，$U_{PP} < 0$ 意味着**边际负效用**（marginal disutility）**递增**。

由于 C 和 P 又都取决于 E，因此，在最终的分析中，社会效用仅取决于能源使用——通过消费正向地取决于能源使用，通过污染负向地取决于能源使用。这意味着 C 和 P 都能被替代掉，从而使得 E 成为控制变量的首选。模型中唯一的另外一个变量 S 以导数形式出现在式（7.71）中。由于它是控制变量 E 动态驱动的变量，因此，在这里，S 显然充当状态变量角色。

□ 最优控制问题

如果由能源委员会计划并且制定能源使用变量 E 在既定时区 $[0, T]$ 上的最优时间路径，那么它必须解决的动态最优化问题的形式可能为

$$\text{Max} \int_0^T U[C(E), P(E)]dt$$
$$\text{s. t.} \tag{7.75}$$
$$\dot{S} = -E$$
$$S(0) = S_0, \ S(T) \geqslant 0 \ (S_0, T \text{ 给定})$$

这种特定构造使得被积函数中无须包含贴现因子，这是拉姆齐的传统做法。而且，这种做法给予能源委员会自由选择终止存量 $S(T)$ 的权力，当然这里有个约束即 $S(T)$ 必须非负。由于终止时间固定不变，因此截断垂直终止线刻画了这个问题。由于这个问题的

控制变量 E 和状态变量 S 分别只有一个，因此它的解相对容易求出。

□ 汉密尔顿函数的最大化

汉密尔顿函数

$$H=U[C(E),P(E)]-\lambda E \tag{7.76}$$

涉及非线性微分函数 U，C 和 P。因此，我们想将 H 关于控制变量最大化，只要令它的一阶导数等于零即可：

$$\frac{\partial H}{\partial E}=U_C C'(E)+U_P P'(E)-\lambda=0 \tag{7.77}$$

求解，即可将 E 用 λ 表示。

为了确保式（7.77）使得汉密尔顿函数最大化而不是最小化，我们需要检验 $\partial^2 H/\partial E^2$ 的符号。由于像 U 一样，U_C 和 U_P 也都取决于 E，因此二阶导数为

$$\frac{\partial^2 H}{\partial E^2}=U_{CC}C'^2+U_C C''+U_{PP}P'^2+U_P P''<0$$

（根据式（7.72）、式（7.73）和式（7.74））

它的负号保证了式（7.77）的确使得 H 最大而不是最小。

□ 最优共态路径与最优控制路径

然而，为了从式（7.77）中得到更多关于 E 的信息，我们需要考察 λ 的时间路径。最大值原理告诉我们，λ 的运动方程为

$$\dot{\lambda}=-\frac{\partial H}{\partial S}=0 \qquad 意味着 \qquad \lambda(t)=c（常数） \tag{7.78}$$

为了确定常数 c，我们可以使用横截条件。对于当前问题，由于它伴随着截断垂直终止线，因此这个条件的形式为

$$\lambda(T)\geqslant 0, \quad S(T)\geqslant 0, \quad \lambda(T)S(T)=0 \quad （根据式（7.35）） \tag{7.79}$$

在这类条件的实际应用中，标准做法是先令 $\lambda(T)=0$（即先把终止线视为不是截断的）来考察解是否可行。由于根据式（7.78）可知 $\lambda(t)$ 是个常数，因此，令 $\lambda(T)=0$ 实际上是令 $\lambda(t)=0$ 对于所有 t 成立。

在 $\lambda(t)=0$ 时，式（7.77）变为一个关于单个变量 E 的方程

$$U_C C'(E)+U_P P'(E)=0 \tag{7.80}$$

在理论上，我们可以据此求出最优控制路径。由于这个方程与变量 t 无关，因此它的解不随时间变化而变化，是个常数：

$$E^*(t)=E^* \quad （E^* 为具体的常数） \quad （如果 \lambda^*(t)=0） \tag{7.81}$$

从限制条件 $S(T)\geqslant 0$ 的角度来看，这个解是否可行还不得知，需要验证。

与此同时，我们有必要考察式（7.80）的经济学意义。第一项即 $U_C C'(E)$，衡量 E

（能源使用）的变化如何影响 C（消费）从而最终影响 U（效用）。也就是说，它表示能源使用通过消费效应而产生的边际效用。类似地，$U_P P'(E)$ 表示能源使用通过污染效应而产生的边际负效用。因此，式（7.80）的作用在于指导能源委员会根据能源使用的边际效用和边际负效用相等原则来选择 E^* 值，这类似企业根据MC＝MR 选择产量。

□ 最优状态路径

剩下的任务是验证式（7.81）中的 E^* 解满足 $S(T) \geqslant 0$ 这个限制条件。对此，我们必须找到状态路径 $S(t)$。

由于能源使用是个常数，因此运动方程 $\dot{S} = -E$ 的积分很简单，积分可得

$$S(t) = -Et + k \quad （k \text{ 为任意的}）$$

另外，在上式中令 $t=0$，可知 k 表示初始能源存量 S_0。因此，最优状态路径可写为

$$S^*(t) = S_0 - E^* t \tag{7.82}$$

显然，任何时点的 $S^*(t)$ 都取决于 E^* 的大小。由于我们使用的函数——$U(C, P)$、$C(E)$ 和 $P(E)$ ——都是一般函数，因此我们无法对 E^* 指定具体值或参数表达式。然而，我们仍能定性地分析 $S(T) \geqslant 0$ 这个限制条件。

考虑图 7—8 中 E^* 的三个示例值，其中 $E_1^* < E_2^* < E_3^*$。当能源使用速度为较低的值 E_1^* 时，最优存量 $S^*(t)$ 似乎是一条平缓向下倾斜的直线，使得 $S^*(T)$ 为正。另一方面，如果情形为较高的能源使用速度 E_2^* 时，能源存量在 $t=T$ 时降低到零。即使这样，能源委员会仍位于它的给定的权力界限内。然而，若情形为 E_3^*，这意味着能源禀赋过早耗尽，这显然违背了 $S(T) \geqslant 0$ 这个规定。因此，如果在式（7.81）中的 E^* 解为 E_1^* 或 E_2^*，那么式（7.79）中的横截条件得到满足，问题得解。然而，如果 E^* 的解为 E_3^*，那么我们必须令 $S(T)=0$，从而将这个问题作为伴随给定终止点的问题来求解。在这种情形下，我们可以直接从式（7.82）中找到 E^* 值，只要我们令 $t=T$ 以及 $S(T)=0$ 即可：

$$E^* = \frac{S_0}{T} \quad （\text{如果式}(7.81)\text{违背了 } S^*(T) \geqslant 0） \tag{7.83}$$

这个新的 E^* 可用图 7—8 中的 E_2^* 说明。

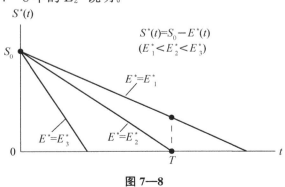

图 7—8

这个模型的一个显著特征是，最优能源使用速度 E^* 不随时间变化而变化，是个常数。不管终止存量限制 $S(T) \geqslant 0$ 起作用（例如式（7.83）的情形）还是不起作用（例如式（7.81）的情形），E^* 都是个常数。这个特殊的结果源于模型的哪个假设？答案在于这里没有贴现因子。如果引入了贴现因子（参见习题 7.7 的问题 3），那么在 $\lambda^*(t) > 0$ 的情形下，E^* 路径将是下降的。然而，在 $\lambda^*(t) = 0$ 的情形下，E^* 仍固定不变。

习题 7.7

1. 假设式（7.80）的解为 E_3^*。由于 E_3^* 不满足限制条件 $S(T) \geqslant 0$，因此能源委员会被迫选择较低的能源使用速度 E_2^*。

(a) E_3^* 满足"边际效用＝边际负效用"规则吗？

(b) E_2^* 满足"边际效用＝边际负效用"规则吗？如果不满足，那么 E_2^* 使得"边际效用 ＜ 边际负效用"还是"边际效用 ＞ 边际负效用"？请解释。

2. 令福斯特模型中的终止条件由 $S(T) \geqslant 0$ 变为 $S(T) \geqslant S_{\min} > 0$。在这种情形下，我们如何修改图 7—8 才能让其说明 E_1^* 导致 $S(T) > S_{\min}$，E_2^* 导致 $S(T) = S_{\min}$，以及 E_3^* 导致 $S(T) < S_{\min}$？

3. 假设能源委员会决定在目标泛函中引入贴现因子 $e^{-\rho t}$。

(a) 写出新的汉密尔顿函数，找到使得这个新函数最大的解。

(b) 考察最优共态路径。你能仍像式（7.78）那样得到常数 λ 路径吗？

(c) 如果横截条件 $\lambda(T) = 0$ 可行，那么在问题（a）中，汉密尔顿的最大化条件是什么？这个条件能否简化为式（7.80）？在这种情形下，你能对 E^* 下个结论吗？

(d) 如果横截条件现在变为 $\lambda(T) > 0$ 且 $S(T) = 0$，那么在问题（a）中，汉密尔顿的最大化条件是什么？找到导数 dE/dt 并且推导出该情形下 $E^*(t)$ 路径的时间模式。

第 8 章

关于最优控制理论的更多讨论

为了更好地掌握数学方法与结果，最好能理解它们背后的经济学含义。因此，我们现在打算通过理解最大值原理施加的各个条件的经济学意义来巩固对它的理解。在此之后，我们将讨论最优控制理论的其他议题，例如当前值汉密尔顿函数、凹性充分条件以及伴随多个状态和控制变量的问题。

8.1 最大值原理的一种经济学解释

罗伯特·多夫曼（Robert Dorfman）在其一篇著名论文中指出，最大值原理的每一部分都可以赋予简单而迷人的经济学解释，因此在常识角度上，每个条件变得合理起来。[①] 本节主要依赖这篇文章。

假设某个企业希望使得它在时间区间 $[0，T]$ 上的利润最大。状态变量只有一个，即资本存量 K。只有一个控制变量 u，表示企业在每个时点作出的某种经济决策（例如广告预算或存货政策）。企业在时点 0 开始运行，此时的资本为 K_0，但终止资本存量未定。在任何时点，企业利润 π 取决于它当前持有的资本 K 以及它当前选择的政策 u。因此，它的利润函数为 $\pi(t，K，u)$。然而，政策选择 u 也会影响资本 K 的变化速度；也就是说，$\dot{K}$ 受 u 影响。由此可知，最优控制问题为

$$\text{Max} \ \Pi = \int_0^T \pi(T,K,u)dt$$

s. t.

$$\dot{K} = f(t,K,u)$$

$$K(0) = K_0，K(T) \text{自由}(K_0,T \text{给定})$$

(8.1)

---

① Robert Dorfman，"An Economic Interpretation of Optimal Control Theory," *American Economic Review*，December 1969，pp. 817−831.

□ 作为影子价格的共态变量

最大值原理对三类变量施加了条件：控制变量、状态变量和共态变量。控制变量 u 和状态变量 K 已经有了自己的经济学意义。那么共态变量 λ 呢？

正如前面章节指出的，λ 在本质上是个拉格朗日乘子，因此，它应该有影子价格的意思。为了看清这一点，我们修改一下式（7.22′）以适用当前情形，代入最优路径或所有变量值，可得

$$\Pi^* = \int_0^T \left[H(t, K^*, u^*, \lambda^*) + K^*(t)\dot{\lambda}^* \right] dt - \lambda^*(T)K^*(T) + \lambda^*(0)K_0$$

对 Π^* 关于（给定）初始资本和（最优）终止资本求偏导，可得：

$$\frac{\partial \Pi^*}{\partial K_0} = \lambda^*(0) \quad \text{和} \quad \frac{\partial \Pi^*}{\partial K^*(T)} = -\lambda^*(T) \tag{8.2}$$

因此，$\lambda^*(0)$ 这个最优初始共态值衡量最优总利润 Π^* 对给定初始资本的敏感度。如果我们有额外（无穷小的）一单位初始资本，Π^* 将增加 $\lambda^*(0)$。因此，$\lambda^*(0)$ 可以视为一单位初始资本的估算价值或影子价格。式（8.2）中第二个偏导数，即最优共态路径的终止值 $\lambda^*(T)$，是 Π^* 关于最优终止资本存量的变化速度的**相反数**。如果我们想在计划期结束时多保留一单位（少用一单位）资本存量，那么总利润必须减少 $\lambda^*(T)$。因此，再一次地，$t = T$ 时的 λ^* 值衡量一单位终止资本存量的影子价格。

于是，一般地，任何 t 时的 $\lambda^*(t)$ 都是该特定时点的影子价格。然而，为了让这个解释可行，我们必须将拉格朗日乘子表达式写为 $\lambda(t)[f(t, K, u) - \dot{K}]$ 而不是 $\lambda(t)[\dot{K} - f(t, K, u)]$。否则，$\lambda^*$ 将变为 K 的影子价格的**相反数**。

□ 汉密尔顿函数与利润前景

问题式（8.1）的汉密尔顿函数为

$$H = \pi(t, K, u) + \lambda(t) f(t, K, u) \tag{8.3}$$

右侧第一项就是时点 t 的利润函数，这个函数基于当前资本和当前政策。我们可以将其视为"对应于当前政策 u 的当前利润"。在右侧第二项，函数 $f(t, K, u)$ 表示（实物）资本的变化速度 $\dot{K}$，它对应于当前政策 u，但当函数 f 乘以影子价格 $\lambda(t)$ 时，它就被转化为货币价值。因此，汉密尔顿函数的第二项表示"对应于政策 u 的资本价值变化速度"。注意，第一项与 u 的当前利润效应有关；与第一项不同，第二项可被视为 u 的未来利润效应，这是因为企业积累资本的目的在于生产未来利润。这两个效应在性质上是竞争的：如果某个特定政策决策 u 对当前利润有利，那么它通常导致未来利润减少。因此，总的来说，汉密尔顿函数代表各个政策决策的总利润前景（overall profit prospect），它考虑了当前效应和未来效应。[1]

最大值原理要求汉密尔顿函数关于 u 最大化。这意味着企业必须在每个时点上通过

---

[1] 注意，如果我们把汉密尔顿函数更完整地写为 $H = \lambda_0 \pi(t, K, u) + \lambda(t) f(t, K, u)$（参见式（7.4）），而且如果 $\lambda_0 = 0$，那么这将意味着 u 的当前利润效应在某种程度上对企业没有影响，从而没有必要将其与未来利润对比权衡。这样的结果显然无趣。在有经济学意义的模型中，我们应该预期 $\lambda_0 \neq 0$，在这种情形下，我们可以将 λ_0 标准化为 1。

选择合适的 u 来使得总利润前景最大。具体地说，这要求我们权衡当前利润可能的所得与未来利润可能的所失。为了更清楚地看到这一点，我们考察弱版本的"Max H"条件：

$$\frac{\partial H}{\partial u} = \frac{\partial \pi}{\partial u} + \lambda(t)\frac{\partial f}{\partial u} = 0$$

我们可以把它改写为

$$\frac{\partial \pi}{\partial u} = -\lambda(t)\frac{\partial f}{\partial u} \tag{8.4}$$

这个条件表明，最优的 u^* 必须使得下列两个量相等：一是政策引起的当前利润的边际增加（式(8.4) 的左侧）；二是该政策通过资本存量的变化导致未来利润的边际降低（式(8.4) 的右侧）。

□ **运动方程**

最大值原理涉及两个运动方程。其中一个是状态变量 K 的运动方程，它被作为问题式（8.1）的一部分，它的作用仅在于规定了企业的政策决策对资本变化速度的影响方式。共态变量的运动方程为

$$\dot{\lambda} = -\frac{\partial H}{\partial K} = -\frac{\partial \pi}{\partial K} - \lambda(t)\frac{\partial f}{\partial K}$$

或者，在通乘以 -1 之后，

$$-\dot{\lambda} = \frac{\partial \pi}{\partial K} + \lambda(t)\frac{\partial f}{\partial K} \tag{8.5}$$

式（8.5）的左侧表示影子价格的下降速度，或影子价格的折旧速度。运动方程要求这个速度等于式（8.5）右侧两项之和。右侧第一项 $\partial \pi/\partial K$ 表示资本对当前利润的边际贡献，第二项 $\lambda(\partial f/\partial K)$ 表示资本对提高资本价值的边际贡献。最大值原理要求资本的影子价格的降低速度等于资本对企业当前和未来利润的贡献速度。

□ **横截条件**

横截条件的意思是什么？在固定终止时间 T（垂直终止线）上，终止状态 $K(T)$ 是自由的，这个条件为

$$\lambda(T) = 0$$

这意味着在终止时间即 $t = T$ 时，资本的影子价格降低为零。这是因为资本对企业的价值仅在于它产生利润的潜力。给定严格计划水平 T，默认的理解是时期 $[0, T]$ 产生的利润才对企业重要，时期 T 剩下的任何资本存量对企业都没有经济价值，因为这时已太晚，从而无法将这些资本投入使用。因此，自然地，资本在时点 T 的影子价格应该设定为零。因此，当企业接近计划期尾声时，我们不应该预期企业积极地积累资本。相反，企业应该在时期 T 之前尽可能地用尽它的绝大部分资本。这种情形多数类似纯粹自私者——吝啬鬼先生（Mr. Scrooge），那些他无法享用且必须在死后留下的东西，

无法带给他任何好处。

对于想在计划期 $[0，T]$ 以后仍然存续的企业来说，似乎规定某个最低终止资本水平比如 K_{min} 是合理的。当然，在这种情形下，我们的垂直终止线是截断的。横截条件现在规定

$$\lambda(T) \geqslant 0 \quad \text{以及} \quad [K^*(T) - K_{min}]\lambda(T) = 0 \qquad \text{（根据式(7.35)）}$$

如果 $K^*(T)$ 大于 K_{min}，那么施加在终止资本存量上的限制就没用了。结果和没有限制一样，原来的条件 $\lambda(T) = 0$ 仍将适用。但是如果最优终止影子价格非零（为正），那么限制条件 K_{min} 的确起作用，也就是说，它规定当企业接近计划期末端时不能用尽它的资本。因此，企业剩下的终止资本量将正好为事前规定的最低水平 K_{min}。

最后，考虑水平终止线情形。在这种情形下，企业的终止资本水平是事前设定好的，比如设定为 K_{T0}，但企业可以自由选择达到这一目标的时间。横截条件

$$[H]_{t=T} = 0$$

的意思就是说，在（选定的）终止时间，与该时点相关的当前与未来利润之和必定为零。换句话说，当企业的当前和未来利润之和（H 值）仍大于零时，企业不应该实现 K_{T0}；相反，它应该在充分利用了所有可能利润机会之后才实现 K_{T0}，此时当前和未来利润之和已被取尽，为零。

8.2 当前值汉密尔顿函数

在最优控制理论的经济学应用中，被积函数 F 通常含有贴现因子 $e^{-\rho t}$。这样的函数 F 的一般形式为

$$F(t, y, u) = G(t, y, u)e^{-\rho t} \qquad (8.6)$$

因此，最优控制问题为

$$\text{Max } V = \int_0^T G(t, y, u)e^{-\rho t}dt \qquad (8.7)$$

s. t.

$$\dot{y} = f(t, y, u) \text{ 以及边界条件}$$

根据标准定义，汉密尔顿函数的形式为

$$H = G(t, y, u)e^{-\rho t} + \lambda f(t, y, u) \qquad (8.8)$$

然而由于最大值原理要求 H 关于 u 和 y 微分，而且由于贴现因子增加了导数的复杂性，因此有必要定义新汉密尔顿函数使得它不含贴现因子。这样的汉密尔顿函数称为**当前值汉密尔顿函数**（current-value Hamiltonian），其中"当前值"一词（与"现值"（present-value）相对）意在说明新汉密尔顿函数"未经贴现"的性质。

当前值汉密尔顿函数使得当前值拉格朗日乘子这个概念应运而生。因此，我们首先定义一个新的（当前值）拉格朗日乘子 m：

$$m = \lambda e^{\rho t} \qquad (\text{意味着 } \lambda = me^{-\rho t}) \qquad (8.9)$$

于是，当前值汉密尔顿函数，记为 H_c，可以写为

$$H_c \equiv He^{\rho t} = G(t, y, u) + mf(t, y, u) \qquad (\text{根据式}(8.8)\text{和式}(8.9)) \qquad (8.10)$$

正如我们想要的，H_c 现在不含贴现因子。注意，式（8.10）意味着

$$H \equiv H_c e^{-\rho t} \qquad (8.10')$$

□ 修正版本的最大值原理

如果我们选择使用 H_c 而不是 H，那么我们应该重新检查最大值原理的条件来看看有没有需要修改的地方。

最大值原理的第一个条件是在每个时点上把 H 关于 u 最大化。当我们转到当前值汉密尔顿函数 $H_c = He^{\rho t}$ 时，这个条件基本未变，只不过需要把 H 换为 H_c。这是因为指数项 $e^{\rho t}$ 对于任何给定的 t 都是个常数。因此，使得 H 最大化的那个特定 u 也将使得 H_c 最大。因此，修改后的条件就是

$$\underset{u}{\text{Max}} H_c \qquad \text{对于所有 } t \in [0, T] \qquad (8.11)$$

状态变量的运动方程在正则系统（canonical system）中的形式为 $\dot{y} = \partial H / \partial \lambda$。由于 $\partial H / \partial \lambda = f(t, y, u) = \partial H_c / \partial m$（根据式（8.8）和式（8.10）），这个方程现在应该修改为

$$\dot{y} = \frac{\partial H_c}{\partial m} \qquad (y \text{ 的运动方程}) \qquad (8.12)$$

为了修改共态变量的运动方程 $\dot{\lambda} = -\partial H / \partial y$，我们将首先把此方程的两侧都转变为关于新拉格朗日乘子 m 的表达式，然后令新的两侧相等。对于左侧，通过对式（8.9）微分，可得

$$\dot{\lambda} = \dot{m} e^{-\rho t} - \rho m e^{-\rho t}$$

利用式（8.10'）中 H 的定义，我们可以将右侧改写为

$$-\frac{\partial H}{\partial y} = -\frac{\partial H_c}{\partial y} e^{-\rho t}$$

令这两个结果相等并约去共同项，即可得到下列修改版本的运动方程：

$$\dot{m} = -\frac{\partial H_c}{\partial y} + \rho m \qquad (m \text{ 的运动方程}) \qquad (8.13)$$

注意，与 λ 的（原来的）运动方程相比，m 的（新的）运动方程多了一项，即 ρm。

剩下的任务是检查横截条件。我们仅对垂直终止线和水平终止线这么做。对于垂直终止线，我们可推知

$$\lambda(T) = 0 \Rightarrow [me^{-\rho t}]_{t=T} = 0 \qquad (\text{根据式}(8.9))$$
$$\Rightarrow m(T) e^{-\rho T} = 0 \qquad (8.14)$$

对于水平终止线，类似推理表明

$$[H]_{t=T}=0 \Rightarrow [H_c e^{-\rho t}]_{t=T}=0 \qquad （根据式(8.10')）$$
$$\Rightarrow [H_c]_{t=T} e^{-\rho T}=0 \tag{8.15}$$

□ 自控问题

问题式（8.7）的一种特殊情形是，函数 G 和 f 可能都不含有自变量 t；也就是说，它们的形式为

$$G=G(y,u) \quad 和 \quad f=f(y,u)$$

于是，问题变为

$$Max V = \int_0^T G(y,u)e^{-\rho t}dt$$
s. t.
$$\dot{y} = f(y,u)，以及边界条件 \tag{8.16}$$

由于被积函数 $G(y,u)e^{-\rho t}$ 仍然显含 t，因此，严格来说，这个问题不是自控的。然而，通过使用当前值汉密尔顿函数，我们实际上可以不用考虑贴现因子 $e^{-\rho t}$。正因为此，经济学家倾向于将问题式（8.16）视为自控问题，因为自变量 t 仅外在地通过贴现因子进入问题。

当然，当前值汉密尔顿函数可应用于问题式（8.16），这正如它可应用于问题式（8.7）一样。所有修改版本的最大值原理条件式（8.11）～式（8.15）仍然成立。H_c 现在取具体形式 $H_c=G(y,u)+mf(y,u)$，注意到 H_c 不含自变量 t，因此它沿着所有变量的最优路径的值似乎不随时间变化而变化，是个常数，这与式（7.54）中的结果类似。然而，对 H_c 关于 t 微分，并且令 $\partial H_c/\partial u=0$（根据式（8.11）），我们发现

$$\frac{dH_c^*}{dt}=\frac{\partial H_c}{\partial y}\dot{y}+\frac{\partial H_c}{\partial m}\dot{m}=\left(\frac{\partial H_c}{\partial y}+\dot{m}\right)\dot{y} \qquad （根据式(8.12)）$$
$$=\rho m \dot{y} \qquad （根据式(8.13)） \tag{8.17}$$

此式一般不等于零。因此，H_c^* 不是个常数，除非 $\rho=0$。

□ 艾斯纳-特罗茨模型的另外一种观点

考虑下列改编自艾斯纳-特罗茨模型的自控问题，这个模型原来是一个伴随无限水平的变分法问题（参见 5.2 节）：

$$Max \int_0^T [\pi(K)-C(I)]e^{-\rho t}dt$$
s. t.
$$\dot{K} = I，以及边界条件 \tag{8.18}$$

式中符号的意思为：$\pi=$ 利润，$K=$ 资本存量，$C=$ 调整成本（adjustment cost），$I=$ 净投资。唯一的状态变量为 K，唯一的控制变量为 I。函数 π 和 C 的导数为

$$\pi''(K)<0,\ C'(I)>0,\ C''(I)>0 \qquad [\text{参见图 5—1}]$$

根据汉密尔顿函数

$$H=[\pi(K)-C(I)]e^{-\rho t}+\lambda I$$

可知最大值原理条件（不包括横截条件）：

$$\frac{\partial H}{\partial I}=-C'(I)e^{-\rho t}+\lambda=0$$

$$\dot{K}=\frac{\partial H}{\partial \lambda}=I$$

$$\dot{\lambda}=-\frac{\partial H}{\partial K}=-\pi'(K)e^{-\rho t}$$

然而，如果我们决定使用当前值汉密尔顿函数，我们有

$$H_c=\pi(K)-C(I)+mI \qquad (\text{根据式（8.10）}) \tag{8.19}$$

它的最大值原理条件为

$$\frac{\partial H_c}{\partial I}=-C'(I)+m=0 \qquad (\text{根据式（8.11）}) \tag{8.20}$$

$$\dot{K}=\frac{\partial H_c}{\partial m}=I \qquad (\text{根据式（8.12）}) \tag{8.21}$$

$$\dot{m}=-\frac{\partial H_c}{\partial K}+\rho m=-\pi'(K)+\rho m \qquad (\text{根据式（8.13）}) \tag{8.22}$$

这个版本的条件更为简单，因为它不含有贴现因子 $e^{-\rho t}$。

根据式（8.20）可知：

$$m=C'(I)>0 \Rightarrow \frac{dm}{dI}=C''(I)>0$$

也就是说，m 是 I 的单调递增函数。因此，我们应该能写出反函数 $\psi=C'^{-1}$：

$$I=\psi(m) \quad (\psi'>0) \tag{8.23}$$

将式（8.23）代入式（8.21），可将 $\dot{K}$ 表示为

$$\dot{K}=\psi(m) \tag{8.24}$$

联立式（8.24）和式（8.22），它们构成了关于变量 K 和 m 的方程组。由此可解出 $K^*(t)$ 和 $m^*(t)$ 路径，根据边界条件和横截条件可确定任意常数的值，这样，我们就可通过式（8.23）找到最优控制路径 $I^*(t)$。

习题 8.2

找到下列问题的用当前值汉密尔顿函数表示的修改版本的横截条件：

1. 伴随终止曲线 $y_T=\phi(T)$ 的问题；

2. 伴随截断垂直终止线的问题；

3. 伴随截断水平终止线的问题。

8.3 充分条件

最大值原理为最优控制提供了一组必要条件。一般来说，这些条件不是充分的。然而，当某些凹性条件得以满足时，最大值原理规定的条件就是最大化的充分条件。我们在这里仅给出两个充分性定理，即曼加萨林定理和阿罗定理。

□ 曼加萨林充分性定理

我们先介绍的一种基本充分性定理是由曼加萨林（O. L. Mangasarian）提出的[①]，这个定理指出对于最优控制问题

$$\text{Max} V = \int_0^T F(t,y,u)dt$$

s. t.

$$\dot{y} = f(t,y,u)$$
$$y(0) = y_0 \ (y_0, T \text{ 给定})$$

(8.25)

来说，最大值原理的必要条件也是 V 的全局最大化的充分条件，如果（1）函数 F 和 f 都是可微的，而且都关于变量（y, u）联合凹，（2）在最优解中，

$$\lambda(t) \geqslant 0 \text{ 对于所有 } t \in [0,T], \text{ 若 } f \text{ 关于 } y \text{ 或关于 } u \text{ 不是线性的}$$

(8.26)

（如果 f 关于 y 和关于 u 都是线性的，那么 $\lambda(t)$ 不需要符号限制。）

作为证明这个定理有效性的基础，我们先回忆一下，对于汉密尔顿函数

$$H = F(t,y,u) + \lambda f(t,y,u)$$

最优控制路径 $u^*(t)$ ——以及相应的 $y^*(t)$ 和 $\lambda^*(t)$ 路径——必须满足最大值原理，因此

$$\frac{\partial H}{\partial u}\Big|_{u^*} = F_u(t,y^*,u^*) + \lambda^* f_u(t,y^*,u^*) = 0$$

这意味着

$$F_u(t,y^*,u^*) = -\lambda^* f_u(t,y^*,u^*)$$

(8.27)

另外，根据共态运动方程 $\dot{\lambda} = -\partial H/\partial y$，我们应该有

$$\dot{\lambda}^* = -F_y(t,y^*,u^*) - \lambda^* f_y(t,y^*,u^*)$$

这意味着

$$F_y(t,y^*,u^*) = -\dot{\lambda}^* - \lambda^* f_y(t,y^*,u^*)$$

(8.28)

---

① O. L. Mangasarian, "Sufficient Conditions for the Optimal Control of Nonlinear Systems," *SIAM Journal on Control*, Vol. 4, February 1966, pp. 139−152.

动态最优化基础

最后，暂时假设这个问题有垂直终止线，初始条件和横截条件应该让我们知道

$$y_0^* = y_0（给定）\quad 和\quad \lambda^*(T)=0 \tag{8.29}$$

这些关系在下面的发展中很有用。

现在令函数 F 和 f 关于 (y, u) 都为凹。于是，对于定义域中的两个不同点 (t, y^*, u^*) 和 (t, y, u)，我们有

$$\begin{aligned}F(t,y,u)-F(t,y^*,u^*)&\leqslant F_y(t,y^*,u^*)(y-y^*)\\&\quad +F_u(t,y^*,u^*)(u-u^*)\end{aligned} \tag{8.30}$$

$$\begin{aligned}f(t,y,u)-f(t,y^*,u^*)&\leqslant f_y(t,y^*,u^*)(y-y^*)\\&\quad +f_u(t,y^*,u^*)(u-u^*)\quad （参考式(4.4)）\end{aligned} \tag{8.30'}$$

将式（8.30）的两侧在 $[0, T]$ 上积分，可得

$$\begin{aligned}V-V^* &\leqslant \int_0^T [F_y(t,y^*,u^*)(y-y^*)+F_u(t,y^*,u^*)(u-u^*)]dt\\&=\int_0^T[-\dot{\lambda}^*(y-y^*)-\lambda^* f_y(t,y^*,u^*)(y-y^*)\\&\quad -\lambda^* f_u(t,y^*,u^*)(u-u^*)]dt\quad （根据式(8.28)和式(8.27)）\end{aligned} \tag{8.31}$$

在上式中，$\int_0^T -\dot{\lambda}^*(y-y^*)dt$ 这一项可用分部积分法来求[1]，由此可得

$$\int_0^T -\dot{\lambda}^*(y-y^*)dt=\int_0^T\lambda^*[f(t,y,u)-f(t,y^*,u^*)]dt$$

将这个结果代入式（8.31）可得

$$\begin{aligned}V-V^* &\leqslant \int_0^T\lambda^*[f(t,y,u)-f(t,y^*,u^*)-f_y(t,y^*,u^*)(y-y^*)\\&\quad -f_u(t,y^*,u^*)(u-u^*)]dt\\&\leqslant 0\end{aligned} \tag{8.31'}$$

最后一个不等式成立的原因在于 $\lambda^*\geqslant 0$ 这个假设（参见式（8.26）），以及被积函数中方括号内的表达式 $\leqslant 0$ 这个事实（根据式（8.30'））。因此，最终结果为

$$V\leqslant V^* \tag{8.31''}$$

---

[1] 令 $u=-\lambda^*$ 以及 $v=y-y^*$。于是，$du=-\dot{\lambda}^*dt$，$dv=(\dot{y}-\dot{y}^*)dt$。因此，

$$\int_0^T -\dot{\lambda}^*(y-y^*)dt\left(=\int_0^T v\,du\right)$$

$$=[-\lambda^*(y-y^*)]_0^T-\int_0^T -\lambda^*(\dot{y}-\dot{y}^*)dt$$

$$=-\lambda^*(T)(y_T-y_T^*)+\lambda^*(0)(y_0-y_0^*)+\int_0^T\lambda^*(\dot{y}-\dot{y}^*)dt$$

$$=\int_0^T\lambda^*(\dot{y}-\dot{y}^*)dt\quad （根据式(8.29)）$$

$$=\int_0^T\lambda^*[f(t,y,u)-f(t,y^*,u^*)]dt\quad （根据式(8.25)）$$

这证明了 V^* 是个（全局）最大值，正如定理所断言的。

注意，如果函数 f 关于 (y, u) 为线性的，那么式（8.30′）变为一个严格等式。在这种情形下，式（8.31′）被积函数中方括号内的表达式为零，这样，不管 λ^* 的符号如何，我们都有想要的结果，即 $V - V^* \leqslant 0$，因此式（8.26）中的限制可略去。

上面的定理基于函数 F 和 f 都是凹的。如果这些函数是严格凹的，那么式（8.30）和式（8.30′）中的弱不等式都将变为严格不等式，式（8.31）、式（8.31′）以及式（8.31″）中的弱不等式也会发生这种变化。于是，最大值原理对 V 的唯一全局最大值来说是充分条件。

尽管这个定理的证明是基于垂直终止线假设，但这个定理也适用于伴随固定 T（固定终止点或截断垂直终止线）的问题。为了看清这一点，回忆一下，在我们证明这个定理时，式（8.29）中的横截条件 $\lambda^*(T) = 0$ 用在了分部积分过程（参见相应脚注），以使表达式 $-\lambda^*(T)(y_T - y_T^*)$ 变为零并消失。然而，如果问题伴随着固定终止状态 y_{T0}，那么 $-\lambda^*(T)(y_T - y_T^*)$ 这个式子也会消失，这是因为在这种情形下，此式变为 $-\lambda^*(T)(y_{T0} - y_T^*)$，由于 y_T^* 必须等于 y_{T0}，因此它必定为零。另外，如果问题伴随着截断垂直终止线，那么要么横截条件 $\lambda^*(T) = 0$ 得以满足（如果横截点不是束紧的，即没有约束力），要么我们必须将这个问题视为在横截点伴随固定终止状态的问题。在这两种情形下，上述表达式都会消失。因此，只要 T 是固定的，那么曼加萨林定理就是有效的。

在使用这个定理时，我们也可以将曼加萨林的条件（1）和（2）合并成一个条件，即要求汉密尔顿函数为凹函数。如果函数 F 和 f 关于 (y, u) 都是凹的，而且如果 λ 非负，那么汉密尔顿函数 $H = F + \lambda f$ 关于 (y, u) 必定也是凹的，这是因为 $H = F + \lambda f$ 是两个凹函数之和。因此，曼加萨林定理也可用函数 H 的凹性重新表达。

□ 阿罗充分性定理

另外一个充分性定理是由阿罗（Kenneth J. Arrow）提出的[①]，这个定理比曼加萨林定理要求的条件更弱，可以视为曼加萨林定理的一般化版本。在这里，我们将不加证明地描述它的本质内容。

在任何时点，给定状态变量 y 和共态变量 λ 的值，汉密尔顿函数被特定的 u 即 u^* 最大化，u^* 仅取决于 t，y 和 λ：

$$u^* = u^*(t, y, \lambda) \tag{8.32}$$

当我们把式（8.32）代入汉密尔顿函数时，就得到了所谓的**最大化汉密尔顿函数**（maximized Hamiltonian function）

---

① 在 Kenneth J. Arrow, "Applications of Control Theory to Economic Growth," in George B. Dantzig and Arthur F. Veinott, Jr., eds., *Mathematics of the Decision Sciences*, Part 2, American Mathematical Society, Providence, RI, 1968, p. 92 中，这个定理作为命题 5 未伴随证明。在 Kenneth J. Arrow and Mordecai Kurz, *Public Investment*, *The Rate of Return*, *and Optimal Fiscal Policy*, published for Resources for the Future, Inc., by the Johns Hopkins Press, Baltimore, MD, 1970, p. 45 中，这个定理作为命题 6 并伴随着证明。这个定理的证明也可参见 Morton I. Kamien and Nancy L. Schwartz, "Sufficient Conditions in Optimal Control Theory," *Journal of Economic Theory*, Vol. 3, 1971, pp. 207–214。

动态最优化基础

$$H^0(t,y,\lambda) = F(t,y,u^*) + \lambda f(t,y,u^*) \qquad (8.33)$$

注意，H^0 这个概念与我们在式（7.53）和式（7.54）中遇到的最优汉密尔顿函数 H^* 不同。由于 H^* 代表沿着所有最优路径取值的汉密尔顿函数，也就是说代表沿着每个时点的 $y^*(t)$、$u^*(t)$ 和 $\lambda^*(t)$ 取值的汉密尔顿函数，因此我们可以将自变量 y、u 和 λ 都替换掉，从而使得 H^* 变为一个仅关于 t 的函数：$H^* = H^*(t)$。相反，H^0 仅沿着 $u^*(t)$ 取值；因此，尽管我们可将自变量 u 替换掉，但其他自变量仍在，因此 $H^0 = H^0(t, y, \lambda)$ 仍是一个含有三个自变量的函数。

阿罗定理表明，在最优控制问题式（8.25）中，最大值原理是 V 的全局最大化的充分条件，如果对于区间 $[0, T]$ 中的所有 t 以及给定的 λ，式（8.33）定义的最大化汉密尔顿函数 H^0 关于变量 y 是凹的。

我们在前面说过，可将阿罗定理视为曼加萨林定理的一般化，或者说，可将曼加萨林定理视为阿罗定理的一种特殊情形。原因在于：正如曼加萨林定理规定的，如果函数 F 和 f 关于 (y, u) 都是凹的而且 $\lambda \geqslant 0$，那么 $H \equiv F + \lambda f$ 也关于 (y, u) 为凹，由此可知，H^0 关于 y 为凹，这正是阿罗定理所规定的。然而，即使函数 F 和 f 关于 (y, u) 不为凹，H^0 关于 y 也可能是凹的，这个事实说明阿罗条件是个更弱的要求。

与曼加萨林定理一样，阿罗定理的有效性也适用于其他类型的终止条件，前提是 T 必须固定。另外，尽管这个定理是以常规汉密尔顿函数 H 和它的"最大化"版本 H^0 表示的，它也可用当前值汉密尔顿函数 H_c 和它的"最大化"版本 H_c^0 表示。H_c 与 H 的区别以及 H_c^0 与 H^0 的区别都表现在是否有贴现因子 $e^{-\rho t}$。

例 1 在 7.2 节例 1 中，我们讨论了最短距离问题

$$\text{Max} V = \int_0^T -(1+u^2)^{1/2} dt$$

s. t.

$$\dot{y} = u$$
$$y(0) = A, y(T) \text{ 自由}(A, T \text{ 给定}) \qquad (根据式(7.7))$$

我们现在分别使用曼加萨林充分性定理和阿罗充分性定理。

对于曼加萨林定理，我们注意到函数 F 和 f 都不取决于 y，因此凹性条件仅与 u 有关。由函数 F 可得

$$F_u = -u(1+u^2)^{-1/2} \quad \text{和} \quad F_{uu} = -(1+u^2)^{-3/2} < 0 \qquad (根据积法则)$$

因此，函数 F 关于 u 为凹。至于函数 f，由于它的表达式 $f = u$ 关于 u 为线性的，因此 f 关于 u 自动为凹。另外，f 为线性的这个事实，使得条件式（8.26）变得没有用处。因此，曼加萨林的条件得以满足，我们以前找到的最优解的确使得 V 全局最大（使得距离最短）。

一旦曼加萨林的条件得以满足，我们就没有必要验证阿罗条件。然而，如果我们希望使用阿罗定理，我们可以验证最大化汉密尔顿函数 H^0 关于 y 的凹性。在这个例子中，汉密尔顿函数为

$$H = -(1+u^2)^{1/2} + \lambda u$$

当我们把最优控制

$$u(t) = \lambda (1 - \lambda^2)^{-1/2} \qquad (根据式 (7.9))$$

代入 H 来消去 u 时，由此得到的 H^0 表达式仅含有 λ，不含 y。因此，H^0 为线性的，从而对于给定的 λ，H^0 关于 y 为凹的。因此，H^0 满足阿罗充分性条件。

例 2 对于 7.2 节例 2 的问题

$$\text{Max} V = \int_0^2 (2y - 3u) dt$$

s. t.

$$\dot{y} = y + u$$
$$y(0) = 4, y(2) \text{ 自由}$$
$$u(t) \in [0, 2] \qquad (根据式 (7.13))$$

函数 F 和 f 关于 (y, u) 都是线性的。因此，F 和 f 的所有二阶偏导数都为零。根据式（4.12）中的符号半定性检验，我们这里有 $|\widetilde{D}_1| = |\widetilde{D}_2| = 0$，这证明了相关二次型是负半定的。因此，$F$ 和 f 关于 (y, u) 都是凹的。而且，正如例 1 一样，式（8.26）中的规定变得无用。因此，曼加萨林定理的条件得以满足。

至于阿罗条件，我们从式（7.14）知道最优控制取决于 λ，而且在解的两个相（phases）中取边界值 2 和 0：

$$u_{\text{I}}^* = 2 \quad 和 \quad u_{\text{II}}^* = 0 \qquad (根据式 (7.17))$$

因此，对于每个相，我们都应该有一个最大化汉密尔顿函数。根据汉密尔顿函数

$$H = 2y - 3u + \lambda(y + u)$$

在消去 u 之后可得

$$H_{\text{I}}^0 = 2y - 6 + \lambda(y + 2) = (2 + \lambda)y - 6 + 2\lambda$$
$$H_{\text{II}}^0 = 2y + \lambda y = (2 + \lambda)y$$

在这两个相中，对于给定的 λ，H^0 关于 y 都是线性的，因此阿罗条件得以满足。

例 3 在 8.2 节例 1 中，我们将艾斯纳-特罗茨模型改编为控制问题，现在我们验证最大值原理是否为这个问题的充分条件。

$$\text{Max} \int_0^T [\pi(K) - C(I)] e^{-\rho t} dt$$

s. t.

$$\dot{K} = I, 以及边界条件 \qquad (根据式 (8.18))$$

其中 $\pi''(K) < 0$，$C'(I) > 0$，$C'(I) > 0$。

对于曼加萨林条件，我们可以看到函数 f（它的表达式为 $f = I$）关于 I 为线性且凹的。为了验证函数 F 关于变量 (K, I) 的凹性，我们需要 $F = [\pi(K) - C(I)] e^{-\rho t}$ 的二阶偏导数。这些偏导数为

$$F_{KK} = \pi''(K) e^{-\rho t} < 0$$
$$F_{KI} = F_{IK} = 0$$
$$F_{II} = -C''(I) e^{-\rho t} < 0$$

因此，根据式（4.8）和式（4.9）中符号定性检验，在这里我们有 $|D_1|<0$，$|D_2|>0$，这表明函数 F 关于 $(K，I)$ 严格凹。由于条件式（8.26）再次没有用处，因此曼加萨林条件完全得以满足。

为了验证阿罗充分条件，回忆一下，根据式（8.20）和式（8.23），对于当前值汉密尔顿函数

$$H_c = \pi(K) - C(I) + mI \qquad （根据式（8.19））$$

我们可以通过令 $\partial H_c / \partial I = 0$，求出用 I 表示的 m，即 $m(I)$。然后求 $m(I)$ 的反函数，从而将最优控制表示为下列形式

$$I = \psi(m) \qquad （根据式（8.23））$$

将这个最优控制代入 H_c，可得到最大化当前值汉密尔顿函数

$$H_c^0 = \pi(K) - C[\psi(m)] + m\psi(m)$$

由于 $\partial H_c^0 / \partial K = \pi'(K)$ 以及 $\partial^2 H_c^0 / \partial K^2 = \pi''(K) < 0$，因此最大化当前值汉密尔顿函数关于状态变量 K 为严格凹的。因此，阿罗充分条件得以满足。

例 3 凹性的检验要比前两个例子费点劲，这是因为尽管这个模型比较简单，但它涉及了一般函数。对于更复杂的一般函数模型，凹性的检验，尤其是最大化汉密尔顿函数凹性的检验，可能非常麻烦。[1] 因此，我们在构建模型时，通常一开始就纳入或假设适当的凹性（凸性），这样就不必验证充分条件了。

习题8.3

检验下列问题的曼加萨林充分条件和阿罗充分条件：
[1] 7.4 节的例 1。
[2] 7.4 节的例 3。
[3] 习题 7.4 的问题 1。
[4] 习题 7.4 的问题 3。
[5] 7.6 节的诺德豪斯模型。
[6] 7.7 节的福斯特模型。

8.4 伴随多个状态变量和控制变量的问题

为简单起见，到目前为止，我们主要考察伴随一个状态变量和一个控制变量的问题。在理论上，我们很容易就能将结果推广到伴随多个状态变量和控制变量的问题。当

---

① 对于检验阿罗充分条件的更多例子，可参见 Morton I. Kamien and Nancy L. Schwartz，*Dynamic Optimization：The Calculus of Variations and Optimal Control in Economics and Management*，2d ed.，Elsevier，New York，1991，pp. 222 - 225；Atle Seierstad and Knut Sydsæter，*Optimal Control Theory with Economic Applications*，Elsevier，New York，1987，pp. 112-129。

然，解过程变得更为复杂。

□ 问题

假设我们有 n 个状态变量 y_1，$\cdots$，y_n，以及 m 个控制变量 u_1，$\cdots$，u_m。n 和 m 的相对大小不受限制；我们可以有 $n<m$，$n=m$，或 $n>m$。每个状态变量 y_j 必须伴随着一个运动方程，这个运动方程描述 $\dot{y}_j$ 在时点 t 如何取决于 t，如何取决于 y_j，如何取决于其他状态变量，以及如何取决于在时点 t 选定的每个控制变量 u_i 的值。因此，我们的问题应该有 n 个微分方程，这些方程的形式为

$$\dot{y}_1 = f^1(t,y_1,\cdots,y_n,u_1,\cdots,u_m)$$
$$\cdots$$
$$\dot{y}_n = f^n(t,y_1,\cdots,y_n,u_1,\cdots,u_m)$$

变量 y 应该有 n 个初始条件。假设我们的问题伴随着固定终止点，那么状态变量应该有 n 个给定终止条件。相反，控制变量不需要伴随运动方程，但每个控制变量 u_i 可能被限制在某个控制区域 $\mathcal{U}_i$。暂时假设初始点和终止点都是固定的，那么最优控制问题可以表示为

$$\mathrm{Max} V = \int_0^T F(t,y_1,\cdots,y_n,u_1,\cdots,u_m)dt$$

s. t.
$$\dot{y}_1 = f^1(t,y_1,\cdots,y_n,u_1,\cdots,u_m)$$
$$\cdots \qquad\qquad\qquad\qquad (8.34)$$
$$\dot{y}_n = f^n(t,y_1,\cdots,y_n,u_1,\cdots,u_m)$$
$$y_1(0) = y_{10},\cdots,y_n(0) = y_{n0}$$
$$y_1(T) = y_{1T},\cdots,y_n(T) = y_{nT}$$
$$u_1(t) \in \mathcal{U}_1,\cdots,u_m(t) \in \mathcal{U}_m$$

如果我们使用下标表示法，就可以将这个貌似冗长的问题变短。令指标 j 表示状态变量，指标 i 表示控制变量，我们可以将这个问题重新表示为

$$\mathrm{Max} V = \int_0^T F(t,y_1,\cdots,y_n,u_1,\cdots,u_m)dt$$

s. t.
$$\dot{y}_j = f^j(t,y_1,\cdots,y_n,u_1,\cdots,u_m) \qquad (8.34')$$
$$y_j(0) = y_0, y_j(T) = y_{jT}$$
$$u_i(t) \in \mathcal{U}_i (i = 1,\cdots,m; j = 1,\cdots,n)$$

这个问题还有更简洁的表示法，这时我们要使用向量符号。定义向量 y 以及向量 u 如下：

$$y \equiv \begin{bmatrix} y_1 \\ \vdots \\ y_n \end{bmatrix}, \quad u \equiv \begin{bmatrix} u_1 \\ \vdots \\ u_m \end{bmatrix}$$

于是，式（8.34′）中的被积函数 F 可以简写为 $F(t，y，u)$。使用相同的记法，我们可将函数 f^j 的自变量简记为 $(t，y，u)$。如果我们再定义两个向量

$$\dot{y}\equiv\begin{bmatrix}\dot{y}_1\\\vdots\\\dot{y}_n\end{bmatrix}，\quad f(t,y,u)\equiv\begin{bmatrix}f^1(t,y,u)\\\vdots\\f^n(t,y,u)\end{bmatrix}$$

那么运动方程可用一个向量方程即 $\dot{y}=f(t，y，u)$ 表示。边界条件也可用向量方程表示：$y(0)=y_0$ 以及 $y(T)=y_T$，其中 $y(0)$、y_0、$y(T)$ 和 y_T 都是 $n\times1$ 向量。最后，我们可以将控制域限制条件用向量 $u(t)\in\mathcal{U}$ 表示，其中 $u(t)$ 和 $\mathcal{U}$ 都是 $m\times1$ 向量。

因此，若以向量符号表示，这个最优控制问题变为

$$\mathrm{Max}V=\int_0^T F(t,y,u)dt$$

s. t.

$$\dot{y}=f(t,y,u)$$
$$y(0)=y_0,y(T)=y_T \tag{8.34''}$$
$$u(t)\in\mathcal{U}$$

这种向量表达形式与伴随一个状态变量和一个控制变量的问题很像。唯一区别在于，在式（8.34″）中，有若干个符号代表向量，从而涉及更多的信息。然而，注意到，即使在以向量形式表达的问题中，并非所有符号都代表向量。例如，在这里，符号 V 显然是个标量，符号 t 与 T 也都是标量。

□ 最大值原理

最大值原理很容易推广到多变量情形。首先，为了构建汉密尔顿函数，我们为问题中的每个 f^j 函数引入一个拉格朗日乘子。因此，我们有

$$H\equiv F(t,y,u)+\sum_{j=1}^n\lambda_j f^j(t,y,u) \tag{8.35}$$

其中 y 和 u 是我们以前定义的状态向量和共态向量。右侧的求和项 $\sum$ 也可以写成向量形式，一旦我们再定义一个 $n\times1$ 向量

$$\lambda\equiv\begin{bmatrix}\lambda_1(t)\\\vdots\\\lambda_n(t)\end{bmatrix}$$

其中它的转置向量 $\lambda'\equiv\begin{bmatrix}\lambda_1(t) & \cdots & \lambda_n(t)\end{bmatrix}$，那么汉密尔顿函数可以改写为

$$H(t,y,u,\lambda)=F(t,y,u)+\lambda'f(t,y,u) \tag{8.35'}$$

它与含有一个变量的汉密尔顿函数很像，只不过这里的最后一项是个标量积——行向量 λ' 与列向量 $f(t，y，u)$ 的乘积。注意，汉密尔顿函数本身也是个标量。

与以前一样，汉密尔顿函数应该在每个时点关于控制变量最大化。因此，我们仍可以写出条件

$$\underset{u}{\mathrm{Max}} H \tag{8.36}$$

然而 u 现在是一个含有 m 个元素的向量,因此我们必须在每个时点上选择 m 个控制值 u_1^*, $\cdots$, u_m^*。

现在来看运动方程。状态变量的运动方程总是伴随问题同时出现;它们就是出现在式(8.34)中的 n 个微分方程。而且,这 n 个方程仍然可用汉密尔顿函数的导数表示:

$$\dot{y}_j = \frac{\partial H}{\partial \lambda_j} \quad (j=1,\cdots,n) \tag{8.37}$$

类似地,共态变量的运动方程就是

$$\dot{\lambda}_j = -\frac{\partial H}{\partial y_j} \quad (j=1,\cdots,n) \tag{8.38}$$

联立式(8.37)和式(8.38)——这代表着 $2n$ 个微分方程——构成了当前问题的正则系统。出现在这些微分方程中的 $2n$ 个任意常数可用 $2n$ 个边界条件来确定。

这个正则系统也可用向量符号表示。式(8.37)的等价表示为

$$y = \frac{\partial H}{\partial \lambda'} \quad (\lambda' = \lambda \text{ 的转置}) \tag{8.37'}$$

这里值得注意的是,H 关于 λ'(这是个行向量)微分,而不是关于 λ(这是个列向量)微分。稍微观察一下式(8.35′)即可知道原因。然而,更重要的原因在于,式(8.37′)符合下列数学规则:**标量关于行向量(列向量)的导数是个列向量(行向量)**。因此,式(8.38)的向量符号表示应该为

$$\dot{\lambda}' = -\frac{\partial H}{\partial y} \quad (\dot{\lambda}' \equiv \dot{\lambda} \text{ 的转置}) \tag{8.38'}$$

□ 横截条件

问题式(8.34)假设端点是固定的。如果终止点是可变的,那么,再一次地,我们需要合适的横截条件。

回顾一下式(7.30),我们看到,对于含有一个状态变量的问题来说,横截条件是按下列方式得到的——令 $dV/d\varepsilon$ 表达式的最后两项等于零,即 $[H]_{t=T}\Delta T - \lambda(T)\Delta y_T = 0$。当问题含有 n 个状态变量时,这两项将变为含有 $(n+1)$ 项的表达式:

$$[H]_{t=T}\Delta T - \lambda_1(T)\Delta y_{1T} - \lambda_2(T)\Delta y_{2T} - \cdots - \lambda_n(T)\Delta y_{nT} = 0 \tag{8.39}$$

由此可得到下列两个基本横截条件:

$$[H]_{t=T} = 0 \quad (\text{如果 } T \text{ 是自由的}) \tag{8.40}$$

$$\lambda_j(T) = 0 \quad (\text{如果 } y_{jT} \text{ 是自由的}) \tag{8.41}$$

显然,这些条件在本质上和单个状态变量的情形的横截条件没什么不同。唯一的区别在于:(1)对于当前含有 n 个变量的问题来说,式(8.40)中的汉密尔顿函数 H 比单变量情形下的 H 包含更多的项;(2)在式(8.41)中,$\lambda_j(T) = 0$ 类型条件的个数与伴随自由终止状态的状态变量的个数相同。

终止曲线和截断终止线问题的横截条件，也与单个状态变量情形的横截条件基本相同。假设终止时间是自由的，状态变量有两个，即 y_1 和 y_2，它们的终止值与终止时间之间的关系为

$$y_{1T} = \phi_1(T) \quad \text{以及} \quad y_{2T} = \phi_2(T) \tag{8.42}$$

于是，对于较小的 ΔT，我们可能预期下列式子成立：

$$\Delta y_{1T} = \phi'_1(T)\Delta T \quad \text{以及} \quad \Delta y_{2T} = \phi'_2(T)\Delta T$$

将它们代入式（8.39），可将式（8.39）改写为

$$[H - \lambda_1\phi'_1 - \lambda_2\phi'_2]_{t=T}\Delta T - \lambda_3(T)\Delta y_{3T} - \cdots - \lambda_n(T)\Delta y_{nT} = 0 \tag{8.43}$$

这个终止曲线问题的横截条件为

$$[H - \lambda_1\phi'_1 - \lambda_2\phi'_2]_{t=T} = 0 \quad （参见式(7.32)） \tag{8.44}$$

条件式（8.44）——它应该取代式（8.40）——与式（8.42）中的两个方程一起，提供了用来确定三个未知数即 T、y_{1T} 和 y_{2T} 的三个关系式。其他的状态变量（y_3，$\cdots$，y_n），由于在这里被假设为有自由终止值，因此它们仍受式（8.41）中那种横截条件的约束。

如果终止时间固定，而且所有状态变量有截断垂直终止线，那么横截条件为

$$\lambda_j(T) \geqslant 0，y_{jT} \geqslant y_{j,\min}，(y_{jT} - y_{j,\min})\lambda_j(T) = 0 \ (j=1,\cdots,n) \quad （参见式(7.35)） \tag{8.45}$$

这个条件可以替代式（8.41）。

最后，对于伴随最大可能终止时间 $T_{\max}$ 的问题，横截条件为

$$[H]_{t=T} \geqslant 0，\quad T \leqslant T_{\max}，\quad (T - T_{\max})[H]_{t=T} = 0 \tag{8.46}$$

这个条件可以替代式（8.40）。

□ 来自庞特里亚金的例子

尽管最大值原理的概念易于推广到多变量问题，但实际解过程可能变得非常复杂。正因为此，在经济应用中，多个状态变量情形没有一个状态变量情形常见。根据庞特里亚金所举的一个纯数学例子[①]，我们可以体会到这种复杂性的变化，这个例子含有两个状态变量和一个控制变量。

这个例子一开始实际上只有一个状态变量 y，对此，我们希望以尽可能短的时间从初始状态 $y(0) = y_0$ 移动到终止状态 $y(T) = 0$。换句话说，这是个最优时间问题。以前我们遇到的运动方程通常取 $\dot{y} = f(t, y, u)$ 形式，然而，这一次我们的运动方程是个二阶微分方程 $\ddot{y} = u$，其中 $\ddot{y} \equiv d^2y/dt^2$，$u$ 被限定在控制域 $[-1, 1]$。由于标准最优控制问题不允许出现二阶导数 $\ddot{y}$，我们必须将这个二阶微分方程等价地转变为一对一阶微分方程。正是这个转变过程使得我们的问题由一个状态变量的问题变为含有两个状态

[①] L. S. Pontryagin et al., *The Mathematical Theory of Optimal Processes*, Interscience, New York, 1962, pp. 23-27.

变量的问题。因此，这个例子也可以说明如何处理状态运动方程中含有高阶微分方程的问题的情形。

为了实现这个转化，我们引入第二个状态变量 z：
$$z \equiv \dot{y} \quad \text{意味着} \quad \dot{z} \equiv \ddot{y}$$

于是，运动方程 $\ddot{y} = u$ 可以改写为 $\dot{z} = u$。这样，我们有了两个一阶运动方程
$$\dot{y} = z \quad \text{和} \quad \dot{z} = u$$

它们分别是状态变量 y 和 z 的运动方程。于是，我们的问题变为

$$\text{Max} \int_0^T -1 dt$$

s. t.

$$
\begin{aligned}
&\dot{y} = z \\
&\dot{z} = u \\
&y(0) = y_0 \text{（给定）}, y(T) = 0, T \text{ 自由} \\
&z(0) = z_0 \\
&u(t) \in [-1, 1]
\end{aligned}
\tag{8.47}
$$

新变量 z 的边界条件等价于我们对 $\dot{y}$ 的初始值的规定。至于 $y(0)$ 和 $\dot{y}(0)$ 值的规定，这只不过是涉及 y 的二阶微分方程问题的常规做法。

第1步　汉密尔顿函数为

$$H = -1 + \lambda_1 z + \lambda_2 u \tag{8.48}$$

由于 H 关于 u 是线性的，这意味着 u 的解是边角解（corner solutions）。根据给定的控制域，最优控制应为

$$u^* = \text{sgn} \lambda_2 \quad \text{（参见式(7.48)）} \tag{8.49}$$

第2步　由于 u^* 取决于 λ_2，因此我们必须转而考察共态变量的运动方程：

$$\dot{\lambda}_1 = -\frac{\partial H}{\partial y} = 0 \quad \text{意味着} \lambda_1(t) = c_1 \text{（常数）}$$

$$\dot{\lambda}_2 = -\frac{\partial H}{\partial z} = -\lambda_1 = -c_1$$

因此，λ_2 的时间路径为线性的：

$$\lambda_2(t) = -c_1 t + c_2 \quad \text{（}c_1 \text{、} c_2 \text{都为任意的）} \tag{8.50}$$

除非 $c_1 = 0$，否则这个线性路径将与 t 轴相交。如果交点位于相关时间区间（0，T），那么 λ_2 必定改变代数符号，而且根据式（8.49），最优控制 u^* 必定相应地从 1 变为 -1，或从 -1 变为 1，从而产生碰碰解。然而，由于线性函数 $\lambda_2(t)$ 至多穿过 t 轴一次，因此 u^* 值至多变换一次。

第3步　接下来，我们考察状态变量。变量 z 的运动方程为 $\dot{z} = u$。由于 u 的最优值至多有两个，即 $u^* = \pm 1$，因此，状态变量方程至多有两种可能的形式：$\dot{z} = 1$ 和 $\dot{z} = -1$。

第1种可能：$u^* = 1$ 且 $\dot{z} = 1$。

在这种情形下，z 的时间路径为

$$z(t) = t + c_3 \tag{8.51}$$

于是，由于 $\dot{y} = z = t + c_3$，直接积分可得到 y 的时间路径，这是个二次方程：

$$y(t) = \frac{1}{2}t^2 + c_3 t + c_4 \qquad (c_3、c_4 \text{ 都为任意的}) \tag{8.52}$$

初始条件 $y(0) = y_0$ 表明 $c_4 = y_0$。但是我们无法根据终止条件 $y(T) = 0$ 来确定常数 c_3，这是因为 T 未知。然而，观察一下式（8.51），我们注意到 c_3 代表 $t = 0$ 时的 z 值。如果我们把 $z(0)$ 记为 z_0，那么 $c_3 = z_0$。因此，我们可将式（8.51）和式（8.52）确定为

$$z(t) = t + z_0 \tag{8.53}$$

$$y(t) = \frac{1}{2}t^2 + z_0 t + y_0 \tag{8.54}$$

从表面上看，这两个式子分别是 z 和 y 的时间函数。但是，我们可以通过消去 t 并把 y 用 z 表示，从而把它们合并为一个方程。这样，我们就可以在 yz 平面的相图中描述 y 和 z 的运动。由于

$$z^2 = (t + z_0)^2 = t^2 + 2z_0 t + z_0^2$$

我们可以求出 t^2，并且将式（8.54）改写为

$$y = \frac{1}{2}z^2 + \left(y_0 - \frac{1}{2}z_0^2\right) = \frac{1}{2}z^2 + k \qquad (k \equiv y_0 - \frac{1}{2}z_0^2) \tag{8.54'}$$

在 yz 平面上，这个方程表现为一族抛物线，如图 8—1 所示。每条抛物线都对应着一个具体的 k 值，这个 k 值取决于 y_0 和 z_0 的值。特别地，当 $k = 0$ 时，我们得到了通过原点的抛物线。当然，一旦 y_0 和 z_0 取具体的值，我们不仅可以确定抛物线的位置，还可以确定这条抛物线的准确起点。

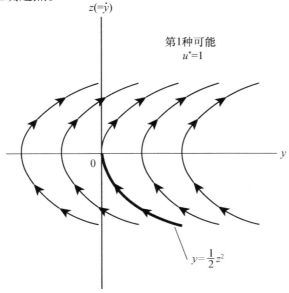

图 8—1

图 8—1 是个单变量相图，其中 $z \equiv dy/dt$ 位于纵轴上，y 位于横轴上。在横轴上方，$\dot{y} > 0$，因此曲线上的方向箭头应该一致地指向东。横轴下方的情形正好相反。注意，根据这些箭头，我们能达到指定的终止状态 $y(T) = 0$，仅当我们从经过原点的那条抛物线的加粗弧线部分上的某个点开始出发。另外，注意，z 的终止值为 $z(T) = 0$。

第 2 种可能：$u^* = -1$ 且 $\dot{z} = -1$。

在这种情形下，对 z 的运动方程积分，可得

$$z(t) = -t + c_5 = -t + z_0 \qquad \text{（参考式(8.53)）} \tag{8.55}$$

由于这个结果也代表着 $\dot{y}$ 路径，继续积分并确定常数，可得

$$y(t) = -\frac{1}{2}t^2 + z_0 t + y_0 \qquad \text{（参考式(8.54)）} \tag{8.56}$$

合并最后两个方程，可得如下结果：

$$y = -\frac{1}{2}z^2 + \left(y_0 + \frac{1}{2}z_0^2\right) = -\frac{1}{2}z^2 + h \qquad (h \equiv y_0 + \frac{1}{2}z_0^2) \tag{8.56$'$}$$

它在本质上类似式 (8.54$'$)。注意，两个简写符号 k 和 h 是不相同的。类似式 (8.54$'$)，这个经过合并得到的新方程表现为 yz 平面上的一族抛物线。然而，由于 z^2 项的系数为负，因此，如图 8—2 所示，这些曲线弯向另一侧（与图 8—1 相比）。每条抛物线对应着唯一的 h 值；例如，经过原点的那条抛物线对应着 $h = 0$。与以前一样，横轴上方的方向箭头一致地指向东，横轴下方的方向箭头一致地指向西。在这里，再一次地，只有从加粗弧线上的点出发才能到达指定的终止状态 $y(T) = 0$。正如我们所预期的，z 的终止值仍然为 $z(T) = 0$。

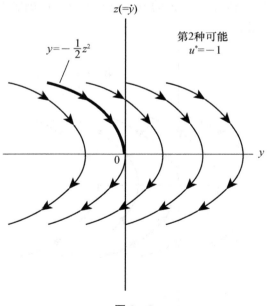

图 8—2

尽管我们分别考察了 $u^* = 1$ 和 $u^* = -1$ 的可能性，然而，在碰碰解中，这两种可能性都可能变成现实，一个接着另一个。因此，剩下的任务是建立这两种可能性的联系，并且搞清它们在最优控制中如何以及何时转换（switch）。

第 4 步　这种联系最好用图形进行探索。由于从图 8—1 和图 8—2 中的加粗弧线部分出发才能最终到达我们想要的终止状态，因此我们在图 8—3 中把它们放在一起。尽管两段弧线似乎拼成了一条曲线，但我们仍应分别对待。两条弧线上的箭头方向是相反的，它们要求不同的最优控制——弧 A0 要求 $u^* = +1$，弧 B0 要求 $u^* = -1$。

如果实际初始点位于弧 A0 或 B0 的任何位置，那么通过选择合适的控制，我们将直接到达原点。在这个控制中不需要转换。然而，如果初始点不在这两个弧上，那么通向原点的旅程将分为两段。第一段旅程是把我们从初始点带到弧 A0 或 B0，具体带到哪个弧，要根据具体情况。第二段旅程是带领我们沿着弧 A0 或 B0 到达原点。正因为此，我们没有必要在图 8—3 中复制图 8—1 和图 8—2 的每条抛物线的每个部分。我们需要的是分别流向并到达弧 A0 和 B0 的抛物线部分。例如，如果 C 点为初始点，那么第一段旅程为沿着抛物线轨迹到达 D 点。由于相关抛物线来自图 8—2（即，第 2 种可能），因此，在当前情形下，合适的控制为 $u^* = -1$。然而，一旦我们到达 D 点，就应该沿着弧 A0 前进。由于弧 A0 来自图 8—1（即，第 1 种可能），相应的控制为 $u^* = 1$。通过遵循这些 u^* 值，也仅当遵循这些值时，我们才能沿着最优路径 CD0 前进。

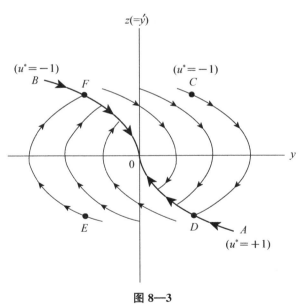

图 8—3

不在加粗弧线的初始点（例如 E 点）可进行类似分析。对于每个这样的初始点，存在唯一的最优路径使得它到达指定的终止状态，而且这个路径必定涉及最优控制中的一次（且仅有一次）转换。因此，在这样的情形下，y 在时间上的最优运动绝不会是单调的；一开始的上升必然伴随着后来的下降，反之亦然。另一方面，控制变量在时间上的最优运动表现为由两个直线段组成的阶梯函数（step function）。

□ 关于转换的更多讨论

庞特里亚金等人在说明了碰碰解的一般模式后，就把这个例子放在了一边。然而，我们可以继续讨论下去。在这里，我们将讨论 CD0 路径，试图找到转换点 D 的坐标以及转换发生的确切时间 τ。

D 点是两条曲线的交点。其中一条曲线为弧 A0，它是来自图 8—1（第 1 种可能）的一条抛物线的片段，可用 $k=0$ 时的式（8.54′）描述。具体地说，我们有

$$y=\frac{1}{2}z^2 \quad (z<0) \tag{8.57}$$

另外一条曲线是来自图 8—2（第 2 种可能）的一条抛物线，它可用式（8.56′）描述。由于 y 轴上的截距为正，h 为正。因此，我们有

$$y=-\frac{1}{2}z^2+h \quad (h>0) \tag{8.58}$$

在 D 点，式（8.57）和式（8.58）得以满足。联立这两个方程，求解可得 $y=\frac{1}{2}h$，$z=-\sqrt{h}$（正的根不可行）。因此，

$$D\,点=\left(\frac{1}{2}h,-\sqrt{h}\right) \tag{8.59}$$

u^* 值的转换恰巧发生在 $y=\frac{1}{2}h$ 且 $z\ (=\dot{y})=-\sqrt{h}$ 时。

转换时间 τ 计算的依据是，我们知道在 D 点从而在时点 τ 处，z 实现 $-\sqrt{h}$ 这个值。根从初始点 C 开始，z 的运动遵循式（8.55）给出的模式：$z(t)=-t+z_0$。在时点 τ，它的值应该为

$$z(\tau)=-\tau+z_0$$

令 $z(\tau)$ 等于 $-\sqrt{h}$，可得

$$\tau=z_0+\sqrt{h} \tag{8.60}$$

这个结果表明 z_0 和 h 的值越大，到达转换时点所需时间越长。考察图 8—3 可知这种结论的合理性：z_0 和（或）h 的值越大，意味着初始点离弧 A0 越远，从而意味着我们到达弧 A0 所经历的旅程越长，而转换点就在 A0 上。当然，我们应该认识到，式（8.60）仅适用于位于弧 A0 上的转换点，这是因为我们在推导此式过程中所用的假设，即假设 $z<0$ 且 $h>0$ 仅适用于弧 A0。对于位于弧 B0 上的转换点，τ 的表达式不同，尽管找到 τ 的方法是相同的。

从 D 点到达位于原点的最终目的地所需时间也不难计算。在第二段旅程上，z 的值从 $z(\tau)=-\sqrt{h}$ 变为零。描述这个运动的方程为式（8.53），在这里，对于当前目的来说，我们应该将 τ 视为初始时间，将 $z(\tau)=-\sqrt{h}$ 作为初始值 z_0。换句话说，我们的方程应该修改为 $z(t)=t-\sqrt{h}$。在终止时间上——我们暂时将其记为 T'——左侧表达式变

动态最优化基础

为 $z(T')=0$，右侧表达式变为 $T'-\sqrt{h}$。因此，我们得到

$$T'=\sqrt{h} \tag{8.61}$$

我们使用符号 T' 而不是 T 的原因在于符号 T 被用来代表从初始点 C 出发到达原点所需的总时间，而式（8.61）中的量仅表示从 D 点出发到达原点所需的时间。为了得到最优 T 值，我们应该把式（8.60）和式（8.61）加起来。也就是，

$$T^*=\tau+T'=z_0+2\sqrt{h} \tag{8.62}$$

上面的讨论基本包括了我们所关注的最优时间问题的大多数层面。目前唯一尚未解决的事情为式（8.50）中的常数 c_1 和 c_2。找到 c_1 和 c_2 值的目的仅在于它能够让我们确定 $\lambda_2(t)$ 路径，从而知道 λ_2 何时改变符号并且因此导致最优路径中的转换。由于我们已经通过其他路径找到了 τ，因此我们根本不用担心找不到 c_1 和 c_2 的值。然而，对于感兴趣的读者，我们在这里指出 c_1 和 c_2 可以通过下列两个关系来确定：首先，当 $t=\tau$ 时，λ_2 必定为零（在符号改变之时）；因此，根据式（8.50），我们有 $-c_1\tau+c_2=0$。其次，横截条件

$$[H]_{t=T}=[-1+\lambda_1 z+\lambda_2 u]_{t=T}=0$$

变为 $-1+\lambda_2(T)=0$，这是因为 $z(T)=0$，$u(T)=1$。将式（8.50）代入后面这个经过简化的横截条件，可得到关于 c_1 和 c_2 的另外一个关系式。联立这两个关系式即可确定 c_1 和 c_2。

习题8.4

1. 在图 8—3 中最优路径 $CD0$ 的基础上画出时间路径 $u^*(t)$。

2. 在图 8—3 中最优路径 $CD0$ 的基础上，描述 y^* 的值对时间的变化，做此事时记住 z 的值代表 y 的变化速度。根据你的描述，画出时间路径 $y^*(t)$。

3. 对于下列每一组 (y_0, z_0) 值，说出图 8—3 中的相应最优路径是否包含控制的转换，并说明原因：

(a) $(y_0, z_0)=(2, 1)$

(b) $(y_0, z_0)=(2, -2)$

(c) $(y_0, z_0)=\left(-\dfrac{1}{2}, 1\right)$

4. 令图 8—3 中的 E 点为初始点。

(a) 图中的最优路径是什么？

(b) 描述时间路径 $u^*(t)$。

(c) 描述时间路径 $y^*(t)$，做此事时记住 $z\equiv\dot{y}$。画出 $y^*(t)$ 路径。

5. 令图 8—3 中的 E 点为初始点。

(a) 找到位于弧 $B0$ 上的转换点的坐标。

(b) 找到转换时间 τ。

(c) 找到从 E 点出发到达位于原点的目的地所需的最优总时间。

8.5 反污染政策

在 7.7 节，我们介绍了福斯特模型，它考察了能源使用和环境质量之间的关系；在这个模型中，污染被视为一个**流量变量**（flow variable）。[①] 例如汽车尾气，尾气对环境有害，但它很快就会消散，不会累积成持续存在的存量。但在其他类型的污染中，例如辐射性废料、石油溢出（漏油）等，污染物的确会累积并产生持续影响。福斯特的这篇文章同时也构造出了污染作为**存量变量**（stock variable）的例子。这个构造包含两个状态变量和两个控制变量。

□ 污染存量

与以前一样，我们使用符号 E 代表能源的开采和使用。但符号 P 现在被用来表示污染存量（而不是污染流量），$\dot{P}$ 表示污染流量。能源的使用产生了污染流。如果污染流的数量与能源使用直接成正比，那么我们可以将这个关系写为 $\dot{P}=\alpha E$（其中 $\alpha>0$）。令 A 表示反污染活动水平，假设 A 能成比例地减少污染存量。那么，我们可以将这个关系写为 $\dot{P}=-\beta A$（其中 $\beta>0$）。另外，如果污染存量以速率 $\delta>0$ 进行指数衰减，那么我们有 $\dot{P}/P=-\delta$，因此 $\dot{P}=-\delta P$。将这些影响 P 的因素合在一起，我们有

$$\dot{P}=\alpha E-\beta A-\delta P \quad (\alpha,\beta>0,0<\delta<1) \tag{8.63}$$

□ 能源资源的存量

执行反污染活动 A 本身要求使用能量。也就是说，A 导致能源资源存量 S 降低。假设 A 和 $\dot{S}$ 之间存在比例关系，那么通过适当选择 A 的单位，我们可以将这个关系写为 $\dot{S}=-A$。但是，由于其他经济活动对能源的使用也会降低 S，因此我们应该还有 $\dot{S}=-E$（与式（7.71）相同）。综合考虑，我们有

$$\dot{S}=-A-E \tag{8.64}$$

□ 控制问题

由于式（8.63）和式（8.64）中的关系分别描述了 P 和 S 的动态变化，因此这些方程明显可以作为这个模型的运动方程。这立刻意味着 P（污染存量）和 S（能源存量）可作为状态变量。稍微观察一下式（8.63）和式（8.64），可知 E（能源使用）和 A（反污染活动）应该作为控制变量。

如果我们仍然使用以前的效用函数：

$$U=U[C(E),P] \quad (U_C>0,U_P<0,U_{CC}<0,U_{PP}<0,C'>0,C''<0)$$
$$\text{（根据式（7.74）和式（7.72））}$$

于是，动态最优化问题可以表达为

[①] Bruce A. Forster，"Optimal Energy Use in a Polluted Environment," *Journal of Environmental Economics and Management*，1980，pp. 321–333.

$$\text{Max} \int_0^T U[C(E), P] dt$$

s. t.

$$\dot{P} = \alpha E - \beta A - \delta P$$

$$\dot{S} = -A - E$$

$$P(0) = P_0 > 0, \ P(T) \geqslant 0 \ \text{自由}（T \ \text{给定}）$$ (8.65)

$$S(0) = S_0 > 0, \ S(T) \geqslant 0 \ \text{自由}$$

$$E \geqslant 0, \ 0 \leqslant A \leqslant \hat{A}$$

这个问题有两个方面值得指出。首先，尽管 P 和 S 的初始值固定，终止时间 T 也是固定的，但污染存量 P 和能源资源存量 S 都是自由的，只不过它们要非负。这意味着存在着 P 的截断垂直终止线和 S 的截断垂直终止线。其次，控制变量 E 和 A 被分别限定在各自的控制域。对于 E，控制域为 $[0, \infty)$；对于 A，控制域为 $[0, \hat{A}]$，其中 $\hat{A}$ 表示反污染活动的最大可能水平。由于预算考虑和其他因素可能阻止人们无限制地追求环境清洁，因此 $\hat{A}$ 这个上限假设并非不合理。

□ 汉密尔顿函数的最大化

与以前一样，我们的解过程从写出汉密尔顿函数开始：

$$H = U[C(E), P] + \lambda_P(\alpha E - \beta A - \delta P) - \lambda_S(A + E)$$ (8.66)

其中共态变量 λ_P 与 λ_S 的下标分别表示与其相伴的状态变量 P 和 S。H 关于控制变量 E 最大化（其中 $E \geqslant 0$）时，库恩-塔克条件为 $\partial H / \partial E \leqslant 0$，补充松弛条件为 $E(\partial H / \partial E) = 0$。但是由于我们可以排除极端情形 $E = 0$（因为这意味着消费生产完全停止），我们可规定 $E > 0$。于是，根据补充松弛条件可知，我们必须满足下列条件：

$$\frac{\partial H}{\partial E} = U_C C'(E) + \alpha \lambda_P - \lambda_S = 0$$ (8.67)

注意，$\partial^2 H / \partial E^2 = U_{CC} C'^2 + U_C C'' < 0$；因此 H 的确被最大化而不是最小化。

另外，H 应该关于 A 最大化。正如式（8.66）表明的，H 关于变量 A 为线性的，其中

$$\frac{\partial H}{\partial A} = -\beta \lambda_P - \lambda_S$$

另外，A 被限定于控制集 $[0, \hat{A}]$。因此，为了使得 H 最大，如果 $\partial H / \partial A$ 为负，那么我们应该选择左侧边界解 $A^* = 0$；如果 $\partial H / \partial A$ 为正，那么我们应该选择右侧边界解 $A^* = \hat{A}$。也就是，

$$\beta \lambda_P + \lambda_S \begin{Bmatrix} > \\ < \end{Bmatrix} 0 \Rightarrow A^* = \begin{Bmatrix} 0 \\ \hat{A} \end{Bmatrix}$$ (8.68)

然而，根据式（8.67），我们看到

$$\lambda_S = U_C C'(E) + \alpha \lambda_P$$

将其代入式（8.68），可得

$$U_C C'(E) \begin{Bmatrix} > \\ < \end{Bmatrix} - (\alpha + \beta) \lambda_P \Rightarrow A^* = \begin{Bmatrix} 0 \\ \hat{A} \end{Bmatrix}$$ (8.68′)

因此，A 的最优选择主要取决于 λ_P。

□ 政策选择

反污染活动 A 的最优选择要么是**内部解**要么是**边界解**。福斯特证明了当前模型不可能有内部解。

为了看清这一点，考虑共态变量的运动方程：

$$\dot{\lambda}_P = -\frac{\partial H}{\partial P} = -U_P + \delta\lambda_P \tag{8.69}$$

$$\dot{\lambda}_S = -\frac{\partial H}{\partial S} = 0 \Rightarrow \lambda_S = 常数 \tag{8.70}$$

如果 A^* 是个内部解，那么

$$\beta\lambda_P + \lambda_S = 0 \quad （根据式(8.68)）$$

由于 λ_S 是个常数（参见式（8.70）），上式说明 λ_P 必定也是个常数，这又意味着

$$\dot{\lambda}_P = 0 \Rightarrow \delta\lambda_P = U_P \quad （根据式(8.69)） \tag{8.71}$$

然而，λ_P 为常数这个事实要求 U_P 也为常数。由于 U 关于 P 单调，因此仅存在唯一 P 值使得 U_P 取任意特定常数值。因此，如果 A^* 是个内部解，那么 P 必定也是个常数。

给定初始污染存量 $P_0 > 0$，P 为常数意味着终止污染存量固定在 $P(T) = P_0 > 0$。对于伴随截断终止线问题，横截条件包含下列规定：

$$P(T)\lambda_P(T) = 0 \tag{8.72}$$

$P(T) > 0$ 这个事实要求 $\lambda_P(T) = 0$，加之由于 λ_P 是个常数（参见式（8.71）），因此我们有

$$\lambda_P(t) = 0 \quad 对于所有 t \in [0, T]$$

但 λ_P 为零意味着 $U_C C'(E) = 0$（根据式（8.68'）），这与 U_C 和 C' 都为正的假设矛盾。因此，当前模型不可能有内部解 A^*。

□ 控制变量 A 的边界解

因此，唯一可行的政策为 $A^* = 0$（一点也不反污染）或 $A^* = \hat{A}$（尽可能地反污染）。这两个政策有共同特征

$$U_C C'(E) = \lambda_S - \alpha\lambda_P \quad （根据式(8.67)） \tag{8.73}$$

它的经济学解释是，在这两种政策下，能源使用通过消费产生的效用即 $U_C C'(E)$，应该等于消耗能源资源的影子价值 λ_S 减去污染的影子价值 $\alpha\lambda_P$。然而这两种政策也存在下列区别：

$$A^* = \begin{Bmatrix} 0 \\ \hat{A} \end{Bmatrix}，当 \quad \lambda_S \begin{Bmatrix} > \\ < \end{Bmatrix} -\beta\lambda_P \quad （根据式(8.68)） \tag{8.74}$$

式（8.74）第一行的经济学意义是，一点也不反污染这种政策适合的情形为，能源资源的影子价格 λ_S 大于污染减少活动的影子价格 $-\beta\lambda_P$。在这种情形下，我们没必要将资源用于反污染，因为资源成本大于收益。然而，正如式（8.74）第二行说明的，尽可能地反污染这种政策，在相反的情形下是合理的。衡量反污染活动效力的参数 β，对于区分这两种情形至关重要。

我们进一步考察 $A^* = 0$ 情形的意义。由于在这种情形下，我们一点也不反污染，因此最终污染存量肯定为正。在 $P(T) > 0$ 时，式（8.72）中的横截条件 $P(T)\lambda_P(T) = 0$ 要求 $\lambda_P(T) = 0$。这意味着污染的影子价格 λ_P 尽管一开始为负，但它应该逐渐上升直至最终等于零以满足补充松弛条件。也就是，

$$\dot{\lambda}_P > 0$$

如果我们把式（8.73）关于 t 全微分，可得

$$(U_{CC}C'^2 + U_C C'')\dot{E} = -\alpha\dot{\lambda}_P$$

由于括号内的表达式为负，$\dot{E}$ 和 $\dot{\lambda}_P$ 有相同的符号。因此，我们可断言

$$\dot{E} > 0$$

在当前情形下，能源使用的持续增长将导致能源资源被耗尽。正如式（8.70）表明的，λ_S 是个常数，具体地说，是个正常数，这是因为 λ_S 表示能源资源的影子价格。λ_S 是个正常数这个事实意味着，为了满足横截条件

$$S(T)\lambda_S(T) = 0 \qquad （参见式(8.72)）$$

$S(T)$ 必须为零，这意味着在终止时间 T 能源资源存量耗尽。

现在看另外一个政策，即尽可能地反污染，此种情形下 $A^* = \hat{A}$。尽管我们尽可能地反污染，但我们也不能期待污染存量 P 一直降低为零。根据假设条件 $U_P < 0$ 和 $U_{PP} < 0$，我们知道，当 P 随着反污染活动平稳降低时，U_P 将从负水平平稳上升为零。当 P 存量变得充分小时，U_P 将达到一个临界水平，此时我们不再进一步反污染。因此，我们可以预期最终污染存量 $P(T)$ 为正。如果事实如此，那么根据补充松弛条件可知 $\lambda_P(T) = 0$，从定性角度来看，该情形下其余的故事与情形 $A^* = 0$ 相同。

习题8.5

1. 在福斯特模型中，如果式（8.65）中的控制变量 A 的控制域变为 $A \geq 0$，那么最优解将发生什么变化？

2. 如果将贴现因子 $e^{-\rho t}$（其中 $\rho > 0$）纳入问题式（8.65），

(a) 写出这个新问题的当前值函数 H_c。

(b) 使得 H_c 最大化的条件是什么？

(c) 用 λ_P 和 λ_S（而不是 m_P 和 m_S）重新写出这些条件，并将它们与式（8.67）和式（8.68）进行比较，以检验这些条件是否等价于原来的条件。

3. 对于问题 2（即，含有贴现因子的新问题），检验控制变量是否可能有内部解。在回答这个问题时，请用常规（现值）汉密尔顿函数 H，并且假设存在最低可能的 P 水平，在这个水平上如果继续反污染，那么我们将得不偿失。

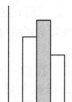

第 9 章

无限水平问题

在讨论变分法问题时，我们指出，将计划水平扩展到无限，这在数学上更加复杂。最优控制问题也是如此。一个主要议题是目标泛函的收敛性，在无限水平情形下，目标泛函是个广义积分。由于我们已在 5.1 节讨论了这个问题，此处不再详细讨论。但有限水平横截条件是否可以推广到无限水平情形这个议题值得进一步讨论，因为人们在最优控制理论中构造的一些反例已说明这值得怀疑。我们将考察这些反例，然后指出这些反例不是真正的反例。

9.1　横截条件

在庞特里亚金等人所写的著名教科书中，他们几乎仅考察有限水平问题。当然，他们的书也有三页涉及了广义积分泛函，在那里他们讨论了一种自控问题，其中"无限远处的边界条件"被设定为下列具体形式[①]

$$\lim_{t\to\infty} y(t) = y_\infty \quad (y_\infty 给定) \tag{9.1}$$

换句话说，他们规定无限水平伴随着固定的终止状态。对于这种情形，他们证明了最大值原理条件——包括我们所谓的水平终止线问题的横截条件——仍然适用，就像它们适用于有限水平问题一样。对于后者，横截条件为

---

① L. S. Pontryagin, et al., *The Mathematical Theory of Optimal Processes*, Interscience, New York, 1962, pp. 189−191.

$$[H]_{t=T} = 0$$

而且，如果问题是自控的，那么汉密尔顿函数的最大值对时间是个常数，因此条件 $H = 0$ 不仅可在 $t = T$ 时检验，也可在任何时点检验。因此，对于含有边界条件式（9.1）的无限水平的自治问题来说，横截条件不仅可以表示为

$$\lim_{t \to \infty} H = 0 \tag{9.2}$$

还可以更一般地写为

$$H = 0 \quad \text{对于所有 } t \in [0, \infty) \tag{9.3}$$

水平终止线问题的横截条件可以从有限水平推广到无限水平，使得我们可以预期类似的推广也适用于其他问题。例如，如果当 $t \to \infty$ 时终止状态是自由的，我们就可以预期横截条件取下列形式：

$$\lim_{t \to \infty} \lambda(t) = 0 \quad \text{（自由终止状态的横截条件）} \tag{9.4}$$

类似地，如果可变终止状态在 $t \to \infty$ 时被限定在事前既定的最低水平 $y_{\min}$，那么我们可以预期无限水平横截条件为

$$\lim_{t \to \infty} \lambda(t) \geqslant 0 \quad \text{和} \quad \lim_{t \to \infty} \lambda(t)[y(t) - y_{\min}] = 0 \tag{9.5}$$

□ 变分观点

式（9.4）是个合理的横截条件，这可通过模仿 7.3 节问题式（7.20）有限水平横截条件的步骤进行证明。在那里，我们首先通过拉格朗日乘子把原来的目标泛函 $\mathcal{V}$ 和 y 的运动方程结合成一个新的泛函

$$\mathcal{V} = \int_0^T H(t, y, u, \lambda) dt - \int_0^T \lambda(t) \dot{y} dt \quad \text{（根据式（7.22'））}$$

于是，在对第二个积分进行分部积分后，我们可以将 $\mathcal{V}$ 改写为

$$\mathcal{V} = \int_0^T [H(t, y, u, \lambda) + y(t)\dot{\lambda}] dt - \lambda(T) y_T + \lambda(0) y_0 \quad \text{（根据式（7.22''））}$$

为了产生与最优控制路径和最优状态路径相比较的相邻路径，我们使用 u 的扰动曲线 $p(t)$ 和 y 的扰动曲线 $q(t)$，从而写出

$$u(t) = u^*(t) + \varepsilon p(t) \quad , \quad y(t) = y^*(t) + \varepsilon q(t) \quad \text{（根据式（7.24）和式（7.25））}$$

类似地，对于变量 T 和 y_T，我们有

$$T = T^* + \varepsilon \Delta T \quad , \quad y_T = y_T^* + \varepsilon \Delta y_T \quad \text{（根据式（7.26））}$$

因此，泛函 $\mathcal{V}$ 被转换成 ε 的函数。于是，使得 $\mathcal{V}$ 最大化的一阶条件为

$$\frac{d\mathcal{V}}{d\varepsilon} = \int_0^T \left[\left(\frac{\partial H}{\partial y} + \dot{\lambda} \right) q(t) + \frac{\partial H}{\partial u} p(t) \right] dt + [H]_{t=T} \Delta T - \lambda(T) \Delta y_T = 0$$

$$\text{（根据式（7.30））}$$

当推广到无限水平架构时，这个方程变为

$$\frac{d\mathcal{V}}{d\epsilon} = \underbrace{\int_0^T \left[\left(\frac{\partial H}{\partial y} + \dot{\lambda}\right)q(t) + \frac{\partial H}{\partial u}p(t)\right]dt}_{\Omega_1} + \underbrace{\lim_{t \to \infty} H \Delta T}_{\Omega_2} - \underbrace{\lim_{t \to \infty} \lambda(T) \Delta y_T}_{\Omega_3} = 0 \quad (9.6)$$

为了满足这个条件，三个成分项（Ω_1，Ω_2 和 Ω_3）必须分别等于零。正是后两项即 Ω_2 和 Ω_3 等于零才产生了横截条件。

□ T 和 y_T 的可变性

对于无限水平问题，终止时间 T 不是固定的，因此 ΔT 非零。因此，为了使得式（9.6）中的 Ω_2 项消失，我们必须施加条件

$$\lim_{t \to \infty} H = 0 \qquad \text{（无限水平横截条件）} \tag{9.7}$$

这个条件似乎与式（9.2）相同。然而，与式（9.2）不同，式（9.7）是无限水平问题的一般横截条件，不管终止状态是否固定。因此，它更加重要。

我们对这个条件合理性的判断仅依据下列简单事实，即终止时间在无限水平问题中不是固定的。然而这个条件的完整证明是由米歇尔（Michel）给出的。[①] 这个证明比较长，在此就不做介绍了。相反，我们将通过稍微解释一下它的经济学意思来说明它的迷人之处。如果我们按多夫曼的做法（参见 8.1 节），令状态变量代表企业的资本存量，控制变量代表商业政策决策，函数 F 代表企业的利润函数，那么汉密尔顿函数把对应于每个可行商业政策决策的可能总利润（当前利润与未来利润之和）加起来。只要 H 仍为正，那么通过适当选择控制，我们仍能挖掘出利润。要求 $t \to \infty$ 时 $H \to 0$，这表示企业应该保证 $t \to \infty$ 时所有利润机会都已被充分利用。在直觉上，不管企业的终止状态（资本存量）固定与否，这样的要求都是合适的。

另一方面，对于式（9.6）中的 Ω_3 项，y_T 固定还是自由都不重要。首先，假设终止状态是固定的。于是我们有 $\lim_{t \to \infty} y_T = y_\infty$，这与式（9.1）是一样的。由于这意味着在时间无限处 $\Delta y_T = 0$，因此 Ω_3 项将消失，这不需要对 λ 的终止值施加任何限制。作为对照，终止状态自由可变时，在时间无限处我们不再有 $\Delta y_T = 0$。因此，为了使 Ω_3 消失，我们有必要施加条件 $\lim_{t \to \infty} \lambda(t) = 0$，这为横截条件式（9.4）提供了合理性。

尽管有上面的考虑，很多人认为无限水平横截条件问题尚处于未解决状态。横截条件式（9.7）没有争议。然而，对于横截条件式（9.4），即 $\lim_{t \to \infty} \lambda(t) = 0$，一些人提出了质疑，他们宣称发现了这个条件不成立的反例。如果事实如此，那么这样的反例当然说明这个条件不是必要条件。然而，我们将说明这些反例不是真正的反例，因为相关问题不含有真正自由的终止状态，因此不能首先使用式（9.4）。

---

① Phillipe Michel，"On the Transversality Condition in Infinite Horizon Optimal Problems，" *Econometrica*，July 1982，pp. 975–985.

9.2 一些反例的重新审视

□ 霍尔金反例

也许最经常被引用的反例是由霍尔金（Halkin）构造的下列自控问题：[①]

$$\text{Max} \int_0^\infty (1-y) u \, dt$$

s. t.

$$\dot{y} = (1-y)u$$
$$y(0) = 0 \tag{9.8}$$
$$u(t) \in [0,1]$$

由于被积函数 F 与运动方程中的函数 f 相同，因此目标函数可以改写为

$$\int_0^\infty \dot{y} \, dt = [y(t)]_0^\infty = \lim_{t \to \infty} y(t) - y(0) = \lim_{t \to \infty} y(t) \tag{9.9}$$

以这种观点看，目标泛函仅取决于无限水平时的终止状态。对于这样的所谓**终止控制问题**（terminal control problem），初始值和最优路径上实现的中间值并不重要，它们的作用只不过体现于它们是实现终止状态值的台阶。因此，要求式（9.9）最大化等价于要求状态变量的终止值取一个具体值——y 的上界。

为了找到 y 的上界，我们首先要找到 $y(t)$ 路径。y 的运动方程可以写为

$$\dot{y} + u(t)y = u(t)$$

这是个伴随可变系数和可变项的一阶线性微分方程。它的通解为[②]

$$y(t) = c e^{-\int u \, dt} + 1 \quad (c \text{ 为任意的})$$
$$= k e^{-\int_0^t u \, dt} + 1 \quad (k \text{ 为任意的}) \tag{9.10}$$

接下来，通过在通解中令 $t=0$ 并且使用初始条件 $y(0)=0$，我们有

$$0 = y(0) = k e^0 + 1 = k + 1$$

---

① Hubert Halkin, "Necessary Conditions for Optimal Control Problems with Infinite Horizons," *Econometrica*, March 1974. pp. 267–272, especially p. 271. 霍尔金反例的稍微改编版本可参见 Kenneth J. Arrow and Mordecai Kurz, *Public Investment, the Rate of Return, and Optimal Fiscal Policy*, Johns Hopkins Press, Baltimore, MD, 1970, p. 46（footnote）。霍尔金反例也可参见 Akira Takayama, *Mathematical Economics*, 2d ed., Cambridge University Press, Cambridge, 1985, p. 625；以及 Ngo Van Long and Neil Vousden, "Optimal Control Theorems," Essay 1 in John D. Pitchford and Stephen J. Turnovsky, eds., *Applications of Control Theory to Economic Analysis*, NorthHolland, Amsterdam, 1977, p. 16。

② 对于求这种微分方程的标准表，读者可参见 Alpha C. Chiang, *Fundamental Methods of Mathematical Economics*, 3d ed., McGraw-Hill, New York, 1983, Sec. 14.3. 把不定积分 $\int u \, dt$ 转换为式（9.10）中的定积分 $\int_0^t u \, dt$ 背后的逻辑可参见同一本书的 13.3 节（最后一个小节）。常数 k 和常数 c 不同，因为它吸收了与定积分的积分下限相伴的另外一个常数。

所以，$k = -1$。因此，定解为

$$y(t) = 1 - e^{-\int_0^t u\,dt} \equiv 1 - e^{-Z(t)} \tag{9.10'}$$

其中 $Z(t)$ 是定积分 u 的简写符号。

由于 $u(t) \in [0, 1]$，所以 $Z(t)$ 为非负。因此，$e^{-Z(t)}$ 的值必定位于区间 $(0，1]$，$y(t)$ 的值必定位于区间 $[0，1)$。由此可知，使得 $t \to \infty$ 时 $Z(t) \to \infty$ 从而使得 $e^{-Z(t)} \to 0$ 和 $y(t) \to 1$ 的**任何** $u(t)$ 路径，都将使得式（9.10'）中的目标泛函最大，从而是最优的。换句话说，不存在唯一最优控制。霍尔金认为如下就是一个最优控制：

$$u^* = 0 \text{ 对于 } t \in [0,1]$$
$$u^* = 1 \text{ 对于 } t \in (1, \infty)$$

这可行，原因在于 $\int_1^\infty 1\,dt$ 发散，从而导致 $Z(t)$ 无限大。然而，正如阿罗和库尔茨（Arrow and Kurz）指出的（出处见脚注，p.46），u 的任何常数时间路径

$$u^*(t) = u_0 \quad \text{对于所有 } t \quad (0 < u_0 < 1)$$

也可行。阿罗和库尔茨选择 $u(t) = u_0$，其中 u_0 是控制域 $[0，1]$ 中的**内部**点，这个事实使得我们能使用导数 $\partial H / \partial u = 0$。由于这个问题的汉密尔顿函数为

$$H = (1-y)u + \lambda(1-y)u = (1+\lambda)(1-y)u \tag{9.11}$$

条件 $\partial H / \partial u = 0$ 意味着 $(1+\lambda)(1-y) = 0$ 或更简单地，意味着 $1+\lambda = 0$，因为 y 总小于 1。因此，我们有 $\lambda^*(t) = -1$，这违背了横截条件式（9.4），似乎使得这个问题成为了一个反例。

然而，正如我们前面指出的，霍尔金问题的结构如下，即它要求将我们选择的 y 的上界作为终止状态，而不管我们选择的 $y^*(t)$ 路径是怎样的。换句话说，这里存在着隐含的固定终止状态，尽管问题并未公然宣称这一点。因此，正确的横截条件不是式（9.4）中的 $\lim_{t\to\infty} \lambda(t) = 0$，而是式（9.2）中的 $\lim_{t\to\infty} H = 0$。更具体地说，我们应该使用式（9.3）中的条件，即对于所有 t，$H = 0$，这是因为问题是自控的。

使用"对于所有 t，$H = 0$"这个横截条件，我们可以按照下列方式分析霍尔金问题。首先，注意到汉密尔顿函数关于 u 为线性的，因此，$u^*(t)$ 仅可能取控制域的边界值，即要么 $u = 0$，要么 $u = 1$。然而，在任何时点选择 $u = 0$，意味着在该时点 $\dot{y} = 0$（根据运动方程推知），从而使得 y 不可能增长。因此，我们不能选择对于所有 t，$u(t) = 0$。[①] 相反，假设我们选择控制

$$u^*(t) = 1 \quad \text{对于所有 } t$$

于是我们有运动方程

$$\dot{\lambda} = -\frac{\partial H}{\partial y} = (1+\lambda)u = 1+\lambda$$

---

① 注意，如果初始时期有限，那么我们也可以选择 $u = 0$，这是因为在这个问题中，只有终止状态起作用。事实上，霍尔金的解就包含这个特征：对于 $t \in [0，1]$，u 一开始为零。

$$\dot{\lambda}=\frac{\partial H}{\partial \lambda}=(1-y)u=1-y$$

它们的通解分别为

$$\lambda(t)=Ae^t-1 \quad (A \text{ 为任意的})$$

$$y(t)=Be^{-t}+1 \quad (B \text{ 为任意的})$$

根据初始条件 $y(0)=0$，我们可以确定 $B=-1$，因此，状态变量的定解为

$$y(t)=1-e^{-t} \quad \text{其中} \lim_{t\to\infty}y(t)=1$$

这个事实说明我们选择的控制，即 $u^*(t)=1$，与阿罗和库尔茨选择的那些控制一样，也能使得目标泛函最大化。那么常数 A 为多少？为了确定 A，我们使用横截条件——对于所有 t，$H=0$。根据式（9.11），我们看到，当对于所有 t，$u=1$ 且 $y<1$ 时，满足条件 $H=0$ 的唯一方法是对于所有 t 令 $\lambda=-1$。因此，$A=0$。

尽管我们的最优控制与霍尔金以及与阿罗和库尔茨的不同，但 $\lambda^*(t)=-1$ 这个结论是相同的。然而，我们并不认为这违背了预期横截条件。相反，这是从真正横截条件得到的完全可接受的结论。因此，霍尔金问题没有构成真正的反例。

有人可能会质疑我们的结论，因为他们认为施加在终止状态上的要求是基于式（9.9）的最大化之上的，这在本质上是最优化的结果而不是对终止状态施加的隐含限制。然而，稍微思考一下即可知道，这样的质疑仅对静态最优化问题有效，因为静态问题的目标是在 y 的可行域中选择一个特定值。但在当前的动态最优化背景下，最优化过程要求我们选择的不是一个变量值，而是整条路径。在这样的背景下，对状态变量在单个时点（在这里指终止时间）的限制，一般来说，必须视为对问题本身的限制。这个问题是个特殊情形，因为目标泛函仅取决于终止状态，这个事实不能说明它不是个动态最优化问题，它也没有改变下列一般规则：施加在终止状态上的限制应该被视为施加在整个问题上的限制。

□ 其他反例

卡尔·谢尔（Karl Shell）构造出了另外一个反例[①]，这个反例说明当问题为使得人均消费 $c(t)$ 在无限期上的积分 $\int_0^{\infty} c(t)dt$ 最大时，横截条件式（9.4）不再成立。然而，再一次地，我们注意到，这个问题有隐含的固定终止状态，因此不能使用横截条件式（9.4）。

谢尔的这个问题是基于新古典生产函数 $Y=Y(K, L)$ 之上的，根据线性齐次性假设，这个函数可用人均（每个工人）项表达：

$$y=\phi(k) \quad \text{其中} \phi'(k)>0, \phi''(k)<0$$

---

① Karl Shell，"Applications of Pontryagin's Maximum Principle to Economics," in H. W. Kuhn and G. P. Szegö, eds., *Mathematical Systems Theory and Economics*, Vol. 1, Springer-Verlag, New York, 1969, pp. 241-292, especially pp. 273-275.

其中 $y \equiv Y/L$，$k \equiv K/L$。令 n 表示劳动力增长率，δ 表示资本折旧速度。于是，资本劳动比率 k 的增长率为

$$\dot{k} = \phi(k) - c - (n+\delta)k \tag{9.12}$$

这类似于索罗（Solow）增长模型的基本微分方程。[①] 在稳态下，我们应该有 $\dot{k}=0$。通过令 $\dot{k}=0$ 并移项，我们可得到稳态人均消费的表达式：

$$c = \phi(k) - (n+\delta)k \quad (c \text{ 的稳态值}) \tag{9.13}$$

注意，c 的稳态值是 k 的稳态值的函数。最大可能的稳态 c 值发生在 $dc/dk = \phi'(k) - (n+\delta)=0$，也就是，发生在

$$\phi'(k) = n + \delta \tag{9.14}$$

的时候。式（9.14）中的条件称为**资本积累黄金法则**（golden rule of capital accumulation）。[②] 由于 $\phi(k)$ 单调，因此满足式（9.14）的 k 值是唯一的。把这个特定 k 值即 k 的黄金法则值记为 $\hat{k}$，把 c 的相应黄金法则值记为 $\hat{c}$。于是，

$$\hat{c} = \phi(\hat{k}) - (n+\delta)\hat{k} \quad (\text{根据式}(9.13)) \tag{9.15}$$

这个 c 值代表可持续的最大人均消费流，这是因为它是从最大化条件 $dc/dk=0$ 推导出的。

现在考虑最大化问题 $\int_0^\infty c(t)dt$。由于对于 $c(t)>0$，这个积分显然不收敛，因此，谢尔使用了拉姆齐方法，即将这个积分改写为与"幸福水平"的差，在这里，幸福水平为 $\hat{c}$。换句话说，这个问题变为

$$\text{Max} \int_0^\infty (c - \hat{c})dt$$
$$\text{s. t.}$$
$$\dot{k} = \phi(k) - c - (n+\delta)k \tag{9.16}$$
$$k(0) = k_0$$
$$0 \leqslant c(t) \leqslant \phi[k(t)]$$

尽管状态变量 k 有给定的初始值 k_0，但这个问题没有外在地提到终止值。在每个时点上，控制变量 c 都被限定在控制域 $[0, \phi(k)]$，也就是说，边际消费倾向被限定在区间 $[0, 1]$。对于这个自控问题，汉密尔顿函数为

$$H = c - \hat{c} + \lambda[\phi(k) - c - (n+\delta)k] \tag{9.17}$$

谢尔证明了共态变量的最优路径在 $t \to \infty$ 时有极限值 1，最优状态路径可用 $\lim_{t \to \infty} k(t) = \hat{k}$ 描述。$\lambda(t)$ 的最优值趋于 1 而不是零这个事实，使得谢尔认为这是个违背横截条件

---

① 这个推导过程的细节可以参见稍后我们对式（9.24）的讨论。

② 参见 E. S. Phelps, "The Golden Rule of Capital Accumulation: A Fable for Growthmen," *American Economic Review*, September 1961, pp. 638-643。这个法则被誉为"黄金法则"的原因在于它是基于下列前提之上的，即每代人都愿意遵守黄金法则的指引，而且每代人使用统一的储蓄率。

式（9.4）的反例。

　　然而，谢尔问题事实上也含有隐含的固定终止状态，因此，合适的横截条件为对于所有 t，$H=0$，而不是 $\lim_{t\to\infty}\lambda(t)=0$。为了看清这一点，回忆一下，将目标泛函改写为式（9.16）这种形式的全部原因都在于为了保证收敛性。注意，被积式 $(c-\hat{c})$ 是时间的连续函数，它对所有 t 保持相同的符号，从而不可能使我们把与不同时点相伴的正项和负项抵消，因此，使得被积函数收敛的唯一途径是令 $t\to\infty$ 时，$(c-\hat{c})\to 0$。[①] 因此，当 $t\to\infty$ 时，$c(t)$ 必定趋于 $\hat{c}$（这符合式（9.15）），$k(t)$ 必定趋于 $\hat{k}$。这使得终止状态隐含地被固定为 $\lim_{t\to\infty}k(t)=\hat{k}$，从而使得式（9.4）不能作为横截条件。这里的关键在于，这个终止状态不是最优化的结果；相反，它是由目标函数收敛性所要求的条件。

　　真正的横截条件应为对于 $t\to\infty$，$H=0$，这不难验证。当 $t\to\infty$ 时，$c\to\hat{c}$，$k\to\hat{k}$。另外，$\hat{c}$ 与 $\hat{k}$ 通过式（9.15）联系在一起。因此，根据式（9.17）可知，$H\to 0$。由于对这个自控问题来说，对于所有 t，H 应该等于零，因此通过令式（9.17）等于零，我们可求出 λ：

$$\lambda(t)=\frac{\hat{c}-c(t)}{\phi[k(t)]-c(t)-(n+\delta)k(t)} \tag{9.18}$$

通过对此式取极限，我们可以验证谢尔的结果：$t\to\infty$ 时，$\lambda(t)\to 1$。[②] 然而，在我们看来，这个结果绝不意味着它违背了任何可用的横截条件。相反，它完全符合，而且的确可从对于所有 t，$H=0$ 这个真正的横截条件推出。

　　另外一个人为构造的反例可以参见约翰·皮奇福特（John Pitchford）的地区投资模型。[③] 在人口不增长的假设下，他思考如何为两个地区分别选择投资率 I_1 和 I_2，从而使得

$$\text{Max}\int_0^\infty \left[c(t)-\hat{c}\right]dt$$

s. t.

$$\dot{K}_1=I_1-\delta K_1$$
$$\dot{K}_2=I_2-\delta K_2 \tag{9.19}$$
$$c=\phi_1(K_2)+\phi_2(K_2)-I_1-I_2\geqslant 0$$
$$K_1(0)>0, K_2(0)>0$$
$$I_1\geqslant 0, I_2\geqslant 0$$

符号 $\hat{c}$ 再次表示可持续的最大消费水平。这个模型基本类似于谢尔的反例，只不过这

[①] 参见 5.1 节条件 Ⅱ 的讨论。

[②] 为了这么做，我们可以使用洛必达（L'Hôpital）法则，因为当 $t\to\infty$ 时，式（9.18）的分子和分母都趋于零。回忆一下，当 $t\to\infty$ 时，式（9.14）得以满足，因此我们有 $\lim\limits_{t\to\infty}\lambda(t)=\lim\limits_{t\to\infty}\dfrac{-\dot{c}}{\phi'(k)\dot{k}-\dot{c}-(n+\delta)\dot{k}}=\lim\limits_{t\to\infty}\dfrac{-\dot{c}}{-\dot{c}}=1$。

[③] John D. Pitchford, "Two State Variable Problems," Essay 6 in John D. Pitchford and Stephen J. Turnovsky, eds., *Applications of Control Theory to Economic Analysis*, North-Holland, Amsterdam, 1977, pp. 127–154, especially pp. 134–143.

里有两个控制变量 I_1 和 I_2 以及两个状态变量 K_1 和 K_2，还有一些不等式约束（这是下一章讨论的主题）。皮奇福特还隐含地假设终止状态必须非负。

这个问题的解涉及两个终止状态 $\hat{K}_1>0$ 和 $\hat{K}_2>0$，这两个状态由关系式 $\phi'_1(\hat{K}_1)=\phi'_2(\hat{K}_2)=\delta$ 所定义（参见式（9.14）；在这里，$n=0$）。由于每个共态变量的终止值为 1，因此，式（9.5）对非负终止资本值所蕴涵的横截条件，即 $\lim_{t\to\infty}\lambda_i(t)K_i(t)=0$，未能得到满足（Pitchford, p. 143）。当然，如果目标泛函被要求为收敛的，我们就不会得到这个奇怪的结果。因为这样一来，$c(t)$ 必定趋于 $\hat{c}$，K_i 必定趋于 $\hat{K}_i$，从而使得这个问题变为伴随固定终止状态的问题，于是，我们应该使用另外一种横截条件。然而，皮奇福特不想事先排除可能的均衡 $(0,0)$、$(0,\hat{K}_2)$ 和 $(\hat{K}_1,0)$，他决定继续按照不要求积分收敛这个假设进行；可是，奇怪的是，他仍然使用了拉姆齐方法将被积函数表达为 $c(t)-\hat{c}$，而这种方法的目的正是在于保证收敛性。正是由于皮奇福特的这个假设，才使得他费尽周折后才明白目标泛函必须收敛。于是，相同的故事又重演：终止状态隐含地被固定了。这个模型也不是真正的反例。

□ 时间贴现的作用

皮奇福特（Pitchford，p. 128）敏感地注意到所有反例明显有着共同特征：目标泛函不含有时间贴现因子。尽管他没有解释这种现象，但他报告了威茨曼（Weitzman）的发现——对于**离散**时间问题来说，当存在时间贴现因子并且目标泛函收敛时，涉及共态变量的横截条件变得必要。[1] 另外，皮奇福特猜测类似的结果对于**连续**时间情形成立。后来，本维尼斯特等人（Benveniste and Scheinkman）的论文探讨了连续时间情形。[2]

对于时间贴现因子不存在（存在）与横截条件式（9.4）或式（9.5）的不可用（可用）之间的联系，我们前面的讨论提供了直觉上的解释。考虑使得 $\int_0^\infty [c(t)-\hat{c}]dt$ 最大化的情形。如果我们要求这个泛函收敛，考虑到我们不可能让正项与负项相互抵消，那么当 $t\to\infty$ 时，被积函数 $[c(t)-\hat{c}]$ 必须趋于零。由于这个结果仅当 $c(t)\to\hat{c}$ 时才出现，因此在这个问题中，终止状态实际上是固定的，不管问题是否外在地表达了这一点。然而，如果问题中含有时间贴现因子，从而被积函数为比如 $\int_0^\infty [c(t)-\hat{c}]e^{-\rho t}dt$，那么收敛性仅要求当 $t\to\infty$ 时 $[c(t)-\hat{c}]e^{-\rho t}$ 趋于零，而这只要 $[c(t)-\hat{c}]$ 趋于某个有限数即可（未必趋于零）。由于为了实现收敛性，$c(t)$ 不必趋于唯一值 $\hat{c}$，$K(t)$ 不必趋于唯一值 K，因此，含有时间贴现因子的问题的确伴随着自由终止状态，这样，式（9.4）或式（9.5）就可能是它的横截条件。谢尔模型和皮奇福特模型不含时间贴现因子，因此不属于这个类型。对于目标泛函含有贴现因子的情形，我们将用新古典最优增长模型说明，请参见 9.3 节。

---

① M. L. Weitzman, "Duality Theory for Infinite Horizon Convex Models," *Management Science*, 1973, pp. 783–789.

② L. B. Benveniste and J. A. Scheinkman, "Duality Theory for Dynamic Optimization Models of Economics: The Continuous Time Case," *Journal of Economic Theory*, 1982, pp. 1–19.

动态最优化基础

□ 横截条件作为充分条件的一部分

尽管对于无限水平问题来说，人们并不普遍认为横截条件$\lim_{t \to \infty} \lambda(t) = 0$是个必要条件，然而涉及$\lambda$的极限条件的确是这类问题的凹性充分条件的有机组成部分。充分性定理结合了曼加萨林的凹性条件以及阿罗的条件，以综合性的形式说明最大值原理的条件对于下列无限水平问题

$$\text{Max} V = \int_0^\infty F(t, y, u) dt$$

s. t.

$$\dot{y} = f(t, y, u)$$
$$y(0) = y_0 \ (y_0 \text{ 给定})$$

的全局最大化是充分的，如果

对于所有$t \in [0, T]$，$H \equiv F(t, y, u) + \lambda f(t, y, u)$关于$(y, u)$都为凹，或者，
对于给定的λ，对于所有t，$H^0 \equiv F(t, y, u^*) + \lambda f(t, y, u^*)$关于$y$都为凹 (9.20)

并且

$$\lim_{t \to \infty} \lambda(t) [y(t) - y^*(t)] \geqslant 0 \tag{9.21}$$

其中$y^*(t)$表示最优状态路径，$y(t)$表示任何其他可行的状态路径。终止状态可以固定，也可以自由。

注意，在式（9.20）中，我们已将曼加萨林关于函数F和f的凹性条件与$\lambda(t)$的非负条件合并成一个关于汉密尔顿函数H的凹性条件。H的凹性是指关于(y, u)联合为凹。相反，阿罗的条件是H^0仅关于变量y为凹。

无限水平问题中的式（9.21）中的极限表达式，对应着我们以前证明曼加萨林定理时遇到的式子$\lambda^*(T)(y_T - y_T^*)$（参见关于式（8.31）和式（8.31′）的脚注）。在那个证明过程中，$\lambda^*(T)(y_T - y_T^*)$变为零，因此我们得到了结果$V \leqslant V^*$，从而证明了$V^*$是个全局最大值。然而，为了证明$V^*$是全局最大的，我们也可以接受$\lambda^*(T)(y_T - y_T^*) > 0$。根据类似的推理可知，条件式（9.21）要求当$t \to \infty$时，$\lambda(t)[y(t) - y^*(t)]$的极限为正或为零。读者也可以比较一下式（9.21）和变分法中的相应条件式（5.44）。乍看起来，条件式（5.44）似乎与式（9.21）显著不同，因为它是"$\leqslant$"不等式而不是"$\geqslant$"不等式。然而，根据式（7.57），我们知道$\lambda = -F_y'$。由于将不等式乘以一个负数会改变不等式的方向，因此，式（9.21）和式（5.44）的确完全相同。

9.3 新古典最优增长理论

拉姆齐关于储蓄行为的模型（5.3节）考察了跨期资源配置这一重要议题，这个模型对经济思想产生了强大影响，尽管这个影响直到第二次世界大战之后才出现，此时经济学家终于"重新发现"了这个模型。在后来的发展中，这个问题被表示为最优控制问

题而不是变分法问题。这种新的架构被称为新古典最优增长理论（the neoclassical theory of optimal growth），它在两个方面扩展了拉姆齐模型：（1）劳动力（等同于人口）被假设以外生的固定增长率 $n>0$ 增长（在拉姆齐模型中，$n=0$）；（2）社会效用被假设以固定速率 $\rho>0$ 进行时间贴现（在拉姆齐模型中，$\rho=0$）。我们对这个主题的讨论主要基于大卫·盖斯（David Cass）的一篇经典论文。[①]

□ **模型**

这个理论称为"新古典"理论，因为它的解析架构围绕着新古典生产函数 $Y=Y(K，L)$ 展开，这个函数被假设具有下列特征：规模报酬不变；边际产品为正；每种投入物的报酬递减。[②] 这样的生产函数是线性齐次的，因此可用工均（per-worker）项或人均项改写（因为我们不区分人口和劳动力，而是把它们视为相同的）。令 Y 和 K 的小写字母 y 和 k 分别表示

$$y\equiv\frac{Y}{L} \quad （平均劳动产出）$$

$$k\equiv\frac{K}{L} \quad （资本与劳动之比）$$

于是，我们可以将生产函数表示为

$$y=\phi(k)，\quad 其中\ \phi'(k)>0，\phi''(k)<0\quad 对于所有\ k>0 \tag{9.22}$$

另外，我们还规定

$$\lim_{k\to 0}\phi'(k)=\infty\quad，\quad \lim_{k\to\infty}\phi'(k)=0$$

$\phi(k)$ 的图——APP_L 曲线对资本劳动比率的图——的一般形状如图 9—1 所示。

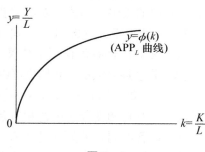

图 9—1

总产出 Y 要么配置给消费 C，要么配置给总投资 I_g，其中下标 g 表示"总的"（gross）。因此，净投资 $I=\dot{K}$ 可以表示为

$$\dot{K}=I_g-\delta K=Y-C-\delta K\quad （\delta=折旧率）$$

---

① David Cass, "Optimum Growth in an Aggregate Model of Capital Accumulation," *Review of Economic Studies*, July 1965, pp. 233-240.

② 在讨论拉姆齐模型时，我们用 Q 表示产出。在这里，我们使用符号 Y 表示产出，Y 是个常用的符号，通常用来表示收入和产出，尤其是宏观水平的收入和产出。

将上式通除以 L，并且使用符号 $c \equiv C/L$ 表示人均消费，我们有

$$\frac{1}{L}\dot{K} = y - c - \delta k = \phi(k) - c - \delta k \tag{9.23}$$

现在，上式右侧仅含有人均变量，但左侧不是这样的。为了统一，我们使用下列关系

$$\dot{K} \equiv \frac{dK}{dt} = \frac{d}{dt}(kL) = k\frac{dL}{dt} + L\frac{dk}{dt} \qquad (\text{积法则})$$

$$= knL + L\dot{k} \qquad \left(n \equiv \frac{dL/dt}{L}\right)$$

$$= L(kn + \dot{k})$$

将这个结果代入式（9.23）并整理，这样我们最终得到了仅用人均变量表达的方程：

$$\dot{k} = \phi(k) - c - (n + \delta)k \tag{9.24}$$

这个方程描述了资本劳动比率 k 如何随着时间变化而变化，它是新古典增长理论的基本微分方程，我们已经在式（9.12）中接触过它。

人均消费水平 c 是决定任何时点的社会效用或福利的因素。社会效用指数函数 $U(c)$ 被假设具有下列性质：

$$U'(c) > 0, \quad U''(c) < 0 \quad \text{对于所有 } c > 0$$
$$\lim_{c \to 0} U'(c) = \infty \quad , \quad \lim_{c \to \infty} U'(c) = 0 \tag{9.25}$$

当然，在动态最优化问题中，函数 $U(c)$ 在时间上加总。然而，由于人口（劳动力）以速率 n 增长，盖斯（Cass）认为任何时点的社会效用在加总之前应该先用人口进行加权。因此，当贴现率为 ρ 时，目标泛函的形式为

$$\int_0^\infty U(c)L(t)e^{-\rho t}dt = \int_0^\infty U(c)L_0 e^{nt} e^{-\rho t}dt = L_0 \int_0^\infty U(c)e^{-(\rho-n)t}dt \tag{9.26}$$

为了保证收敛性，盖斯规定 $\rho - n > 0$。然而，我们应该指出，这等价于规定一个正的贴现率 r，其中 $r \equiv \rho - n$。如果我们通过选择单位进一步令 $L_0 = 1$，那么这个泛函将变为下列简单形式

$$\int_0^\infty U(c)e^{-rt}dt \quad (r \equiv \rho - n > 0) \tag{9.26'}$$

换句话说，以人口对社会效用加权，并且同时要求贴现率 ρ 大于人口增长率 n，这种做法在数学上与下列做法没有什么区别：**不使用人口进行加权**，而是采用一个新的正的贴现率 r。出于这个原因，我们使用更为简单的做法，即使用式（9.26'）。

因此，最优增长问题就是

$$\text{Max} \int_0^\infty U(c)e^{-rt}dt$$

s. t.

$$\dot{k} = \phi(k) - c - (n + \delta)k$$
$$k(0) = k_0$$
$$0 \leqslant c(t) \leqslant \phi[k(t)] \tag{9.27}$$

这类似于谢尔问题式（9.16），但在这里，被积函数不是（$c-\hat{c}$）（即，c 与黄金法则水平的差），而是一个以速率 r 贴现的、关于人均消费的效用指数函数。这里只有一个状态变量 k，也只有一个控制变量 c。

□ 最大值原理

这个问题的汉密尔顿函数

$$H=U(c)e^{-rt}+\lambda[\phi(k)-c-(n+\delta)k] \tag{9.28}$$

关于 c 不是线性的。更具体地说，在任何时点，H 的第一个加项对 c 的图形为图 9—2 中的虚曲线，第二个加项为图 9—2 中的虚直线。[1]

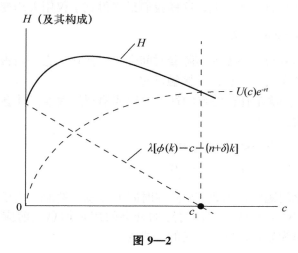

图 9—2

它们的和，即 H，含有一个隆起，这个隆起的峰出现在 $c=0$ 和 $c=c_1$ 之间的某个 c 值处。由于 c_1 是方程 $[\phi(k)-c-(n+\delta)k]=0$ 的解，由此可知 $c_1=\phi(k)-(n+\delta)k$，因此 $c_1<\phi(k)$。因此，H 的最大值出现在控制域 $[0,\phi(k)]$ 的内部。因此，我们可以通过令

$$\frac{\partial H}{\partial c}=U'(c)e^{-rt}-\lambda=0$$

找到 H 的最大值。由此，我们可以得到条件

$$U'(c)=\lambda e^{rt} \tag{9.29}$$

这表明，最优时，人均消费的边际效用 $U'(c)$ 应该等于资本的影子价格 λ 乘以指数项 e^{rt}。由于 $\partial^2 H/\partial c^2=U''(c)e^{rt}$ 为负（参见式（9.25）），因此 H 的确被最大化而不是最小化。

最大值原理要求两个运动方程。其中一个运动方程为 $\dot{\lambda}=\partial H/\partial k$，对于当前模型，它意味着下列微分方程：

$$\dot{\lambda}=-\lambda[\phi'(k)-(n+\delta)] \tag{9.30}$$

---

[1] 虚曲线的形状是基于式（9.25）对 $U(c)$ 的规定。虚直线的纵截距为 $\lambda[\phi(k)-(n+\delta)k]$，斜率为 $-\lambda$。对于任何时点，我们都把 λ 视为正的，这是因为 λ 代表资本在该时点的影子价格（以效用衡量）；因此，虚直线的斜率为负。

另外一个运动方程 $\dot{k}=\partial H/\partial\lambda$，就是约束条件的重新表达

$$\dot{k}=\phi(k)-c-(n+\delta)k \qquad (9.31)$$

式（9.29）到式（9.31）这三个方程，在理论上，应该能让我们求出 c、λ 和 k 这三个变量。然而，由于我们不知道函数 $U(c)$ 和 $\phi(k)$ 的具体形式，我们只能对模型进行定性分析。

当然，我们也可以从当前值汉密尔顿函数

$$H_c=U(c)+m[\phi(k)-c-(n+\delta)k] \qquad （根据式(8.10)） \qquad (9.32)$$

入手。在这种情形下，最大值原理要求 $\partial H_c/\partial c=U'(c)-m=0$，或者

$$m=U'(c) \qquad (9.33)$$

这个条件的确使得 H_c 最大化而不是最小化，这是因为 $\partial^2 H_c/\partial c^2=U''(c)<0$（参见式（9.25））。

状态变量 k 的运动方程可直接从式（9.27）的第二行得到，但我们也可以推导出它：

$$\dot{k}=\frac{\partial H_c}{\partial m}=\phi(k)-c-(n+\delta)k \qquad (9.34)$$

当前值乘子 m 的运动方程为

$$\dot{m}=-\frac{\partial H_c}{\partial k}+rm=-m[\phi'(k)-(n+\delta)]+rm \qquad （根据式(8.13)）$$
$$=-m[\phi'(k)-(n+\delta+r)] \qquad (9.35)$$

下面的讨论将基于当前值最大值原理条件式（9.33）到式（9.35）。由于这些条件都不外在地含有自变量 t，因此这是个自控系统。这使得我们可以使用相图进行定性分析，我们已在 5.4 节做过类似的事情。

□ **构建相图**

由于式（9.34）和式（9.35）这两个微分方程涉及变量 k 和 m，因此正常相图将位于 km 空间。为了使用这样的相图，我们必须先消去其他变量，即 c。然而，由于另外一个方程即式（9.33），含有一个关于 c 的**函数**即 $U'(c)$，而不是含有 c 本身，因此，消去 c 比消去 m 复杂。因此，我们将不用盖斯的方法而是设法消去变量 m。在这么做时，我们也顺便得到了一个关于变量 c 的微分方程。于是，我们可以在 kc 空间用相图进行分析。

首先，我们把式（9.33）关于 t 微分，从而得到一个关于 $\dot{m}$ 的表达式：

$$\dot{m}=U''(c)\dot{c}$$

这个式子与方程 $m=U'(c)$ 一起，使得我们能够消去式（9.35）中的 $\dot{m}$ 和 m。经过整理，可得

$$\dot{c}=-\frac{U'(c)}{U''(c)}[\phi'(k)-(n+\delta+r)]$$

这是一个关于变量 c 的微分方程。因此，我们现在可以使用微分方程组

$$\dot{k}=\phi(k)-c-(n+\delta)k$$
$$\dot{c}=-\frac{U'(c)}{U''(c)}[\phi'(k)-(n+\delta+r)] \tag{9.36}$$

为了构建相图，我们首先画出 $\dot{k}=0$ 曲线和 $\dot{c}=0$ 曲线。这些曲线分别由下列方程所定义：

$$c=\phi(k)-(n+\delta)k \quad (\dot{k}=0 \text{ 曲线的方程}) \tag{9.37}$$
$$\phi'(k)=n+\delta+r \quad (\dot{c}=0 \text{ 曲线的方程})① \tag{9.38}$$

曲线 $\dot{k}=0$ 在 kc 空间是一条凹曲线，如图 9—3(b) 所示。正如式 (9.37) 表明的，这条曲线将 c 表示为两个关于 k 的函数之差：一是 $\phi(k)$，另外一个是 $(n+\delta)k$。$\phi(k)$ 的图形我们已经在图 9—1 中接触过，现将其复制在图 9—3(a) 中。$(n+\delta)k$ 这一项在图形上就是一条向上倾斜的直线。于是，当我们画出这两条曲线的差时，就得到了想要的曲线 $\dot{k}=0$，参见图 9—3(b)。至于曲线 $\dot{c}=0$，式 (9.38) 要求曲线 $\phi(k)$ 的斜率取具体值 $n+\delta+r$。由于 $\phi(k)$ 曲线是单调的，因此，该条曲线上仅有一点即 B 点能够满足这个要求，这一点对应着唯一的 k 值，即 $\bar{k}$。因此，曲线 $\dot{c}=0$ 必定是一条垂直线，其中横截距为 $\bar{k}$，参见图 9—3(b)。

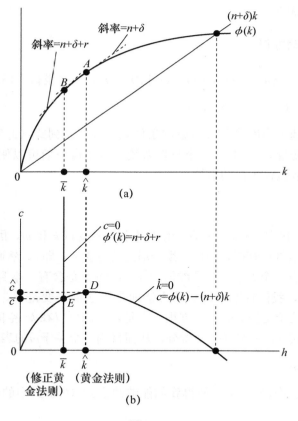

图 9—3

① $-U'(c)/U''(c)$ 项总为正（根据式 (9.25)），从而不可能为零。因此，让 $\dot{c}=0$ 的唯一方法是令式 (9.36) 中方括号内的表达式等于零。

动态最优化基础

图 9—3(b) 中两条曲线的交点 E 确定了 k 和 c 的稳态值，分别记为 $\bar{k}$ 和 $\bar{c}$。在文献中，$\bar{k}$ 和 $\bar{c}$ 通常分别被称为资本劳动比率和人均消费的**修正黄金法则值**（modified-golden-rule value），以区别于谢尔反例中的黄金法则值 $\hat{k}$ 和 $\hat{c}$。正如式（9.14）表明的，$\hat{k}$ 的定义为 $\phi'(\hat{k})=n+\delta$。因此，它对应着 $\phi(k)$ 曲线上的 A 点（参见图9—3(a)），其中该曲线的切线平行于直线 $(n+\delta)k$。相反，$\bar{k}$ 的定义为 $\phi'(\bar{k})=n+\delta+r$（参见式（9.38）），这涉及 $\phi(k)$ 的更大斜率。这正是 B 点（对应着 $\bar{k}$）必定位于 A 点（对应着 $\hat{k}$）左侧的原因。换句话说，k 的修正黄金法则值（基于时间以速率 r 贴现）必定小于 k 的黄金法则值（不存在时间贴现）。根据相同的理由，c 的修正黄金法则值——图9—3(b) 中 E 点的高度——必定小于 c 的黄金法则值——D 点的高度。

□ **相图的分析**

为了做好相图分析的准备，我们已在图 9—4 中对曲线 $\dot{k}=0$ 添加了垂直素描线，对曲线 $\dot{c}=0$ 添加了水平素描线。这些素描线的作用在于帮助我们画出流线——它们提醒我们流线必定以无穷斜率穿过曲线 $\dot{k}=0$，以零斜率穿过曲线 $\dot{c}=0$。

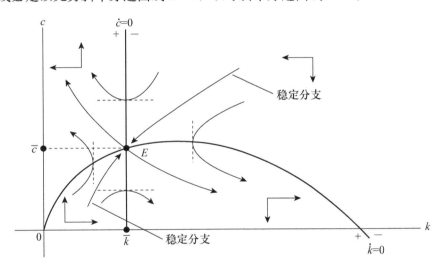

图 9—4

为了探索这些流线的一般方向，我们对式（9.36）中的两个微分方程求偏导，由此可得

$$\frac{\partial \dot{k}}{\partial c}=-1<0 \tag{9.39}$$

$$\frac{\partial \dot{c}}{\partial k}=-\frac{U'(c)}{U''(c)}\phi''(k)<0 \qquad （根据式(9.25)和式(9.22)） \tag{9.40}$$

根据式（9.39）可知，当 c 增加时（向北移动时），$\dot{k}$ 应该遵循（＋，0，－）这个符号顺序。因此，在曲线 $\dot{k}=0$ 下方，k 箭头应该指向东，在曲线 $\dot{k}=0$ 上方，k 箭头应该指向西。类似地，式（9.40）表明当 k 增加时（向东移动时），$\dot{c}$ 应该遵循（＋，0，－）这个符号顺序。因此，在曲线 $\dot{c}=0$ 的左侧，c 箭头应该指向上方，在曲线 $\dot{c}=0$ 的右侧，c 箭头应该指向下方。

根据这些箭头指引画出的流线，产生了一个鞍点均衡点 E，E 的坐标为 $(\bar{k}, \bar{c})$，其中 $\bar{k}$ 和 $\bar{c}$ 分别表示 k 和 c 的跨期均衡值。$\bar{k}$ 为常数，意味着 $\bar{y} = \phi(\bar{k})$ 也为常数。由于 $k \equiv K/L$ 以及 $y \equiv Y/L$，因此 $\bar{k}$ 和 $\bar{y}$ 同时为常数，意味着在 E 点，变量 Y、K 和 L 都以相同速率增长。变量 Y 和 K 以相同速率增长这个事实尤其重要，因为它是稳态或增长均衡的一个**必要条件**。给定这个问题的曲线 $\dot{k} = 0$ 和曲线 $\dot{c} = 0$ 的构形，稳态是唯一的。

注意，经济达到稳态的唯一方法是它踏上其中一个稳定分支——通向 E 点的"黄砖大道"。这意味着，给定初始资本劳动比率 k_0，我们必须选择一个初始人均消费水平 c_0 使得有序对 (k_0, c_0) 位于稳定分支上（注意，图 9—4 未画出这个有序对）。否则，模型的动态力量将导致以下情形：（1）（沿着指向东南的流线）k 一直递增且 c 一直递减；或（2）（沿着指向西北的流线）c 一直递增且 k 一直递减。情形（1）意味着社会持续勒紧裤腰带进行投资，最终饿死；与此相反，情形（2）意味着社会过度消费，最终导致资本枯竭。由于这二者都不是可行的长期选择，因此 E 点的稳态（人均消费不变且可持续），是当前模型经济的唯一有意义的长期目标。

值得注意的是，即使在 E 点，人均消费也变得固定，不可能进一步提高。这是因为模型假设了静态生产函数 $Y = Y(K, L)$。为了使得人均消费可能增长，模型必须引入技术进步因素。我们将在下一节讨论这个主题。

□ 横截条件

在一族流线中选择一条稳定分支，等价于从通解中通过确定任意常数来选择特解。这可以借助于边界条件。选择特定的初始 c_0 使得有序对 (k_0, c_0) 位于稳定分支上这个要求，是做此事的方法之一。另外一种方法是使用合适的横截条件。然而，由于我们处理的是一般伴随而不是微分方程的定量解，因此很难说明如何使用横截条件来确定任意常数。然而，我们可以使用相图分析，说明稳态解的确满足合适的横截条件。

稳态解可能满足的一种横截条件为

$$\lambda \to 0 \quad \text{当 } t \to \infty \text{ 时} \quad \text{（根据式(9.4)）} \tag{9.41}$$

这是因为目标泛函的确含有贴现因子，而且终止状态是自由的。由于盖斯模型中的 λ 解路径为

$$\lambda^* = U'(c^*) e^{-n} \quad \text{（根据式(9.29)）}$$

而且由于当 $t \to \infty$ 时 $U'(c^*)$ 的极限是有限的[①]，因此，这个式子的确满足横截条件式 (9.41)。

我们可以预期的另外一个条件是，在解中

$$H \to 0 \quad \text{当 } t \to \infty \text{ 时} \quad \text{（根据式(9.7)）} \tag{9.42}$$

对于当前的问题，H 的解路径取下列形式：

$$H^* = U(c^*) e^{-n} + \lambda^* [\phi(k^*) - c^* - (n+\delta)k^*] \quad \text{（根据式(9.28)）}$$

---

① 根据式（9.25），我们看到了 $U'(c) \to \infty$，我们必须有 $c \to 0$。在当前的问题中，$t \to \infty$ 时 c^* 不趋于零；因此，当 $t \to \infty$ 时，$U'(c^*)$ 的极限是有限的。

由于 $t \to \infty$ 时 $U(c^*)$ 是有限的，因此 $t \to \infty$ 时指数项 $U(c^*)e^{-rt}$ 趋于零。对于其他项，我们已经从式（9.41）中知道 λ^* 趋于零。另外，根据稳态的定义可知，方括号内的表达式（根据式（9.36）可知，这代表着 $\dot{k}$）等于零。因此，横截条件式（9.42）也得以满足。

□ 根据特征根检查鞍点

在图 9—4 中，流线的模式让我们断言均衡点 E 是个鞍点。由于流线是在定性基础上画出的，曲线位置有相当大的自由度，因此有必要通过其他方法验证这个结论的有效性。我们在这里的做法是将该模型的（非线性）微分方程线性化，然后检查它的特征根。[①]

在方程组（9.36）

$$\dot{k} = \phi(k) - c - (n+\delta)k$$
$$\dot{c} = -\frac{U'(c)}{U''(c)}\left[\phi'(k) - (n+\delta+r)\right]$$

的基础上，我们首先构建雅可比矩阵，然后在稳态点 E 即 $(\bar{k}, \bar{c})$ 处取值

$$J_E = \begin{bmatrix} \dfrac{\partial \dot{k}}{\partial k} & \dfrac{\partial \dot{k}}{\partial c} \\[2mm] \dfrac{\partial \dot{c}}{\partial k} & \dfrac{\partial \dot{c}}{\partial c} \end{bmatrix}_{(\bar{k}, \bar{c})} \tag{9.43}$$

对于这四个偏导数，当我们计算它们在 E 点的值时，此时 $\phi'(\bar{k}) = n+\delta+r$，有

$$\left.\frac{\partial \dot{k}}{\partial k}\right|_E = \phi'(\bar{k}) - (n+\delta) = r > 0$$

$$\left.\frac{\partial \dot{k}}{\partial c}\right|_E = -1 < 0$$

$$\left.\frac{\partial \dot{c}}{\partial k}\right|_E = -\frac{U'(\bar{c})}{U''(\bar{c})}\phi''(\bar{k}) < 0$$

$$\left.\frac{\partial \dot{c}}{\partial c}\right|_E = \frac{-[U''(\bar{c})]^2 + U'''(\bar{c})U'(\bar{c})}{[U''(\bar{c})]^2}\left[\phi'(\bar{k}) - (n+\delta+r)\right] = 0$$

由此可知，雅可比矩阵的形式为

$$J_E = \begin{bmatrix} r & -1 \\[2mm] \dfrac{-U'(\bar{c})}{U''(\bar{c})}\phi''(\bar{k}) & 0 \end{bmatrix} \tag{9.43'}$$

由此，我们得到了为确认鞍点所需的关于特征根 r_1 和 r_2 的信息：

$$r_1 r_2 = |J_E| = -\frac{U'(\bar{c})}{U''(\bar{c})}\phi''(\bar{k}) < 0 \tag{9.44}$$

---

① 关于把非线性方程组线性化的方法，可以参见 Alpha C. Chiang, *Fundamental Methods of Mathematical Economics*, 3d ed., McGraw-Hill, New York, 1984, Sec. 18.6。

这意味着这两个根的符号相反，从而说明了稳态是一个局部鞍点。

习题9.3

1. 令生产函数和效用函数分别为

$$Y=AK^{\alpha}L^{1-\alpha} \quad (0<\alpha<1)$$

$$U=\hat{U}-\frac{1}{b}c^{-b} \quad (b>0)$$

(a) 求函数 $y=\phi(k)$ 和函数 $U'(c)$。验证它们是否符合式（9.22）和式（9.25）的规定。

(b) 写出具体的最优控制问题。

(c) 使用当前值汉密尔顿函数，运用最大值原理。

(d) 推导出关于变量 k 和 c 的微分方程组。求稳态值 $(\bar{k}, \bar{c})$。

2. 在盖斯模型的相图分析中，图9—4中的方向箭头是根据式（9.39）和式（9.40）中的偏导数 $\partial \dot{k}/\partial c$ 和 $\partial \dot{c}/\partial k$ 的符号画出的。

(a) 为了实现同样的目的，我们能否用 $\partial \dot{k}/\partial k$ 代替 $\partial \dot{k}/\partial c$？如果能，这样做是合意的吗？为什么？

(b) 我们能否考虑 $\partial \dot{c}/\partial c$ 而不是 $\partial \dot{c}/\partial k$ 的符号？如果能，这样做是合意的吗？为什么？

3. 在图9—4中，假设经济位于下方的稳定分支上，而且正向 E 点移动。令参数变化从而使得曲线 $\dot{c}=0$ 向右移动，但不影响曲线 $\dot{k}=0$。

(a) 什么样的参数变化能导致这样的移动？

(b) 稳态的位置将会发生什么样的变化？

(c) 我们能将经济移动前的位置——称为 (k_1, c_1)——作为移动后相图中新稳定分支的合适初始点吗？为什么？

4. 检验盖斯模型（9.27）是否满足曼加萨林充分条件。

9.4 外生的技术进步与内生的技术进步

上一节讨论的新古典增长模型提供了一个稳态，在这个稳态中，人均消费 c 固定在 $\bar{c}$，从而使得平均生活水平不可能进一步提高。人均消费无法提高的原因在于模型假设生产函数 $Y=Y(K, L)$ 是静态的。由于同样的技术对所有 t 都成立，因此生产函数曲线无法向上移动。然而，一旦允许技术进步，我们就可以轻易地提高人均消费水平。

□ 动态生产函数

作为动态生产函数的一般表达式，我们可以将其写为

$$Y=Y(K, L, t) \quad (Y_t>0) \tag{9.45}$$

Y_t 为正，这说明技术进步的确发生了，但它并未解释技术是如何进步的。因此，这个式子只能用来表示外生的技术进步。动态生产函数的另外一种写法，是将技术变量明确引入函数。令 $A=A(t)$ 表示最好的技术，其中 $dA/dt>0$，于是我们可以写为

$$Y=Y(K,L,A) \quad (Y_A>0) \tag{9.46}$$

式（9.46）比式（9.45）好，因为有了显性变量 A 之后，我们可以将 A 作为一个外生变量，也可以通过规定 A 在模型中是如何决定的，从而将其变为内生变量。

□ 中性的外生技术进步

当技术进步使得某个经济变量在某个设定的环境下不受其影响时，它就被称为"中性的"（neutral）。具体地说，如果技术进步使得 K/L 不变时边际技术替代率（MRTS≡ MPP_L/MPP_K）不变，那么它是**希克斯中性的**（Hicks-neutral）。也就是说，如果我们维持 K/L 固定然后考察技术进步之前和之后的 MRTS，那么这两个 MRTS 将相等。为了描述这个特征，我们可以使用式（9.46）的特殊形式

$$Y=A(t)Y(K,L) \quad （希克斯中性） \tag{9.47}$$

其中，$Y(K,L)$ 被设定为线性齐次的。变量 A 不影响 K 和 L 的边际产出比率的原因在于，它位于 $Y(K,L)$ 表达式之外。

相反，如果 MPP_K 不变时产出资本比率（Y/K）也不变，那么技术进步为**哈罗德中性的**（Harrod-neutral）。反映这一特征的式（9.46）的特殊形式为

$$Y=Y[K,A(t)L] \quad （哈罗德中性） \tag{9.48}$$

其中，Y 被设定为关于 K 和 $A(t)L$ 都是线性齐次的。由于 $A(t)$ 仅与 L 连在一起，因此这种技术进步称为纯粹的劳动力扩张型（purely labor-augmenting）。由 $A(t)$ 与 L 的结合方式可知，我们可以认为，在生产过程中，技术和劳动可相互完全替代。正是由于 A 完全和变量 K 无关，才导致技术进步情形下只要 MPP_K 不变，Y/K 这个比率也不变。

第三种技术中性是**索罗中性**（Solow neutrality），它是哈罗德中性的镜像——K 和 L 的角色互换了。于是，这个函数可以写为

$$Y=Y[A(t)K,L] \quad （索罗中性） \tag{9.49}$$

其中 Y 被设定为关于 AK 和 L 为线性齐次的。

□ 哈罗德中性情形下的新古典最优增长

如果增长模型伴随着外生技术进步，那么模型通常假设技术进步是哈罗德中性的。哈罗德中性受欢迎的主要原因在于，它完全符合稳态概念；它能产生动态均衡，在这个动态均衡中，Y 和 K 同步增长。另外，与静态生产函数相比，使用哈罗德中性技术进步不会导致任何额外的分析难度。

我们把**有效劳动**（efficiency labor）η 定义为

$$\eta \equiv AL \tag{9.50}$$

于是，生产函数式（9.48）变为

$$Y = Y(K, \eta) \tag{9.51}$$

如果我们现在把有效劳动 η（而不是自然劳动 L）作为劳动投入变量，那么在数学上，式（9.51）类似静态生产函数，尽管它的前身式（9.48）在性质上是真正动态的。根据线性齐次性假设，我们可以将式（9.51）改写为

$$y_\eta = \phi(k_\eta) \quad \text{其中 } y_\eta \equiv \frac{Y}{\eta}, \ k_\eta \equiv \frac{K}{\eta} \tag{9.51'}$$

这在本质上等同于式（9.22），事实上我们将保留式（9.22）列举的 ϕ 的所有性质。新的状态变量 k_η 的运动方程，可以通过用于推导式（9.24）的方法得到。结果为

$$\dot{k}_\eta = \phi(k_\eta) - c_\eta - (a+n+\delta)k_\eta \quad \text{其中 } c_\eta \equiv \frac{C}{\eta}, \ a \equiv \frac{\dot{A}}{A}, \ n \equiv \frac{\dot{L}}{L} \tag{9.52}$$

因此，最优控制问题为

$$\text{Max} \int_0^\infty U(c_\eta)e^{-rt}dt$$

$$\text{s. t.}$$
$$\dot{k}_\eta = \phi(k_\eta) - c_\eta - (a+n+\delta)k_\eta$$
$$k_\eta(0) = k_{\eta 0} \tag{9.53}$$
$$0 \leqslant c_\eta \leqslant \phi(k_\eta)$$

容易看出，这个新表达式类似原来问题的表达式（9.27）。

新问题的当前值汉密尔顿函数为

$$H_c' = U(c_\eta) + m'[\phi(k_\eta) - c_\eta - (a+n+\delta)k_\eta] \tag{9.54}$$

其中 m' 为新的当前值共态变量，最大值原理要求下列条件：

$$m' = U'(c_\eta) \quad （参见式（9.33）） \tag{9.55}$$
$$\dot{k}_\eta = \phi(k_\eta) - c_\eta - (a+n+\delta)k_\eta \quad （参见式（9.34）） \tag{9.56}$$
$$\dot{m}' = -m'[\phi'(k_\eta) - (a+n+\delta+r)] \quad （参见式（9.35）） \tag{9.57}$$

通过消去变量 m'，我们可以将式（9.55）到式（9.57）这三个方程合成一个微分方程组：

$$\dot{k}_\eta = \phi(k_\eta) - c_\eta - (a+n+\delta)k_\eta$$
$$\dot{c}_\eta = -\frac{U'(c_\eta)}{U''(c_\eta)}[\phi'(k_\eta) - (a+n+\delta+r)] \quad （参见式（9.36）） \tag{9.58}$$

这个式子为新相图提供了下列一对方程：

$$c_\eta = \phi(k_\eta) - (a+n+\delta)k_\eta \quad （曲线 \dot{k}_\eta=0 \text{ 的方程}） \tag{9.59}$$
$$\phi'(k_\eta) = a+n+\delta+r \quad （曲线 \dot{c}_\eta=0 \text{ 的方程}） \tag{9.60}$$

由于相图分析在定性角度上与图 9—4 相同，因此没有必要重述。我们只要指出下列事实就够了：曲线 $\dot{k}_\eta=0$ 与曲线 $\dot{c}_\eta=0$ 的交点决定了一个稳态，在这个稳态中，Y、K 和 η 都以相同速率增长。但这个新稳态与原来的稳态存在一个重大区别。以前，在稳

动
态
最
优
化
基
础

态中，我们有 $c \equiv C/L$。现在我们有

$$c_\eta \equiv \frac{C}{\eta} \equiv \frac{C}{AL} = 常数 \tag{9.61}$$

这意味着

$$\frac{C}{L} = c_\eta A \tag{9.61'}$$

因此，只要技术进步使得 A 增大，那么人均消费 C/L 将同步增长。人均生活水平不再固定不变。

□ 内生技术进步

外生技术进步的最大优点是简单，然而它回避了技术进步是如何发生的这个问题。为了解决这个缺点，有必要将技术进步内生化。早在 20 世纪 60 年代，经济学家已经开始探索知识创造对经济的贡献问题了。例如，肯尼斯·阿罗（Kenneth Arrow）的著名"干中学"（leaning-by-doing）模型认为，总投资衡量了"干"的数量，而"干"导致了"学"（代表技术进步）。[1] 卡尔·谢尔（Karl Shell）提出了另外一种模型，他认为知识积累明显依赖于用于研发活动的资源数量。[2] 我们将简要讨论谢尔的模型。

在谢尔模型中，生产函数

$$Y(t) = Y[K(t), L(t), A(t)]$$

与式（9.46）相同。然而现在 $A(t)$（表示知识存量）的变化模式被给定：

$$\dot{A}(t) = \sigma\alpha(t)Y(t) - \beta A(t) \quad (0 < \sigma \leqslant 1,\ 0 \leqslant \alpha \leqslant 1,\ \beta \geqslant 0) \tag{9.62}$$

其中，σ 是研发取得成功的系数，$\alpha(t)$ 表示 t 时投入到研发活动的产出占比，β 为技术知识老化速度。在剩余的资源中，一部分用于储蓄（和投资）。因此，变量 $K(t)$ 在时间轴上根据

$$\dot{K}(t) = s(t)[1-\alpha(t)]Y(t) - \delta K(t) \tag{9.63}$$

而变化，其中 s 表示储蓄倾向，δ 表示折旧率。为了重点关注知识积累以及资本，我们假设 L 是固定的，并且（通过适当选择单位）令其等于 1。

在市场经济中，知识和资本的积累可用含有两个变量 A 和 K 的方程组（9.62）和（9.63）描述。另一方面，如果政府想要使得社会效用最大，那么最优控制问题为

$$\text{Max} \int_0^\infty U[(1-s)(1-\alpha)Y]e^{-\rho t}dt$$

s. t.

$$\begin{aligned}
\dot{A} &= \sigma\alpha Y(K,A) - \beta A \\
\dot{K} &= s(1-\alpha)Y(K,A) - \delta K \\
A(0) &= A_0,\ K(0) = K_0
\end{aligned} \tag{9.64}$$

[1] Kenneth J. Arrow，"The Economic Implications of Learning by Doing," *Review of Economic Studies*，June 1962，pp. 155−173.

[2] Karl Shell，"Towards a Theory of Inventive Activity and Capital Accumulation," *American Economic Review*，May 1966，pp. 62−68.

读者可能觉得目标泛函中的被积函数有些陌生，但它只不过是 $U(C)e^{-\rho t}$ 的另外一种表达方式，这是因为 C 是 Y 减去流向研发活动和资本积累以后剩余的部分：

$$C=Y-\alpha Y-s(1-\alpha)Y=(1-s)(1-\alpha)Y$$

这个问题含有两个状态变量（A 和 K）以及两个控制变量（α 和 s）。

当然，最大值原理直接适用这个问题。然而，由于含有两个状态变量，解过程并不简单。谢尔并未对这个模型的动态提供解，但他证明了 A 和 K 将逼近具体的常数极限值 $\overline{A}$ 和 $\overline{K}$。我们没有必要在这里枚举这些常数值，因为它们的重要性不在于它们的准确数值，而在于它们都是常数这个事实。由于 $t\to\infty$ 时 $A\to\overline{A}$，$K\to\overline{K}$，因此生活水平无法提高。

读者可能想知道，如果我们允许人口增长并且使得社会效用成为人均消费的函数，这是否会改变最终结果。答案是否定的。正如卡佐·萨托（Kazuo Sato）在与谢尔商讨的论文中指出的，症结可能在于式（9.62）对 $\dot{A}$ 的规定方式：它将 $\dot{A}$ 与 Y 结合在一起。[1] 如果式（9.62）变为

$$\dot{A}=\sigma\alpha A-\beta A \quad \text{或} \quad \frac{\dot{A}}{A}=\sigma\alpha-\beta \tag{9.65}$$

那么，只要 $\sigma\alpha-\beta>0$，知识增长就不存在上限。有趣的是，保罗·罗默（Paul Romer）提出的内生技术进步模型也具有类似的特征，即增长无上限。

□ 罗默的内生技术

根据罗默模型，知识可以分为两类。[2] 第一类，泛指**人力资本**，它是个人专有的。这类资本是"竞用的"，因为一旦某个企业使用了，其他企业就无法使用。第二类，泛指**技术**，这是公众可以使用的。这类资本不是竞用的，因为某个企业使用了它们并不影响其他企业对它们的使用。由于人力资本是竞用的，投资于人力资本积累的个人得到了回报。相反，技术的非竞用性意味着知识外溢，从而使得新技术的发明者不是该技术的唯一受益者。技术发明人无法获取该技术的所有收益这个事实产生了外部性，从而使得个人在技术进步上的努力小于社会最优水平。

人力资本和技术都是有意识的行为。然而，为了减少状态变量的个数，罗默假设人力资本固定且供给是无弹性的，尽管它在不同用途之间的配置仍是内生决定的。罗默用 H 表示人力资本，但为了避免与汉密尔顿函数的符号相混淆，我们将使用 S（意思为 skilled labor（熟练劳动））表示，其中 S_0 表示人力资本的固定总和。由于 S 可被用来生产最终商品 Y，或者用来改进技术 A（最好的状态），我们有

$$S_Y+S_A=S_0 \tag{9.66}$$

另一方面，技术 A 不是固定的。它可以通过使用 S_A 进行研发活动以及使用现有技术 A

① *American Economic Review*，May 1966，p. 79.

② Paul M. Romer, "Endogenous Technical Change," *Journal of Political Economy*，Vol. 98，No. 5，Part 2，October 1990，pp. S71–S102.

创造出来：

$$\dot{A}=\sigma S_A A \Rightarrow \frac{\dot{A}}{A}=\sigma S_A \tag{9.67}$$

其中，σ 为研发活动参数。这个方程非常类似于式（9.65），只不过在这里，我们用 S_A 替代了 α（用于研发活动的产出占比），而且 $\beta=0$（技术不会老化）。注意，只要 σ 和 S_A 都为正，那么 $\dot{A}/A=\sigma S_A>0$。因此，技术可以无限增长。另外，注意，我们假设研发活动是人力资本密集和技术密集的，它不涉及资本（K）和普通非熟练劳动（L）。

然而，在最终产品 Y 的生产中，K 和 L 的确作为生产要素与人力资本 S_A 和技术 A 一起进入生产过程。Y 的生产分若干步骤。首先，我们把技术视为由一系列资本"因子"组成：

$$\{x_1,x_2,\cdots\}$$

包括那些在当前尚未发明的技术。如果对于 $i \geqslant A$ 我们令 $x_i=0$，那么 A 可以表示当前技术。假设最终产品的生产函数是柯布-道格拉斯（Cobb-Douglas）类型：

$$Y=S_Y^\alpha L_0^\beta (x_1^{1-\alpha-\beta}+x_2^{1-\alpha-\beta}+\cdots)$$

其中，L_0 表示普通劳动的固定且无弹性的供给量。为简单起见，罗默允许所有因子 x_i 以加性可分（additively separable）形式进入。第二步，令因子指标 i 变为连续变量。于是，生产函数变为

$$Y = S_Y^\alpha L_0^\beta \int_0^A x(i)^{1-\alpha-\beta} di \tag{9.68}$$

由于所有 $x(i)$ 对称地进入被积函数，我们可以推知所有 $x(i)$ 存在共同值 $\bar{x}$。由此可知，

$$\begin{aligned}\int_0^A x(i)^{1-\alpha-\beta} di &= \int_0^A \bar{x}^{1-\alpha-\beta} di \\ &= \bar{x}^{1-\alpha-\beta} \int_0^A di \\ &= A\bar{x}^{1-\alpha-\beta}\end{aligned}$$

因此，式（9.68）可以简化为

$$Y=S_Y^\alpha L_0^\beta A \bar{x}^{1-\alpha-\beta} \tag{9.68'}$$

接下来，假设：（1）资本商品的全部意义是未用作消费的商品，资本商品和消费商品都遵循相同的最终产品生产函数；（2）为了生产一单位任何类型的技术因子，需要投入 γ 单位资本品

$$K=\gamma A \bar{x} \Rightarrow \bar{x}=\frac{K}{\gamma A}$$

将其代入式（9.68'），可得

$$Y = S_Y^\alpha L_0^\beta A \left(\frac{K}{\gamma A}\right)^{1-\alpha-\beta}$$

$$= S_Y^\alpha L_0^\beta A^{\alpha+\beta} K^{1-\alpha-\beta} \gamma^{\alpha+\beta-1}$$
$$= (S_Y A)^\alpha (L_0 A)^\beta K^{1-\alpha-\beta} \gamma^{\alpha+\beta-1} \tag{9.68''}$$

在这个函数中，所有四种生产要素都出现了：人力资本 S_Y、技术 A、劳动 L_0 以及资本 K。更重要的是，我们从 $(S_Y A)$ 和 $(L_0 A)$ 表达式看到，技术可增大人力资本，也可以增大劳动，但它未与资本 K 结合在一起。换句话说，技术是哈罗德中性的——在这里，技术是内生引入的而不是外生施加的。我们对哈罗德中性的经验表明，这个生产函数符合稳态；在这样的稳态中，技术——以及产出、资本和消费——能够无限增长。

在这个模型中，我们不需要把消费 C 用人均形式表示，这是因为 L_0（等同于人口，而且以人头计数）为常数。同理，我们不需要把 K 写成 K/L 的形式。与往常一样，净投资就是未用作消费的产出。另外，我们已经知道 $S_Y = S_0 - S_A$。因此，我们有

$$\dot{K} = Y - C = \gamma^{\alpha+\beta-1} A^{\alpha+\beta} (S_0 - S_A)^\alpha L_0^\beta K^{1-\alpha-\beta} - C \tag{9.69}$$

□ 最优控制问题

在这个背景下，社会考虑的最优控制问题是下面这样的：这个问题含有两个状态变量，即 A 和 K，式（9.67）和式（9.69）分别是它们的运动方程；这个问题还含有两个控制变量，即 C 和 S_A。使用具体的常数弹性效用函数

$$U(C) = \frac{C^{1-\theta}}{1-\theta} \quad (0 < \theta < 1)$$

这个最优控制问题的形式为

$$\text{Max} \int_0^\infty \frac{C^{1-\theta}}{1-\theta} e^{-\rho t} dt$$

s. t.

$$\dot{A} = \sigma S_A A \tag{9.70}$$
$$\dot{K} = \gamma^{\alpha+\beta-1} A^{\alpha+\beta} (S_0 - S_A)^\alpha L_0^\beta K^{1-\alpha-\beta} - C$$
$$A(0) = A_0, \, K(0) = K_0$$

为方便起见，定义简写符号

$$\Delta \equiv \gamma^{\alpha+\beta-1} A^{\alpha+\beta} (S_0 - S_A)^\alpha L_0^\beta K^{1-\alpha-\beta} \tag{9.71}$$

于是，我们有当前值汉密尔顿函数

$$H_c = \frac{C^{1-\theta}}{1-\theta} + \lambda_A (\sigma S_A A) + \lambda_K (\Delta - C)$$

其中 λ_A 和 λ_K 分别代表 A 和 K 的影子价格。由此可得下列条件：

$$\frac{\partial H_c}{\partial C} = C^{-\theta} - \lambda_K = 0 \Rightarrow \lambda_K = C^{-\theta} \tag{9.72}$$

$$\frac{\partial H_c}{\partial S_A} = \lambda_A \sigma A - \lambda_K \alpha (S_0 - S_A)^{-1} \Delta = 0 \Rightarrow \Delta = \frac{\lambda_A \sigma A}{\lambda_K \alpha} (S_0 - S_A) \tag{9.73}$$

除了问题中给定的 $\dot{A}$ 和 $\dot{K}$ 方程之外，最大值原理还要求共态变量的下列运动方程：

$$\dot{\lambda}_A = -\frac{\partial H_c}{\partial A} + \rho\lambda_A = -\lambda_A\sigma S_A - \lambda_K(\alpha+\beta)A^{-1}\Delta + \rho\lambda_A$$

$$\dot{\lambda}_K = -\frac{\partial H_c}{\partial K} + \rho\lambda_K = -\lambda_K(1-\alpha-\beta)K^{-1}\Delta + \rho\lambda_K \tag{9.74}$$

□ 稳态

由于我们有四个微分方程，因此这个方程组不能用相图分析。与此同时，这个方程组的动态解不易求。罗默选择重点讨论模型固有的平衡增长均衡的性质：哈罗德中性技术进步情形下的稳态。相关问题有：在这个稳态中，增长率为多少？增长率如何影响各个参数？为了促进增长，应采取什么样的经济政策？

这种稳态的基本性质是变量 Y、K、A 和 C 都以相同速率增长。因此，在稳态中，我们有

$$\frac{\dot{Y}}{Y} = \frac{\dot{K}}{K} = \frac{\dot{C}}{C} = \frac{\dot{A}}{A} = \sigma S_A \qquad （根据式（9.67）） \tag{9.75}$$

然而我们想把 S_A 替换掉，从而把增长率仅用参数表示。由于 $\lambda_K = C^{-\theta}$（根据式（9.72）），我们有

$$\frac{\dot{\lambda}_K}{\lambda_K} = \frac{-\theta C^{-\theta-1}\dot{C}}{C^{-\theta}} = -\theta\frac{\dot{C}}{C} = -\theta\sigma S_A \tag{9.76}$$

如果我们从式（9.74）第二个方程得到 $\dot{\lambda}_K/\lambda_K$ 的另外一种表达式，那么我们可以令其与式（9.76）相等，从而解出 S_A。然而，该方程不易处理。相反，罗默首先从式（9.74）中的第一个方程计算 $\dot{\lambda}_A/\lambda_A$，然后使用刻画稳态的关系式 $\dot{\lambda}_K/\lambda_K = \dot{\lambda}_A/\lambda_A$。把式（9.74）中的 $\dot{\lambda}_A$ 表达式通除以 λ_A，化简，可得

$$\frac{\dot{\lambda}_A}{\lambda_A} = \rho - \sigma\left(\frac{\alpha+\beta}{\alpha}S_0 - \frac{\beta}{\alpha}S_A\right) \tag{9.77}$$

令式（9.76）和式（9.77）相等，求 S_A，于是我们证实了 S_A 在稳态中取常数值，得

$$S_A = \frac{\sigma(\alpha+\beta)S_0 - \alpha\rho}{\sigma(\alpha\theta+\beta)} \tag{9.78}$$

由此可知，以参数形式表达的稳态增长率为

$$\frac{\dot{Y}}{Y} = \frac{\dot{K}}{K} = \frac{\dot{C}}{C} = \frac{\dot{A}}{A} = \frac{\sigma(\alpha+\beta)S_0 - \alpha\rho}{\alpha\theta+\beta} \tag{9.79}$$

式（9.79）中的结果不仅说明了增长率，还说明了各个参数是如何影响这个增长率的。容易看出，人力资本 S_0 对增长率的影响为正，研发成功参数 σ 的影响也为正，但贴现率 ρ 的影响为负。更正式地，各个参数的影响可通过对式（9.79）取偏导的方式而得到。

最后，我们指出式（9.79）中增长率表达式可能存在的问题，从而结束这个讨论。增长率应该是个数，经济学常识让我们预期它应该是个正的分数。然而，式（9.79）中

的表达式不仅包含参数 σ、α、β、ρ 和 θ（这些都是数），还包括具有物理单位的参数 S_0。因此，这个表达式的大小就存在着问题。这个问题可能早在设定式（9.67）时就已出现，因为在式（9.67）中，S_A 是个带有物理单位的变量，它进入了增长率 $\dot{A}/A$。如果事实如此，那么我们可通过用合适比率来替代式（9.67）中的 S_A 的做法进行补救。

习题9.4

1. 证明，在柯布-道格拉斯生产函数 $Y = A(t)K^{\alpha}L^{\beta}$ 中，技术进步可以被视为（a）希克斯中性的，（b）哈罗德中性的，或（c）索罗中性的。

2. 模仿式（9.24）的推导方法推导出运动方程（9.52）。

3. 验证式（9.55）、式（9.56）和式（9.57）中最大值条件的有效性。

4. 验证微分方程组式（9.58）等价于式（9.55）、式（9.56）和式（9.57）这组方程。

5. 如果式（9.67）变为 $\dot{A} = \delta S_A \psi(A)$，其中 ψ 是个凹函数，结果是怎样的？

6. 在罗默模型中，问题增长率是如何受下列参数影响的？
(a) α (b) β (c) θ

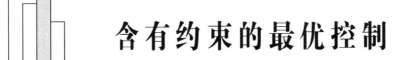

第 10 章

含有约束的最优控制

我们已在 7.4 节遇到过约束条件，在那里我们讨论了各种终止线，包括截断终止线。那些约束仅涉及路径端点处，而且我们发展出的用于处理它们的条件，在本质上，是横截条件。在本章，我们讨论施加在整个计划期 $[0, T]$ 上的约束。

与变分法情形一样，最优控制理论中的约束的处理，严重依赖拉格朗日乘子方法。然而，由于最优控制问题不仅含有状态变量，还含有控制变量，因此有必要区分两类约束。对于第一类约束，控制变量出现在约束中，状态变量可能出现也可能不出现在约束中。对于第二类约束，控制变量不出现在约束中，因此，约束仅影响状态变量。正如我们将看到的，这两类约束的处理方法不同。

10.1 涉及控制变量的约束

第一类约束，即含有控制变量的约束，又可分为四种：等式约束、不等式约束、等式积分约束以及不等式积分约束。在介绍这类约束的处理方法时，我们一般考察约束中同时含有状态变量和控制变量的情形，但这种处理方法同样适用于约束中不含有状态变量的情形。

□ 等式约束

令问题含有两个控制变量，即 u_1 和 u_2，它们需要满足下列条件：

$$g(t, y, u_1, u_2) = c$$

我们将函数 g 称为约束函数，将常数 c 称为约束常数。于是，控制问题可以表示为

$$\text{Max} \int_0^T F(t,y,u_1,u_2)\,dt$$

s. t.   (10.1)

$$\dot{y} = f(t,y,u_1,u_2)$$
$$g(t,y,u_1,u_2) = c, \text{以及边界条件}$$

这是含有 m 个控制变量和 q 个等式约束的控制问题的简化版本，其中 $q < m$。

最大值原理要求汉密尔顿函数

$$H = F(t,y,u_1,u_2) + \lambda(t)f(t,y,u_1,u_2) \tag{10.2}$$

对于每个 $t \in [0,T]$ 最大化。然而，在这里，H 的最大化受制于约束条件 $g(t, y, u_1, u_2) = c$。因此，我们构建拉格朗日表达式

$$\begin{aligned}
\mathscr{L} &= H + \theta(t)[c - g(t,y,u_1,u_2)] \\
&= F(t,y,u_1,u_2) + \lambda(t)f(t,y,u_1,u_2) + \theta(t)[c - g(t,y,u_1,u_2)]
\end{aligned} \tag{10.3}$$

其中拉格朗日乘子 θ 是 t 的函数，从而是动态的。这是因为约束条件 g 对于计划期的每个 t 都必须成立。假设每个 u_j 都存在内部解，我们要求

$$\frac{\partial \mathscr{L}}{\partial u_j} = \frac{\partial F}{\partial u_j} + \lambda \frac{\partial f}{\partial u_j} - \theta \frac{\partial g}{\partial u_j} = 0 \quad \text{对于所有 } t \in [0,T] \quad (j=1,2) \tag{10.4}$$

与此同时，为了保证约束总是起作用，我们还必须令

$$\frac{\partial \mathscr{L}}{\partial \theta} = c - g(t,y,u_1,u_2) = 0 \quad \text{对于所有 } t \in [0,T] \tag{10.5}$$

式（10.4）与式（10.5）一起构成了 H 约束最大化问题的一阶条件。当然，这必须得到合适的二阶条件或者合适的凹性条件的支持。

其余的最大值条件包括：

$$\dot{y} = \frac{\partial \mathscr{L}}{\partial \lambda} \left(= \frac{\partial H}{\partial \lambda}\right) \quad (y \text{ 的运动方程}) \tag{10.6}$$

与

$$\dot{\lambda} = -\frac{\partial \mathscr{L}}{\partial y} \left(= -\frac{\partial H}{\partial y} + \theta \frac{\partial g}{\partial y}\right) \quad (\lambda \text{ 的运动方程}) \tag{10.7}$$

以及合适的横截条件。注意，对于 y 的运动方程（10.6），无论我们对拉格朗日函数（扩展后的汉密尔顿函数）关于 λ 求导还是对原来的汉密尔顿函数关于 λ 微分，都能得到它。然而，对于 λ 的运动方程（10.7）来说，我们对 $\mathscr{L}$ 关于 y 微分还是 H 关于 y 微分并非都能得到它。正确的做法是对 $\mathscr{L}$ 关于 y 微分。这是因为，正如问题式（10.1）的约束特别规定的，变量 y 影响控制域，因此在确定共同变量 λ 的路径时，我们必须考虑这种影响。

尽管对于含有等式约束的控制问题来说，上面给出的方法是可行的，然而在实践中，更简单的做法是用替代法减少我们必须处理的变量个数。因此，我们尽量首先使用变量替代法。

□ 不等式约束

替代法不怎么适用于不等式约束情形，因此我们必须另想他法。

我们首先指出，当约束 g 为**不等式**时，我们没有必要要求控制变量的个数大于约束的个数。这是因为与严格等式约束相比，不等式约束给予我们更多的选择空间。为简单起见，对于这类问题，我们以含有两个控制变量和两个不等式约束的情形为例：

$$\text{Max} \int_0^T F(t, y, u_1, u_2) dt$$

s. t.

$$\dot{y} = f(t, y, u_1, u_2)$$
$$g^1(t, y, u_1, u_2) \leqslant c_1 \qquad\qquad\qquad (10.8)$$
$$g^2(t, y, u_1, u_2) \leqslant c_2, \text{以及边界条件}$$

式（10.2）定义的汉密尔顿函数仍然适用于当前问题。然而，由于现在汉密尔顿函数是在两个**不等式**约束之下关于 u_1 和 u_2 最大化，因此，我们需要使用库恩-塔克条件。另外，为了使得这些条件成为必要条件，我们还必须满足一个约束规范（constraint qualification）。根据阿罗、赫维奇以及宇泽弘文（Arrow，Hurwicz and Uzawa）的一个定理可知，任何下列条件都满足约束规范：[①]

（1）所有约束函数 g^i 关于控制变量 u_j 都为**凹的**（在这里，关于（u_1，u_2）为凹）。

（2）所有约束函数 g^i 关于控制变量 u_j 都为**线性的**（在这里，关于（u_1，u_2）为线性的）——这是（1）的特殊情形。

（3）所有约束函数 g^i 关于控制变量 u_j 都为**凸的**。另外，控制域 $u_0 \in U$ 存在一点（在这里，u_0 为点（u_{10}，u_{20}）），使得若在 u_0 处取值，所有约束 g^i 严格小于 c_i。（也就是说，约束集有非空内部。）

（4）函数 g^i 满足**秩条件**（rank condition）：仅取那些有效的或者束紧的（即以等式形式成立的），构建偏导数矩阵 $[\partial g^i / \partial u_j]_e$（其中 e 表示"仅取有效的（effective）约束"），并在变量 y 和 u 的最优值处计算这些偏导数。秩条件是指矩阵的秩等于有效约束的个数。

我们现在构建拉格朗日函数：

$$\mathscr{L} = F(t, y, u_1, u_2) + \lambda(t) f(t, y, u_1, u_2) + \theta_1(t)[c_1 - g^1(t, y, u_1, u_2)]$$
$$+ \theta_2(t)[c_2 - g^2(t, y, u_1, u_2)] \qquad\qquad (10.9)$$

如果我们不写出所有自变量，那么 $\mathscr{L}$ 的本质变得更明显：

$$\mathscr{L} = F + \lambda f + \theta_1(c_1 - g^1) + \theta_2(c_2 - g^2) \qquad\qquad (10.9')$$

使得 $\mathscr{L}$ 最大的一阶条件，要求（假设解为内部解）

---

① K. J. Arrow, L. Hurwicz, and H. Uzawa, "Constraint Qualifications in Nonlinear Programming," *Naval Research Logistics Quarterly*, January 1961. 这里的总结版本改编自 Akira Takayama, *Mathematical Economics*, 2d ed., Cambridge University Press, Cambridge, 1985, p. 648. 注意，我们的约束写成 $g \leqslant c$（而不是 Takayama 书中的那样，写成 $g \geqslant c$）。

$$\frac{\partial \mathscr{L}}{\partial u_j} = 0 \tag{10.10}$$

$$\frac{\partial \mathscr{L}}{\partial \theta_i} = c_i - g^i \geqslant 0, \quad \theta_i \geqslant 0, \quad \theta_i \frac{\partial \mathscr{L}}{\partial \theta_i} = 0 \quad (i=1,2,j=1,2) \quad \text{对于所有} \ t \in [0,T]$$

$$\tag{10.11}$$

条件式（10.11）与式（10.5）不同，这是因为当前问题中的约束为不等式。条件 $\partial \mathscr{L}/\partial \theta_i \geqslant 0$ 就是第 i 个约束的重新表达，而且补充—松弛条件 $\theta_i(\partial \mathscr{L}/\partial \theta_i)=0$ 保证了式（10.9）中那些涉及 θ_i 的项将在解中消失，因此，在最大化时，$\mathscr{L}$ 的值与 $H=F+\lambda f$ 的值相同。

注意，与非线性规划情形不同，我们在式（10.10）中的一阶条件为 $\partial \mathscr{L}/\partial u_j=0$，而**不是** $\partial \mathscr{L}/\partial u_j \leqslant 0$。这是因为在问题式（10.8）中，变量 u_j 不需要被限定为非负。如果问题式（10.8）含有额外的非负要求

$$u_j(t) \geqslant 0$$

那么，根据库恩-塔克条件，我们应该把式（10.10）中的条件 $\partial \mathscr{L}/\partial u_j=0$ 替换为

$$\frac{\partial \mathscr{L}}{\partial u_j} \leqslant 0, \quad u_j \geqslant 0, \quad u_j \frac{\partial \mathscr{L}}{\partial u_j} = 0 \tag{10.12}$$

需要指出，式（10.12）中的符号 $\mathscr{L}$ 与式（10.9）中的拉格朗日函数是一样的，不需因为额外的约束 $u_j(t) \geqslant 0$ 而单独列出 $\theta(t)$ 类型的乘子项。这个方法可与非线性规划中的方法直接比较。当然，作为另外一种方法，我们也可以采取对每个非负约束 $u_j(t) \geqslant 0$ 增加一个新乘子，参见习题 10.1。

其他最大化原理的条件包括 y 和 λ 的运动方程。这些条件与式（10.6）和式（10.7）相同：

$$\dot{y} = \frac{\partial \mathscr{L}}{\partial \lambda}, \quad \dot{\lambda} = -\frac{\partial \mathscr{L}}{\partial y} \tag{10.13}$$

当然，只要合适，我们也必须添上横截条件。

□ 等周长问题

当控制问题的约束为等式时，这样的问题称为**等周长问题**（isoperimetric problem）。这种问题有两个值得注意的特征。首先，与积分约束相伴的共态变量，不随时间变化而变化，这和变分法情形是一样的。其次，尽管约束在本质上是严格**等式**，然而它的积分性质使得我们不必要求约束个数与变量个数之间的相对大小关系。我们将以含有一个状态变量、一个控制变量和一个积分约束的问题：

$$\text{Max} \int_0^T F(t,y,u)dt$$

s.t.

$$\dot{y} = f(t,y,u) \tag{10.14}$$

$$\int_0^T G(t,y,u)dt = k(k \ \text{给定})$$

$$y(0) = y_0, y(T) \ \text{自由}(y_0,T \ \text{给定})$$

来说明解方法。

这里使用的方法是在问题中引入一个新的状态变量 $\Gamma(t)$，使得积分约束可被以 $\Gamma(t)$ 表示的条件替代。为了实现这个目的，我们定义

$$\Gamma(t) = -\int_0^t G(t,y,u)dt \qquad (10.15)$$

在这里，读者应该注意到，积分的上限为变量 t 而不是终止时间 T。这个变量的导数为

$$\dot{\Gamma} = -G(t,y,u) \qquad (\Gamma \text{ 的运动方程}) \qquad (10.16)$$

$\Gamma(t)$ 在计划期中的初始值和终止值分别为

$$\Gamma(0) = -\int_0^0 G(t,y,u)dt = 0 \qquad (10.17)$$

以及

$$\Gamma(T) = -\int_0^T G(t,y,u)dt = -k \qquad (\text{根据式}(10.14)) \qquad (10.18)$$

由式（10.18）可以明显看出，我们可用 Γ 变量上的终止条件来替换给定的积分约束。

通过在问题中引入新的状态变量 Γ，我们可以将式（10.14）重新表示为

$$\text{Max}\int_0^T F(t,y,u)dt$$

s. t.

$$\dot{y} = f(t,y,u) \qquad (10.19)$$
$$\dot{\Gamma} = -G(t,y,u)$$
$$y(0) = y_0, \ y(T) \text{ 自由}(y_0, T \text{ 给定})$$
$$\Gamma(0) = 0, \ \Gamma(T) = -k(k \text{ 给定})$$

这个新问题是一个含有两个状态变量（即 y 和 Γ）的无约束问题。尽管变量 y 有垂直终止线，然而 Γ 这个新变量有固定的终止点。由于这个问题现在变为无约束问题，我们可直接使用汉密尔顿函数而不需要用汉密尔顿函数构建拉格朗日函数。

注意，我们可以重复使用这种将约束替换掉的方法，每使用一次将替换掉一个积分约束，并且产生一个新的状态变量。这就是我们为什么没有必要限制积分约束个数的原因。

将汉密尔顿函数定义为

$$H = F(t,y,u) + \lambda f(t,y,u) - \mu G(t,y,u) \qquad (10.20)$$

根据最大值原理，可得到下列条件：

$$\underset{u}{\text{Max}} H \qquad \text{对于 } t \in [0,T]$$

$$\dot{y} = \frac{\partial H}{\partial \lambda} \qquad (y \text{ 的运动方程})$$

$$\dot{\lambda} = -\frac{\partial H}{\partial y} \qquad (\lambda \text{ 的运动方程})$$

$$\dot{\Gamma} = \frac{\partial H}{\partial \mu} \qquad (\Gamma \text{ 的运动方程})$$

$$(10.21)$$

$$\dot{\mu} = -\frac{\partial H}{\partial \Gamma} \qquad (\mu \text{ 的运动方程})$$

$$\lambda(T) = 0 \qquad (\text{横截条件})$$

式（10.21）与常见无约束问题的条件的区别在于，这里分别出现了变量 Γ 和 μ 的运动方程。由于变量 Γ 是人为引入的，它的使命就在于引导我们把 $-\mu G(t, y, u)$ 这一项加到汉密尔顿函数上——这个任务我们已经完成了——而且我们对它的时间路径不感兴趣，因此可以将其安全地从式（10.21）中删去而不会遭受任何损失。另一方面，μ 的运动方程的确传递了一些重要信息。由于变量 Γ 没有出现在汉密尔顿函数中，因此，我们有

$$\dot{\mu} = -\frac{\partial H}{\partial \Gamma} = 0 \Rightarrow \mu(t) = \text{常数} \qquad (10.22)$$

这个式子证实了我们前面的断言：与积分约束相伴的共态变量不随时间变化而变化。然而，只要我们记住 μ 乘子是一个常数，就可以将它的运动方程从式（10.21）中删去。

□ 不等式积分约束

最后，我们考察积分约束以不等式形式进入控制问题的情形，比如

$$\text{Max} \int_0^T F(t, y, u) dt$$

s. t.

$$\dot{y} = f(t, y, u) \qquad (10.23)$$

$$\int_0^T G(t, y, u) dt \leqslant k \qquad (k \text{ 给定})$$

$$y(0) = y_0, \ y(T) \text{ 自由} \qquad (y_0, T \text{ 给定})$$

根据等周长问题的特点，我们可以再次使用替代法处理不等式积分约束。

定义式（10.15）中那样的新状态变量 Γ：

$$\Gamma(t) = -\int_0^t G(t, y, u) dt$$

其中积分上限为 t（而不是 T）。Γ 的导数就是

$$\dot{\Gamma} = -G(t, y, u) \qquad (\Gamma \text{ 的运动方程}) \qquad (10.24)$$

Γ 的初始值和终止值分别为

$$\Gamma(0) = -\int_0^0 G(t, y, u) dt = 0$$

$$\Gamma(T) = -\int_0^T G(t, y, u) dt \geqslant -k \ (\text{根据式}(10.23)) \qquad (10.25)$$

利用式（10.24）和式（10.25），我们可以将问题式（10.23）重新表示为

动态最优化基础

$$\text{Max} \int_0^T F(t,y,u)dt$$

s. t.

$$\dot{y} = f(t,y,u) \tag{10.26}$$
$$\dot{\Gamma} = -G(t,y,u)$$
$$y(0) = y_0, y(T) \text{ 自由} \quad (y_0, T \text{ 给定})$$
$$\Gamma(0) = 0, \Gamma(T) \geqslant -k \quad (k \text{ 给定})$$

与式（10.19）中的问题类似，这是一个含有两个状态变量的无约束问题。然而，式（10.26）中的新变量 Γ 有截断垂直终止线。

这个问题的汉密尔顿函数为

$$H = F(t,y,u) + \lambda f(t,y,u) - \mu G(t,y,u) \tag{10.27}$$

如果约束规范得以满足，那么最大值原理要求

$$\underset{u}{\text{Max}} H \qquad \text{对于 } t \in [0,T]$$

$$\dot{y} = \frac{\partial H}{\partial \lambda} \qquad (y \text{ 的运动方程})$$

$$\dot{\lambda} = -\frac{\partial H}{\partial y} \qquad (\lambda \text{ 的运动方程})$$

$$\dot{\Gamma} = \frac{\partial H}{\partial \mu} \qquad (\Gamma \text{ 的运动方程}) \tag{10.28}$$

$$\dot{\mu} = -\frac{\partial H}{\partial \Gamma} \qquad (\mu \text{ 的运动方程})$$

$$\lambda(T) = 0 \qquad (y \text{ 的横截条件})$$

$$\mu(T) \geqslant 0, \Gamma(T) + k \geqslant 0, \mu(T)[\Gamma(T) + k] = 0 \qquad (\Gamma \text{ 的横截条件})$$

注意，由于汉密尔顿函数与 Γ 无关，所以我们有

$$\mu = -\frac{\partial H}{\partial \Gamma} = 0 \Rightarrow \mu(t) = \text{常数}$$

因此，容易看出，对于任意积分约束，即无论积分约束是等式约束还是不等式约束，与它相伴的乘子都不随时间变化而变化。另外，对于当前的问题，我们可从横截条件推知，μ 取非负常数值。然而，正如式（10.21）的情形一样，只要我们记住 μ 是一个非负常数，就可以将 Γ 和 μ 的运动方程从式（10.28）中删去。相反，我们应该保留 Γ 的横截条件（它涉及补充松弛性）以反映约束是不等式形式。总之，我们可以将式（10.28）重新表示为：

$$\underset{u}{\text{Max}} H \qquad \text{对于 } t \in [0,T]$$

$$\dot{y} = \frac{\partial H}{\partial \lambda}$$

$$\dot{\lambda} = -\frac{\partial H}{\partial y}$$

$$\lambda(T) = 0 \tag{10.28'}$$

$$\mu = 常数 \geqslant 0, \quad k - \int_0^T G(t, y, u) dt \geqslant 0$$

$$\mu \left[k - \int_0^T G(t, y, u) dt \right] = 0 \quad （根据式（10.25））$$

在上面，对于这四种约束我们是分别讨论和解释的。然而，如果它们同时在同一个控制问题中出现，我们也能通过联合使用针对每种约束的方法来处理它们。对于形如 $g(t, y, u) = 0$ 或 $g(t, y, u) \leqslant c$ 的每个约束，我们可把一个新的 θ 乘子项加到汉密尔顿函数上，从而将其扩展为拉格朗日函数。对于每个积分约束（不管是等式积分约束还是不等式积分约束），我们都可以引入一个新的状态变量 Γ；Γ 的共态变量 μ 是个常数，这已反映在汉密尔顿函数中的 $-\mu G(t, y, u)$ 这一项上。另外，如果约束是一个不等式，那么可能存在乘子 θ 或 μ 的补充—松弛条件。

例 1 政治经济周期模型（7.61）：

$$\mathrm{Max} \int_0^T v(U, p) e^{rt} dt$$

s. t.

$$p = \phi(U) + a\pi$$

$$\dot{\pi} = b(p - \pi) \tag{10.29}$$

$$\pi(0) = \pi_0, \quad \pi(T) \text{ 自由} \quad (\pi_0, T \text{ 给定})$$

含有等式约束 $p = \phi(U) + a\pi$。我们以前的处理方法是使用变量替换法把约束方程替换掉，从而将问题转化为无约束问题。现在我们说明如何直接处理这个约束问题。

在这个问题中，π 为状态变量；它有运动方程。在以前，由于 p 被替换掉，因此 U 是唯一的控制变量。然而，现在模型中含有 p，所以 p 应被视为另外一个控制变量。因此，约束方程

$$p - \phi(U) - a\pi = 0$$

符合式（10.1）中 $g(t, y, u_1, u_2) = c$ 的形式，尽管这里没有显含自变量 t。

根据式（10.3），我们可以写出拉格朗日函数

$$\mathscr{L} = v(U, p) e^{rt} + \lambda b(p - \pi) + \theta [\phi(U) + a\pi - p] \tag{10.30}$$

如果使用下列具体函数：

$$v(U, p) = -U^2 - hp \quad (h > 0) \quad （根据式（7.62））$$

$$\phi(U) = j - kU \quad (j, k > 0) \quad （根据式（7.63））$$

于是，拉格朗日函数变为

$$\mathscr{L} = (-U^2 - hp) e^{rt} + \lambda b(p - \pi) + \theta [j - kU + a\pi - p] \tag{10.30'}$$

因此，最大值原理要求条件

$$\frac{\partial \mathscr{L}}{\partial U} = -2U e^{rt} - \theta k = 0 \quad （根据式（10.4）） \tag{10.31}$$

$$\frac{\partial \mathscr{L}}{\partial p} = -h e^{rt} + \lambda b - \theta = 0 \quad （根据式（10.4）） \tag{10.32}$$

$$\frac{\partial \mathcal{L}}{\partial \theta}=j-kU+a\pi-p=0 \qquad (根据式(10.5)) \tag{10.33}$$

$$\dot{\pi}=\frac{\partial \mathcal{L}}{\partial \lambda}=b(p-\pi) \qquad (根据式(10.6)) \tag{10.34}$$

$$\dot{\lambda}=-\frac{\partial \mathcal{L}}{\partial \pi}=\lambda b-\theta a \qquad (根据式(10.7)) \tag{10.35}$$

另外，还有一个横截条件。当然，这些条件等价于我们在 7.6 节用另外一种方法推导出来的条件。

为了验证这两种方法的等价性，我们把 7.6 节的主要条件复制于此，以方便比较：

$$\frac{\partial H}{\partial U}=(-2U+hk)e^{n}-\lambda bk=0 \qquad (汉密尔顿函数的最大化) \tag{10.36}$$

$$\dot{\pi}=b[j-kU-(1-a)\pi] \qquad (状态变量的运动方程) \tag{10.37}$$

$$\dot{\lambda}=hae^{n}+\lambda b(1-a) \qquad (共态变量的运动方程) \tag{10.38}$$

我们将首先证明式（10.31）和式（10.32）联合起来（即，两个控制变量 U 和 p 的条件联合起来），等价于式（10.36）。从式（10.32）中求 θ，可得

$$\theta=-he^{n}+\lambda b \tag{10.39}$$

代入式（10.31），可得

$$\frac{\partial \mathcal{L}}{\partial U}=-2Ue^{n}+hke^{n}-\lambda bk=0$$

这与式（10.36）相同。接下来，从式（10.33）中求 p，可得

$$p=j-kU+a\pi$$

这当然是约束条件的重新表达。这使得我们能将式（10.34）改写为

$$\dot{\pi}=b[j-kU+a\pi-\pi]=b[j-kU-(1-a)\pi]$$

这与式（10.37）相同。最后，利用式（10.39）中的 θ 表达式，我们可以将式（10.35）改写为

$$\dot{\lambda}=\lambda b+hae^{n}-\lambda ba=\lambda b(1-a)+hae^{n}$$

这与式（10.38）相同。因此，两种方法是等价的。

例 2 在 7.4 节的例 3 中，我们遇到了一个含有约束状态变量的时间最优类型问题：

$$\text{Max}\int_{0}^{T}-1dt$$

s. t.

$$\dot{y}=y+u \tag{10.40}$$

$$y(0)=5, y(T)=11, T \text{ 自由}$$

$$u(t)\in[-1,1]$$

当时我们的做法是在选择最优控制时使用了符号函数式（7.48）。然而，我们也可以把控制集看成由两个不等式约束

$$-1 \leqslant u(t) \quad 与 \quad u(t) \leqslant 1 \tag{10.41}$$

组成，然后相应地求解这个问题。

注意，在这里，约束规范得以满足，这是因为式（10.41）中每个约束函数关于 u 都是线性的。

首先，我们把这个问题的汉密尔顿函数

$$H = -1 + \lambda(y + u)$$

加上式（10.41）中的两个约束项，从而将其扩展为拉格朗日函数

$$\mathscr{L} = -1 + \lambda(y + u) + \theta_1(u + 1) + \theta_2(1 - u) \quad （根据式(10.9)） \tag{10.42}$$

由于 $\mathscr{L}$ 关于 u 为线性的，最大值原理要求：

$$u^*(t) = \operatorname{sgn} \frac{\partial \mathscr{L}}{\partial u} = \operatorname{sgn}(\lambda + \theta_1 - \theta_2) \qquad 对于所有 t \in [0, T] \tag{10.43}$$

$$\frac{\partial \mathscr{L}}{\partial \theta_1} = u + 1 \geqslant 0, \ \theta_1 \geqslant 0, \ \theta_1(u + 1) = 0 \tag{10.44}$$

$$\frac{\partial \mathscr{L}}{\partial \theta_2} = 1 - u \geqslant 0, \ \theta_2 \geqslant 0, \ \theta_2(1 - u) = 0 \tag{10.45}$$

$$\dot{y} = \frac{\partial \mathscr{L}}{\partial \lambda} = y + u \tag{10.46}$$

$$\dot{\lambda} = -\frac{\partial \mathscr{L}}{\partial y} = -\lambda \tag{10.47}$$

加上一个横截条件。尽管此处运动方程（10.46）和（10.47）是从 $\mathscr{L}$ 而不是从 H 推出的，但它们与 7.4 节从 H 推出的方程相同。因此，关于这些条件，这里不再赘述。值得验证的事情是，我们根据条件式（10.43）到式（10.45）得到的控制与使用符号函数得到的控制相同：

$$u^* = 1 \ 若 \ \lambda > 0, \quad u^* = -1 \ 若 \ \lambda < 0 \tag{10.48}$$

我们将在这里证明 $\lambda > 0$ 的确伴随着 $u^* = 1$。令 $u^* = 1$。于是，根据符号函数，我们有 $\lambda + \theta_1 - \theta_2 > 0$。然而 $u^* = 1$ 意味着 $u + 1 = 2 > 0$，根据式（10.44）可知，这意味着 $\theta_1 = 0$。因此，$\lambda + \theta_1 - \theta_2 > 0$ 变为 $\lambda - \theta_2 > 0$。由于 $\theta_2 \geqslant 0$（根据式（10.45）），因此 $\lambda > 0$。这样，我们就完成了证明。另外一种情形（$\lambda < 0$）的证明类似，但我们将其作为习题，留给读者完成。

□ 当前值汉密尔顿函数和拉格朗日函数

当约束问题涉及贴现因子时，我们可用当前值汉密尔顿函数 H_c 代替 H。在这种情形下，我们应该用当前值拉格朗日函数 $\mathscr{L}_c$ 代替 $\mathscr{L}$。

考虑不等式约束问题

$$\operatorname{Max} \int_0^T \Phi(t, y, u) e^{-\rho t} dt$$

s. t.
$$\tag{10.49}$$

$$\dot{y} = f(t, y, u)$$
$$g(t, y, u) \leqslant c, 以及边界条件$$

常规汉密尔顿函数和拉格朗日函数分别为

$$H=\Phi(t,y,u)e^{-\rho t}+\lambda f(t,y,u)$$
$$\mathcal{L}=\Phi(t,y,u)e^{-\rho t}+\lambda f(t,y,u)+\theta[c-g(t,y,u)] \tag{10.50}$$

最大值原理要求（假设内部解）：[①]

$$\frac{\partial \mathcal{L}}{\partial u}=0 \quad 对于所有 t\in[0,T] \tag{10.51}$$

$$\frac{\partial \mathcal{L}}{\partial \theta}=c-g(t,y,u)\geqslant 0, \quad \theta\geqslant 0, \quad \theta\frac{\partial \mathcal{L}}{\partial \theta}=0 \tag{10.52}$$

$$\dot{y}=\frac{\partial \mathcal{L}}{\partial \lambda} \tag{10.53}$$

$$\dot{\lambda}=-\frac{\partial \mathcal{L}}{\partial y} \tag{10.54}$$

再加上一个合适的横截条件。

通过引入新的乘子

$$m=\lambda e^{\rho t} \quad （意味着 \lambda=me^{-\rho t}）$$
$$n=\theta e^{\rho t} \quad （意味着 \theta=ne^{-\rho t}） \tag{10.55}$$

我们可以引入 H 和 $\mathcal{L}$ 的当前值形式：

$$H_c\equiv He^{\rho t}=\Phi(t,y,u)+mf(t,y,u)$$
$$\mathcal{L}_c\equiv \mathcal{L}e^{\rho t}=\Phi(t,y,u)+mf(t,y,u)+n[c-g(t,y,u)] \tag{10.56}$$

容易验证

$$\frac{\partial \mathcal{L}_c}{\partial u}=\frac{\partial \mathcal{L}}{\partial u}e^{\rho t}, \quad \frac{\partial \mathcal{L}_c}{\partial n}=\frac{\partial \mathcal{L}}{\partial \theta}, \quad \frac{\partial \mathcal{L}_c}{\partial m}=\frac{\partial \mathcal{L}}{\partial \lambda}$$

因此，条件式（10.51）、式（10.52）和式（10.53）可以用 $\mathcal{L}_c$ 以及新乘子 m 和 n 等价地表示如下：

$$\frac{\partial \mathcal{L}_c}{\partial u}=0 \quad 对于所有 t\in[0,T] \tag{10.57}$$

$$\frac{\partial \mathcal{L}_c}{\partial n}\geqslant 0, \quad n\geqslant 0, \quad n\frac{\partial \mathcal{L}_c}{\partial n}=0 \tag{10.58}$$

$$\dot{y}=\frac{\partial \mathcal{L}_c}{\partial m} \tag{10.59}$$

当我们使用 $\mathcal{L}_c$ 时，唯一大的修改体现在共态变量的运动方程（10.54）上。在使用新变量 m 的情形下，等价的表示为

$$\dot{m}=-\frac{\partial \mathcal{L}_c}{\partial y}+\rho m \tag{10.60}$$

[①] 如果控制变量受制于非负约束，那么式（10.51）必须变为

$\frac{\partial \mathcal{L}}{\partial u}\leqslant 0, \quad u\geqslant 0, \quad u\frac{\partial \mathcal{L}}{\partial u}=0 \quad$（参见式（10.12））

为了验证此事，首先将式（10.55）中的 λ 表达式关于 t 微分，由此可得

$$\dot{\lambda}=\dot{m}e^{-\rho t}-\rho m e^{-\rho t}$$

然后将 $\mathscr{L}$ 关于 y 微分可得

$$-\frac{\partial\mathscr{L}}{\partial y}=-\Phi_y e^{-\rho t}-\lambda f_y+\theta g_y$$

令这两个式子相等（参见式（10.54）），并且两侧通乘以 $e^{\rho t}$，可得

$$\dot{m}-\rho m=-\Phi_y-m f_y+n g_y$$

由于上式右侧等于 $-\partial\mathscr{L}_c/\partial y$（根据式（10.56）），因此我们立即可以得到式（10.60）中的结果。

对于仅含有积分约束的问题来说，我们不需要拉格朗日函数；或者，换句话说，拉格朗日函数简化为汉密尔顿函数。这是因为，我们通过引入新的状态变量（例如式（10.19）和式（10.26）中的 Γ）而将每个积分约束吸收到控制问题中。因此，最大值原理条件可用汉密尔顿函数表达。如果我们决定使用 H_c 代替 H，那么我们可以直接使用 8.2 节给出的方法。唯一大的变化体现在共态运动方程上，即我们用条件 $\dot{m}=-\partial H_c/\partial y+\rho m$ 代替 $\dot{\lambda}=-\partial H/\partial y$。在引入了新的状态变量 Γ 之后，我们的控制问题有了个新的共态变量 μ。由于 μ 的运动方程为 $\dot{\mu}=-\partial H/\partial\Gamma=0$，因此 μ 是一个常数。

□ 充分条件

我们前面在无约束问题的背景下讨论的曼加萨林和阿罗充分条件，也适用于伴随固定终止时间 T 的约束问题。这里的固定终止时间包括以下情形：固定终止点、垂直终止线、截断垂直终止线。

令符号 u 表示控制变量向量。例如，对于问题式（10.1）和式（10.8），我们有 $u=(u_1,u_2)$。与以前一样，令 H^0 表示最大化的汉密尔顿函数，即沿着 $u^*(t)$ 路径取值的汉密尔顿函数。然而，在当前背景下，汉密尔顿函数的最大化受制于问题中所有形如 $g(t,y,u)=c$ 或 $g(t,y,u)\leqslant c$ 的约束。另外，由于问题中的每个积分约束都通过新的共态变量 μ 反映在 H 之中，因此它必须类似地反映在 H^0 之中。

为简单起见，我们把曼加萨林和阿罗充分条件合并成一个条件[1]：最大值原理条件对于目标泛函的全局最大化是充分的，如果

对于 $t\in[0,T]$，$\mathscr{L}$ 关于 (y,u) 为凹；或对于所有 $t\in[0,T]$，
对于给定的 λ，H^0 关于 y 为凹   (10.61)

这些条件也适用于无限水平问题，但在后面这种情形下，式（10.61）要由下列横截条件补充：

$$\lim_{t\to\infty}\lambda(t)[y(t)-y^*(t)]\geqslant 0 \quad （参见式(9.21)） \tag{10.62}$$

---

① 关于充分条件更全面的陈述，可参见 Ngo Van Long and Neil Vousden，"Optimal Control Theorems," Essay 1 in John D. Pitchford and Stephen J. Turnovsky, eds., *Applications of Control Theory to Economic Analysis*, North-Holland, Amsterdam, 1977, pp. 11~34 (especially pp. 25~28, Theorems 6 and 7)。

在这里，我们稍微评价一下式（10.61）。首先，正如前面指出的，$\mathscr{L}$关于(y, u)为凹的意思是$\mathscr{L}$关于变量y和u联合为凹，而不是关于y和u分别为凹。其次，由于H和$\mathscr{L}$由函数F，f，g和G组成，即

$$H = F + \lambda f - \mu G \quad \text{和} \quad \mathscr{L} = H + \theta[c - g]$$

因此，如果下列条件同时成立，容易看出式（10.61）将得以满足：

F关于(y,u)为凹

λf关于(y,u)为凹

μG关于(y,u)为凸

θg关于(y,u)为凸　对于所有$t \in [0, T]$

然而，对于不等式积分约束的情形，μ是个非负常数（根据式（10.28）），因此μG的凸性由G本身的凸性保证。类似地，在不等式约束的情形下，$\theta \geqslant 0$（根据式（10.11）），因此θg的凸性由g本身的凸性保证。最后，如果我们使用当前值汉密尔顿函数和拉格朗日函数，那么只要将式（10.61）中的$\mathscr{L}$和H^0分别替换为$\mathscr{L}_c$和H_c^0即可。

习题 10.1

1. 在例 1 中，p被视为新的控制变量。为何不将它视为新的**状态**变量？

2. 在例 2 中，我们证明了如果$\lambda > 0$，那么最优控制为$u^* = 1$。根据类似推理，证明如果$\lambda < 0$，那么最优控制为$u^* = -1$。

3. 某个人每天的活跃时间（即 24 小时减去睡觉和休闲时间，我们把活跃时间标准化为 1）可用来**工作**或**学习**。工作能带来当前收入；学习有助于人力资本$K(t)$（知识）的积累并且提高未来收入。令此人花在工作上的时间占活跃时间的比例为s。假设人力资本的变化速度$\dot{K}$关于sK有固定弹性α（$0 < \alpha < 1$）。当前收入取决于人力资本水平与工作时间的乘积。

(a) 构造此人的工作和学习的权衡决策问题，其中计划期为$[0, T]$，贴现率为ρ（$0 < \rho < 1$）。

(b) 指出状态变量和控制变量。

(c) 什么样的边界条件对状态变量是合适的？

(d) 这个问题是一个约束控制问题吗？如果是，它的约束是哪种类型？

(e) 这个模型与 8.1 节的多夫曼模型有什么相似之处，有什么不同之处？

4. 考虑问题

$$\text{Max} \int_0^T F(t, y, u) dt$$

s. t.

$$\dot{y} = f(t, y, u)$$
$$g(t, y, u) \leqslant c$$
$$y(0) = y_0, \ y(T) \text{自由}(y_0, T \text{给定})$$
$$0 \leqslant u(t)$$

我们可以像式（10.12）中的做法一样，对于 $u(t)$ 上的非负限制直接使用库恩-塔克条件而不用引入特定乘子。当然，我们可以将这个非负限制视为另外一个形如 $g(t, y, u) \leqslant c$ 的约束。写出这两种方法下的最大值条件，并且比较它们的结果。（用 θ' 表示与 $0 \leqslant u(t)$ 这个约束相伴的新乘子，用 $\mathcal{L}'$ 表示相应的新的拉格朗日函数。）

5. 令最大化问题有两个状态变量（y_1，y_2），两个控制变量（u_1，u_2），一个不等式约束，一个不等式积分约束。初始状态固定，但终止状态在固定的 T 处是自由的。

(a) 构造出这个最大化问题。

(b) 定义汉密尔顿函数和拉格朗日函数。

(c) 假设解为内部解，在此情形下，列出最大值原理条件。

10.2　收入最大化企业的动态

埃文斯的动态垄断模型（2.4 节）假设企业的目标是使得总利润最大。这个假设当然没有什么特别之处，因为利润最大化一直是经济学家普遍接受的假设。然而，鲍莫尔（Baumol）的著名模型认为，企业的目标不是利润最大化，而是销售收入最大化，当然这里有个约束，即报酬率要满足最低水平要求。[1] 这种观点的主要基础在于公司制企业的所有权和经营权的分离。在这种情形下，经理人员可能从自身利益出发，追求销售收入最大化，尽管股东的目标是利润最大化。然而，为了不惹怒股东，经理人员必须努力实现股东能忍受的最低报酬率。

由于鲍莫尔模型是静态的，它在动态背景下的有效性受到了质疑。特别地，由于利润是增长的载体，而且增长可能带来更大的销售收入，因此，在动态背景下，利润最大化似乎是销售收入最大化的先决条件。为了考察鲍莫尔命题在动态世界中是否可行，海恩·里兰德（Hayne Leland）构造出了一个最优控制模型。[2]

□ 模型

假设某个企业只生产一种产品，其生产函数为 $Q = Q(K, L)$，这个函数是线性齐次的和严格拟凹的。假设下列常见性质成立：

$$
\begin{aligned}
&\frac{Q}{L} = \phi(k) \left(k \equiv \frac{K}{L} \right), \quad \phi(0) = 0 \\
&Q_K = \phi'(k), \quad Q_K > 0, \quad Q_{KK} < 0 \\
&Q_L = \phi(k) - k\phi'(k), \quad Q_L > 0, \quad Q_{LL} < 0
\end{aligned}
\tag{10.63}
$$

---

[1]　William J. Baumol, "On the Theory of Oligopoly," *Econometrica*, August 1958, pp. 187-198. 也可以参见 *Business Behavior*, *Value and Growth*, revised edition, Harcourt, Brace & World, New York, 1967. 蒋中一（1984）将其作为一个非线性规划的例子进行了讨论，参见 Alpha C. Chiang, *Fundamental Methods of Mathematical Economics*, 3d ed., McGraw-Hill, New York, 1984, Sec. 21.6.

[2]　Hayne E. Leland, "The Dynamics of a Revenue Maximizing Firm," *International Economic Review*, June 1972, pp. 376-385.

假设所有价格包括工资率 W 和资本品的价格都是常数，其中企业产品的价格被标准化为 1。因此，企业的收入和（总）利润分别为

$$R = Q(K, L) \cdot 1 = Q(K, L)$$
$$\pi = R - WL = Q(K, L) - WL$$

为了满足股东的要求，经理人员要记住股东能忍受的最低资本报酬率 r_0。这意味着经理人员的行为受到不等式

$$\frac{\pi}{K} \geqslant r_0 \quad \text{或} \quad Q(K, L) - WL - r_0 K \geqslant 0 \tag{10.64}$$

的约束。

接下来，我们需要设定关于投资和资本积累的决策。为简单起见，假设企业总是将利润 π 的固定比例用于再投资。定义 α 为这个固定比例与资本品固定价格之比。于是，我们有

$$\dot{K}(=I) = \alpha \pi = \alpha[Q(K, L) - WL] \tag{10.65}$$

其中初始资本 $K(0) = K_0$。

综合以上考虑，我们可以将这个追求收入最大化的企业问题表示为一个含有不等式约束的问题：

$$\text{Max} \int_0^T Q(K, L) e^{-\rho t} dt$$

s. t.
$$\dot{K} = \alpha[Q(K, L) - WL]$$
$$WL + r_0 K - Q(K, L) \leqslant 0 \tag{10.66}$$
$$K(0) = K_0, K(T) \text{ 自由}(K_0, T \text{ 给定})$$

这个模型中只有两个变量，即 K 和 L。这里存在着 K 的运动方程，这说明 K 是一个状态变量；这使得 L 成为唯一的控制变量。

注意，约束函数 $WL + r_0 K - Q(K, L)$ 关于控制变量 L 为凸，而且约束集的确包含下面这样的点——这个点使得严格不等式成立（报酬率大于 r_0）。因此，约束规范得以满足。

□ 最大值原理

这个问题的当前值汉密尔顿函数为

$$H_c = Q(K, L) + m\alpha[Q(K, L) - WL]$$

通过使用不等式的信息，我们可以将这个当前值汉密尔顿函数扩展为当前值拉格朗日函数（参见式（10.56））：

$$\mathscr{L}_c = Q(K, L) + m\alpha[Q(K, L) - WL] + n[Q(K, L) - WL - r_0 K]$$

于是，根据式（10.57）和式（10.58），我们有了 $\mathscr{L}_c$ 最大化时的下列一阶条件：

$$\frac{\partial \mathscr{L}_c}{\partial L}=(1+m\alpha+n)Q_L-(m\alpha+n)W=0 \qquad \text{对于所有} \ t\in[0,T] \qquad (10.67)$$

$$\frac{\partial \mathscr{L}_c}{\partial n}=Q(K,L)-WL-r_0K\geq0, \ n\geq0, \quad n[Q(K,L)-WL-r_0K]=0 \quad (10.68)$$

为了确定这个系统的动态，我们使用以下两个运动方程：

$$\dot{K}=\frac{\partial \mathscr{L}_c}{\partial m}=\alpha[Q(K,L)-WL]$$

$$\dot{m}=-\frac{\partial \mathscr{L}_c}{\partial K}+\rho m=-(1+m\alpha+n)Q_K+nr_0+\rho m \qquad \text{（根据式（10.60））}$$

最后，我们应该施加横截条件

$$m(T)=0$$

这是因为 $K(T)$ 是自由的。

□ 定性分析

里兰德没有使用特定生产函数来得到定量解，而是作了定性分析。另外，他没有直接使用原来的生产要素变量 K 和 L，而是根据式（10.63）中生产函数的性质将最大值原理条件用资本劳动比率 k 表示。因此，条件式（10.67）可重新表示为

$$\frac{\partial \mathscr{L}_c}{\partial L}=(1+m\alpha+n)[\phi(k)-k\phi'(k)]-(m\alpha+n)W=0 \qquad (10.69)$$

通过将式（10.68）中的第一个不等式除以 $L\neq0$ 并且使用式（10.63），我们可以将这个条件改写为下列形式：

$$\phi(k)-W-r_0K\geq0, \ n\geq0, \ n[\phi(k)-W-r_0k]=0 \qquad (10.70)$$

这样，两个运动方程变为

$$\dot{K}=\alpha L[\phi(k)-W] \qquad (10.71)$$
$$\dot{m}=-(1+m\alpha+n)\phi'(k)+nr_0+\rho m \qquad (10.72)$$

现在变量 k 变成主角，但式（10.71）是个例外，因为在式（10.71）中仍然含有变量 K 和 L。

资本劳动比率 k 的一些特定值在模型中扮演着特殊角色。k 的两个特定值分别为：

$$\hat{k}\equiv\text{利润最大化时的} \ k \qquad (\hat{k} \ \text{满足} \ Q_L=W \ \text{或} \ \phi(k)-k\phi'(k)=W, \text{根据式（10.63)）}$$

$$k^0\equiv\text{产生报酬率} \ r_0 \ \text{的} \ k \qquad (k^0 \ \text{满足} \ \frac{\pi}{K}=r_0 \ \text{或} \ \phi(k)-W=r_0k, \text{根据式（10.64)）}$$

在图 10—1 中，我们画出了曲线 APP_L（Q/L）和 MPP_L（Q_L），其中横轴为 k。我们在以前遇到过 APP_L 曲线，参见图 9—1 和 9—3(a)；MPP_L 曲线在 APP_L 曲线的下方，它们之间的垂直距离为 $k\phi'(k)$。曲线 Q_L 和直线 W 的交点决定了 $\hat{k}$ 的大小。尽管 k^0 的位置只能任意画出，但我们仍能预期 k^0 应该位于 $\hat{k}$ 的左侧。

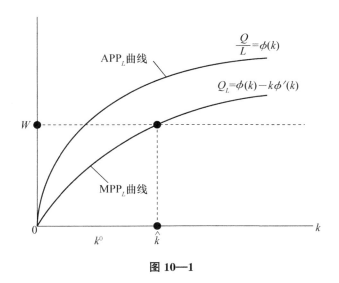

图 10—1

由于 $k < k^0$ 不可行，里兰德重点考察了 $k > k^0$ 的情形；在 $k > k^0$ 的情形下，报酬率大于最低可接受水平 r_0。于是，式（10.70）中的补充—松弛条件决定了 $n = 0$。这将使得式（10.69）变为

$$\left. \frac{\partial \mathscr{L}_c}{\partial L} \right|_{n=0} = (1 + m\alpha)[\phi(k) - k\phi'(k)] - m\alpha W = 0 \tag{10.73}$$

如果我们能够找到上述方程的斜率表达式，从而能够确定它的一般构型，那么我们可以在 km 空间画出这条曲线。通过使用隐函数法则，我们能确定这个斜率表达式。

将式（10.73）中两个等号之间的式子称为 $F(m, k)$。于是，曲线的斜率为

$$\frac{dm}{dk}\left(对于 \frac{\partial \mathscr{L}_c}{\partial L} = 0\right) = -\frac{\partial F/\partial k}{\partial F/\partial m} = \frac{(1 + m\alpha)k\phi''(k)}{\alpha[\phi(k) - k\phi'(k) - W]} \tag{10.74}$$

由此可得到下列事实：

（1）分子是负的，这是因为 $\phi''(k) < 0$，如图 10—1 曲线 APP_L 的曲率所示。

（2）对于任意 $k < \hat{k}$，分母也是负的。这也可从图 10—1 看出，因为在 $\hat{k}$ 的左侧，曲线 Q_L 位于直线 W 的下方。因此，对于任何 $k \in (k^0, \hat{k})$，曲线 $\partial \mathscr{L}_c / \partial L = 0$ 的斜率都为正。

（3）当 k 从左侧趋近 $\hat{k}$ 时，分母趋于零，因此 $dm/dk \to \infty$。

（4）当 k 趋于零时，分子趋于零，因此 $dm/dk \to 0$。

这些事实使得我们能大致画出 $\partial \mathscr{L}_c / \partial L = 0$ 的曲线，如图 10—2 所示。

通过重点考察 $k > k^0$（这意味着 $n = 0$），我们也可从式（10.72）得到 $\dot{m}$ 的更简单的表达式。如果我们令 $\dot{m}$ 等于零，那么可以得到下列方程：

$$\dot{m}|_{n=0} = -(1 + m\alpha)\phi'(k) + \rho m = 0 \tag{10.75}$$

它的图也可在 km 空间画出。为了再次使用隐函数法则，我们将式（10.75）中两个等号之间的式子称为 $G(m, k)$。于是，曲线 $\dot{m} = 0$ 的斜率为

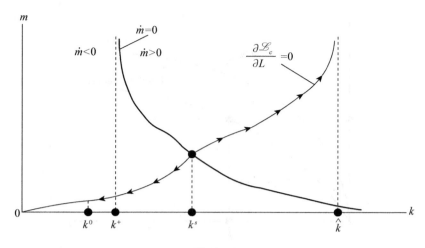

图 10—2

$$\frac{dm}{dk}(\text{对于}\ \dot{m}=0)=-\frac{\partial G/\partial k}{\partial G/\partial m}=\frac{(1+m\alpha)\phi''(k)}{-\alpha\phi'(k)+\rho} \qquad (10.76)$$

尽管分子是负的，但分母可以为负也可以为正。令

$$k^{+}\equiv\text{满足}\ \rho=\alpha\phi'(k)\ \text{的}\ k\ \text{值}$$

于是我们看到，首先，由于 $\phi'(k)$ 随着 k 增加而递减（参见图 10—1），所以，对于任意 $k>k^{+}$，式（10.76）中的分母都为正，因此，dm/dk 为负，曲线 $\dot{m}=0$ 向下倾斜。其次，当 k 从右侧趋近 k^{+} 时，曲线 $\dot{m}=0$ 的斜率趋于负无穷。这些事实解释了图 10—2 中曲线 $\dot{m}=0$ 的一般形状。两条曲线相交于 $k=k^{s}$。因此，

$$k^{s}\equiv\text{满足}\ \partial\mathscr{L}_{c}/\partial L=\dot{m}=0\ \text{时的}\ k\ \text{值}\quad（\text{当}\ n=0\ \text{时}）$$

这样的交点存在当且仅当 k^{+} 位于 $\hat{k}$ 的左侧。

曲线 $\dot{m}=0$ 是乘子 m 稳定的地方。在 $\dot{m}=0$ 曲线之外的点是怎样的？答案由导数

$$\frac{\partial\dot{m}}{\partial k}=-(1+m\alpha)\phi''(k)>0$$

提供。这里的信息是随着 k 递增，$\dot{m}$ 也将递增。因此，在曲线 $\dot{m}=0$ 的左侧，$\dot{m}<0$；在曲线 $\dot{m}=0$ 的右侧，$\dot{m}>0$。这就是曲线 $\dot{m}=0$ 左侧的 $\partial\mathscr{L}_{c}/\partial L=0$ 曲线上的箭头指向南，$\dot{m}=0$ 右侧的 $\partial\mathscr{L}_{c}/\partial L=0$ 曲线上的箭头指向北的原因。

由图 10—2 容易看出，由两条曲线交点构成的稳定点不可能发生在 $\hat{k}$（$\hat{k}$ 是利润最大化时的 k 值）。也就是说，将收入最大化企业放在动态背景下，这并未强迫它为了利润最大化而放弃收入最大化。事实上，里兰德的进一步分析说明，对于收入最大化企业，存在着最终趋于 k^{0} 的趋势，此时报酬率在最低可接受水平 r_{0}。企业实现利润最大化水平 $\hat{k}$ 的唯一环境是当 k^{+} 大于 $\hat{k}$ 时。

读者可能注意到，条件式（10.71）在上面的分析中没有起到任何作用。这是因为我们的分析是用资本劳动比率 k 表示的，而式（10.71）涉及 K、L 以及 k。只要将式（10.71）稍微变换，我们就能看清它在模型中所起的作用。由于 $k\equiv K/L$，我们有 $K=$

动态最优化基础

kL，因此

$$\dot{K} = \dot{k}L + k\dot{L}$$

令其与式（10.71）中的 $\dot{K}$ 表达式相等，整理，可得

$$\frac{\dot{L}}{L} = \frac{\alpha[\phi(k) - W] - \dot{k}}{k}$$

一旦我们找到了 K 的最优时间路径，那么这个方程可以产生控制变量 L 的相应的最优路径。

10.3　状态空间约束

在第二类约束中，不出现控制变量。这类约束的作用在于对状态空间施加限制，界定变量 y 的可行运动域。例如，很多经济问题涉及的非负约束

$$y(t) \geqslant 0 \quad \text{或} \quad -y(t) \leqslant 0 \quad \text{对于所有 } t \in [0, T]$$

就属于这类约束。但这类约束的更一般形式为

$$h(t, y) \leqslant c \quad \text{对于所有 } t \in [0, T]$$

在这两种情形下，控制变量 u 都没出现在约束函数之中。

有时出于巧合，会出现下列情形：当我们忽略状态空间约束，将给定问题作为无约束问题求解时，最优路径 $y^*(t)$ 完全位于可行域之中。在这种情形下，约束是平凡的（trivial），即是没有用的。然而，对于有意义的约束，无约束的最优路径应该违背约束，例如，图 10—3(a) 中的虚线不满足非负约束。真正的最优解（以实线表示）可以包含一个或多个位于约束边界上的线段。也就是说，当约束起作用且 $h(t, y) = c$ 时，$[0, T]$ 可能含有一个或多个"约束区间"。有时，真正的最优路径的某一段或几段可能与无约束的解路径重合；然而，这两类路径可能完全不同，例如图 10—3（b）所示的情形。

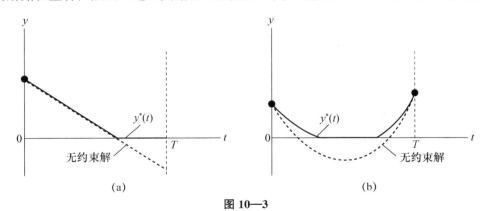

图 10—3

尽管我们一般不能期望无约束解有效，但试一试没什么坏处。如果这样的解满足约束，那么问题得解。如果不满足，我们也能得到关于真正解的性质的一些启示。

□ 状态空间约束的处理

令问题为

$$\text{Max} \int_0^T F(t,y,u)dt$$

s. t.   (10.77)

$$\dot{y} = f(t,y,u)$$
$$h(t,y) \leqslant c, \text{以及边界条件}$$

在直觉上，我们可能期望把 10.1 节的方法运用到这个问题上。如果这样，我们有下列拉格朗日函数：

$$\mathscr{L} = F(t,y,u) + \lambda f(t,y,u) + \theta[c - h(t,y)]$$ (10.78)

最大值原理的条件为（假设解为内部解）：

$$\frac{\partial \mathscr{L}}{\partial u} = F_u + \lambda f_u = 0$$

$$\frac{\partial \mathscr{L}}{\partial \theta} = c - h(t,y) \geqslant 0, \quad \theta \geqslant 0, \quad \theta \frac{\partial \mathscr{L}}{\partial \theta} = 0$$

$$\dot{y} = \frac{\partial \mathscr{L}}{\partial \lambda} = f(t,y,u)$$ (10.79)

$$\dot{\lambda} = -\frac{\partial \mathscr{L}}{\partial y} = -F_y - \lambda f_y + \theta h_y$$

以及可能的横截条件

为什么我们不能像以前一样使用这些条件？

一方面，在以前讨论的约束问题中，解基于变量 y 和 λ 的连续性，因此我们只允许控制变量跳跃（例如，碰碰解）。但在这里，由于只有状态约束，因此，在约束 $h(t, y) \leqslant c$ 从不起作用变为起作用或从起作用变为不起作用的连接点上，共态变量 λ 也可能跳跃。具体地说，如果 τ 是某个无约束区间和约束区间的连接点（或约束区间和无约束区间的连接点），如果我们用 $\lambda^-(\tau)$ 和 $\lambda^+(\tau)$ 分别表示 λ 在跳跃前和跳跃后的值，那么跳跃条件为[①]

$$\lambda^+(\tau) = \lambda^-(\tau) + bh_y \quad (b \geqslant 0)$$ (10.80)

然而，由于 b 的值未定，这个条件只能帮助我们确定跳跃方向。注意，b 可能为零，这意味着在连接点上，λ 可能不连续。后面这种情形可能发生在当约束函数 $h(t, y)$ 在 τ 处有尖点，即当 $\dot{h}$ 在 τ 处不连续时。

无论如何，我们都需要修改解程序。我们现在需要注意连接点，并保证不踏入状态空间的禁止区域。

---

① 关于跳跃条件的更多讨论，可参见 Atle Seierstad and Knut Sydsæter, *Optimal Control Theory with Economic Applications*, Elsevier, New York, 1987, Chap. 5, especially pp. 317–319。

□ 另外一种方法

尽管我们可以在式（10.79）中的条件上进行下去，然而，我们可以使用另外一种更容易的方法，这种方式更明显地考虑了约束 $h(t, y) \leqslant c$ 在连接点上的状态变化。[①] 后面这种方法的侧重点在于由于 $h(t, y)$ 不能大于 c，于是当 $h(t, y) = c$（约束变得起作用）时，我们必须禁止 $h(t, y)$ 继续增加。对于这个要求，我们只要施加以下条件即可：

$$\frac{dh}{dt} \leqslant 0 \quad \text{当 } h(t, y) = c \text{ 时}$$

注意，与 h 本身不同，导数 dh/dt（这是个全导数）是一个关于 t、y 以及 u 的函数，这是因为

$$\frac{d}{dt} h(t, y) = \frac{\partial h}{\partial t} + \frac{\partial h}{\partial y} \frac{dy}{dt} = h_t + h_y f(t, y, u) \equiv \dot{h}(t, y, u)$$

因此，当 $h(t, y) = c$ 时新的约束 $dh/dt \leqslant 0$，或更明确地说，约束

$$\dot{h}(t, y, u) \equiv h_t + h_y f(t, y, u) \leqslant 0 \quad \text{当 } h(t, y) = c \text{ 时} \tag{10.81}$$

符合 10.1 节讨论的 $g(t, y, u) \leqslant c$ 的约束类型。唯一区别在于式（10.81）不是针对所有 $t \in [0, T]$，而是仅针对 $h(t, y) = c$ 时。

有了这个新的约束之后，我们的问题变为

$$\text{Max} \int_0^T F(t, y, u) dt$$

s. t.

$$\begin{aligned} &\dot{y} = f(t, y, u) \\ &\dot{h}(t, y, u) = h_t + h_y f(t, y, u) \leqslant 0, \text{ 当 } h(t, y) = c \text{ 时} \\ &\text{以及边界条件} \end{aligned} \tag{10.82}$$

为了把新的最大值原理条件与式（10.79）中的那些条件进行比较，我们在这里使用乘子符号 Λ 和 Θ。令拉格朗日函数写为

$$\mathscr{L}' = F(t, y, u) + \Lambda f(t, y, u) - \Theta \dot{h} \tag{10.83}$$

于是，作为最大值原理条件的一部分，我们要求（假设约束规范得以满足）

$$\frac{\partial \mathscr{L}'}{\partial u} = F_u + \Lambda f_u - \Theta h_y f_u = 0$$

$$\frac{\partial \mathscr{L}'}{\partial \Theta} = -\dot{h} = -h_t - h_y f(t, y, u) \geqslant 0, \quad \Theta \geqslant 0, \quad \Theta \frac{\partial \mathscr{L}'}{\partial \Theta} = 0$$

尽管这组关于 Θ 的条件似乎重新表达了我们的约束，然而它并没有说明这组条件仅适用

---

① 参见 Magnus R. Hestenes，*Calculus of Variations and Optimal Control Theory*，Wiley，New York，1966，Chap. 8，Theorem 2. 1。

于 $h(t, y) = c$ 时。为了弥补这个缺陷，我们增添下列补充—松弛条件：

$$h(t,y) \leqslant c, \quad \Theta[c - h(t,y)] = 0$$

于是，$h(t, y) < c$（即约束不是束紧的）将意味着 $\Theta = 0$，这将导致 $\mathscr{L}'$ 中的最后一项消失，从而使得条件 $\partial \mathscr{L}'/\partial \Theta$ 没有意义。相反，当 $h(t, y) = c$（即约束是束紧的）时，我们希望补充—松弛条件意味着 $\Theta > 0$。因此，这是一个更强的补充—松弛条件版本。（在常规的补充—松弛条件的解释中，$h(t, y) = c$ 与 $\Theta = 0$ 相容，也与 $\Theta > 0$ 相容。）

除了上面的条件之外，当前方法下的最大值原理也对乘子 Θ 在时间轴上的变化模式施加了限制：在 Θ 可微的点上，当 $h(t, y) = c$ 时，$\dot{\Theta}$ 必定非正。我们稍后解释这个限制。

综合以上结果，我们有下列条件（假设解为内部解）：

$$\frac{\partial \mathscr{L}'}{\partial u} = F_u + \Lambda f_u - \Theta h_y f_u = 0$$

$$\frac{\partial \mathscr{L}'}{\partial \Theta} = -\dot{h} = -[h_t + h_y f(t,y,u)] \geqslant 0, \quad \Theta \geqslant 0, \quad \Theta \frac{\partial \mathscr{L}'}{\partial \Theta} = 0$$

$$h(t,y) \leqslant c, \Theta[c - h(t,y)] = 0$$

$$\dot{\Theta} \leqslant 0 \quad (\text{当 } h(t,y) < c \text{ 时} = 0) \tag{10.84}$$

$$\dot{y} = \frac{\partial \mathscr{L}'}{\partial \Lambda} = f(t,y,u)$$

$$\dot{\Lambda} = -\frac{\partial \mathscr{L}'}{\partial y} = -F_y - \Lambda f_y + \Theta[h_{yt} + h_y f_y + h_{yy} f]$$

以及可能的横截条件

注意，在我们从约束函数 $h(t, y)$ 得到 $\dot{h}$ 的表达式之后，我们可以直接使用式（10.84）中的条件，而不需要将式（10.77）转换为式（10.82）的形式。

正如式（10.79）一样，在这里，我们假设拉格朗日函数关于 u 的最大化产生了内部解。如果控制变量本身受制于非负约束 $u(t) \geqslant 0$，那么条件 $\partial \mathscr{L}'/\partial u = 0$ 应该替换为库恩-塔克条件

$$\frac{\partial \mathscr{L}'}{\partial u} \leqslant 0, \quad u \geqslant 0, \quad u \frac{\partial \mathscr{L}'}{\partial u} = 0$$

这些条件允许出现边界解的可能性。当然，如果存在着 u 的闭的控制域，那么边界解也有可能发生。

这种方法的一个显著特征是，函数 $f(t, y, u)$ 进入拉格朗日函数 $\mathscr{L}'$ 两次，伴随着两个乘子，一个是 Λ（共态变量），另外一个是 Θ（约束问题的拉格朗日乘子）。因此，偏导数 f_u 在条件 $\partial \mathscr{L}'/\partial u = 0$（参见式（10.84）的第一行）中也出现了两次，一次伴随 Λ，一次伴随 Θ。相反，式（10.79）中的条件 $\partial \mathscr{L}/\partial u = 0$ 未包含乘子 θ。因此，在新方法下，Θ 的行为以及它对系统的影响可以被更显式地描述。当状态空间约束不是束紧的，即 $h(t, y) < c$ 时，Θ 取零值，式（10.84）变为常规的最大值原理条件。当约束从非束紧变为束紧时，式（10.84）中的条件将变得完全起作用，它规定了乘子 Θ 如何影响系统，以及 Θ 如何随时间变化而变化。

我们在前面已说过，式（10.84）中的方法对连接点作出了更显式的描述。尽管这种方法比式（10.79）中的方法易于使用，但事实上这两种方法是等价的。在习题 10.3 的问题 1 中，我们要求读者按照提示步骤证明它们之间的等价性。在这个过程中，读者将看清为何我们需要条件 $\dot{\Theta} \leqslant 0$。

在另外一个习题中，我们要求读者写出非负约束 $y(t) \geqslant 0$ 的特殊情形的最大值原理条件。

□ 例子

考虑下列问题①

$$\text{Max} \int_0^3 (4-t)u \, dt$$

s. t.

$$\dot{y} = u \tag{10.85}$$
$$y - t \leqslant 1$$
$$y(0) = 0, y(3) = 3$$
$$u \in [0, 2]$$

注意，这个问题包含状态空间约束 $y - t \leqslant 1$。

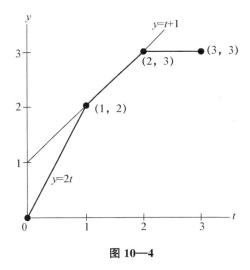

图 10—4

如果我们忽略状态空间约束 $y - t \leqslant 1$ 并构建拉格朗日函数

$$H = (4-t)u + \lambda u$$

那么将看到 H 关于 u 为线性的，H 的斜率为

$$\frac{\partial H}{\partial u} = 4 - t + \lambda$$

给定闭的控制域 $[0，2]$，我们可能预期这个问题有边界解。具体地说，根据被积函数

---

① 这个问题在 Atle Seierstad and Knut Sydsæter 一书中是一个习题（参见他们的书第 329 页）。我们在这里提供完全解并进行了讨论。

可知，我们发现为了使得目标泛函最大，我们应该令 u 尽可能地大。因此，我们推测无约束解为 $u(t)=2$。这将意味着 $\dot{y}=u=2$ 以及 $y(t)=2t+k$。在使用初始条件 $y(0)=0$ 之后，我们得到了下列线性路径：

$$y(t)=2t$$

这个路径是允许 y 最快增长的路径，这是因为它对应着 u 的最大值，从而对应着 $\dot{y}$ 的最大值。如图 10—4 所示，这个路径，从原点开始一直平稳上升，但一直位于约束边界 $y=t+1$ 的下方直至点（1，2），即直至 $t=1$，此时约束变成束紧的。于是，我们必须改变路径。

现在让式（10.84）指引我们找到新的路径。首先，状态空间约束 $y-t\leqslant1$ 意味着

$$h(t,y)=y-t, \quad c=1, \quad \dot{h}=\dot{y}-1=u-1$$

由于约束函数关于 u 为线性（它不含有 u）的，因此约束规范得以满足。于是，根据式（10.83）可知，拉格朗日函数为

$$\mathscr{L}'=(4-t)u+\Lambda u-\Theta(u-1)$$

它关于 u 为线性的。最大值原理要求（参见式（10.84））：

$\mathscr{L}'$ 关于 u 被最大化　　（边角解）

$\dfrac{\partial \mathscr{L}'}{\partial \Theta}=1-u\geqslant0, \quad \Theta\geqslant0, \quad \Theta(1-u)=0$

$y-t\leqslant1, \quad \Theta(1-y+t)=0$

$\dot{\Theta}\leqslant0$　（当约束束紧时=0）

$\dot{y}=u$

$\dot{\Lambda}=0\Rightarrow\Lambda=$ 常数

这里不需要横截条件，因为端点是固定的。

根据我们先前讨论的无约束解，我们对第一个时间区间 $[0,1)$ 尝试 $u=2$ 这个控制，这意味着状态路径 $y=2t$。因此，我们有

$$u^*[0,1)=2, \quad y^*[0,1)=2t \tag{10.86}$$

一旦我们触及约束边界，$\dot{\Theta}$ 就变成正的，条件 $\partial\mathscr{L}'/\partial\Theta$ 告诉我们应该令

$$u=1 \quad （根据补充—松弛条件）$$

这意味着运动方程变为 $\dot{y}=1$，产生的路径 $y(t)=t+k_1$。为了确定任意常数 k_1，我们使用 y 的连续性，由此可知第二段路径必须从点（1，2）开始，也就是说，从第一段路径结束处开始。根据这个事实可知，路径为

$$y(t)=t+1 \quad （与约束边界相同）$$

因此，正如图 10—4 所示的，路径 y 现在沿着边界前进。但这个路径显然无法带领我们到达目的地（3，3），因此，我们至少还需要一段新的路径来完成整个行程。为了确定这段新的路径，我们首先尝试确定合适的控制，然后使用方程 $\dot{y}=u$。

对于第一段路径，我们选择 $u^*=2$ 来保证 y 上升速度最快，并且尽可能地保持这

个 u 值，直到边界约束迫使我们改变路径。后来，边界约束变成新的最优路径，然后我们尽可能地待在这个路径上，直到我们必须转到新的路径从而最终到达目的地 （3，3）。由于 $u(=\dot{y})$ 不可能为负，所以我们不可能超过 $y=3$ 水平然后返回来。因此，第二段路径应将 $y=3$ 作为它的目标，并结束于点 （2，3）。因此，我们有

$$u^*[1,2)=1, \quad y^*[1,2)=t+1 \tag{10.87}$$

由此可知第三段路径是一条水平线，它的斜率 $u=0$：

$$u^*[2,3]=0, \quad y^*[2,3]=3 \tag{10.88}$$

把式 （10.86）、式 （10.87） 和式 （10.88） 结合在一起，我们最终得到了最优控制和状态路径的完整画面。

在这个例子中，最优路径中的第一段与无约束问题的最优路径重合。但情形并非总是如此。在不含有线性情形的问题中，真正的最优路径可能与无约束路径没有任何公共片段。图 10—3(b) 说明了这类结果。[1]

习题 10.3

1. 按照下列步骤证明式 （10.79） 和式 （10.84） 之间的等价性。

(a) 令 $\partial\mathcal{L}/\partial u$ 与 $\partial\mathcal{L}'/\partial u$ 相等 （都等于零），然后求 Λ。

(b) 将 Λ 关于 t 求导，得到 $\dot{\Lambda}$ 的表达式。

(c) 通过使用式 （10.79） 中的 λ 表达式，扩展 (b) 中的 $\dot{\Lambda}$ 表达式。

(d) 将 (a) 中的结果代入式 （10.84） 中的 $\dot{\Lambda}$ 表达式。

(e) 令 (c) 和 (d) 中 $\dot{\Lambda}$ 的两个表达式相等，化简，得到 $\dot{\Theta}\leqslant 0$ 这个结论。

2. (a) 对于教材中的两种方法，当状态空间约束为 $y(t)\geqslant 0$ 时，写出每一种方法下的最大值原理条件。

(b) 在伴随 $y(t)\geqslant 0$ 的问题中，假设终止状态 T 固定。在这种情形下，我们还需要横截条件吗？如果需要，我们应该需要什么类型的横截条件？

10.4 状态空间约束的经济学例子

在本节，我们介绍两个经济学例子，它们都涉及状态空间的非负约束。

□ 存货与生产

第一个例子涉及企业关于存货和生产的决策。[2] 令企业的产品需求为 $D(t)>0$。为了满足这个需求，企业可以降低存货 X，或按当前产量 Q 生产（产品需求量等于当前

---

[1] 类似的例子可参见 Morton I. Kamien and Nancy L. Schwartz, *Dynamic Optimization*: *The Calculus of Variations and Optimal Control in Economics and Management*, 2d ed., Elsevier, New York, 1991, pp. 231–234。

[2] Greg Knowles 讨论了这个问题，参见他的 *An Introduction to Applied Optimal Control*, Academic, New York, 1981, pp. 135–137。

产量），或把这二者结合起来。每单位产品的生产成本为 c，每单位存货的储存成本为 s，假设 c 和 s 都固定，不随时间变化而变化。企业的目标是使得给定时间区间 $[0, T]$ 上的总成本 $\int_0^T (cQ + sX)dt$ 最小。

显然，产量不能为负，存货也不能为负。因此，$Q(t) \geqslant 0$，$X(t) \geqslant 0$。这两个变量之间的关系体现在当产量大于（小于）需求量时，存货增加（减少）。因此，

$$\dot{X}(t) = Q(t) - D(t)$$

这意味着我们可以将 Q 视为驱动状态变量 X 的控制变量。

给定初始存货量 X_0，我们可以将这个问题表示为

$$\text{Max} \int_0^T (-cQ - sX)dt$$

s. t.

$$\dot{X} = Q - D(t)$$

$$-X \leqslant 0 \tag{10.89}$$

$$X(0) = X_0, X(T) \geqslant 0 \text{ 自由}(X_0, T \text{ 给定})$$

$$Q \in [0, \infty)$$

注意，我们已将总成本最小化问题转化为负的总成本的最大化问题。另外也要注意，负的状态空间变量自动意味着垂直终止线的截断。

如果将这个问题视为无约束的，那么汉密尔顿函数

$$H = -cQ - sX + \lambda(Q - D)$$

关于控制变量 Q 为线性的，其中

$$\frac{\partial H}{\partial Q} = -c + \lambda$$

因此，在 Q 的选择上，我们有下列法则

$$\lambda \begin{Bmatrix} < \\ = \\ > \end{Bmatrix} c \Rightarrow Q^* \begin{Bmatrix} =0 \\ \text{未定} \\ \text{无限} \end{Bmatrix}$$

第三种可能性（Q 是无限的）不可行，而第二种可能性（Q 是未定的）对我们没有帮助。然而，注意到，即使在 $\lambda = c$ 的情形下，我们一样可以像 $\lambda < c$ 的情形一样，选择 $Q^* = 0$。事实上，$Q^* = 0$ 很合理，这是因为 Q 进入目标泛函时伴随着负号，因此选择 Q 的最小可行值能满足这个问题。然而，这样一来，运动方程变为

$$\dot{X} = -D(t) < 0 \qquad (\text{当 } Q = 0 \text{ 时})$$

企业的存货注定早晚耗尽。当企业触及约束边界 $X = 0$ 时，它必须重新调整控制。

在使用条件式（10.84）之前，我们首先验证一下约束规范是否得以满足。约束规范的确得以满足，这是因为约束函数 $-X$ 关于 Q 为线性的（$-X$ 不含有 Q）。根据约束 $-X \leqslant 0$ 易得

$$h=-X, \quad c=0, \quad \dot{h}=-\dot{X}=-(Q-D)$$

因此，根据式（10.83）可知，拉格朗日函数为

$$\mathscr{L}'=-cQ-sX+\Lambda(Q-D)+\Theta(Q-D)$$

它关于控制变量 Q 为线性的。式（10.84）中的条件要求：

$\mathscr{L}'$ 关于 Q 被最大化 （边角解）

$$\frac{\partial \mathscr{L}'}{\partial \Theta}=Q-D\geqslant0, \quad \Theta\geqslant0, \quad \Theta(Q-D)=0$$

$$X\geqslant0, \quad \Theta X=0$$

$$\dot{\Theta}\leqslant0 \quad （当 X>0 时=0）$$

$$\dot{X}=\frac{\partial \mathscr{L}'}{\partial \Lambda}=Q-D$$

$$\dot{\Lambda}=-\frac{\partial \mathscr{L}'}{\partial X}=s$$

$$\Lambda(T)\geqslant0, \quad X(T)\geqslant0, \quad \Lambda(T)X(T)=0$$

在前面，我们把这个问题视为无约束的问题，由此得到的启示是我们可以首先选择

$$Q=0$$

这使得状态方程简化为

$$\dot{X}=-D$$

这个结果表明企业应该停止生产并全部通过减少存货存量的方式来满足人们对它的产品需求。根据这个规则，任何时点的存货量应为

$$X=X_0-\int_0^t D(t)dt$$

但这样的做法只能持续到时点 $t=\tau$，此时给定的存货存量 X_0 恰好被耗尽。τ 点的值可以根据方程

$$\int_0^\tau D(t)dt=X_0 \quad （存货被耗尽）$$

求出。如果我们假设 $\tau<R$，那么在 $t=\tau$ 时，我们需要改变不生产（即产量为零）的做法。

剩下的事情比较简单。由于没有存货，企业必须重新开始生产。根据最大值原理，约束开始起作用这个事实使得乘子 Θ 为正，从而使得 $\partial\mathscr{L}'/\partial\Theta=0$，即

$$Q=D \quad 对于 t\in[\tau,T]$$

在这个新规则下，企业应该用当前生产满足全部需求。由于 $\dot{X}=Q-D$，我们有

$$\dot{X}=0 \quad 对于 t\in[\tau,T]$$

这表示企业不应该考虑改变存货量。由于 $X(\tau)=0$，因此从时点 $t=\tau$ 开始，存货量应该维持在零水平。因此，完整的最优控制路径和状态路径为

$$Q^*[0,\tau] = 0, \quad X^*[0,\tau] = X_0 - \int_0^t D(t)dt$$

$$Q^*[\tau,T] = D(t), \quad X^*[\tau,T] = 0$$

(10.90)

□ 资金约束下的资本积累

威廉·施沃姆（William Schworm）分析了下面这样的企业，它没有外部融资渠道，投资所用资金只能全部来自企业自身的留存收入。[①] 这个模型也可以说明状态空间约束问题。

他假设企业的总利润为 $\pi(t, K)$，投资支出为 $I(t)$。企业不能出售旧资本。因此，$I(t) \geqslant 0$。另外，企业也不能借入资金。因此，企业的现金流 $\phi(t)$ 仅取决于利润收入和投资支出：

$$\phi(t) = \pi(t, K) - I(t)$$

企业的目标是最大化它的现值

$$\int_0^\infty \phi(t)e^{-\rho t}dt$$

其中符号 ρ 表示股东在其他投资上能得到的报酬率，也表示企业能在留存收入上得到的报酬率。

给定初始留存收入水平，企业只能通过以下途径增加自己的留存收入 $R(t)$：一是在 R 上（以报酬率 ρ）得到的任何报酬；二是任何正的现金流。因此，我们有

$$\dot{R}(t) = \rho R(t) + \phi(t) = \rho R(t) + \pi(t, K) - I(t)$$

假设不存在折旧，我们还有

$$\dot{K}(t) = I(t)$$

这两个微分方程表明 R 和 K 可以作为模型的状态变量，而 I 可以作为控制变量。当然，状态变量 R 和 K 必须都为非负的。然而，尽管 $I(t) \geqslant 0$ 这个假设自动保证了 K 的非负性，然而，对于留存收入 R 的非负性，我们需要在问题中明确规定这一点。这就是我们的问题带有状态空间约束的原因。

综合以上考虑，我们可以将这个问题表示为：

$$\text{Max} \int_0^\infty [\pi(t, K) - I(t)]e^{-\rho t}dt$$

s. t.

$$\dot{R}(t) = \rho R(t) + \pi(t, K) - I(t)$$
$$\dot{K}(t) = I(t)$$
$$-R(t) \leqslant 0$$
$$R(0) = R_0, \ K(0) = K_0$$
$$I(t) \in [0, \infty)$$

(10.91)

---

① William E. Schworm, "Financial Constraints and Capital Accumulation," *International Economic Review*, October 1980, pp. 643-660.

由于模型是以一般函数形式给出的，因此我们只能对其进行定性分析。实际上，施沃姆首先将这个模型转变为如下问题——在这个问题中，$R(t)$ 是个约束控制（而不是状态）变量。然而，我们将其视为一个含有状态空间约束的问题，并且使用式（10.84）中的最大值原理条件来重新得到施沃姆的一些主要结论。

再一次地，我们能够证实约束规范得以满足，这是因为约束函数 $-R(t)$ 关于控制变量 I 为线性的。约束函数还表明

$$h=-R\Rightarrow\dot{h}=-\dot{R}=-[\rho R+\pi(t,K)-I]$$

因此，根据式（10.83），我们有拉格朗日函数

$$\mathscr{L}'=[\pi(t,K)-I]e^{-\rho t}+\Lambda_R[\rho R+\pi(t,K)-I]+\Lambda_K I+\Theta[\rho R+\pi(t,K)-I]$$

其中 Λ_R 和 Λ_K 分别为 R 和 K 的共态变量。式（10.84）中的条件规定

$$\frac{\partial\mathscr{L}'}{\partial I}=-e^{-\rho t}-\Lambda_R+\Lambda_K-\Theta\leqslant 0,\quad I\geqslant 0,\quad I\frac{\partial\mathscr{L}'}{\partial I}=0 \tag{10.92}$$

$$\frac{\partial\mathscr{L}'}{\partial\Theta}=\rho R+\pi(t,K))-I\geqslant 0,\quad \Theta\geqslant 0,\quad \Theta\frac{\partial\mathscr{L}'}{\partial\Theta}=0$$

$$R(t)\geqslant 0,\quad \Theta R(t)=0$$

$$\dot{\Theta}\leqslant 0\quad（当 R>0 时=0） \tag{10.93}$$

$$\dot{R}=\frac{\partial\mathscr{L}'}{\partial\Lambda_R}=\rho R+\pi(t,K)-I$$

$$\dot{K}=\frac{\partial\mathscr{L}'}{\partial\Lambda_K}=I$$

$$\dot{\Lambda}_R=-\frac{\partial\mathscr{L}'}{\partial R}=-\rho(\Lambda_R+\Theta) \tag{10.94}$$

$$\dot{\Lambda}_K=-\frac{\partial\mathscr{L}'}{\partial K}=-\pi_K(e^{-\rho t}+\Lambda_R+\Theta) \tag{10.95}$$

以及横截条件

注意，由于控制变量 I 上的非负约束，式（10.92）使用了库恩–塔克条件。

尽管施沃姆讨论了 $I(t)>0$ 和 $I(t)=0$ 两种情形，但我们在这里仅讨论 $I(t)>0$ 情形的最优化行为。在 I 大于零时，补充—松弛条件要求 $\partial\mathscr{L}'/\partial I=0$，即

$$\Lambda_K=e^{-\rho t}+\Lambda_R+\Theta\quad（根据式（10.92））$$

将这个方程关于 t 微分，可得

$$\begin{aligned}\dot{\Lambda}_K &=-\rho e^{-\rho t}+\dot{\Lambda}_R+\dot{\Theta}\\&=-\rho e^{-\rho t}-\rho(\Lambda_R+\Theta)+\dot{\Theta}\quad（根据式（10.94））\\&=-\rho(e^{-\rho t}+\Lambda_R+\Theta)+\dot{\Theta}\end{aligned}$$

另外，通过令这个 $\dot{\Lambda}_K$ 表达式等于式（10.95）中的 $\dot{\Lambda}_K$ 表达式，可得

$$-\pi_K(e^{-\rho t}+\Lambda_R+\Theta)=-\rho(e^{-\rho t}+\Lambda_R+\Theta)+\dot{\Theta} \tag{10.96}$$

这个结果给出了 $I>0$ 情形下企业的最优化法则。

注意，在式（10.96）中，除了右侧多了 $\dot{\Theta}$ 项之外，左侧和右侧的结构是相同的。根据式（10.93）我们知道，当 $R>0$ 时 $\dot{\Theta}=0$。因此，我们可以从式（10.96）推知，当 $R>0$ 时，企业应该保证

$$\pi_K = \rho \qquad (R>0 \text{ 时的投资法则}) \qquad (10.97)$$

也就是说，当留存收入为正（资金约束不是束紧的）时，企业应该遵循常见的近视法则——资本的边际获利能力等于市场报酬率。

另一方面，如果在某个时间区间 (t_1, t_2)，$R=0$（资金约束为束紧的），那么在这个时间区间 $R=0$ 且 $\dot{R}=0$。因此，式（10.91）中的方程 $\dot{R}(t)$ 将简化为

$$I(t) = \pi(t, K) \qquad (\text{当 } R=\dot{R}=0 \text{ 时的投资法则}) \qquad (10.98)$$

这意味着，在约束区间，企业应该将它的当前利润用于投资。因此，我们看到，当约束 R 束紧时，投资进一步受制于当前利润的可得性。

尽管式（10.97）和式（10.98）是分离的，然而当约束 R 的状态发生变化时，企业从一种法则改变到另外一种法则，因此它们可以联合起来使用。通过这种做法，企业能够尽可能地逼近无约束最优资本路径。

施沃姆还得到了其他一些解析结论。感兴趣的读者可以参考他的那篇论文。

习题 10.4

1. 画出合适的图形来描述式（10.90）给出的路径 Q^* 和 X^*。

2. 在问题式（10.89）中，需求用一般形式 $D(t)$ 来表示。$D(t)$ 的不同设定会影响下列各项吗？

(a) τ

(b) $Q^*[0, \tau]$

(c) $Q^*[\tau, T]$

(d) $X^*[0, \tau]$

(e) $X^*[\tau, T]$

10.5　动态最优化的局限

本书不是包罗万象的，我们的目的在于希望以比较友好的方式介绍变分法和最优控制理论的大多数基本主题。读者肯定已经注意到，即使面对相当简单的优化问题，解和分析过程也可能比较冗长和烦琐。因此，经济学家在模型中通常使用简单的具体函数来使得问题相对容易求解，尽管这样的具体函数可能不能令人非常满意。

出于相同的原因，经济学家经常假设问题中的参数包括贴现率，在整个计划期维持不变。尽管在现实生活中，一些经济参数的确非常稳定，基本不随时间变化而变化，但另外一些参数不是这样的。在无限水平问题中，继续假设参数维持不变就显得更加不合适。然而，放松这种简化假设的代价——以解析上的复杂性衡量——可能非常大。因

此，我们这里遇到了进退两难的困境。当然，在涉及具体参数值的现实应用中，如果参数值发生了显著变化，那么最简单的对策就是重新构造优化问题。但在重新构造的问题中，仍需要假设参数维持不变。

由于多元微分方程的复杂性，经济模型也通常限制变量的个数。然而，随着用来求解数学问题的强大计算机程序的出现，这样的限制早晚能被克服。

鉴于读者已花费了大量时间和精力来学习动态最优化，为了不打击读者的积极性，我们不准备给出更多的负面评价。因此，尽情地享受欧拉方程、汉密尔顿函数、横截条件以及相图吧。但也请记住它们能做什么，不能做什么。

第10章 含有约束的最优控制

习题 1.2

3. 终止曲线应该向上倾斜。

习题 1.3

1. $F[t, y(t), y'(t)]=1$

3. （b）和（d）

习题 1.4

1. $V^*(D)=8$；最优路径 DZ 为 $DGIZ$。

$V^*(E)=8$；最优路径 EZ 为 $EHJZ$。

$V^*(F)=10$；最优路径 FZ 为 $FHJZ$。

4. $V^*(I)=3$；IZ $V^*(J)=1$；JZ $V^*(K)=2$；KZ

$V^*(A)=23$；$ACFHKZ$

习题 2.1

2. $dI/dx=4x^3(b-a)$

4. $dI/dx=2e^{2x}$

6. $y^*(t)=\dfrac{1}{24}t^3+\dfrac{23}{24}t+1$

8. $y^*(t)=e^t+e^{-t}+\dfrac{1}{2}te^t$

习题 2. 2

1. $y^*(t) = 2t$

3. $y^*(t) = \frac{1}{2}t^2 + \frac{5}{2}t + 2$

5. $y^*(t) = e^{(1+t)/2} + e^{(1-t)/2}$

习题 2. 3

1. $y^*(t) = t$

3. $y^*(t) = z^*(t) = \dfrac{e^t - e^{-t}}{e^{\pi/2} - e^{-\pi/2}}$

习题 2. 4

1. $P_s = \dfrac{a + 2\alpha ab + \beta b}{2b(1 + \alpha b)} > 0$

4. 价格曲线的最低点出现在

$$t_0 = (\ln A_2 - \ln A_1)/2r \gtrless 0 \qquad 当\ A_2 - A_1 \gtrless 0\ 时$$

只有情形（c）在时间区间 $[0, T]$ 上可能（但未必）出现价格反转。在其他几种情形下，价格路径都是上升的。

习题 2. 5

2. 不是

3. （b）$A_1 \gtrless 0$，$A_2 > 0$

习题 3. 2

1. （a）$y^*(t) = 4$

3. （a）$y^*(t) = t + 4, T^* = 1$

习题 3. 3

1. $y^*(t) = \frac{1}{2}(t^2 - 3t + 1)$

2. （a）不是　　（b）$y^*(t) = \frac{1}{2}t^2 - \frac{7}{4}t + 1$

3. （a）为了确定 T^*，仅需要一个条件。

习题 3. 4

1. （a）$\pi'(L_T) = 2\rho\sqrt{bk} > 0$。因此，$L_T^*$ 位于使得曲线 $\pi(L)$ 的斜率为 $2\rho\sqrt{bk}$ 的向上倾斜的线段上。

（b）ρ（或 b，或 k）的上升迫使 L_T^* 的位置向左移动。

2. （a）$L_T^* = \dfrac{m}{n} - \dfrac{\rho}{n}\sqrt{bk}$

(b) 当 $L=m/n$ 时 $\pi'(L)=0$。

(c) L_T^* 位于 m/n 的左侧，使得曲线 $\pi(L)$ 有正的斜率。

习题 4.2

1. （a） F 中不含有 y 项， F 关于 y' 严格凸。

（c） 对于唯一最小值是充分的。

3. （a） 行列式检验式（4.9）失败，这是因为 $|D_2|=0$。

（b） 对于正半定性，行列式检验式（4.12）得以满足，这是因为 $|\widetilde{D}_1|=8$ 和 2，$|\widetilde{D}_2|=0$。特征根为 $r_1=10$，$r_2=0$。

（c） 对于最小值是充分的。

习题 4.3

1. 问题 6：对于所有 t，$F_{y'y'}=4$；满足最小值的勒让德条件。

问题 9：对于所有 t，$F_{y'y'}=0$；满足最大值的勒让德条件，也满足最小值的勒让德条件。

3. 对于所有 t，$F_{\pi'\pi'}=2\left(\dfrac{1+\alpha\beta^2}{\beta^2 j^2}\right)e^{-\rho t}>0$；满足最小值的勒让德条件。

习题 5.2

1. $K^*(t)=(K_0-25+\rho)\exp\left(\dfrac{\rho-\sqrt{\rho^2+4}}{2}t\right)+25-p$

3. $C_{K'K'}K''-\rho C_{K'}+\pi_K=0$

4. $K^*(t)=(K_0-25)\exp\left(\dfrac{\rho-\sqrt{\rho^2+4}}{2}t\right)+25$

习题 5.3

1. （a） $C^*(t)=A^{-1/(b+1)}e^{rt/(b+1)}=C_0^* e^{rt/(b+1)}$

（b） $K^{*'}(t)=\dfrac{B-\hat{U}+(C^*)^{-b}/b}{(C^*)^{-(b+1)}}=\dfrac{1}{b}C^*$ \qquad $[$由于 $B=\hat{U}]$

（c） $K^*(t)=\dfrac{r}{b+1}K_0 e^{rt/(b+1)}$

（d） $K^*(t)=K_0 e^{rt/(b+1)}$

习题 5.4

2. （a） 不要求，因为无论是否饱和，式（5.40）都成立。

（b） 方程（5.41）不受影响，但式（5.42）应该变为 $Q'(K)=0$，这是因为 μ 现在不可能为零。

3. 新均衡仍然是一个鞍点，但均衡时，边际效用为正（而不是零）。

5. （a） 只有位于稳定分支上方的流线对这个问题重要；其他流线无法带领我们到达 K_T 的新水平。

（c）是的。

习题 6.1

3. $y^*(t) = -\dfrac{\lambda}{4}t^2 + c_1 t + c_2$

4. $y^*(t) = A_1 e^t + A_2 e^{-t} + c_1$, $z^*(t) = A_1 e^t + A_2 e^{-t} + c_1 t + c_2$

5. 通解与例 2 相同。

习题 6.2

1. $\mathscr{F} = B - U(C) + D(L) + \lambda[-C + Q(K, L) - K']$
   $-U'(C) - \lambda = 0 \Rightarrow \lambda = -U'(C) = -\mu$

2. （a）三个变量，两个约束。

（b）$\mathscr{F} = (\pi - C)e^{-\rho t} + \lambda_1[-\pi + \alpha K - \beta K^2] + \lambda_2[-C + aK'^2 + bK']$

（c）对于 π：$e^{-\rho t} - \lambda_1 = 0 \Rightarrow \lambda_1 = e^{-\rho t}$

对于 C：$-e^{-\rho t} - \lambda_2 = 0 \Rightarrow \lambda_2 = -e^{-\rho t}$

对于 K：$\lambda_1(\alpha - 2\beta K) - \dfrac{d}{dt}[\lambda_2(2aK' + b)] = 0$

$$\Rightarrow \lambda_1(\alpha - 2\beta K) - \dfrac{d\lambda_2}{dt}(2aK' + b) - \lambda_2(2aK'') = 0$$

习题 6.3

2. 类似式（6.10），λ 现在可能 $\geqslant 0$。补充松弛条件将起作用。

4. $r_{Q_s} = g - E\rho$, $r_{Q_m} = r_{Q_s} + \dfrac{r_E}{E-1} > r_{Q_s}$ （$E > 1$ 对于正的 MR）

6. （b）$\mathrm{Max} \displaystyle\int_0^\infty N(q, q') e^{-\rho t} dt$

   s. t.
   $$\int_0^\infty q' dt = S_0$$

习题 7.2

2. $\lambda^*(t) = 3e^{4-t} - 3$, $u^*(t) = 2$, $y^*(t) = 7e^t - 2$

4. $u^*(t) = \lambda^*(t) = A_1 e^{\sqrt{2}t} + A_2 e^{-\sqrt{2}t}$

   $y^*(t) = (\sqrt{2} - 1)A_1 e^{\sqrt{2}t} - (\sqrt{2} + 1)A_2 e^{-\sqrt{2}t}$

其中 $A_1 = \dfrac{-e^{-2\sqrt{2}}}{(1-\sqrt{2})e^{-2\sqrt{2}} - (\sqrt{2}+1)}$, $A_2 = \dfrac{1}{(1-\sqrt{2})e^{-2\sqrt{2}} - (\sqrt{2}+1)}$

习题 7.4

1. $\lambda^*(t) = 2$, $u^*(t) = 1$, $y^*(t) = t + 4$

3. $u^* = -1$，$\lambda^* = -1/2$，$y^*(t) = -2t+8$，$T^* = 4$

4. $u^* = \sqrt{1/38}$，$y^*(t) = \sqrt{1/38}\,t$，$\lambda^* = \sqrt{1/39}$

习题 7.6

1. （a）循环模式将消失。

3. 对于所有 t，$\dfrac{\partial}{\partial r}\left(\dfrac{dU^*}{dt}\right) = -(T-t)\dfrac{1}{2}khbae^{B(T-t)} < 0$（除了 $t=T$）。

习题 7.7

1. （a）满足。

（b）不满足，E_2^* 的特征为"边际效用＞边际负效用"（marginal disutility）。

3. （a）$H = U[C(E), P(E)]e^{-\rho t} - \lambda E$

$$\frac{\partial H}{\partial E} = [U_C C'(E) + U_P P'(E)]e^{-\rho t} - \lambda = 0$$

（b）路径 λ 仍然是个常数（零）路径。

（c）$E^*(t) = E^*$，这与式（7.81）中的情形一样。

（d）题目（a）中的条件变为

$$(\psi \equiv) U_C C' + U_P P' - ce^{\rho t} = 0$$

因此

$$\frac{dE}{dt} = \frac{-\partial \psi/\partial t}{\partial \psi/\partial E} = \frac{\rho ce^{\rho t}}{U_{CC}C'^2 + U_C C'' + U_{PP}P'^2 + U_P P''} < 0$$

习题 8.2

1. $[H_c - m\phi']_{t=T}e^{-\rho T} = 0$

3. $[H_c]_{t=T} \geqslant 0$，$T^* \leqslant T_{\max}$，$(T^* - T_{\max})[H_c]_{t=T} = 0$

习题 8.3

1. 曼加萨林（Mangasarian）条件得以满足，这是因为 F 关于 u 严格凹（$F_{uu} = -2$），f 关于 (y, u) 为线性，式（8.26）与问题无关。阿罗（Arrow）条件得以满足，这是因为对于给定的 λ，$H^0 = \lambda y + \dfrac{1}{2}\lambda^2$ 关于 y 是线性的。

4. 曼加萨林条件和阿罗条件得以满足。然而，由于 T 自由，因此二者可能都不适用。

6. 曼加萨林条件和阿罗条件都得以满足。

习题 8.4

2. 对于正的 y_0，y^* 值首先以递减速度增加，并且在弧 CD 穿过 y 轴时达到最大。然后，y^* 值以递减速度降低直到 $t=\tau$ 时，接下来，y^* 值以递增速度降低并且在 $t=T$ 时降到零。

3. (a) 初始点不可能在弧 A0 或 B0 上；必定存在着转换。

(b) 初始点位于弧 A0 上；不存在转换。

(c) 初始点位于弧 B0 上；不存在转换。

5. (a) 转换点 F 必须同时满足

$$y = -\frac{1}{2}z^2 \qquad (z>0) \qquad [\text{弧 } B0 \text{ 的方程}]$$

$$y = \frac{1}{2}z^2 + k \qquad (k<0) \qquad [\text{包含弧 } EF \text{ 的抛物线的方程}]$$

解得 $y = \frac{1}{2}k$ 和 $z = \sqrt{-k}$（负根舍去）。

(b) $\tau = \sqrt{-k} - z_0$

(c) 最优总时间 $= 2\sqrt{-k} - z_0$

习题 8.5

1. 当 $A^* \neq 0$ 时，可能出现无界解。

3. 控制变量 A 不可能有内部解。[提示：内部解 A^* 将意味着 $\beta\lambda_P + \lambda_S = 0$，这意味着 $\lambda_P =$ 常数，以及 $U_P e^{-\rho t} = \delta\lambda_P$（根据共态变量运动方程推知）。P 存在着可忍受的低水平意味着 $\lambda_P = 0$，矛盾。]

习题 9.3

1. (a) $\phi(k) = AK^\alpha$, $U'(c) = c^{-(1+b)}$

(c) $H_c = \hat{U} - \frac{1}{b}c^{-b} + m[Ak^\alpha - c - (n+\delta)k]$

(d) $\dot{k} = Ak^\alpha - c - (n+\delta)k$, $\dot{c} = \frac{c}{1+b}[A\alpha k^{\alpha-1} - (n+\delta+r)]$

$$\bar{k} = \left(\frac{n+\delta+r}{A\alpha}\right)^{1/(\alpha-1)}$$

$$\bar{c} = A\left(\frac{n+\delta+r}{A\alpha}\right)^{\alpha/(\alpha-1)} - (n+\delta)\left(\frac{n+\delta+r}{A\alpha}\right)^{1/(\alpha-1)}$$

3. (b) E 将让位于新的稳态 E'，E' 在 $\dot{k} = 0$ 曲线上，E' 在 E 的右侧，E' 的 $\bar{k}$ 更大。

(c) 不能。

习题 9.4

1. (b) 把其写成 $Y = K^\alpha[A(t)L^\beta]$ 将符合式（9.48）的形式。

5. 在研发活动中人力资本的边际生产率将不会与 A 成比例增长。

习题 10.1

3. (a) $\text{Max} \int_0^T (1-s)Ke^{-\rho t}dt$

    s. t.

$$\dot{K} = A(sK)^{\alpha} (A > 0)$$

$$K(0) = K_0, \; K(T) \text{ 自由} \quad (K_0, T \text{ 给定})$$

$$0 \leqslant s \leqslant 1$$

习题 10.3

1. （a）$\Lambda = \lambda + \Theta h_y$

（b）$\dot{\Lambda} = \dot{\lambda} + \dot{\Theta} h_y + \Theta (h_{ty} + h_{yy} f)$

（c）$\dot{\Lambda} = -F_y - \lambda f_y + \theta h_y + \dot{\Theta} h_y + \Theta (h_{ty} + h_{yy} f)$

（e）$(\theta + \dot{\Theta}) h_y = 0 \Rightarrow \dot{\Theta} = -\theta \leqslant 0$ $\quad$ [因为 $\theta \geqslant 0$]

习题 10.4

2. （a）需求增加（降低）将使得 τ 变小（变大）。然而，仅改变 $D(t)$ 的时间分布（profile）也可能不会影响 τ。

（c）会，因为 $Q^*[\tau, T]$ 与 $D(t)$ 相同。

（e）$X^*[\tau, T] = 0$，这不受 $D(t)$ 的影响；然而，区间 $[\tau, T]$ 的长度可能受到 τ 的任何变化的影响。

经济科学译丛

序号	书名	作者	Author	单价	出版年份	ISBN
1	税收经济学(第二版)	伯纳德·萨拉尼耶	Bernard Salanié	42.00	2018	978 - 7 - 300 - 23866 - 1
2	公司治理(第五版)	罗伯特·A.G.蒙克斯	Robert A. G. Monks	69.80	2017	978 - 7 - 300 - 24972 - 8
3	国际经济学(第15版)	罗伯特·J.凯伯	Robert J. Carbaugh	78.00	2017	978 - 7 - 300 - 24844 - 8
4	经济理论和方法史(第五版)	小罗伯特·B.埃克伦德等	Robert B. Ekelund. Jr.	88.00	2017	978 - 7 - 300 - 22497 - 8
5	经济地理学	威廉·P.安德森	William P. Anderson	59.80	2017	978 - 7 - 300 - 24544 - 7
6	博弈与信息:博弈论概论(第四版)	艾里克·拉斯穆森	Eric Rasmusen	79.80	2017	978 - 7 - 300 - 24546 - 1
7	MBA宏观经济学	莫里斯·A.戴维斯	Morris A. Davis	38.00	2017	978 - 7 - 300 - 24268 - 2
8	经济学基础(第十六版)	弗兰克·V.马斯切纳	Frank V. Mastrianna	42.00	2017	978 - 7 - 300 - 22607 - 1
9	高级微观经济学:选择与竞争性市场	戴维·M.克雷普斯	David M. Kreps	79.80	2017	978 - 7 - 300 - 23674 - 2
10	博弈论与机制设计	Y.内拉哈里	Y. Narahari	69.80	2017	978 - 7 - 300 - 24209 - 5
11	宏观经济学精要:理解新闻中的经济学(第三版)	彼得·肯尼迪	Peter Kennedy	45.00	2017	978 - 7 - 300 - 21617 - 1
12	宏观经济学(第十二版)	鲁迪格·多恩布什等	Rudiger Dornbusch	69.00	2017	978 - 7 - 300 - 23772 - 5
13	国际金融与开放宏观经济学:理论、历史与政策	亨德里克·范登伯格	Hendrik Van den Berg	68.00	2016	978 - 7 - 300 - 23380 - 2
14	经济学(微观部分)	达龙·阿西莫格鲁等	Daron Acemoglu	59.00	2016	978 - 7 - 300 - 21786 - 4
15	经济学(宏观部分)	达龙·阿西莫格鲁等	Daron Acemoglu	45.00	2016	978 - 7 - 300 - 21886 - 1
16	发展经济学	热若尔·罗兰	Gérard Roland	79.00	2016	978 - 7 - 300 - 23379 - 6
17	中级微观经济学——直觉思维与数理方法(上下册)	托马斯·J·内契巴	Thomas J. Nechyba	128.00	2016	978 - 7 - 300 - 22363 - 6
18	环境与自然资源经济学(第十版)	汤姆·蒂坦伯格等	Tom Tietenberg	72.00	2016	978 - 7 - 300 - 22900 - 3
19	劳动经济学基础(第二版)	托马斯·海克拉克等	Thomas Hyclak	65.00	2016	978 - 7 - 300 - 23146 - 4
20	货币金融学(第十一版)	弗雷德里克·S·米什金	Frederic S. Mishkin	85.00	2016	978 - 7 - 300 - 23001 - 6
21	动态优化——经济学和管理学中的变分法和最优控制(第二版)	莫顿·I·凯曼等	Morton I. Kamien	48.00	2016	978 - 7 - 300 - 23167 - 9
22	用Excel学习中级微观经济学	温贝托·巴雷托	Humberto Barreto	65.00	2016	978 - 7 - 300 - 21628 - 7
23	宏观经济学(第九版)	N·格里高利·曼昆	N. Gregory Mankiw	72.00	2016	978 - 7 - 300 - 23038 - 2
24	国际经济学:理论与政策(第十版)	保罗·R·克鲁格曼等	Paul R. Krugman	89.00	2016	978 - 7 - 300 - 22710 - 8
25	国际金融(第十版)	保罗·R·克鲁格曼等	Paul R. Krugman	55.00	2016	978 - 7 - 300 - 22089 - 5
26	国际贸易(第十版)	保罗·R·克鲁格曼等	Paul R. Krugman	42.00	2016	978 - 7 - 300 - 22088 - 8
27	经济学精要(第3版)	斯坦利·L·布鲁伊等	Stanley L. Brue	58.00	2016	978 - 7 - 300 - 22301 - 8
28	经济分析史(第七版)	英格里德·H·里马	Ingrid H. Rima	72.00	2016	978 - 7 - 300 - 22294 - 3
29	投资学精要(第九版)	兹维·博迪等	Zvi Bodie	108.00	2016	978 - 7 - 300 - 22236 - 3
30	环境经济学(第二版)	查尔斯·D·科尔斯塔德	Charles D. Kolstad	68.00	2016	978 - 7 - 300 - 22255 - 4
31	MWG《微观经济理论》习题解答	原千晶等	Chiaki Hara	75.00	2016	978 - 7 - 300 - 22306 - 3
32	现代战略分析(第七版)	罗伯特·M·格兰特	Robert M. Grant	68.00	2016	978 - 7 - 300 - 17123 - 4
33	横截面与面板数据的计量经济分析(第二版)	杰弗里·M·伍德里奇	Jeffrey M. Wooldridge	128.00	2016	978 - 7 - 300 - 21938 - 7
34	宏观经济学(第十二版)	罗伯特·J·戈登	Robert J. Gordon	75.00	2016	978 - 7 - 300 - 21978 - 3
35	动态最优化基础	蒋中一	Alpha C. Chiang	42.00	2015	978 - 7 - 300 - 22068 - 0
36	城市经济学	布伦丹·奥弗莱厄蒂	Brendan O'Flaherty	69.80	2015	978 - 7 - 300 - 22067 - 3
37	管理经济学:理论、应用与案例(第八版)	布鲁斯·艾伦等	Bruce Allen	79.80	2015	978 - 7 - 300 - 21991 - 2
38	经济政策:理论与实践	阿格尼丝·贝纳西-奎里等	Agnès Bénassy-Quéré	79.80	2015	978 - 7 - 300 - 21921 - 9
39	微观经济分析(第三版)	哈尔·R·范里安	Hal R. Varian	68.00	2015	978 - 7 - 300 - 21536 - 5
40	财政学(第十版)	哈维·S·罗森等	Harvey S. Rosen	68.00	2015	978 - 7 - 300 - 21754 - 3
41	经济数学(第三版)	迈克尔·霍伊等	Michael Hoy	88.00	2015	978 - 7 - 300 - 21674 - 4
42	发展经济学(第九版)	A.P.瑟尔沃	A. P. Thirlwall	69.80	2015	978 - 7 - 300 - 21193 - 0
43	宏观经济学(第五版)	斯蒂芬·D·威廉森	Stephen D. Williamson	69.00	2015	978 - 7 - 300 - 21169 - 5
44	资源经济学(第三版)	约翰·C·伯格斯特罗姆等	John C. Bergstrom	58.00	2015	978 - 7 - 300 - 20742 - 1
45	应用中级宏观经济学	凯文·D·胡佛	Kevin D. Hoover	78.00	2015	978 - 7 - 300 - 21000 - 1
46	计量经济学导论:现代观点(第五版)	杰弗里·M·伍德里奇	Jeffrey M. Wooldridge	99.00	2015	978 - 7 - 300 - 20815 - 2
47	现代时间序列分析导论(第二版)	约根·沃特斯等	Jürgen Wolters	39.80	2015	978 - 7 - 300 - 20625 - 7
48	空间计量经济学——从横截面数据到空间面板	J·保罗·埃尔霍斯特	J. Paul Elhorst	32.00	2015	978 - 7 - 300 - 21024 - 7
49	国际经济学原理	肯尼思·A·赖纳特	Kenneth A. Reinert	58.00	2015	978 - 7 - 300 - 20830 - 5
50	经济写作(第二版)	迪尔德丽·N·麦克洛斯基	Deirdre N. McCloskey	39.80	2015	978 - 7 - 300 - 20914 - 2
51	计量经济学方法与应用(第五版)	巴蒂·H·巴尔塔基	Badi H. Baltagi	58.00	2015	978 - 7 - 300 - 20584 - 7
52	战略经济学(第五版)	戴维·贝赞可等	David Besanko	78.00	2015	978 - 7 - 300 - 20679 - 0
53	博弈论导论	史蒂文·泰迪里斯	Steven Tadelis	58.00	2015	978 - 7 - 300 - 19993 - 1

序号	书名	作者	Author	单价	出版年份	ISBN
	经济科学译丛					
54	社会问题经济学(第二十版)	安塞尔·M·夏普等	Ansel M. Sharp	49.00	2015	978－7－300－20279－2
55	博弈论:矛盾冲突分析	罗杰·B·迈尔森	Roger B. Myerson	58.00	2015	978－7－300－20212－9
56	时间序列分析	詹姆斯·D·汉密尔顿	James D. Hamilton	118.00	2015	978－7－300－20213－6
57	经济问题与政策(第五版)	杰奎琳·默里·布鲁克斯	Jacqueline Murray Brux	58.00	2014	978－7－300－17799－1
58	微观经济理论	安德鲁·马斯-克莱尔等	Andreu Mas-Collel	148.00	2014	978－7－300－19986－3
59	产业组织:理论与实践(第四版)	唐·E·瓦尔德曼等	Don E. Waldman	75.00	2014	978－7－300－19722－7
60	公司金融理论	让·梯若尔	Jean Tirole	128.00	2014	978－7－300－20178－8
61	经济学精要(第三版)	R·格伦·哈伯德等	R. Glenn Hubbard	85.00	2014	978－7－300－19362－5
62	公共部门经济学	理查德·W·特里西	Richard W. Tresch	49.00	2014	978－7－300－18442－5
63	计量经济学原理(第六版)	彼得·肯尼迪	Peter Kennedy	69.80	2014	978－7－300－19342－7
64	统计学:在经济中的应用	玛格丽特·刘易斯	Margaret Lewis	45.00	2014	978－7－300－19082－2
65	产业组织:现代理论与实践(第四版)	林恩·佩波尔等	Lynne Pepall	88.00	2014	978－7－300－19166－9
66	计量经济学导论(第三版)	詹姆斯·H·斯托克等	James H. Stock	69.00	2014	978－7－300－18467－8
67	发展经济学导论(第四版)	秋山裕	秋山裕	39.80	2014	978－7－300－19127－0
68	中级微观经济学(第六版)	杰弗里·M·佩罗夫	Jeffrey M. Perloff	89.00	2014	978－7－300－18441－8
69	平狄克《微观经济学》(第八版)学习指导	乔纳森·汉密尔顿等	Jonathan Hamilton	32.00	2014	978－7－300－18970－3
70	微观经济学(第八版)	罗伯特·S·平狄克等	Robert S. Pindyck	79.00	2013	978－7－300－17133－3
71	微观银行经济学(第二版)	哈维尔·弗雷克斯等	Xavier Freixas	48.00	2014	978－7－300－18940－6
72	施米托夫论出口贸易——国际贸易法律与实务(第11版)	克利夫·M·施米托夫等	Clive M. Schmitthoff	168.00	2014	978－7－300－18425－8
73	微观经济学思维	玛莎·L·奥尔尼	Martha L. Olney	29.80	2013	978－7－300－17280－4
74	宏观经济学思维	玛莎·L·奥尔尼	Martha L. Olney	39.80	2013	978－7－300－17279－8
75	计量经济学原理与实践	达摩达尔·N·古扎拉蒂	Damodar N. Gujarati	49.80	2013	978－7－300－18169－1
76	现代战略分析案例集	罗伯特·M·格兰特	Robert M. Grant	48.00	2013	978－7－300－16038－2
77	高级国际贸易:理论与实证	罗伯特·C·芬斯特拉	Robert C. Feenstra	59.00	2013	978－7－300－17157－9
78	经济学简史——处理沉闷科学的巧妙方法(第二版)	E·雷·坎特伯里	E. Ray Canterbery	58.00	2013	978－7－300－17571－3
79	管理经济学(第四版)	方博亮等	Ivan Png	80.00	2013	978－7－300－17000－8
80	微观经济学原理(第五版)	巴德,帕金	Bade, Parkin	65.00	2013	978－7－300－16930－9
81	宏观经济学原理(第五版)	巴德,帕金	Bade, Parkin	63.00	2013	978－7－300－16929－3
82	环境经济学	彼得·伯克等	Peter Berck	55.00	2013	978－7－300－16538－7
83	高级微观经济理论	杰弗里·杰里	Geoffrey A. Jehle	69.00	2012	978－7－300－16613－1
84	多恩布什《宏观经济学(第十版)》学习指导	鲁迪格·多恩布什等	Rudiger Dornbusch	29.00	2012	978－7－300－16030－6
85	高级宏观经济学导论:增长与经济周期(第二版)	彼得·伯奇·索伦森等	Peter Birch Sørensen	95.00	2012	978－7－300－15871－6
86	宏观经济学:政策与实践	弗雷德里克·S·米什金	Frederic S. Mishkin	69.00	2012	978－7－300－16443－4
87	宏观经济学(第二版)	保罗·克鲁格曼	Paul Krugman	45.00	2012	978－7－300－15029－1
88	微观经济学(第二版)	保罗·克鲁格曼	Paul Krugman	69.80	2012	978－7－300－14835－9
89	克鲁格曼《微观经济学(第二版)》学习手册	伊丽莎白·索耶·凯利	Elizabeth Sawyer Kelly	58.00	2013	978－7－300－17002－2
90	克鲁格曼《宏观经济学(第二版)》学习手册	伊丽莎白·索耶·凯利	Elizabeth Sawyer Kelly	36.00	2013	978－7－300－17024－4
91	微观经济学(第十一版)	埃德温·曼斯费尔德	Edwin Mansfield	88.00	2012	978－7－300－15050－5
92	国际宏观经济学	罗伯特·C·芬斯特拉等	Feenstra, Taylor	64.00	2011	978－7－300－14795－6
93	卫生经济学(第六版)	舍曼·富兰德等	Sherman Folland	79.00	2011	978－7－300－14645－4
94	宏观经济学(第七版)	安德鲁·B·亚伯等	Andrew B. Abel	78.00	2011	978－7－300－14223－4
95	现代劳动经济学:理论与公共政策(第十版)	罗纳德·G·伊兰伯格等	Ronald G. Ehrenberg	69.00	2011	978－7－300－14482－5
96	宏观经济学(第七版)	N·格里高利·曼昆	N. Gregory Mankiw	65.00	2011	978－7－300－14018－6
97	宏观经济学:理论与政策(第九版)	理查德·T·弗罗恩	Richard T. Froyen	55.00	2011	978－7－300－14108－4
98	经济学原理(第四版)	威廉·博伊斯等	William Boyes	59.00	2011	978－7－300－13518－2
99	计量经济学基础(第五版)(上下册)	达摩达尔·N·古扎拉蒂	Damodar N. Gujarati	99.00	2011	978－7－300－13693－6
100	《计量经济学基础》(第五版)学生习题解答手册	达摩达尔·N·古扎拉蒂等	Damodar N. Gujarati	23.00	2012	978－7－300－15080－8
101	计量经济分析(第六版)(上下册)	威廉·H·格林	William H. Greene	128.00	2011	978－7－300－12779－8
102	国际贸易	罗伯特·C·芬斯特拉等	Robert C. Feenstra	49.00	2011	978－7－300－13704－9
103	经济增长(第二版)	戴维·N·韦尔	David N. Weil	63.00	2011	978－7－300－12778－1

经济科学译丛

序号	书名	作者	Author	单价	出版年份	ISBN
104	投资科学	戴维·G·卢恩伯格	David G. Luenberger	58.00	2011	978-7-300-14747-5
105	宏观经济学(第十版)	鲁迪格·多恩布什等	Rudiger Dornbusch	60.00	2010	978-7-300-11528-3
106	金融学(第二版)	兹维·博迪等	Zvi Bodie	59.00	2010	978-7-300-11134-6
107	博弈论	朱·弗登博格等	Drew Fudenberg	68.00	2010	978-7-300-11785-0

金融学译丛

序号	书名	作者	Author	单价	出版年份	ISBN
1	固定收益证券手册(第八版)	弗兰克·J·法博齐	Frank J. Fabozzi	228.00	2017	978-7-300-24227-9
2	金融市场与金融机构(第8版)	弗雷德里克·S·米什金等	Frederic S. Mishkin	86.00	2017	978-7-300-24731-1
3	兼并、收购和公司重组(第六版)	帕特里克·A·高根	Patrick A. Gaughan	79.00	2017	978-7-300-24231-6
4	债券市场:分析与策略(第九版)	弗兰克·J·法博齐	Frank J. Fabozzi	98.00	2016	978-7-300-23495-3
5	财务报表分析(第四版)	马丁·弗里德森	Martin Fridson	46.00	2016	978-7-300-23037-5
6	国际金融学	约瑟夫·P·丹尼尔斯等	Joseph P. Daniels	65.00	2016	978-7-300-23037-1
7	国际金融	阿德里安·巴克利	Adrian Buckley	88.00	2016	978-7-300-22668-2
8	个人理财(第六版)	阿瑟·J·基翁	Arthur J. Keown	85.00	2016	978-7-300-22711-5
9	投资学基础(第三版)	戈登·J·亚历山大等	Gordon J. Alexander	79.00	2015	978-7-300-20274-7
10	金融风险管理(第二版)	彼德·F·克里斯托弗森	Peter F. Christoffersen	46.00	2015	978-7-300-21210-4
11	风险管理与保险管理(第十二版)	乔治·E·瑞达等	George E. Rejda	95.00	2015	978-7-300-21486-3
12	个人理财(第五版)	杰夫·马杜拉	Jeff Madura	69.00	2015	978-7-300-20583-0
13	企业价值评估	罗伯特·A·G·蒙克斯等	Robert A. G. Monks	58.00	2015	978-7-300-20582-3
14	基于Excel的金融学原理(第二版)	西蒙·本尼卡	Simon Benninga	79.00	2014	978-7-300-18899-7
15	金融工程学原理(第二版)	萨利赫·N·内夫特奇	Salih N. Neftci	88.00	2014	978-7-300-19348-9
16	投资学导论(第十版)	赫伯特·B·梅奥	Herbert B. Mayo	69.00	2014	978-7-300-18971-0
17	国际金融市场导论(第六版)	斯蒂芬·瓦尔德斯等	Stephen Valdez	59.80	2014	978-7-300-18896-6
18	金融数学:金融工程引论(第二版)	马雷克·凯宾斯基等	Marek Capinski	42.00	2014	978-7-300-17650-5
19	财务管理(第二版)	雷蒙德·布鲁克斯	Raymond Brooks	69.00	2014	978-7-300-19085-3
20	期货与期权市场导论(第七版)	约翰·C·赫尔	John C. Hull	69.00	2014	978-7-300-18994-2
21	国际金融:理论与实务	皮特·塞尔居	Piet Sercu	88.00	2014	978-7-300-18413-5
22	货币、银行和金融体系	R·格伦·哈伯德等	R. Glenn Hubbard	75.00	2013	978-7-300-17856-1
23	并购创造价值(第二版)	萨德·苏达斯纳	Sudi Sudarsanam	89.00	2013	978-7-300-17473-0
24	个人理财——理财技能培养方法(第三版)	杰克·R·卡普尔等	Jack R. Kapoor	66.00	2013	978-7-300-16687-2
25	国际财务管理	吉尔特·贝克特	Geert Bekaert	95.00	2012	978-7-300-16031-3
26	金融理论与公司政策(第四版)	托马斯·科普兰等	Thomas Copeland	69.00	2012	978-7-300-15822-8
27	应用公司财务(第三版)	阿斯沃思·达摩达兰	Aswath Damodaran	88.00	2012	978-7-300-16034-4
28	资本市场:机构与工具(第四版)	弗兰克·J·法博齐	Frank J. Fabozzi	85.00	2011	978-7-300-13828-2
29	衍生品市场(第二版)	罗伯特·L·麦克唐纳	Robert L. McDonald	98.00	2011	978-7-300-13130-6
30	跨国金融原理(第三版)	迈克尔·H·莫菲特等	Michael H. Moffett	78.00	2011	978-7-300-12781-1
31	统计与金融	戴维·鲁珀特	David Ruppert	48.00	2010	978-7-300-11547-4
32	国际投资(第六版)	布鲁诺·索尔尼克等	Bruno Solnik	62.00	2010	978-7-300-11289-3

图书在版编目（CIP）数据

动态最优化基础/（美）蒋中一著；曹乾译. —北京：中国人民大学出版社，2015.11
（经济科学译丛）
ISBN 978-7-300-22068-0

Ⅰ．①动… Ⅱ．①蒋…②曹… Ⅲ．①动态最佳化-应用-经济 Ⅳ．①F224.0

中国版本图书馆 CIP 数据核字（2015）第 248049 号

经济科学译丛
动态最优化基础
［美］蒋中一 著
曹 乾 译
Dongtai Zuiyouhua Jichu

出版发行	中国人民大学出版社		
社　　址	北京中关村大街 31 号	邮政编码	100080
电　　话	010－62511242（总编室）	010－62511770（质管部）	
	010－82501766（邮购部）	010－62514148（门市部）	
	010－62515195（发行公司）	010－62515275（盗版举报）	
网　　址	http://www.crup.com.cn		
经　　销	新华书店		
印　　刷	固安县铭成印刷有限公司		
开　　本	787mm×1092mm　1/16	版　　次	2015 年 11 月第 1 版
印　　张	16.75 插页 2	印　　次	2024 年 11 月第 8 次印刷
字　　数	371 000	定　　价	42.00 元